ELTERN

Dr. Benjamin Spock

ELTERN

Perspektiven in schwieriger Zeit

Otto Maier Ravensburg

CIP-Titelaufnahme der Deutschen Bibliothek

Spock, Benjamin:
Eltern : Perspektiven in schwieriger Zeit / Benjamin Spock.
[Aus d. Amerikan. übertr. von
Lynn Hattery-Beyer u. Lothar Beyer].
– Ravensburg : Maier, 1990
Einheitssacht.: Dr. Spock on parenting < dt. >
ISBN 3-473-42371-8

Die amerikanische Originalausgabe
erschien 1988 bei Simon and Schuster,
New York, unter dem Titel
»Dr. Spock on Parenting«
© 1988 by Benjamin Spock

Aus dem Amerikanischen übertragen
von Lynn Hattery-Beyer und Lothar Beyer

Alle Rechte der deutschen Ausgabe
liegen beim Ravensburger Buchverlag,
Otto Maier GmbH, Ravensburg 1990
Umschlaggestaltung: Ekkehard Drechsel
Umschlagfoto: Ernst Fesseler
Gesamtherstellung: Franz Spiegel Buch GmbH, Ulm
Printed in Germany

93 92 91 90   4 3 2 1

ISBN 3-473-42371-8

Inhalt

Widmung

Liebe Ginger,
viele Jahre lang habe ich mich nach einer Tochter
gesehnt – ohne Erfüllung. Dann wurde ich belohnt
und erhielt Dich als Zugabe bei meiner Hochzeit mit
Mary – eine Tochter von bemerkenswerter Anmut,
Großzügigkeit und Schönheit. Ich habe viel von Dir
gelernt!

Vorwort

1945 hat Benjamin Spock sein erstes Buch »Baby and Child Care« in den USA veröffentlicht. 1966 ist es in Deutschland unter dem Titel »Säuglings- und Kinderpflege« im Ullstein Verlag erschienen. Es hat zahlreiche Auflagen und Aktualisierungen erlebt und ist immer noch lieferbar. Das Buch ist in viele weitere Sprachen übersetzt worden. Mit ihm gehört Spock zu einem der am meisten gelesenen Autoren der Welt und ganz sicher zum einflußreichsten Kinderarzt und Kinderpsychologen.

Millionen von Eltern haben im »Spock« nach Rat gesucht. Und auch noch heute fragen Eltern und sogar Großeltern, die ihrerseits nach seinen Prinzipien erzogen wurden, bei ihm um Rat. Für sie hat Spock zahlreiche weitere Bücher verfaßt und in der Zeitschrift »Redbook« eine regelmäßige Kolumne geschrieben. Die Grundlage dieses Buchs bilden Artikel, die er in den letzten 10 Jahren in »Redbook« veröffentlicht hat. Er hat sie überarbeitet und neu abgefaßt. Sie sind damit aktuell und entsprechen seinem heutigen Denken. Einige Wiederholungen ließen sich nicht immer vermeiden. Allerdings behandelt Spock gleiche Themen häufig unter anderen, manchmal überraschenden Aspekten.

Sein Text wurde nicht entsprechend der deutschen Situation umgeschrieben. Zwar gibt Spock häufig sehr praktische Hinweise und Ratschläge, doch handelt es sich bei seinem Buch um weit mehr als eine Sammlung von Ratschlägen für Eltern. Wichtiger und hilfreicher sind die theoretischen Begründungen und die Schilderungen der konkreten Erfahrungen aus der eigenen Praxis, die Spock zu seinen Empfehlungen veranlassen. Dabei spielt seine Eingebundenheit in seine Kultur und Gesellschaft, in die USA, eine wichtige Rolle. Gleichwohl ist das, was

11

er amerikanischen Eltern sagt, für uns genauso wichtig und genauso aktuell.

Als Anwalt »seiner« Kinder hat Spock niemals ein Blatt vor den Mund genommen. Er ist aufgestanden und hat sich mit Vehemenz gegen den Einsatz amerikanischer Truppen in Vietnam eingesetzt. Mit gleichem Engagement hat er sich gegen die nukleare Aufrüstung und gegen die Kürzungen der Sozialleistungen der Reagan-Administration gewendet, die letztlich die Familien mit Kindern am härtesten getroffen hat. Dieses Engagement des »großen Alten der liberalen Erziehung« für die Kinder wird auch in diesem Buch immer wieder deutlich.

Benjamin Spock ist heute weit über achtzig Jahre alt, wir können sehr viel von ihm lernen!

Übersetzer und Verlag

Einführung

Das Elterndasein ist eine merkwürdige Mischung aus Belastungen und Freuden. Als meine Söhne noch klein waren, stand ich immer unter einer leichten Anspannung, wenn ich mit ihnen zusammen war. Ich beobachtete sie, sorgte mich um sie und verbesserte sie viel mehr als notwendig. War ich aber von ihnen fort, beispielsweise auf einer Vortragsreise, überkamen mich Gefühle des Stolzes und der Liebe. Ich schämte mich dann dafür, daß ich meine Freude und meine Anerkennung für sie nicht zeigen konnte, wenn ich mit ihnen zusammen war – um meinetwillen und um ihretwillen.

Großeltern halfen mir, dies zu verstehen. Häufig wurde ich von ihnen gefragt: »Warum konnte ich mich an meinen eigenen Kindern nicht in gleicher Weise erfreuen, wie ich mich an meinen Enkeln erfreue?« Allmählich begann ich zu begreifen, daß es die Regel und nicht die Ausnahme ist, wenn sich gute Eltern um ihre Kinder sorgen und sie korrigieren. Denn Elternliebe besteht nicht nur aus Umarmen, Strahlen und Loben. Sie beinhaltet auch den Wunsch, daß Verwandte und Freunde die Kinder auf Grund ihrer Hilfsbereitschaft und Höflichkeit anerkennen und Lehrer ihre gute Arbeitseinstellung würdigen. Sie sollen so aufwachsen, daß sie später einmal ihre Arbeit verantwortungsbewußt erledigen können, als Nachbarn anerkannt und als Ehegatten und Eltern treu sein können. Auf einer pragmatischen Ebene bedeutet diese Elternliebe, dafür zu sorgen, daß sie gesund und von Unfällen verschont bleiben. Doch solche Sorgen stempeln Eltern ab, weil sie zuviel Aufhebens machen. Sie werden auf Ihre Belohnungen warten müssen: ein gelegentliches Kompliment oder eine großartige Leistung. Bleiben Sie also geduldig!

Natürlich gibt es einige glückliche Eltern, die sich fast immer an ihren Kindern erfreuen können – selbst während der Adoleszenz. Ich erinnere mich an eine Sportveranstaltung in der High School, bei der meine Stieftochter als »cheer leader« die Anfeuerungen des Publikums für die eigene Mannschaft anführte. Entsetzt hörte ich, wie eine Mutter neben mir mit spontanem Enthusiasmus und mit glänzenden Augen ausrief: »Sind Teenager nicht wundervoll! Ich bin so gern mit ihnen zusammen!« Ich habe sie immer schwieriger als jüngere Kinder wahrgenommen. Ihr Bedürfnis zu rebellieren und – als Teil dessen – ihr Bedürfnis, die Meinungen und Maßstäbe der Eltern herabzusetzen, hat sie mich als Feind sehen lassen, angetreten, um mich hinter meinem Rücken verächtlich abzutun. Dazu glaubte ich noch, ich hätte kaum Einfluß auf sie. Tatsächlich gerieten meine Söhne und meine Stieftochter nie außer Kontrolle. Es war lediglich mein eigener Mangel an Selbstvertrauen, der mich in die Defensive trieb. Unsere Grundeinstellungen über die Verhaltensweisen von Kindern und wie wir damit umzugehen haben erwerben wir aus der Erfahrung des Umgangs unserer eigenen Eltern mit uns. Und so gab es zweifellos noch einen weiteren Faktor, nämlich die Wachsamkeit meiner Mutter, in der sich ihre Furcht ausdrückte, daß Kinder über die Stränge schlügen, würden sie nicht unter ständiger Kontrolle gehalten.

Im Gegensatz dazu empfand ich immer Vergnügen und war selbstsicher im Umgang mit den Drei-, Vier- und Fünfjährigen anderer Eltern. Nicht nur, daß sie keine Gelegenheiten zur Rebellion suchen, sie glauben, daß Erwachsene wunderbar seien – voll von Wissen über interessante Dinge, immer gut für eine Geschichte, auf magische Weise in der Lage, Dinge in Ordnung zu bringen, und reich genug, um alles kaufen zu können, was Kinder sich wünschen. Sie schmeicheln Erwachsenen, weil sie wie diese sein möchten und dies die meiste Zeit des Tages üben.

Sechs- bis Elfjährige sind nicht mehr dankbar, schmeichlerisch und charmant wie jüngere Kinder. Sie orientieren sich nicht mehr an ihren Eltern. Statt dessen machen sie die Gleichaltrigen nach: Sie sind unordentlich in ihrer Erscheinung, haben unschöne Tischmanieren, eine ungehobelte Sprache, und sie sind streitsüchtig. Sie zitieren ihre Lehrer, um den Eltern Fehler nachzuweisen. Sie sträuben sich gegen die Feinheiten, die ihre Eltern sie lehren wollen. Doch sie stehen den Überzeugungen der Eltern nicht skeptisch oder verächtlich gegenüber. Sie sind nicht rebellisch. Sie stehen nicht auf Tabak, Alkohol, Drogen und Sex, um kultiviert zu wirken.

Manche Eltern haben vor Ein- und besonders vor Zweijährigen Angst. Sie reden sogar von den »schrecklichen« Zweijährigen. Es handelt sich dabei um ein ungerechtfertigtes Vorurteil. Sicherlich, man benötigt etwas Feingefühl und Einfallsreichtum, um mit ihnen umzugehen. Erste Gefühle der Unabhängigkeit erwachen. Doch sie sind leicht abzulenken und auf alles neugierig. Sie müssen schon etwas stur sein, wenn es Ihnen nicht gelingt, mit Zweijährigen umzugehen.

Abgesehen von den Schwierigkeiten, die durch das Aufeinanderprallen der unterschiedlichen Persönlichkeiten von Eltern und Kindern verschiedener Altersstufen entstehen, gibt es gesellschaftliche Probleme, die auf die Familien einwirken.

Menschen mit geringen bis mittleren Einkommen sind ärmer geworden, während solche mit hohen Einkommen noch reicher wurden. Diese Fehlentwicklung hat verschiedene Ursachen. Während der ersten Jahre der Reagan-Administration wurden die Steuern für die Wohlhabenden und die Industrie erheblich reduziert. Die Mittel für Rüstung wurden auf verschwenderische Weise erhöht, ernsthafte Anstrengungen, in Abrüstungsverhandlungen zu treten, nicht unternommen. Zum Ausgleich dieser Verschiebungen wurden wiederholt solche Mittel gekürzt, die besonders den Ärmeren, den Alten, den Kranken und den Kindern zugute kamen. (Japan und Deutschland sind im Zweiten Weltkrieg unterlegen. Ihnen wurde danach jegliche nukleare Rüstung verboten. Ihre Ressourcen flossen deshalb in den zivilen Sektor der Wirtschaft. Ich denke, nicht zuletzt aus diesem Grund gehören beide zu den reichsten Nationen der Welt.)

Da die realen Einkommen gesunken sind (aber auch aus anderen Gründen), haben sich immer mehr Mütter den Vätern angeschlossen und Arbeit außerhalb der Familie angenommen. Sie wollen dadurch die Situation in ihren Familien verbessern. Die Hälfte aller Mütter von Vorschulkindern steht heute in Arbeitsverhältnissen. Damit ist deutlich geworden, daß es bei weitem nicht genug qualifizierte Tagesbetreuung für solche Familien gibt. Gute Kinderbetreuung ist für Eltern mit mittleren Einkommen zu teuer. Sie sollte deshalb vom Staat oder von der Industrie subventioniert werden, wie dies in vielen europäischen Staaten üblich ist. In unserem Land, den USA, werden Kinder auf üble Weise übers Ohr gehauen.

Heute endet die Hälfte aller Ehen mit einer Scheidung. Das zeigt, daß wir irgendwie die Richtung verloren haben. Was auch immer die Gründe von Scheidungen sein mögen, alle Kinder leiden darunter, und die Eltern sind für mindestens zwei Jahre unglücklich. Erneute Heirat erzeugt die Spannungen einer Stieffamilie – was ich mit viel Schmerz persönlich erfahren mußte.

Unter Teenagern haben frühe Schwangerschaften, Drogenkonsum und Selbstmorde erschreckend zugenommen. Dies zeigt, daß es einen ernstlichen Mangel an Werten gibt, die Jugendliche in dieser für sie oftmals angstvollen Phase stützen könnten. Ebenso scheinen ihren Eltern Grundüberzeugungen zu fehlen, die sie bei ihren Kindern erwecken könnten.

In keiner anderen Nation gibt es so viele Morde wie bei uns. Bei den meisten sind Täter und Opfer Mitglieder der gleichen Familie. Beunruhigenderweise sind auch unsere Zahlen für Vergewaltigungen, Gewalttaten in der Ehe und für Kindesmißbrauch höher.

Die Möglichkeit der nuklearen Vernichtung ängstigt und deprimiert Menschen aller Altersstufen.

Statistiken zeigen einen ständigen Rückgang der Anzahl der altmodischen Familien mit zwei Eltern und einigen Kindern. Manche Eltern glauben deshalb, daß die Familie für immer verschwinden wird. Ich denke nicht, daß dies das zentrale Problem ist. Sicher, die Familie ist heute wachsenden Belastungen ausgesetzt. Doch Kinder, die den leisesten Anflug von Familie erlebt haben, werden sie idealisieren. Und sind sie dann ihrerseits erwachsen, werden sie versuchen, die positiven Aspekte des Familienlebens mit ihren eigenen Kindern zu realisieren.

Die größere Bedrohung geht m. E. von den gespannten und lieblosen Bedingungen aus, unter denen Familien manchmal leben müssen: übermäßiger Wettbewerb und Materialismus, Mangel an geistigen Werten, Arbeitsplätze, die weder Zufriedenheit noch Freude bringen, das Verschwinden der Großfamilie und der kleinen, eng verbundenen Gemeinde.

Mit diesem Buch versuche ich meine Antworten auf solche Mängel und Belastungen zu geben: Zuerst kommt es darauf an, Kinder so zu erziehen, daß sie ihren Mitmenschen kooperativ, freundlich und liebenswürdig begegnen – und nicht versuchen, sich vor ihnen an die Spitze zu setzen. Sie werden dies nicht als aufgezwungenes Opfer, sondern als Inspiration erleben.

Die zweite Antwort heißt, daß wir die Regierung davon abbringen, Sonderinteressen zu verfolgen, wie beispielsweise die der Rüstungsindustrie und anderer Großindustrien, die keine anderen Ziele außer dem maximalen Profit kennen. Natürlich muß es in unserem System Profite-

geben. Doch das System kann humanisiert werden. Wir müssen politisch noch viel aktiver werden, damit unsere Regierung unsere Interessen verfolgt.

Kapitel 1

Die Ängste unseres Lebens

Können wir unsere Spannungen verringern?

Ich glaube, daß wir in der Nation leben, die weltweit am meisten unter Streß zu leiden hat. Dies muß nicht sein. Wir sind uns des Stresses nicht bewußt, weil es einer Mehrheit von uns wirtschaftlich immer noch besser geht als den Völkern anderer Staaten. Dieser materielle Wohlstand narkotisiert uns.

Warum sind wir so angespannt? Zunächst: Wir haben die Quellen der Sicherheit und der Tröstungen verloren, auf die sich unsere Vorfahren noch verlassen konnten. Wir wissen noch nicht einmal, was wir verloren haben.

Früher wurden große Teile des Universums als geheimnisvoll betrachtet. Nur Gott wußte über sie Bescheid. Und eine weitaus größere Anzahl unserer Vorfahren lebte mit dem festen Bewußtsein, nach seinem Bild erschaffen und in jeder Stunde des Tages durch seinen Willen bestimmt zu sein. Heute scheinen die Naturwissenschaften viel von der Autorität Gottes übernommen zu haben. Doch sind sie zu unpersönlich, um als Leitbild dienen zu können. Schlimmer noch: Sie haben uns zerlegt und zu bloßen biologischen und psychologischen Mechanismen degradiert, etwas komplexer als andere Tiere und fähig, sich verschiedenen sozialen Verhältnissen anzupassen. Deshalb haben wir viel von unserem Gefühl der Würde verloren. Wir sind seelenlos geworden.

Die Menschen lebten zusammen mit ihren Verwandten – oder zumindest in ihrer Nähe – in einer Großfamilie. Junge Eltern konnten bei der Kinderversorgung, bei Eheproblemen, finanziellen Sorgen oder Krankheiten unverzüglich Unterstützung erhalten. Helfer waren immer zur

Hand. So konnte sich eine starke emotionale Sicherheit bilden, die wir heute nicht mehr kennen. Und heute bemitleiden wir ein Ehepaar, das seine Eltern in den Haushalt aufnimmt:»Die armen Jenkins, sie müssen seine Mutter zu sich nehmen!«

Die meisten Amerikaner lebten einst in einer kleinen, übersichtlichen Gemeinde, in der sie bekannt waren und sich auf die Hilfe der Nachbarn verlassen konnten. Sie fühlten sich ebenso verpflichtet, anderen zu helfen und sich um die Belange der Gemeinde zu kümmern. Heutzutage ziehen die jungen Paare auf der Suche nach besseren Arbeitsplätzen in die großen Städte. Dort sind sie nur sich selbst verantwortlich – und einsam. Sie neigen dazu, häufig umzuziehen. Sie sind entwurzelt. Wir halten dies für normal. Aber ganz sicher fordert dieses Leben seinen Preis.

In 50 Prozent aller Familien mit Vorschulkindern sind sowohl der Vater als auch die Mutter außerhalb des Haushalts berufstätig. Seien es emotionale oder finanzielle Gründe – sie alle haben ein Recht auf einen Beruf und eine Karriere. Unglücklicherweise ist aber bei uns (d. h. in den USA; Anm. d. Ü.) das Problem einer guten Tagesbetreuung für die Kinder nicht gelöst. Für Familien mit mittlerem Einkommen muß eine gute Betreuung durch den Staat oder die Arbeitgeber finanziert werden. Unsere Regierung meint allerdings, sie könne solche Unterstützung nicht leisten. Eine Vielzahl von Kindern wird deshalb vernachlässigt, was sich an ihrer Persönlichkeit zeigt.

Die Anspannungen in unserer Gesellschaft tragen auch zur hohen Scheidungsrate bei. Sie hat sich in den letzten 15 Jahren verdoppelt. Und eine Scheidung erzeugt für mindestens zwei Jahre neue Symptome von Streß – bei den Kindern und bei den Eltern. Es folgen die Anspannungen in einer Stieffamilie, die für viele Jahre andauern können. Man kann sie sich nicht vorstellen, wenn man sie nicht selbst erlebt hat. Dies habe ich selbst herausgefunden. Heute wird für die USA vorhergesagt, daß es in der Mitte der neunziger Jahre mehr Stieffamilien als Nicht-Stieffamilien geben wird. Letztere werden dann zum ersten Mal in der Geschichte eine Minderheit bilden.

Die Kürze der Bekanntschaft vor der Heirat und die Heirat in einem frühen Lebensalter sind Faktoren, die zur Scheidung beitragen. Ich vermute, ein weiterer Faktor ist folgender: Amerikanische Jugendliche werden mit all den Besitztümern und Privilegien ausgestattet, die sich ihre Eltern leisten können. In einigen mir bekannten Familien gehörte ein Auto als Geschenk zum 16. Geburtstag. Dies ist weit mehr, als

Jugendliche in anderen Industrienationen erwarten können. Es ist relativ einfach, Geld zu verdienen. Im Vergleich zu anderen Staaten sind die meisten Oberschulen und Universitäten nicht sehr anspruchsvoll. Mit anderen Worten: Viele Jugendliche sind in der Lage, ohne großen Aufwand das zu bekommen, was sie sich wünschen. Und von der Ehe erwarten sie sich alle erdenkliche Freude und Befriedigung. Sie haben nicht begriffen – und ihre Eltern haben es ihnen nicht gesagt –, daß die Ehe wie ein Garten ist, der zum Erhalt und erst recht zur Verbesserung ständig gepflegt werden muß.

Von Natur aus empfinden wir Menschen eine große Befriedigung bei der Schaffung schön gearbeiteter und ansehnlicher Gegenstände – Töpfe, Behälter, Werkzeuge, Kleidung oder Schmuck –, seien sie für den Alltag gedacht oder für den Verkauf. Diese Form der Arbeit finden wir heute nur noch in vorindustriellen Gesellschaften. Zwar ist unser Konzept der industriellen Fertigung an Fließbändern – in der Produktion aber auch im Büro – effizienter und profitabler. Doch hat es Millionen die Befriedigung an ihrer Arbeit genommen, außer der am verdienten Geld. In den USA und in Europa haben sich Industriearbeiter über die zunehmende Langeweile und Anspannung beklagt, die dadurch entsteht, daß sie langweilige Arbeit verrichten.

Unsere Gesellschaft ist von einem gnadenlosen Konkurrenzdenken geprägt. Um sie zu mehr Anstrengung anzuspornen, werden schon die Leistungen von Kindern mit denen anderer Kinder verglichen, sei es in der Schule oder zu Hause. Manche Eltern stecken sie an jedem Nachmittag der Woche nach der Schule in weitere Veranstaltungen – Musikunterricht, Ballett oder Sport –, oder sie schicken sie in Trainingscamps für Computer, Tennis oder Fußball. Im Sport verschwindet der Spaß. Vom Kindergarten bis zur Hochschule stehen mehr und mehr die Perfektion und das Gewinnen im Vordergrund.

Groteske Beispiele für übertriebenen Wettbewerb stellen die Versuche dar, Wunderkinder zu erzeugen, wobei man einjährige Kinder lehrt, das Bild von Beethoven zu erkennen, oder Zweijährige im Lesen unterrichtet. Dies, obwohl niemand bislang zeigen konnte, daß solche frühreifen Leistungen überhaupt irgendeinen Effekt haben. (Zumindest haben wir bislang noch nicht das Ausmaß an Druck erreicht, das auf japanische Kinder ausgeübt wird. Dort begeht eine erschreckende und ansteigende Anzahl von Grundschulkindern Selbstmord. Die Kinder glauben, daß ihre Eltern mit ihren Zensuren nicht zufrieden sein werden.) Und auch im Erwachsenenalter! Unter den erfolgreichsten Managern ist die Rate der Magengeschwüre sehr hoch, sie vernachlässigen ihre Kinder und ihre Verwandtschaft, um an die Spitze zu kommen und um dort zu bleiben.

Ein Teil der Probleme in den USA besteht darin, daß unsere Gesellschaft so ausschließlich materialistisch eingestellt ist. Alle Gesellschaften müssen produktiv sein. Doch in den meisten Teilen der Welt hält sich der Materialismus mit der Verpflichtung für bestimmte geistige Werte die Waage, sei es die Pflicht, Gott zu dienen (wie im Iran), die Familie zu unterstützen, selbst unter Hintanstellung persönlicher Wünsche (wie in einigen europäischen Gesellschaften), oder der Nation zu dienen (wie in Israel).

In den letzten 20 Jahren hat sich in den USA die Selbstmordrate unter Teenagern vervierfacht. Ich bin davon überzeugt, daß der Hauptgrund dafür im Mangel an Werten liegt, die gefestigt genug sind, um die Jugendlichen während dieser spannungsreichen und verwirrenden Jahre zu unterstützen. Ein weiterer Grund – gut belegt – ist ihre Angst vor einer nuklearen Vernichtung, bevor sie einen Beruf ergreifen oder heiraten können.

Hinsichtlich von Morden in der Familie, Vergewaltigungen, Gewalt in der Ehe und Kindesmißhandlungen ist unser Land (die USA, Anm. d. Ü.) das gewalttätigste der Welt. Die Gewalt in der Familie ist zugleich Ausdruck und Ursache der bedrohlichen Spannungen in vielen unserer Familien. Unsere Gesellschaft war immer eine grobe, die zu Brutalitäten neigte, beispielsweise bei der Behandlung der Native Americans (der »eingeborenen Amerikaner«, der Begriff »Indianer« wird von Spock und anderen heute abgelehnt, da er Ausdruck der kolonialistischen Unterdrückung und Vernichtung ist; Anm. d. Ü.) oder der jeweils neuesten Welle von Einwanderern. Heute wird die Gewalt durch die Darstellungen in Filmen und im Fernsehen vervielfacht. Es wurde wissenschaftlich belegt, daß Kinder oder Erwachsene, die Gewaltdarstellungen zuschauen, jedesmal desensibiliert und brutalisiert werden, zumindest zu einem kleinen Grad. Schon liegen Schätzungen vor, nach denen das durchschnittliche amerikanische Kind bis zu seinem 18. Lebensjahr 18 000 Morde gesehen haben wird. Auf diese Weise produzieren wir Hunderttausende von unsensiblen, gewalttätigen Menschen. Dies bedeutet aber nicht, daß auch ein Kind, das von freundlichen Eltern großgezogen wird, zum Gewalttäter wird. Aber wir werden in diese Richtung gedrängt, manche mehr und manche weniger.

Dann gibt es die Angst vor der nuklearen Vernichtung. Die Hälfte aller Amerikaner rechnet damit in nicht allzu entfernter Zukunft. Gleichwohl werden nur wenige politisch aktiv, um sie zu verhindern. Die Ängste sind begründet. Noch jeder Präsident hat Lippenbekenntnisse zur nuklearen Abrüstung abgelegt und fand dann doch Begründungen, um immer mehr und tödlichere nukleare Waffen bauen zu lassen. Laut Meinungsumfragen sind 60 bis 70 Prozent aller Amerikaner für eine gegenseitige, nachprüfbare Abrüstung; denn sie haben erkannt, daß das Wettrüsten ihnen nicht mehr, sondern weniger Sicherheit gebracht hat. **Für mich ist Abrüstung die einzige Hoffnung dafür, daß wir die Welt intakt an unsere Kinder und Enkel übergeben können.** Genauso klar scheint mir, daß die Regierung – Präsident wie Kongreß – aufgrund des politischen Drucks verschiedener Seiten derzeit nicht abrüsten kann: Da gibt es die finanzielle und politische Macht der Rüstungsindustrie, den unstillbaren Hunger des Pentagons nach mehr und seine Alarmschreie, die UdSSR werde bald mehr Waffen besitzen als wir. Und da gibt es die Angst bei den meisten politischen Beamten, ihre Gegner könnten ihnen die Vernachlässigung der nationalen Sicherheit oder eine Übertölpelung durch die UdSSR vorwerfen. Deswegen glaube ich, daß nur das Volk eine Abrüstung durchsetzen kann. Es muß seine Stimmen bei den Wahlen gezielt einsetzen und permanenten politischen Druck ausüben. Bis jetzt ist aber nur ein Bruchteil derer, die an die Politik der Abrüstung glauben, mit solchen basisdemokratischen Mitteln aktiv geworden.

Und es gibt bei uns offensichtlich weitere Quellen für soziale Spannungen. Im Gegensatz zu Kanada und zu den meisten europäischen Staaten fehlt uns eine qualitativ hochwertige allgemeine Gesundheitsfürsorge, die durch Sozialabgaben oder Steuermittel finanziert wird. Große Teile des vorhandenen Wohnraums sind baufällig, und nur die Wohlhabenden können sich heutzutage neue, gut ausgestattete Häuser leisten. Es mangelt an Freizeiteinrichtungen für die mittleren Einkommensgruppen. Und auch bei der Bekämpfung der Diskriminierung von Minderheiten und Frauen stehen wir erst am Anfang.

Ich habe diese Liste von sozialen Spannungen und Ängsten nicht zusammengestellt, um Sie zu deprimieren oder zu lähmen. Ich glaube vielmehr, daß wir unsere Probleme lösen können – vorausgesetzt, wir erkennen sie. Meine Lösungen tragen zwei Namen: Kindererziehung und politische Aktivität.

Eine andere Kindererziehung

Ich bin der Meinung, daß wir bei der Erziehung weitaus weniger Wert auf das Konkurrenzverhalten und das Vorwärtsstreben legen sollten. Wir sollten Kinder nicht miteinander vergleichen, weder zu Hause noch in der Schule. Wir brauchen keine Zensuren. Sport sollte hauptsächlich dem Spaß dienen. Er sollte von den Kinder und Jugendlichen selbst organisiert werden.

Wir erziehen unsere Kinder hauptsächlich dazu, im Leben vorwärtszukommen. Ich meine, wir sollten in ihnen statt dessen die Ideale der Hilfsbereitschaft, Zusammenarbeit, Freundlichkeit und Nächstenliebe erwecken. Diese müssen nicht feierlich gepredigt werden. **Das Beispiel der Eltern ist das wirksamste Erziehungsmittel.** Menschen, die selbst mit viel Liebe erzogen wurden, sind gerne bereit, anderen zu helfen. Letzteres gibt Kindern ein positives Gefühl, als ob sie schon erwachsen wären.

Im Alter von zwei Jahren möchten Kinder schon den Tisch decken. Sie sollten ihnen erlauben, das Besteck zu decken. Es kann nicht kaputtgehen. Loben Sie das Kind für seine Hilfsbereitschaft. Und bei Gelegenheit können Sie ihm versprechen, daß es eines Tages auch die Teller decken darf. Vergißt es aber seine Hilfsbereitschaft, so sollten Sie ihren Ärger unterdrücken. Und in der gleicher Weise, in der wir einen guten Freund ermahnen würden, können wir sie höflich daran erinnern, wie sehr wir ihre Hilfe brauchen. (In Kinderhorten sind die Mitarbeiter darauf angewiesen, daß die Kinder ständig beim Aufräumen und bei den Mahlzeiten helfen.) Später dann können wir Teenager ermuntern oder von ihnen erwarten, daß sie unentgeltlich in Krankenhäusern arbeiten oder jüngeren Schülern Nachhilfeunterricht erteilen.

In der Schule sollten keine Zensuren erteilt werden. (Ich habe an einer medizinischen Hochschule unterrichtet, an der die Benotung mit sehr viel Erfolg abgeschafft wurde.) Zensuren zwingen jeden Schüler, sich mit allen anderen zu messen. Sie verleiten Schüler und Lehrer zu glauben, daß das Lernen im Auswendiglernen der Worte des Lehrers bestünde. Aber anwendungsorientiertes Lernen, dessen Ziel die maximale Befähigung des Kindes für seinen Beruf, das öffentliche Leben und das Familienleben sein sollte, beruht auf Handeln, Denken, Fühlen, Experimentieren, der Übernahme von Verantwortung, dem Ergreifen von Initiativen, der Lösung von Problemen und der Schaffung von Neuem. Der Lehrer stellt die hierzu notwendige Atmosphäre her, er organisiert die Lernmaterialien und lenkt die Aufmerksamkeit auf das Geschehen. Die Schüler machen den Rest.

Die Mehrheit der amerikanischen Eltern ist der Überzeugung, daß körperliche Bestrafung zur Erziehung braver Kinder notwendig sei. Ich hoffe, sie können sich von dieser Auffassung befreien. Zwar verspüren die meisten Eltern sicherlich manchmal den Drang, das Kind zu schlagen; beispielsweise wenn es einen für die Eltern wertvollen Gegenstand absichtlich kaputtmacht. Es gibt aber ganze Gesellschaften, in denen es einem Erwachsenen niemals in den Sinn kommen würde, ein Kind zu schlagen. Und sowohl privat wie auch beruflich sind mir Dutzende von Familien bekannt, in denen die Erwachsenen niemals eine Hand gegen die Kinder erhoben oder ihre Kinder anders bestraft oder gedemütigt haben. Diese Kinder sind trotzdem in idealer Weise entgegenkommend und höflich. Kinder sind darauf erpicht, immer erwachsener und verantwortungsbewußter zu werden.

Will ein erfolgreicher Vorarbeiter oder Vorgesetzter einen Arbeiter maßregeln, dann gibt er ihm weder einen Klaps auf den Po noch eine Ohrfeige. Er ruft ihn in sein Büro und erklärt, wie er die Arbeit gemacht haben möchte. In den meisten Fällen ist der Arbeiter dann bemüht, dies auch umzusetzen. Wird ihnen Respekt entgegengebracht, dann gilt das gleiche auch für Kinder.

Zum Thema körperliche Bestrafung gibt es meines Erachtens zahlreiche Irrtümer. Tatsächlich lehrt sie, daß Macht vor Recht geht. Sie bewirkt, daß aus einigen Kindern Rowdys werden. Und sollte eine körperliche Bestrafung wirklich eine Verhaltensänderung beim Kind auslösen, dann nur aus Angst vor Schmerzen. Es wäre weitaus sinnvoller, sein Verhalten beruhte auf der Liebe zu seinen Eltern, dem Wunsch, ihnen zu gefallen und ihnen zu ähneln.

Ich bin der Meinung, daß es Kindern nicht gestattet sein sollte, Gewaltdarstellungen zu sehen, weder im Fernsehen noch im Kino, weder im Zeichentrickfilm noch im Realfilm mit Schauspielern. Sagen Sie ihnen mit Überzeugung: »Es gibt schon zuviel Mord und Totschlag in dieser Welt!«

Mit ähnlichen Worten würde ich es ablehnen, einem Kind Spielzeugwaffen oder anderes Kriegsspielzeug zu geben, obwohl ich ihm nicht hinterherrennen würde, wenn es einen Stock als Gewehr benutzt, um mit seinen Spielkameraden mitzuhalten.

24

Politisch aktive Eltern

Wie sollen wir Bundeszuschüsse für eine adäquate ganztägige Kinderbetreuung bekommen, auf die Millionen von jungen Eltern und ihre Kinder derzeit verzichten müssen? Wie werden wir – besonders für die Kinder in benachteiligten Regionen – bessere Schulen bekommen, mit kleineren Klassen und besser ausgebildeten Lehrern? (Gerade diese Kinder brauchen Schulen voller Anregungen, um mit den Kindern aus privilegierten Nachbarschaften mithalten zu können.) Wie erreichen wir für alle Bürger eine umfassende und qualitativ hochwertige Gesundheitsfürsorge? Wie bekommen wir für alle Familien anständige Wohnungen und Freizeiteinrichtungen? Nicht indem wir unsere Hände ringen. Lösungen können nur aus verstärkten politischen Aktivitäten der betroffenen Menschen erwachsen. Derzeit beteiligt sich nur die Hälfte von uns an den Wahlen. Und viele von denen, die wählen, scheinen dies nicht auf der Basis der Sachthemen zu tun sondern aufgrund der Vorliebe für bestimmte Persönlichkeiten. 60 bis 70 Prozent sind für Abrüstung, was sie nicht daran hinderte, Nixon und Reagan zu wählen, die offen für den Rüstungswettlauf eintraten.)

Die Amerikaner haben gezeigt, daß sie die Behörden in Washington mit Briefen und Telegrammen überschütten, um gegen eine Steuer oder eine Kürzung der Renten zu protestieren. Doch nur wenige werden politisch aktiv, wenn es um das Thema Abrüstung geht. Liegt das daran, daß Steuern und Renten als Angelegenheiten der Bürger betrachtet werden, und die Abrüstung – zu schwierig und zu technisch für den normalen Menschen – als Sache der Regierung? Millionen von Amerikanern betrachten politische Aktivitäten wie Briefe schreiben und Demonstrieren als unangebracht. Sie betrachten die Politik als schmutziges Geschäft und sind zugleich doch stolz auf unsere Demokratie. Väter raten ihren Söhnen: »Kümmere Dich nicht um Politik. Deine Aufgabe ist es voranzukommen!« Ich selbst wurde kritisiert, weil ich angeblich aus meiner professionellen Rolle ausgestiegen bin, um mich mit etwas so Würdelosem wie Politik zu beschäftigen. **Ich antwortete, dies sei die verspätete Erkenntnis, daß Kindergärten, gute Schulen, Gesundheitsfürsorge und nukleare Abrüstung wichtigere Aspekte der Kinderheilkunde sind als die Impfung gegen Masern oder die Dosierung von Vitamin D.**

Die Konservativen behaupten, wir könnten uns die Befriedigung unserer sozialen Bedürfnisse nicht leisten. Doch europäische Staaten, denen es bei weitem nicht so gutgeht wie uns, tun mehr für ihre Menschen und besonders für ihre Kinder. Das Hauptproblem besteht darin, daß unsere Regierung Billionen von Dollar in weitere teuflische Waffen investiert, in der vagen Hoffnung, daß wir die Sowjetunion so deutlich übertrumpfen können, daß sie, eingeschüchtert, ohne Kampf kapituliert. Wir müssen der Rüstungsindustrie die Kontrolle über dieses Land aus den Händen nehmen!

Wir müssen wählen, und zwar kritisch. Erweisen sich die Inhaber von Ämtern als inkompetent, so sollten wir schon bei den Nominierungen die Kandidaten unterstützen, die unsere Ansichten teilen. Sind unsere Kandidaten im Amt, dann müssen wir uns um sie kümmern und verfolgen, wie sie abstimmen. Briefe schreiben oder Telegramme senden ist nicht albern. Sie sind insofern nützlich, als sie dem Präsidenten und dem Kongreß verdeutlichen, wie die Menschen denken. Die Politiker schätzen, daß jeder Brief, den sie erhalten, für Tausende von Menschen mit gleicher Meinung steht, die keine Briefe schreiben. Haben Sie keine Angst vor den Formulierungen. Es kommt nur darauf an, daß sie deutlich machen, auf welcher Seite Sie stehen.

Sie müssen nicht nach Washington fahren, um ihre Senatoren oder ihre Abgeordnete beeinflussen zu können. Fragen Sie deren Büros, wann sie den Heimatstaat das nächste Mal besuchen werden. Lassen Sie sich für Ihre Initiative dann einen Termin geben. Geben Sie der Initiative, die mindestens 20 ernsthafte Mitglieder haben sollte, einen beeindruckenden Namen. Gehen Sie nicht allein zu dem Treffen, sonst könnte man Sie als einen Narren abtun.

Sie können an großen Demonstrationen in Washington, New York, Chicago oder Los Angeles teilnehmen. Sie können aber auch selbst eine kleine Demonstration an ihrem Wohnort organisieren. Plazieren Sie Ihre Transparente vor dem Verwaltungsgebäude, dem Postamt oder dem Büro Ihres Abgeordneten. Sind Sie verzweifelt, weil Sie alle ordnungsgemäßen Mittel ohne Erfolg ausgeschöpft haben, dann könnten Sie an gewaltlose Aktionen zivilen Ungehorsams denken. Damit erzeugen Sie erhebliche Aufmerksamkeit in den öffentlichen Medien. Es ist nützlich, mindestens einen couragierten Anwalt in der Initiative zu haben. Er kann prüfen, ob Ihre Sache gerechtfertigt ist; außerdem beeindruckt dies die Polizei. Zumindest aber während der Aktion ist es unbedingt notwendig, sich der Unterstützung eines oder zweier gemeinsinniger Rechtsanwälte zu versichern. Sie müssen feststellen, wie die Rechtslage hinsichtlich der geplanten Aktion ist, sie müssen die Behörden informieren, Kautionen und Geldstrafen organisieren und die Demonstranten vor Gericht vertreten. Um Ihr Anliegen oder Ihre Initiative durchzusetzen, können Sie eine Vielzahl politischer Aktivitäten einsetzen. Wählen sie diejenigen, die Sie vertreten können. Das Wichtigste aber ist, daß Sie langen Atem haben und Monat um Monat, Jahr um Jahr bei der Sache bleiben. Letztlich zählt Ihre Ausdauer.

In den Beruf zurück?

Ob die Mutter eines Babys oder eines Vorschulkinds außer Haus zurück in den Beruf gehen soll (die Pflege eines Babys kann eine Ganztagsbeschäftigung sein), ist keine einfach zu beantwortende Frage. Jede Frau, die es versucht hat, kann dies bestätigen. Eine Vielzahl von Faktoren muß berücksichtigt werden. Wie wichtig ist der Beruf für die Mutter, finanziell, sozial oder psychologisch? Können Mutter und Vater ihre Arbeitszeiten so aufeinander abstimmen, daß während der Wachzeiten mindest einer von ihnen bei dem Kind sein kann? Gibt es Großeltern, eine Tante oder andere Verwandte, die von beiden Eltern akzeptiert werden und die sich um das Kind kümmern können?

Hat die Mutter vorher in ihrem Beruf gearbeitet? Wenn sie sich jetzt dafür entscheidet, noch nicht in den Beruf zurückzukehren, stellt sich die Frage: Hat sie lange und erfolgreich genug gearbeitet, um das Selbstbewußtsein zu besitzen, daß sie auch später noch an ihren früheren Arbeitsplatz zurückkehren oder daß sie einen anderen finden könnte? Sind am Ort freie Plätze in guten Kinderbetreuungsstätten zu erhalten? Würde die Mutter für ein oder mehrere Jahre zu Hause bleiben, vielleicht bis das Jüngste in die Schule kommt oder mindestens drei Jahre alt ist, um einen guten Kindergarten besuchen zu können? (Der Staat sollte die Eltern unterstützen, die es sich aus finanziellen Gründen nicht leisten können, so lange zu Hause zu bleiben.)

Einige wenige Kinderpsychologen glauben, daß nur die Mutter oder der Vater dem Kind die ideale Pflege angedeihen lassen kann. Sie begründen dies mit der Intimität und Dauerhaftigkeit dieser Beziehungen. Doch die Mehrheit meint – wie auch ich – , daß eine gut ausgebildete Kindergärtnerin, eine ausgezeichnete Tagesmutter, eine Großmutter, eine Tante, ein Onkel oder eine andere Person, die das Kind während des Arbeitstags der Eltern zu Hause betreut, die Eltern auf zufriedenstellende Weise vertreten kann. Es kommt allerdings auf ihre/seine Persönlichkeit und Haltung an.

Die Person, die sich um das Kind kümmert, sollte in der Lage sein, sich wie die Eltern zu verhalten. Damit meine ich, sie sollte sich jedem Kind mit Wärme zuwenden, die individuelle Eigenart jedes Kindes anerkennen, Freude über die Leistungen des Kindes ausdrücken (was das Kind dazu ermutigt, in seiner Entwicklung voranzuschreiten), und sie sollte mit dem Kind auf freundliche Weise zurechtkommen (ohne Strenge und ohne Repression).

Solange die Kinder drei bis fünf Jahre alt sind, sollte sich ein Erwachsener nicht um mehr als sieben Kinder kümmern müssen. Sind die Kinder unter drei, dann sollten auf einen Erwachsenen nur drei Kinder kommen. Die letzte Situation wird (in den USA) »family day care« genannt, wenn die Betreuung im Haus der betreuenden Person stattfindet (dies ist vergleichbar unserem Ansatz der »Tagesmutter«; Anm. d. Ü.).

Wollen Sie ihr Kind in einen Kinderhort oder zu einer Tagesmutter geben, dann sollten Sie die Einrichtung mehrmals für einige Stunden besuchen. Sie müssen sicher sein, daß die Umgebung und die Art und Weise der Erziehung mit Ihren Auffassungen übereinstimmen. Beobachten Sie, ob die betreuenden Personen die meiste Zeit mit allgemeinen Anweisungen an die Gruppe verbringen oder ob sie darauf achten, den Kindern aus Schwierigkeiten zu helfen. Benötigt ein Kind Rat, weil es an einem Spielzeug die Lust verloren hat? Gerät es in Streitigkeiten oder Kämpfe? Braucht es Hilfe beim Erlernen kooperativer Spiele? Hat es sich weh getan, und muß es getröstet werden?

Natürlich sollte genügend gutes Spielzeug vorhanden sein. Für Drei- bis Fünfjährige eignen sich Bausteine, Puppen, Puppenbekleidung, Haushaltsgegenstände, Pinsel und Farben, Modelliermassen, Spielzeugautos, Dreiräder, kleine Leiterwagen, ein Klettergerüst und ein Sandkasten. Aber auch für unter Dreijährige muß Spielzeug vorhanden sein. Die Aktivitäten und das Spielzeug sind entsprechend einfacher.

Früher bekamen Frauen, die sich eine Berufstätigkeit außer Haus versprachen, ihre Kinder relativ bald nach der Heirat. Irgendwann, wenn ihr Kind zwischen einem und sechs Jahre alt war, gingen sie dann in den Beruf. In den letzten Jahren hat eine steigende Anzahl von Frauen zunächst eine berufliche Karriere begonnen, um dann erst gegen Ende zwanzig oder dreißig Jahren ihre Babys zu bekommen. Auf diese Weise haben sie zunächst bewiesen, daß sie eine gute berufliche Position erreichen können. Sind die Babys dann vorhanden, können diese Mütter besser entscheiden, ob sie bald wieder auf eine Teilzeit- oder Ganztagsstelle in den Beruf zurückkehren wollen oder ob sie sich für ein oder mehrere Jahre ganz dem Kind widmen wollen, bis es alt genug ist für eine Tagesmutter, den Kindergarten oder die Schule. In dieser späteren Lebensphase wird auch der Vater schon mehr verdienen, so daß es finanziell möglich wäre, daß die Mutter zeitweise aus dem Beruf ganz aussteigt.

Untersuchungen haben gezeigt, daß die alte Behauptung:»Bekomme Deine Kinder, solange Du jung, stark und beweglich bist!« nicht unbedingt vernünftig ist. **Im allgemeinen sind ältere Eltern bei der Erziehung ihrer Kinder beweglicher, toleranter, verständiger und glücklicher.**

Bis zum Alter von drei Jahren reagieren Babys und Kinder sehr empfindlich, wenn sie von ihrer wichtigsten Bezugsperson getrennt werden. Trennt man sechs Monate alte Babys plötzlich von ihrer Mutter und gibt sie in die Obhut einer unbekannten Person, dann reagieren sie mit Depressionen. Mit zwei oder zweieinhalb Jahren werden sie sehr still, wenn die Mutter sie plötzlich einer fremden Betreuerin übergibt. Der Grad der Verzweiflung zeigt sich erst, wenn die Mutter wieder zurückkehrt. Das Kind stürzt sich dann auf sie und klammert sich an ihr fest. Es wird alarmiert schreien, sollte die Mutter den Raum wieder verlassen wollen. Auf die Betreuerin, die es zuvor während der Abwesenheit der Mutter akzeptiert hat, wird es nun einschlagen. Hat die Mutter das Kind dann abends ins Bettchen gelegt, wird es sich fest an sie klammern. Löst die Mutter sich mit sanfter Gewalt, und läuft sie auf die Tür zu, dann kann sich ein Zweijähriges, das niemals zuvor aus seinem Gitterbettchen kletterte, plötzlich über die Bettseite stürzen, um der Mutter hinterherzulaufen. Es wird Monate dauern, bis ein solchermaßen verängstigtes Kind wieder ein Gefühl der Sicherheit erlangt hat.

Um solches zu verhindern, muß das Kind mit Bedacht auf die Trennung vorbereitet werden. Dies geschieht über einen Zeitraum von mindestens zwei Wochen, innerhalb dessen die neue Betreuungsperson allmählich eingeführt wird. In der ersten Woche könnte sie für immer längere Zeiträume in das Haus kommen, ohne sich direkt um das Kind zu kümmern. Es kann sich eine Freundschaft aus der Distanz bilden. Wird die Anwesenheit akzeptiert, dann kann sie versuchen, dem Kind beim Anziehen oder beim Essen zu helfen. Geht dies problemlos, kann die Mutter das Haus für höchstens eine halbe Stunde verlassen, am nächsten Tag für eine Stunde u.s.f. Zeigt das Kind irgendwelche Anzeichen von Panik, sollte sich die Betreuungsperson etwas zurückziehen, um später etwas langsamer wieder in dem Prozeß fortzufahren.

Soll das Kind zu einer Tagesmutter gegeben werden, sind im Prinzip die gleichen Schritte notwendig: mehrere kurze Besuche zusammen mit der Mutter, bis sich das Kind heimisch fühlt. Dann kann die Mutter das Kind für eine halbe Stunde verlassen und allmählich die Länge der Abwesenheit steigern. Dies klingt ziemlich aufwendig – hinsichtlich des Gelds und hinsichtlich der Zeit. Doch ist dieser Aufwand gerechtfertigt, um eine Trennungspanik und das Scheitern einer Arbeit außer Haus überhaupt zu vermeiden.

Nachdem Kinder erst einmal drei Jahre alt geworden sind, entwickeln sie nur noch selten eine schwere Trennungsangst. Gleichwohl empfehle ich auch dann noch eine allmähliche Einführung in den Kindergarten, wenigstens um für die allerersten Tage beobachten zu können, wie sich das Kind verhält. Danach können Sie den Gewöhnungsprozeß kürzer gestalten.

Vollzeit- oder Teilzeitarbeit?

Für viele Frauen besteht ein guter Kompromiß darin, zunächst mit einer Teilzeitbeschäftigung zu beginnen. Diese ermöglicht der Mutter die Nähe, die sie zum Kind gerade in den am meisten formenden Jahren sucht. Zugleich behält sie einen Fuß in der Arbeitswelt. Darüber hinaus bekommt sie den Eindruck, daß sie der Isolation des Haushalts entkommt. Das Gefühl des Eingesperrtseins haben viele Frauen besonders beim ersten Kind, weil dieses die Freiheit der Mutter beendet.

Gerechterweise sollte aber auch der Vater bereit sein, eine Teilzeitarbeit zu übernehmen, so daß die Mutter nicht ihre gesamte berufliche Tätigkeit außer Haus aufgeben muß. Doch manche Väter sind auch heute noch nicht so weit, sich in der Rolle des Kinderbetreuers zu sehen. Und selbst in Familien, in denen der Vater dazu bereit ist, wird die Realisierung aus praktischen Überlegungen nicht immer möglich sein. Tatsache ist, daß ungerechterweise Männer für die gleiche Arbeit viel mehr Geld erhalten als Frauen. Übernimmt ein Vater eine Teilzeitbeschäftigung, bedeutet dies meist, daß der finanzielle Verlust der Familie größer ist, als wenn die Mutter das gleiche tut. Und wenn Unternehmen Eltern längere Urlaubszeiten für die Betreuung eines Kindes gewähren, dann ist das in der Regel für die Mutter und nicht für den Vater gedacht.

Die Unterbringung in guten Kindergärten oder bei Tagesmüttern ist teuer, teurer als es sich Familien mit mittleren Einkommen leisten können. In den meisten europäischen Staaten ist man wesentlich weiter als in den USA. Dort wird die Kinderbetreuung durch den Staat, die Industrie oder durch beide finanziell unterstützt. Unser Staat ist der reichste, den die Welt jemals gesehen hat. Es gibt eigentlich keinen Grund dafür, daß er unseren Kindern die Mittel vorenthält – außer natürlich, um sie in den obszönen Verteidigungsetat zu stecken.

In den vergangenen Jahrhunderten und Generationen betrachteten die meisten Frauen die Familie als den wichtigsten Aspekt ihrer Existenz. (Ich selbst war auch davon überzeugt.) Während ihres Kreuzzugs für Gleichheit und Gerechtigkeit haben viele Feministinnen – besonders in der sich bildenden Frauenbewegung in den siebziger Jahren – Gleichheit primär als gleiche Bezahlung und gleichen Zugang zu den angesehenen Jobs verstanden, was ihnen gewiß zusteht! Doch Geld und Prestige sind in unserer exzessiv wettbewerbsorientierten und materialistischen Gesellschaft zwei der bedeutendsten Ziele der Männer. In diesem Sinn akzeptieren jetzt viele Frauen in gewissem Maße die Werte der Männer. Oder – um es drastischer auszudrücken – viele Frauen beteiligen sich am gnadenlosen Rennen. Im übrigen bekommen sie mehr und mehr Magengeschwüre und Herzinfarkte, einstmals eine typische Domäne angespannter und ehrgeiziger Männer.

Welche Werte sollen die Zukunft der USA bestimmen? Diese Frage bewegt mich in vielfacher Hinsicht. Während meiner Tätigkeit als Lehrer an medizinischen Hochschulen habe ich immer wieder versucht, die Studierenden (meist waren es Männer) für die Gefühle ihrer Patienten zu sensibilisieren. Denn die Gefühle stehen in enger Beziehung zu den Krankheiten. Ich habe – mit anderen Worten – versucht, der Erziehungstendenz entgegenzuwirken, derzufolge amerikanische Jungen ihre Gefühle unterdrücken und ihre Beziehungen in der Familie und am Arbeitsplatz entpersönlichen. Diese Tendenz behindert die Arbeit von Ärzten ganz besonders: Weil sie die emotionalen Faktoren nicht erkennen können, werden sie viele Symptome falsch interpretieren.

In meiner Praxis als Kinderarzt und beim Schreiben meines Buchs »Säuglings- und Kinderpflege« habe ich die Väter davon zu überzeugen versucht, sich an der Betreuung und Erziehung ihrer Kinder aktiv zu beteiligen – zum Wohl der Kinder und zum eigenen Wohl der Väter. Und als ein Aktivist für den Frieden bin ich über die Förderung von Aggressivität und Gewalt durch das Fernsehen, durch Kinofilme und durch Kriegsspielzeug bestürzt. Solche Einflüsse treiben uns letztlich noch weiter in den Rüstungswettlauf und in die militärische Einmischung in die Angelegenheiten anderer Länder. Zugleich wird der Alltag in unserem eigenen Land durch exzessive Aggressivität und Gewalttätigkeit immer weiter zerstört.

Die Frauen haben die ausschließlich am Wettbewerb orientierten Werte der Männer übernommen. Es wäre sehr viel besser gewesen, wenn statt dessen die Männer eingesehen hätten, daß sie schädliche Ideale verfolgen. Sie hätten die Teilnahme am Familienleben, das Engagement in der Gemeinde – warme und kooperative Beziehungen in der Familie, in der Gemeinde und am Arbeitsplatz – als lebenswichtige Aspekte ihrer Existenz anerkennen sollen. Männer und Frauen sollten der Beschäftigung am Arbeitsplatz eine nachgeordnete Priorität einräumen.

Was hat dies alles nun mit der Arbeit der Frauen außerhalb des Haushalts zu tun? Ich versuche Frauen, ob sie freiwillig oder gezwungenermaßen arbeiten, darin zu bestärken, daß sie nicht dem gleichen Irrtum wie die Männer unterliegen und den Arbeitsplatz für wichtiger und reizvoller halten als die Familie.

Ältere Eltern

Früher herrschte die Vorstellung, daß ein Ehepaar seine Kinder bekommen müsse, solange es jung ist. Jüngere Eltern seien flexibler und stünden den Kindern geistig näher (als handelte es sich um einen Wettbewerb, bei dem der mit der größeren Ausdauer gewönne). Sicherlich, Elternschaft verlangt Ausdauer. Aber schon vor einer Generation hat eine Studie verdeutlicht, daß auch Verständnis und Toleranz vonnöten sind. Im Durchschnitt sind diese Eigenschaften unter den Dreißigjährigen weiter verbreitet als unter den Zwanzigjährigen. Und die Eltern-Kind-Beziehung und die Anpassungsfähigkeit des Kindes sind ebenfalls im Durchschnitt bei Eltern über dreißig besser.

Ich habe mir dieses Ergebnis so erklärt: Junge Eltern sind zwar der Kindheit selber noch sehr viel näher, doch so stolz darauf, daß sie ihr entwachsen sind, daß sie sich nun auf keine Verbindung einlassen wollen. Ich habe zwei Beispiele für diese Form der Intoleranz: Einmal interviewte ich ein vierzehnjähriges Mädchen. Ich fragte es, was es von seinem zehnjährigem Bruder halte. Es war durch seine Grobheiten und seinen Mangel an Niveau so verärgert, daß es als Antwort nur ein lautes, angeekeltes Grunzen von sich gab. Wäre es nur einige Jahre älter gewesen, so hätte es seine Augen verdreht und nachsichtig über sein ungehobeltes Benehmen gelächelt. Ein anderes Beispiel für Intoleranz: Eine sechzehnjährige Mutter, danach gefragt, was ihr junges Baby mache, verfinsterte ihr Gesicht und erklärte:»Es ist ungezogen!« Die Nachfragen haben dann gezeigt, daß es sich bei dem Verhalten, das sie ungehalten machte, um die ganz normale Quengeligkeit eines Babys handelte.

Mit anderen Worten: **Sie können sich an Ihrem Baby mehr erfreuen, und Ihr Baby kann sich mehr an Ihnen erfreuen, wenn sie über dreißig Jahre alt sind.**

Ich habe über solche Frauen gelesen und mit vielen gesprochen, die zum erstenmal einer Berufstätigkeit nachgehen. Vielfach fallen in unserer Gesellschaft diskriminierende Bemerkungen wie »Frauen sind keine guten Ingenieure«, »... keine guten Ärzte« oder »... keine guten Führungskräfte«. Dies erzeugt bei Frauen Zweifel, ob sie in einem gewählten Bereich Erfolg haben können, besonders dann, wenn die Ziele hochgesteckt sind. Vor diesem Hintergrund mag es für Frauen besser sein, in frühen Jahren eine Berufskarriere zu beginnen, aufzusteigen, sich einen guten Namen zu machen und selbst davon überzeugt zu sein, daß sie in der Arbeitswelt ihren Wert haben. Dann können sie beruhigter eine Zeitlang voll oder teilweise aussetzen, um sich der Kinderpflege widmen zu können. Später können sie wieder ihre Berufstätigkeit vollständig aufnehmen. Ich möchte nicht behaupten, daß der Weg, zunächst eine Berufskarriere zu starten und anschließend Kinder zu bekommen, sich bei allen Frauen als bester Weg erweisen wird. Doch ich kenne eine Vielzahl von Frauen, bei denen sich diese Reihenfolge als befriedigend erwiesen hat. Dies paßt auch in die derzeitige Tendenz, den Zeitpunkt der Heirat gegen Ende zwanzig zu verschieben.

Eltern, die über 30 Jahre alt sind, sind selbstsicherer. Sie sind weniger egozentrisch. Sie können fühlen und sehen, was das Baby ist und was es braucht.

Mir geht es bei der Betonung der Unterschiede zwischen Eltern in den Zwanzigern und in den Dreißigern nicht darum, die jüngeren Eltern abzuschrecken, in frühen Jahren ihr Kind zu bekommen. Ich möchte lediglich dem Glauben entgegenwirken, daß die Twens immer die besseren sind.

Kann man Wunderkinder erzeugen?

Kann man Kinder zu Wunderkindern erziehen? Zumindest einige Psychologen und Eltern glauben dies. Wenn ängstliche Eltern davon hören, daß durch bestimmte Lernprogramme Zweijährigen das Lesen beigebracht wird oder Einjährige in die Lage versetzt werden, das Bildnis von Beethoven zu erkennen, dann gelangen sie zu dem Schluß, daß sie selbst für ihre Kinder nach ähnlichen Programmen suchen müßten – obwohl es keine Beweise dafür gibt, daß solche Fähigkeiten irgendeinen langfristigen Effekt hätten.

Ich erinnere mich an eine Mutter aus New York City. Sie kam vor einigen Jahren zu mir, weil ihre elfjährige Tochter immer angespannter wurde und immer leichter zu weinen begann. Meine Fragen ergaben, daß sie montags Reitunterricht, dienstags Eislaufunterricht, mittwochs Tanzen, donnerstags Musikunterricht, freitags Ballett und samstags Opernunterricht hatte. Daneben besuchte sie eine sehr anspruchsvolle Schule und hatte viele Hausaufgaben zu erledigen. Als ich meinte, daß eine gewisse Müdigkeit die Ursache des Problems sein könne, erwiderte die Mutter: »Aber all dieser Unterricht ist für sie so wichtig!«

Ich habe Eltern kennengelernt, die fürchteten, daß ihr Sohn, wenn er mit einem Jahr noch nicht die Flasche aufgegeben hat, oder wenn er mit drei Jahren noch am Daumen lutscht, weder die Hochschulreife und das juristische Examen schaffen werde, noch die Stelle in der vom Vater ausgesuchten Firma übernehmen könne. Diese Form von Ängstlichkeit ist typisch für erfolgreiche Familien. Man könnte sagen, daß auf diese Weise die Oberklasse oben bleibt.

Diese Einstellung wird von Generation zu Generation weitergegeben. Wenn von Eltern während ihrer eigenen Kindheit Überragendes erwartet und ihnen Angst vor dem Versagen eingeflößt wurde, dann werden sie mit großer Wahrscheinlichkeit bei ihren eigenen Kinder den gleichen Druck erzeugen. Andere Eltern werden sich damit rechtfertigen, daß es ihre Pflicht sei, in diesen harten Zeiten ihre Kinder mit allen schulischen und kulturellen Vorteilen auszustatten.

Unsere Gesellschaft ist immer stärker von Intelligenz und schulischer Bildung abhängig. Und wir wissen auch, daß die drastische Vernachlässigung der emotionalen und intellektuellen Bedürfnisse eines Kindes seine Lernfähigkeit erheblich einschränken kann. Doch dies bedeutet nicht, daß der Ansporn, der über die natürlichen Bedürfnisse hinausgeht, nützlich ist. Ich glaube statt dessen, daß zu viel falscher Ansporn dem Kind schadet.

Worin besteht der Schaden? Ein wesentlicher besteht darin, daß in all diesen Fällen der Drang, sich hervorzutun, nicht vom Kind, sondern von den Eltern kommt. Diese werden von ihrem Hauptanliegen getrieben: Leistung. Die Kinder werden irgendwann bocken, um ihre Integrität zu wahren.

Wenn manchmal die Eltern ihre Kinder erfolgreich zu hervorragenden Leistungen in einem Gebiet wie Ballett oder Musik treiben, dann können die Kinder eine einseitige Entwicklung nehmen. Vielleicht sind sie egozentrisch, humorlos oder unsozial. Sie sind vielleicht auch in dem Glauben aufgewachsen, daß ihre Eltern sie nur wegen ihres ungewöhnlichen Talents schätzen.

Wenn sie andererseits keinen ungewöhnlichen Erfolg haben, so glauben sie, daß sie ihre Eltern im Stich gelassen haben, was ein langanhaltendes Gefühl des Versagens bewirkt.

Setzt man Kinder zu stark unter Druck, können sie als Erwachsene so intensiv von dem Gedanken besessen sein, überall an der Spitze zu stehen, daß sie keine Freude am Leben empfinden – außer der am engstirnigen Wettbewerb. In den Beziehungen mit Ehegatten, Kindern, Freunden und Kollegen können sie Freude weder geben noch empfangen. Sie können natürlich auch einfach Magengeschwüre oder Herzkrankheiten entwickeln.

Übertriebene Planung und Kontrolle beraubt Kinder eines Teils ihres Drangs, für sich selbst zu lernen und nach einer gesunden Unabhängigkeit zu streben. Sie nehmen den Kindern auch die Möglichkeit, eigene Interessen und Hobbys zu entdecken, eine Voraussetzung der Entwicklung umfassend ausgebildeter und erfolgreicher Erwachsener. Eine Untersuchung der Kindheit ungewöhnlich kreativer Menschen hat einen gemeinsamen Nenner aufgezeigt: Als Kinder waren alle besonders intensiv und ausdauernd mit einem Hobby bzw. Projekt beschäftigt (dieses hatte nicht unbedingt mit ihrer späteren Tätigkeit zu tun).

Wie werden Babys und Kinder normalerweise dazu angeregt, sich emotional, sozial und intellektuell zu entwickeln? Die Liebe spielt bei diesen Prozessen eine entscheidende Rolle. Kinder lernen, um sich so verhalten zu können, wie die Menschen, die sie lieben. Ungeliebte Kinder imitieren nicht.

Wird ein Baby geliebt, können sich seine angeborenen Verhaltensmuster entwickeln. Ist es bereit, eine nächste Entwicklungsstufe zu nehmen, dann drängt es nach neuen Aktivitäten und Gegenständen. Liebevolle Eltern, die ihr Kind beobachtet und auf das erste Lächeln gewartet haben, beantworten es entzückt mit eigenem Lächeln. Wird durch solches Verhalten das Baby über Monate immer wieder ermutigt, wird es regelmäßig gefüttert, umarmt und getröstet, so lernt es, daß es geliebt wird und daß es sich auf seine Eltern verlassen kann. Diese Gefühle – Liebe und Vertrauen – bilden das Fundament für die zukünftige Entwicklung und die zukünftigen Beziehungen des Kindes. Ja sogar sein Interesse an der Umwelt und später seine Fähigkeit zu denken basieren auf diesem Fundament. Kinder, die solche Gefühle als Babys nicht kennengelernt haben, leiden ernstlich an sozialen und intellektuellen Einschränkungen.

Eltern unterstützen die Entwicklung ihres Kindes auf natürliche Weise, indem sie darauf achten, worauf es in verschiedenen Entwicklungsstufen besonders anspricht. Sie stellen dann dem Kind entsprechendes zur Verfügung: farbige Bilder oder Mobiles zum Anschauen, später Puppen oder Stofftiere zum endlosen Untersuchen und Spielen.

Einjährige sind niemals ruhig. Sie sind an allem interessiert, sie probieren, wie Erde schmeckt, sie klettern Treppen empor, bevor sie laufen können. Instinktiv erproben sie alles, wozu sie fähig sind. Sie bestehen darauf, beim Füttern selbst den Löffel zu halten. Ihr Widerstand wird sichtbar, wenn sie Vorschlägen folgen sollen, die nicht behutsam genug vorgetragen wurden. Sie sagen dann sogar zunächst »Nein« zu ihrer Lieblingsaktivität. Sie möchten sich nicht durch andere bestimmen lassen.

Im zweiten Lebensjahr werden die Kinder reifer. Sie versuchen, die Handlungen ihrer Eltern zu imitieren, vom An- und Ausziehen bis zum Zähneputzen. Die Eltern unterstützen diese Entwicklung unbewußt, indem sie sich über jeden kleinen Fortschritt sichtbar freuen. Gegen Ende des zweiten Jahrs tauchen Wörter und Sätze auf. Eltern tragen ihren Teil durch Zuhören bei.

Zwischen drei und sechs Jahren beobachten die Kinder besonders den Elternteil gleichen Geschlechts. Sie versuchen so wie dieser zu sein – bezüglich der Gewohnheiten, der Interessen, der Emotionen und der

Handlungen. Dies ist im Reifeprozeß ein entscheidender Schritt. Er kann besonders deutlich in solchen Gesellschaften beobachtet werden, in denen alle Männer ähnlichen Beschäftigungen nachgehen und alle Frauen deutlich anderen. Durch die emotionale Identifikation mit ihren Eltern erwerben alle Kinder einen lebenslangen Antrieb, die Beschäftigungen ihrer Eltern zu übernehmen. Zunächst spielen sie bei ihren Eltern. Dann – wenn sie alt genug sind – werden sie von ihnen angelernt und übernehmen Hilfsaufgaben. (Für Kinder ist es in unserer komplexen industriellen Gesellschaft leider sehr viel schwieriger sich vorzustellen, was ihre Eltern außerhalb des Hauses tatsächlich arbeiten. Außerdem gibt es eine verwirrende Vielzahl von Berufen.)

In diesem Alter lieben es die Kinder, Geschichten vorgelesen zu bekommen. Dies stimuliert ihre Phantasie und stärkt den Wunsch, endlich selbst lesen zu können.

Alle diese Entwicklungstriebe können gefördert oder unterdrückt werden, je nach der Haltung der Erwachsenen. Der Trieb nach Autonomie kann gestärkt werden, indem den Kindern Gelegenheiten geboten werden, neue Fähigkeiten auszuprobieren bis sie beherrscht werden. Doch ebenso kann der Reifungsprozeß behindert und der Wille zum Lernen unterdrückt werden, wenn die Eltern oder die Lehrer die Kinder unnötigerweise bevormunden und beherrschen, indem sie die Aktivitäten für jede freie Minute vorschreiben.

Es gibt eine Vielzahl von sehr menschlichen und amüsanten Tätigkeiten, denen Schulkinder ohne eine Planung gerne nachgehen: mit Freunden zusammen sein, mit Puppen spielen, Spiele organisieren, sich selbstgewählten Hobbys und Projekten widmen. Dies sind mehr als vergnügliche Freizeitbeschäftigungen. In einer Gesellschaft, die mehr und mehr durch kalte Technologie bestimmt wird, halten solche Aktivitäten die Gefühle der Kinder warm und lebendig. Sie lehren Sozialverhalten, Kooperation, Führungsverhalten, Gefolgschaft, Kreativität, Verantwortung, Unabhängigkeit des Denkens und Selbstdisziplin. Auf diese Weise bereiten sie die Kinder auf befriedigende Berufstätigkeit und auf gute soziale Beziehungen vor.

Verglichen mit diesen Vorteilen ist der Wert von zusätzlich den Kindern aufgebürdeten Unterrichtsstunden für mich zweitrangig. Nicht daß spezieller Unterricht schlecht oder unwichtig wäre. Nur sollten solche Unterrichtsstunden oder vorgeschriebenen Aktivitäten nicht an die Stelle des spontanen Tuns treten.

Arbeiten beide Eltern außer Haus, dann kann der Nachmittagsunterricht eine Form der Kinderbetreuung sein. Am besten ist das Kind in einem Nachmittagsprogramm an seiner eigenen Schule aufgehoben, das es ihm ermöglicht, Aktivitäten nach eigenem Interesse und eigener Lust auszuwählen. Der Wert wird davon abhängen, ob das Kind selbst gewählt hat und ob es mit Enthusiasmus bei der Sache bleibt. Er hängt auch davon ab, ob die Leitung, die Verantwortung, die Initiative und die Kreativität im wesentlichen bei der Gruppe bleiben. Die Gruppenleiter sollten auf der Basis ihrer Popularität bei den Kindern ausgewählt werden. Es sollte keine Zensuren geben. Die Möglichkeiten, die den Kindern angeboten werden können, sind endlos: Leichtathletik (wobei die Trainer das Team und den Spaß und nicht die Perfektion und den Sieg um jeden Preis betonen), Computer-Arbeitsgemeinschaft, Holzarbeiten, Elektronik, Malen, Musizieren, Geschichten schreiben, Zeitung herausgeben, Briefmarken sammeln und tauschen. Eltern sollten solche Programme von der Schule ihrer Kinder fordern, ganz gleich, ob sie beide arbeiten oder nicht.

Ich habe diesen Abschnitt mit dem Beispiel eines Mädchens eingeleitet, das an sechs Tagen pro Woche zusätzlichen Nachmittagsunterricht hatte. Es hatte kaum Zeit für Freundschaften, fürs Lesen, für Hobbys oder einfach nur für Spaß. Seine Eltern versuchten, es auf hohem Niveau zu bilden, während es unter dem Druck immer verspannter wurde.

Ich kann mir andere Kinder vorstellen, die genauso beschäftigt sind, die aber ihren eigenen spontanen Interessen folgen. Sie können in ihren Aktivitäten ganz sie selbst sein, ihre Neugier befriedigen und ihre Entwicklung vorantreiben. Es handelt sich deshalb nicht um die Frage nach der Anzahl von Stunden, die ein Kind beschäftigt ist, oder der Anzahl verschiedener Aktivitäten, die es unternimmt. Sondern es ist die Frage nach dem Geist, in dem die Aktivitäten begonnen und ausgeführt werden.

Warum habe ich mich damit aufgehalten, Ihnen wohlbekannte Kinderaktivitäten aufzulisten? Einfach um zu zeigen, daß die Entwicklung so eingerichtet ist, daß sich das Kind, wird es geliebt, von sich aus zur Befriedigung seiner Bedürfnisse erst an die Eltern und dann in die Welt wendet. Über Jahrhunderte reichte dies aus, um viele kluge Menschen hervorzubringen, die in der Schule und im Leben ihre Erfolge hatten.

Sie müssen also keine speziellen neumodischen Förderkurse für ihr Kind suchen. **Ich bin davon überzeugt, daß es die Aufgabe der Vorschulen und Grundschulen ist, Kreativität, Initiative, Verantwortungsbereitschaft und Problemlösungsvermögen zu fördern. Sie sollten**

Orte der Freude sein und keine Pauk-Gefängnisse, in denen Konformität unterrichtet wird. Sicherlich: Der Unterricht an den weiterführenden Schulen und Hochschulen muß mit dem Computer und den anderen technischen Entwicklungen Schritt halten. Doch Kinder, die sorglos und mit viel Neugier aufgewachsen sind, werden keine ernsthaften Probleme haben, um sich solchen Anforderungen stellen zu können. Es sind die Kinder mit verkrüppelter Neugier und ohne ausreichende Liebe, die dann nicht Schritt halten können.

Entführung und Kindesmißbrauch

In letzter Zeit wurde über zwei Sicherheitsmaßnahmen für Kinder, die an einigen Orten schon praktiziert werden, heftig diskutiert: Die Anfertigung von Fingerabdrücken und die Einladung von Polizeibeamten in Schulen, um über die Gefahr einer Entführung und des sexuellen Mißbrauchs der Kinder aufzuklären. Von beiden Vorschlägen geht eine gewisse Anziehung aus. Ich persönlich unterstütze alle Vorschläge, die zu wirklichem Schutz führen. Doch glaube ich, daß unterm Strich die vorgeschlagenen Maßnahmen wahrscheinlich mehr schaden als helfen. Sie verängstigen Millionen von Kindern, ohne ihnen wirklich zu nutzen.

Zweifellos entwickeln Kinder Horrorphantasien. Sie sind leicht in Angst zu versetzen. Untersuchungen haben gezeigt, daß Kinder, die für eine banale Mandeloperation in ein Krankenhaus kommen, zahlreiche Schreckensvorstellungen entwickeln. Sie meinen, die Operation sei nötig, weil sie nicht auf ihre Eltern gehört hätten. Sie befürchten, ihr Hals würde von einem Ohr zum anderen aufgeschnitten werden. Sie haben Angst, daß ihre Eltern sie nicht mehr wiederfinden würden, um sie mit nach Hause nehmen zu können.

Sie können sich denken, wie das Vorstellungsvermögen eines Kindes von den Lektionen eines Polizeibeamten über die Themen Entführung, Vergewaltigung und Mord genährt wird. Erst einmal steht für viele Kinder die Polizei nicht für Schutz sondern für Strafe. Und dann kann ich mir ohne weiteres ein junges Mädchen vorstellen, das morgens auf dem Schulweg einem schäbig gekleideten Mann begegnete und nun zu seiner Freundin sagt: »Heute morgen bin ich dem Kidnapper begegnet. Er hat mich angestarrt!«

Tatsache ist, daß die überwiegende Mehrzahl der Täter, die Kinder

sexuell mißbrauchen, aus dem Bekanntenkreis des Kindes stammt; ein Verwandter, ein Freund der Familie, den das Kind zu respektieren gewohnt ist. Wie kann ein Polizist dann sexuellen Mißbrauch erklären? Soll er raten, engen Verwandten zu mißtrauen? Ich meine, daß diese Sache am besten von den Eltern selbst in die Hand genommen werden muß. Sie kennen die Empfindlichkeiten ihres Kindes.

Die überwiegende Mehrzahl aller Kinder, die »verschwinden«, gehört einer von zwei Gruppen an: Die Kinder der ersten Gruppe werden nach einer Scheidung von dem Elternteil mitgenommen, der nicht das Sorgerecht hat und der mit der Besuchsregelung nicht einverstanden ist. Es ist offensichtlich, daß die Sammlung von Fingerabdrücken von Kindern eine solche Entführung nicht verhindert. Die zweite große Gruppe besteht aus Teenagern, vorwiegend Mädchen, die sich durch ihre Eltern nicht verstanden oder unzureichend geliebt fühlen. Ihre Fingerabdrücke werden niemandem helfen, sie zu finden. Werden sie zufällig von der Polizei aufgegriffen, dann wegen ihres Umherstreunens. Sie werden sich dann sowieso schnell zu erkennen geben.

Der einzige mir einleuchtende Nutzen von Fingerabdrücken bestünde meines Erachtens darin, ein kurz zuvor umgebrachtes Kind mit ihrer Hilfe schneller zu identifizieren. Allerdings werden diese Kinder meist auch ohne sie schnell identifiziert, denn die Polizei und die Eltern sind ja alarmiert. (Ich schrieb bewußt »kurz zuvor umgebracht«, denn durch die Zersetzungsprozesse des Körpers sind bald nach dem Tod die Fingerabdrücke nicht mehr interpretierbar.)

Was können Eltern tun, um ihre Kinder vor sexuellem Mißbrauch zu schützen, soweit dies überhaupt möglich ist? Für mich erscheint es einfacher, wenn sie zunächst mit dem Kind über sexuelle Anträge anderer, gleichaltriger oder älterer, Kinder sprechen. Das Thema kommt vielleicht auf, weil das Kind einige Fragen zur Sexualität stellt oder von solchen Vorfällen berichtet oder Sie selbst sexuelle Spiele der Kinder beobachtet haben. Kinder können sich mit drei oder vier Jahren für die Herkunft von Babys interessieren oder sexuelle Spiele treiben. Einem Mädchen können Sie raten: »Wenn ein Junge deine Vagina (oder welches Wort Sie in der Familie verwenden) sehen oder anfassen will, dann mußt du dies nicht zulassen. Du kannst einfach sagen: ›Nein, ich möchte nicht, daß du das machst!‹« Den gleichen Rat können die Eltern dann auf ältere Jungen und schließlich auch auf erwachsene Männer beziehen. Die Wiederholung ist nützlich, sie hilft dem Kind, sich mit der Situation vertraut zu machen und die Antwort bereitzuhalten. Die Eltern können die Antwort mit dem Kind regelrecht einüben:»Komm, wir sagen es zusammen:›Nein, ich möchte nicht, daß du das machst!‹« Dies sollte dem Kind bis zu einem gewissen Grad helfen, seinen Körper als etwas eigenes zu begreifen, falls ein Angebot von einem erwachsenen Verwandten oder Freund der Familie kommt.

Um ein junges Kind vor Entführungen zu schützen, würde ich ihm sagen:»Setz dich niemals in ein Auto ohne uns. Geh mit niemandem in sein Haus. Wenn dich jemand dazu auffordert, dann sag:›Nein, ich will nicht!‹ und lauf davon.« Damit sagen Sie dem Kind, daß es Fremden (Entführer oder Verführer) nicht gehorchen muß und daß es einiges machen kann, um das Geschehen zu beeinflussen. Wenn das Kind wissen möchte, was der Fremde tun könnte, dann würde ich antworten:»Es gibt einige böse Menschen in der Welt, und sie könnten böse Dinge mit einem Kind machen.«

Manchmal hat ein Kind von Freunden oder im Fernsehen etwas über sexuellen Mißbrauch gehört. Wenn es dann fragt, warum jemand so etwas tut, würde ich ihm zurückhaltend zu antworten versuchen:»Es gibt einige Männer, die in ihren Köpfen durcheinander sind. Anstatt sich in eine erwachsene Frau zu verlieben, verlieben sie sich in Kinder und wollen diese mit nach Hause nehmen, um mit ihnen zu leben.« Ich würde das Verhalten so zurückhaltend wie möglich darstellen. Es wäre immer noch Warnung genug. Ich denke nämlich andererseits, man sollte Kinder mit so viel Vertrauen wie möglich in ihre Mitmenschen erziehen.

Würde das Kind nach einem Fernsehbericht über den Mord an einem Jungen oder Mädchen fragen, dann würde ich mehr sagen:»Einige wenige Menschen wurden während ihrer Kindheit so schlecht behandelt, daß sie später das Verlangen haben, andere Menschen zu verletzen – nicht nur Kinder, sondern auch Erwachsene.«

Wurden Kinder sexuell mißbraucht, sei es kurz und unvollständig oder schwer und aggressiv, dann sollten die Eltern in jedem Fall bedenken, daß sich die Kinder immer schuldig an dem Geschehen fühlen. Und sie müssen deshalb alles dafür tun, um dieses Gefühl zu verringern.»Du bist völlig unschuldig«, könnten sie sagen.»Du wolltest nicht, daß er das tut. Er wußte nicht, was er tat. Er war bösartig.« Sie sollten nicht vorgeben, daß eigentlich gar nichts passiert sei. Natürlich ist etwas Schlimmes passiert, aber es ist nicht so schrecklich, daß man dafür keine Worte finden könnte. Zugleich sollten sie aber auch nicht so tun, als ob eine furchtbare Tragödie geschehen ist, eine, die niemals überwunden werden könnte. Es ist für die Eltern und für das Kind sinnvoll, wenn sie die Hilfe einer Beratungsstelle oder eines Psychologen, der sich auf sexuelle Gewalt spezialisiert hat, suchen.

Eine langfristige Lösung des Problems der Gewalt gegen Kinder, einschließlich des sexuellen Mißbrauchs, besteht darin, künftige Generationen in solcher Atmosphäre zu erziehen, daß sie als Erwachsene – als Eltern, Lehrer oder einfach als Mitmenschen – sanftmütiger sein können, als es viele Menschen heute sind. In anderen Gegenden der Welt sind die Raten der Gewalt aller Art gegen Erwachsene und Kinder wesentlich geringer als bei uns. Dies sollte uns die Hoffnung geben, daß es auch uns gelingt, unsere Gesellschaft friedfertiger zu gestalten, vorausgesetzt, wir erkennen die Probleme und versuchen sie zu lösen.

Schulen sollten freundliche und kreative Orte sein, so wie die besten, die ich gesehen habe. **Wir sollten die körperliche Züchtigung aufgeben. Wir sollten anspruchsvolle Filme und Fernsehprogramme fordern, die an die Stelle der gegenwärtigen Gewalt in den Medien treten können. Wir sollten mehr und bessere soziale Einrichtungen haben, um jenen Kindern zu helfen, die vernachlässigt und mißbraucht werden, so daß sich das Verhalten ihrer Eltern nicht fortschreiben kann.**

Kapitel 2

Vaterschaft heute

In diesem Kapitel möchte ich einige Aspekte der Rolle des Vaters als Verhaltensmodell, als Kamerad, als Erziehungsberechtigter und als Lehrer für sexuelle Gleichberechtigung behandeln.

Zunächst werde ich das Thema der Identifikation des Sohnes mit seinem Vater behandeln. Dies ist der am stärksten wirksame Mechanismus, der die Persönlichkeit des Jungen formt. Außerdem ist es notwendig, auf die auf die romantische Liebe der Tochter zu ihrem Vater einzugehen, denn damit wird die Grundlage ihrer gesamten späteren Beziehung zum männlichen Geschlecht gelegt. In beiden Fällen werden Kinder viel stärker durch die Persönlichkeit ihres Vaters und durch sein Handeln geprägt als durch das, was er ihnen predigt.

In früheren Jahrhunderten glaubte man, daß Jungen und Mädchen auf natürliche Weise die seelische Ausstattung als Mann und Frau entwickeln – durch einen angeborenen Instinkt. Heute wissen wir, daß zwar Hormone, Instinkte und angeborene Temperamente eine Rolle spielen, doch geht der Haupteinfluß vom Verhältnis der Kinder zu ihren Eltern aus. Mit etwa drei Jahren wird ein Junge gewahr, daß er dazu bestimmt ist, ein Mann zu werden. Er beobachtet seinen Vater, identifiziert sich mit ihm und versucht, seine Handlungen nachzuahmen. Auf diese Weise bekommt er ein Gefühl dafür, männlich zu sein. Zu einem weitaus geringerem Grad identifiziert er sich aber auch mit seiner Mutter. Dadurch erwirbt er sich das meiste, was er jemals über Frauen wissen wird.

Üblicherweise identifiziert sich ein Mädchen überwiegend mit seiner Mutter, in geringerem Ausmaß aber auch mit seinem Vater.

Einige wenige Kinder finden ihr Hauptidentifikationsobjekt in dem

Elternteil mit dem entgegengesetzten Geschlecht. Ein Junge, der sich zu einem sogenannten effeminierten Mann entwickelt, hat sich als Kind hauptsächlich mit seiner Mutter und nicht mit seinem Vater identifiziert. Eine solche umgekehrte Identifikation kann durch verschiedene Faktoren bedingt sein, bei einem Jungen durch eine schwache Beziehung zum Vater und eine besonders enge Beziehung zu einer besitzergreifenden Mutter. Ähnlich bei einem Mädchen, das sich zu einer Frau mit männlichem Aussehen und Verhalten entwickelt. Es hat sich hauptsächlich mit seinem Vater anstatt mit der Mutter identifiziert. (Ich meine dabei nicht die vielen Mädchen, die eine wilde, jungenorientierte Phase durchleben.)

Natürlich ist das, was bezüglich des Verhaltens, der Interessen, der Kleidung und des Umgangs maskulin oder feminin genannt wird, nicht festgelegt. Es hängt vielmehr von den Mustern in einer Gesellschaft und der jeweiligen Familie ab. In einem Teil der Welt bedeutet maskulin, ein Macho zu sein, kräftig und aggressiv. In einem anderen Land oder in einer anderen sozialen Schicht bedeutet es, gelassen zu sein und intellektuell interessiert. In den letzten Jahren sind die meisten amerikanischen Frauen ohne die Anzeichen von Passivität, Hilflosigkeit und Zerbrechlichkeit aufgewachsen, die noch ein Jahrhundert zuvor das Wesen der Frau ausmachten.

Ein kleiner Junge hält seinen Vater für den stärksten, klügsten und reichsten Mann der Welt. Er versucht, die Eigenheiten seines Vaters nachzumachen, seine Stimmlage, seine Ausdrücke und sogar seine Flüche. Er kopiert die Art und Weise, wie der Vater Auto fährt, ebenso seine Kommentare dabei. Im Spiel geht er in die Fabrik oder in das Büro. Spielt er Familie, dann übernimmt er genau die Rolle, die sein Vater in der Familie spielt. Er sorgt für seine Spielkinder – lebende oder Puppen –, er zeigt dabei Gefühle, Zustimmung, Ablehnung, und vielleicht verteilt er auch Strafen, ganz wie es sein Vater täte.

Er unterhält sich mit seiner Spiel-Ehefrau, zeigt Zuneigung oder Ärger, plant den Tag mit ihr, zeigt Hilfsbereitschaft und Achtung oder unterläßt dies. Dabei versucht er, so eng wie möglich das Verhalten seines Vaters – so wie er es wahrnimmt – zu imitieren. Mit drei oder vier Jahren zeigt er im Spiel mit anderen Jungen und beim Zusammensein mit erwachsenen Männern, daß er bereits einige der Eigenheiten des Vaters übernommen hat: Offenheit oder Zurückhaltung, Streitlust oder Freundlichkeit.

Dies ist alles nicht einfach nur Spiel. Er lernt ein Mann, Ehegatte und ein Vater zu sein. Wenn er erwachsen ist, werden sich in der Art und Weise, wie er diese Rollen spielt, deutliche Spuren seines Rollenlernens vor dem sechsten Lebensjahr wiederfinden. **Ein Vater muß bei der Bildung der Persönlichkeit seines Sohnes kaum initiativ werden. Der Sohn übernimmt mit viel Eifer neun Zehntel der Arbeit selbst.** Damit meine ich aber nicht, daß der Vater nicht seinen Anteil an den täglichen Erfordernissen des Erziehungsalltags übernehmen müßte. Er tut dies, denn Kinder sind unerfahren und impulsiv. Doch die erzieherische Begleitung der Eltern beinhaltet zum großen Teil die Einzelheiten der Pflichten, der Höflichkeit, der Sicherheit und der Gesundheit der Kinder und nur zum kleineren Teil die Grundeinstellungen des Kindes zu anderen und zu sich selbst.

Damit der Vater einen günstigen Einfluß auf seine Kinder ausüben kann, müssen diese das Gefühl haben, daß er wirklich an ihnen interessiert ist, sie liebt und sie grundsätzlich anerkennt, ganz gleich, wie stark er sie zurechtzuweisen hat. Dies gilt in gleicher Weise für die Mutter. Das Gefühl, von den Eltern geliebt zu werden, ist die Voraussetzung dafür, daß die Kinder den Eltern gefallen wollen und so aufwachsen wollen, daß sie ihnen ähneln.

Natürlich muß der Vater wenigstens von Zeit zu Zeit mit seinen Kindern zusammen sein. Nur so können sie seine Persönlichkeit verstehen und seine Gefühle für sie wahrnehmen. Aus diesem Grund sind für geschiedene Väter, die entfernt wohnen, Besuche äußerst wichtig. Briefe und Geburtstagsgeschenke können die zeitlichen Lücken füllen helfen. Lebt der Vater sehr weit entfernt, ist er verschwunden oder gestorben, dann kann die Mutter seine guten Einflüsse lebendig halten, indem sie seine positiven Eigenschaften mehr betont als seine negativen – selbst dann, wenn sie ihn jetzt für einen Schuft hält – und indem sie an Ereignisse erinnert, die deutlich machen, daß er sich über seine Kinder gefreut und sie geliebt hat.

Kinder haben ein starkes Bedürfnis nach einer Vaterfigur. Ist ihr Vater in ihrem Leben nicht aufgetaucht, schaffen und bewahren sie ihn in ihrer Vorstellung. Diese speist sich teils aus dem, was sie gehört haben und teils aus dem, was sie an anderen Männern in ihrer Umgebung schätzen: an einem Großvater, Onkel, Stiefvater, Lehrer oder einem feundlichen Nachbarn. Das gleiche gilt für die Abwesenheit der Mutter.

Nun weiß jeder aus eigener Erfahrung: Gibt es mehrere Söhne, dann entwickeln sie sich nicht alle zu Kopien ihres Vaters. Angeborene Eigenschaften – beispielsweise ob jemand temperamentvoll oder eher ruhig ist – haben Einfluß. Die Reihenfolge der Geburt, ob erster, mittlerer oder jüngster Sohn, wirkt sich auf die Persönlichkeitsbildung aus. Der älteste, beispeilsweise, entwickelt sich eher zu einem ernsten, verantwortungsbewußten und selbstbewußten Menschen. Er ist aber nicht so einfach wie jüngere Geschwister in der Lage, soziale Beziehungen einzugehen. Ein anderer formender Einfluß geht von der unterschiedlichen Haltung der Eltern zu jedem einzelnen Kind aus. Aus bewußten oder unbewußten Gründen mögen sie gegenüber einem Kind eher kritisch, einem anderen gegenüber eher tolerant sein.

Wenn zuvor gesagt wurde, daß sich der durchschnittliche Junge primär mit seinem Vater und zu einem geringeren Grad mit seiner Mutter identifiziert (und daß es bei einem Mädchen genau anders herum ist), könnte man dann behaupten, daß beispielsweise ein Mann von seinem Vater die äußere Erscheinung, seine Art mit Männern und Frauen umzugehen und seinen Ehrgeiz übernommen hat? Könnte man meinen, er habe von seiner Mutter ein starkes Interesse an Kindern erworben, was ihn dazu bringt, Lehrer oder Kinderpsychologe zu werden? Solche Schlüsse wären allzu einfach. Der Charakter eines Menschen oder seine Verhaltensantriebe haben neben dem Einfluß der Eltern zahlreiche andere Wurzeln.

Ein Mädchen lernt Frau zu sein und mit anderen Frauen umzugehen hauptsächlich von seiner Mutter. Von seinem Vater lernt es in früher Kindheit, wie es mit der anderen Hälfte der Menschheit umzugehen hat. Manches, was es lernt, ist naheliegend und einfach, zum Beispiel sich an tiefe Stimmen zu gewöhnen (die manche Babys, die noch nicht daran gewöhnt sind, zum Weinen bringen). Es findet Spaß an der etwas rauheren und verwegeneren Art des Vaters zu spielen; es wird in die Luft geworfen oder galoppiert auf seinem Rücken. Es lernt mit Jux umzugehen und zu flirten.

Das Erlernen dieser Verhaltensweisen mag nicht als wichtiger Schritt in der Entwicklung gesehen werden, so wie Lesen, Rechnen und Schreiben lernen, doch nur, weil wir sie für selbstverständlich halten. Sie sind grundlegend. Ein Mädchen, das diese Erfahrungen oder einen Vater in früher Kindheit nicht gehabt hat, wird es später schwieriger haben, mit Männern umzugehen.

Zwischen drei und sechs Jahren erlebt ein Mädchen eine intensive romantische Zuneigung zu seinem Vater. Es glaubt, er sei der edelmütigste, faszinierendste und anziehendste Mann der Welt. Sein Aussehen, sein Beruf, seine Interessen, seine Persönlichkeit, seine Beziehungen zu seiner Frau und seiner Tochter beeinflussen die Erwartungen seiner Tochter, die sie an ihren Ehemann zukünftig stellen wird. Zusammen mit den Handlungen und Interessen der Mutter trägt all dies zur Bildung ihrer eigenen Handlungen und Interessen bei.

Ich meine außerdem, eine Tochter benötigt einen Vater, auf dessen Zuneigung zur Familie Verlaß ist, der warmherzig ist und der Mädchen ebenso schätzt wie Jungen. Hilfreich ist es, wenn er liebevoll sein kann. Aber er sollte emotional für seine Tochter nicht so verführerisch sein, daß er übertriebene Rivalität zwischen ihr und ihrer Mutter hervorruft oder ihr im Jugendalter die Zuwendung zu gleichaltrigen Jungen erschwert.

Während jener Jahre, in denen die Kinder ihre Eltern sehr aufmerksam beobachten, imitieren und romantische Zuneigungen zu ihnen entwickeln (besonders zwischen dem dritten und sechsten Lebensjahr), neigen sie zum Glück der Eltern dazu, Mutter und Vater zu idealisieren. Sie sind schwärmerisch begeistert von den trefflichen Eigenschaften und übersehen die weniger anziehenden. Das Bedürfnis, sich mit den Eltern kritisch auseinanderzusetzen, tritt erst im jugendlichen Alter deutlich hervor.

Väter und Mütter müssen nicht in jeder Hinsicht Mustereltern sein. Sie sollten ganz annehmbar, liebenswürdig und ziemlich zugänglich sein. Ist ein Vater beispielsweise schüchtern, dann könnte dies einen zumindest leichten Einfluß auf seinen Sohn haben. Sollte dies der Fall sein, dann wäre es kein Unglück. Die Welt kann nur eine gewisse Anzahl von herzhaft Extrovertierten vertragen. Viele produktive Wissenschaftler, Schriftsteller, Musiker und Erfinder gehören zum schüchternen Teil der Menschheit. Und – ein anderer Trost – Schüchternheit in der Kindheit kann sich durch ausgleichende Antriebe zu außerordentlicher Unbeugsamkeit verwandeln.

Ich will damit sagen, daß Eltern niemals im voraus wissen, welche der Verhaltensweisen, die sie ihren Kindern mitgeben, sich langfristig als besonders wertvoll erweisen werden.

Lernen, ein Vater zu sein

Einmal leitete ich eine Diskussion mit einem halben Dutzend Väter. Das Ziel war es, direkt zu erfahren, was heutzutage junge Väter besorgt.

Der dreiundzwanzigjährige Nathan verschaffte uns durch seine Bemerkung einen furiosen Start: »Ich bin seit einer Woche Vater. Ich habe keine Ahnung davon, was es bedeutet, Vater zu sein. In den letzten Jahren habe ich Eltern verachtet. Woher nehmen sie das Recht, Kinder in die Welt zu setzen? Das war wirklich mein Lieblingsreizthema. Und nun, aus heiterem Himmel – jetzt bin ich Vater! Ich muß mich mit all diesen Verantwortungen auseinandersetzen. Irgendwie bringt mich das in Panik – obwohl ich sonst nicht der Typ bin, der sich so leicht aus der Ruhe bringen läßt. Ich bin wirklich auf der Suche nach Informationen aller Art. Ich will meinen Sohn auf möglichst gute Weise großziehen.«

Das Alter der anderen reichte bis 29 Jahre, ihre Kinder waren bis zu sieben Jahre alt. Ich bat sie, Nathan von ihren wichtigsten frühen Erfahrungen als Väter zu berichten. Michael sprach von der Notwendigkeit, Vertrauen in die eigenen Fähigkeiten zu gewinnen, ein Kind mit der richtigen Haltung und den richtigen Werten großzuziehen. Leon bekannte, wie fremd ihm das Baby anfangs erschien. Erst allmählich begriff er, daß Schreien, Lächeln und Geplapper die Form der Kommunikation des Babys darstellten und daß er nicht mit seinen Antworten warten konnte, bis es in ganzen Sätzen spricht. Nathan berichtete auch von seinen Gefühlen der Hilflosigkeit und Frustration, wenn sein Baby schrie.

Ich habe im wesentlichen folgendes zu der Diskussion beigetragen: Selbstvertrauen ist bei der Erziehung von Kindern ein Segen. Dadurch wird das Elterndasein angenehm und erfreulich. In unserem Jahrhundert ist dieses Selbstvertrauen nur schwer zu bekommen – besonders beim ersten Kind. In früheren Jahrhunderten gab es keine »Psychologie«. Niemand redete den Eltern ein, daß sie andauernd ihr Kind auf die eine oder die andere Art formen. Es wurde einfach unterstellt, daß man das »Natürliche« schon tat – meist eine Wiederholung dessen, was die eigenen Eltern taten.

Entwickelte sich ein Kind zum schlechten, so dachte man, es sei vom Teufel besessen. Wuchs beispielsweise ein Kind zum Alkoholiker heran, dann meinten die Eltern höchstens, daß diese Eigenschaft von seinem Onkel Karl ererbt sei.

Ich bin sicher, daß dieses Unwissen über die Psychologie das Elterndasein erleichtert hat. Ich habe Eltern gekannt – einige gibt es heute noch –, die niemals ihr eigenes Handeln in Frage stellen. Doch die meisten von uns sind mit Zweifeln darüber beladen, ob sie gescheit genug seien, um vernünftige Kinder großzuziehen.

Unsere Zweifel rühren zum Teil aus unserer Schulzeit. Sie lehrte uns, daß wir dumm beginnen und lernen, indem wir unterrichtet werden. Wenn wir nicht pauken, fliegen wir durch die Prüfung. **Die meisten von uns haben in der Schule nichts über Kindesentwicklung gehört; falls doch, dann über Entwicklungsphasen, aber nichts übers Füttern, Wikkeln, Schreien oder Spucken.**

Die Ursache der Zweifel läßt sich genauer benennen: Durch Kurse, Bücher und Artikel haben wir so viel Psychologie mitbekommen, daß wir den Eindruck haben, daß nur die Professionellen, die Experten die Antworten kennen. Darüber hinaus haben wir von ihnen gelernt, unsere Eltern für das verantwortlich zu machen, was wir an ihrer Erziehung nicht mochten. Der Gegenschlag kommt, wenn wir selber Eltern werden und realisieren, daß auch wir leicht bei unseren eigenen Kindern Ärger hervorrufen können.

Jemand, der nie zuvor mit Kindern in Kontakt war, erwartet, daß jede Beziehung mit einer Art Begrüßung beginnt, gefolgt von der Suche nach einem gemeinsamen Konversationsthema. Doch die meisten Babys benötigen einige Monate, um überhaupt lächeln zu lernen, und ein Jahr, um ein Wort sprechen zu können.

Die meisten Frauen werden von Kindheit an dazu ermuntert, sich in kleine Kreaturen aller Art einzufühlen, einschließlich Puppen, und mit ihnen wie mit Babys zu sprechen. Gleichwohl haben viele von ihnen Probleme, eine Beziehung zum ersten eigenen Baby zu entwickeln. Aber in vertraulichen Gesprächen in der Klinik oder bald, nachdem sie wieder zu Hause sind, bekennen sie ihren Kummer darüber, daß sie überhaupt keine mütterlichen Gefühle hatten, als das Baby zum ersten Mal zu ihnen gebracht wurde. Sie berichteten, daß sie überhaupt nicht das Gefühl hatten, daß dies ihr Kind sei.

Übrigens tritt dieses Gefühl bei der Mutter wesentlich weniger häufig auf, wenn sie das Baby durch eine natürliche Geburt zur Welt gebracht hat und danach mit dem Kind zusammen in der Klinik bleiben konnte. Das gleiche gilt für den Vater, wenn er bei der Geburt dabeigewesen ist.

Ich bin davon überzeugt, daß Mütter und Väter hauptsächlich dadurch lernen, Eltern zu sein, indem sie ihr erstes Kind großziehen. Darin besteht für mich auch der große Vorteil des Stillens. Die Mutter wird viel stärker als durch das Füttern mit der Flasche darin bestärkt, daß sie eine gute Mutter ist. Denn das Baby scheint ihre Milch zu mögen und davon zu gedeihen.

Hatten junge Eltern frühere Erfahrungen als Babysitter, dann ist das für einige sicher eine Starthilfe. **Eltern werden ja nicht mit einem Mutter- oder Vaterinstinkt geboren. Was einem Instinkt noch am nächsten kommt ist das, was die Eltern selbst von der Art und Weise, wie ihre eigenen Eltern mit ihnen umgegangen sind, gelernt haben.** Man kann Drei-, Vier- und Fünfjährige beobachten, die ihre Puppen genauso versorgen, sie tadeln oder loben, wie ihre Eltern sie selbst loben oder tadeln. Zwanzig Jahre später werden sie es auf ähnliche Weise mit ihren eigenen Kindern tun.

Eltern lernen also einige ihrer Grundeinstellungen zu ihren künftigen Kindern in frühester Kindheit. Den Rest lernen sie als praktizierende Eltern. Überläßt ein Vater in den ersten beiden Jahren alle Arbeit der Mutter, dann wird sie zur Expertin, und er bleibt in der Rolle des Beobachters eher außen vor.

Dies bedeutet aber nicht, daß ein Vater genau die gleiche Anzahl von Flaschen und Bädern geben und genauso häufig die Windeln wechseln muß wie die Mutter. Er sollte so viel tun, daß er für das Baby regelmäßig Sorge trägt, wozu auch sein Anteil am Beruhigen des Babys gehört, wenn es diesem schlechtgeht. All dies macht ihn hinsichtlich des Babys nicht nur zufrieden. Es gibt ihm auch das Gefühl, daß es wirklich sein Kind ist und hilft ihm von Anfang an, eine echte und tiefe Beziehung zu ihm zu entwickeln.

Die Mehrheit der Mütter, die zu Hause bleibt, um für das erste Kind zu sorgen, ist geneigt, sehr viel mehr Anstrengung auf sich zu nehmen als die Ehepartner, die weiterhin ihrer Arbeit außerhalb des Hauses nachgehen. Sie tauschen das freie Leben ohne großartige Verantwortung mit dem Leben zu Hause, der Sorge um das Baby und dem Zweifel, ob sie alles richtig machen.

In den USA werden Kinder heute kaum noch zur Verantwortungsbereitschaft erzogen. Sie müssen vielleicht ein oder zwei Arbeitspflichten im Haushalt übernehmen, aber sie tragen keine Verantwortungen. Während der Schul- und Hochschulzeit herrscht eine außergewöhnliche Freiheit – selbst anschließend noch, in einem Job von 9 Uhr morgens bis 5 Uhr nachmittags. Und dann wird ein Paar für das Leben eines anderen, vollständig hilflosen Menschen verantwortlich. Diese Aufbürdung einer der stärksten Verpflichtungen des Lebens kommt erschreckend jäh.

In vielen einfacher strukturierten Gesellschaften hilft ein zehn- oder zwölfjähriger Junge bereits beim Fischen, Jagen, im Landbau oder wovon die Gesellschaft sonst lebt. Und ein Mädchen sorgt für das zuletzt geborene Baby der Mutter. Mit vier oder fünf Jahren bereits trägt es das Baby den ganzen Tag auf seiner Hüfte herum. Schon in frühen Jahren übernehmen die Kinder von den Erwachsenen ernsthafte Verantwortungen. In unserer Gesellschaft sind die Kinder von solchen Pflichten freigestellt, mit der Begründung, daß sie zur Schule gehen.

Als Ergebnis sind viele Amerikaner auf die Anforderungen der Elternschaft nicht genügend vorbereitet. Ich erinnere mich an die Anfänge meiner Kinderarztpraxis in den dreißiger Jahren. Damals waren die jungen Leute noch stärker verunsichert als heute. Einige Mütter begannen bereits beim Verlassen der Klinik zu weinen, weil sie sich verängstigt und wenig vorbereitet fühlten. Heute haben die meisten jungen Menschen ein stärkeres natürliches Selbstvertrauen, so daß man nur noch wenige weinende Mütter antrifft. Trotzdem gibt es in der Mehrzahl aller Fälle immer noch Ängste.

Die Situation verschlechtert sich, wenn das erste Baby häufig kränkelt und schreit. (Natürlich erscheint das Schreien des ersten Babys sehr viel stärker als das des zweiten, selbst wenn es tatsächlich gleich ist.) Die Eltern werden von dem Gedanken gequält, daß ihm etwas Ernsthaftes fehlt, ganz gleich, was der Arzt gesagt hat. In jedem Fall ist es für sie unmöglich, sich zu entspannen. Sie sind davon überzeugt, daß sie als Eltern irgendwie versagen, wenn sie das Baby nicht beruhigen können.

Ein Baby, das trotz der Bemühungen der Eltern sein Schreien fortsetzt, kann diesen das Gefühl geben, über sie verärgert zu sein. Und ein Baby mit Koliken scheint die Mutter, die es hält, absichtsvoll mit den Füßen zu stoßen.

Und die Eltern können gar nicht anders, als im Inneren über das Baby, das so unempfänglich und feindlich reagiert, zu grollen. Die Mutter, den ganzen Tag zu Hause, ist dem am meisten ausgesetzt. Doch ihr ist eine Klage wie »Das Baby widert mich an!« nicht erlaubt. Eine solche Äußerung ist in unserer Gesellschaft nicht akzeptabel. Die Mutter muß also ihren Ärger, an dieses kleine, schwierige Wesen gefesselt zu sein, ignorieren und hinunterschlucken.

In solchen Situationen kann ein liebender Ehemann helfen. Wenn er von der Arbeit zurückkommt, schmutziges Geschirr vorfindet und das Abendessen noch nicht vorbereitet, dann sollte er seine Kritik unterdrücken und statt dessen selbst kräftig Hand anlegen. Er kann dem

Baby die Flasche geben (falls es nicht gestillt wird), er kann es baden, wenn die Zeit dafür gekommen ist. Und er kann seiner Frau beim Bericht über die Probleme des Tages einfach nur zuhören.

Eine gute Sache ist es, wenn der Vater darauf besteht, daß er mit seiner Frau ausgeht – in ein Restaurant, ins Kino oder Freunde besuchen. Können sie keinen Babysitter finden oder bezahlen, dann sollte wenigstens die Mutter ausgehen, während er zu Hause die Stellung hält.

Am wichtigsten ist es wahrscheinlich, daß der Vater seine Frau dazu ermutigt, ihren Ärger und Groll mit dem Kind auszusprechen. Er kann dies einleiten, indem er ähnliche Gefühle bei sich selbst bekennt, um seiner Frau zu helfen, ihre Gefühle anzuerkennen. Mir sind Fälle bekannt, bei denen ein solches gemeinsames Bekenntnis die Spannungen dramatisch verringert und die Eltern enger zusammengebracht hat.

Die Freundschaft des Vaters

Einige amerikanische Väter machen sich über das Maß an Freundschaft, das sie ihrem Kind geben – oder auch nicht – Gedanken. Dies ist eine amerikanische Voreingenommenheit. Soweit mir bekannt, sind die Eltern in anderen Kulturen bei weitem nicht so sehr mit dieser Frage befaßt. Amerikanische Eltern lieben ihre Kinder nicht mehr und opfern für sie nicht mehr als die Eltern in anderen Kulturen. Aber sie machen sich mehr Gedanken darüber, ob sie das Richtige für sie tun und ob die Kinder sie lieben.

In einfacher strukturierten Gesellschaften halten es die Eltern für selbstverständlich, daß sie das Richtige hinsichtlich ihrer Kinder tun. Sie setzen voraus, daß sie von den Kindern geliebt, wenigstens aber respektiert werden. Sie würden es als Verkehrung der Verhältnisse betrachten, wenn sich Eltern darüber Sorgen machten, ob sie von ihren Kindern anerkannt werden: Sollen sich doch die Kinder darüber Gedanken machen, ob sie von den Eltern anerkannt werden!

Ich glaube, daß die Voreingenommenheit in den USA wenigstens zum Teil von dem Bewußtsein der Pioniere und in der Folge der Immigranten herrührt, nachdem sie gern jede Mühsal auf sich nahmen, damit ihre Kinder und Enkel es später einmal besser haben würden. In der alten Heimat hatten die Kinder gegenüber den Eltern große Verpflichtungen. Hier, in einer am Kind orientierten Gesellschaft, war es umgekehrt.

Ohne alte Traditionen und häufig ohne die Anwesenheit von Großeltern in der Nähe, waren die Amerikaner besonders empfänglich für Psychoanalyse und Kinderpsychologie. Beide lenkten die Aufmerksamkeit auf die Mischung aus Liebe und Haß, die in den Beziehungen der meisten Familien koexistieren. Gewissenhafte Eltern haben Schuldgefühle entwickelt, wenn sie sich zu negativen Gefühlen bekannten. Ängstlich waren sie bemüht, Widersprüche auf ein Minimum zu reduzieren und zu versuchen, vor allem Freunde ihrer Kinder zu sein.

Am meisten sorgen sich die Väter, die in ihrem Beruf oder in der Öffentlichkeit oder in beidem so beschäftigt sind, daß sie nur wenig Zeit für ihre Familien übrig haben. Aber in der Praxis des Alltags haben sie Schwierigkeiten, ihre Prioritäten zu verändern.

Dann gibt es die Väter, die sich zusammen mit ihren Kindern nicht wirklich wohl fühlen. Häufig gilt das besonders für ihre Söhne; denn auf einer unbewußten Ebene tendieren Väter und Söhne zu Kritik und Rivalität – so wie Mütter und Töchter es auch tun. Einige dieser Väter hatten zu ihren eigenen Vätern schon ungewöhnlich spannungsreiche Beziehungen. Manche sind auch gegenüber Erwachsenen auffallend schüchtern. Die meisten Menschen mit solchen Problemen wollen sich nicht damit befassen oder sie gar eingestehen. Häufig sind es die Mütter, die sich offen sorgen, wenn die Väter zu wenig Kontakt zu den Kinder haben. Und es sind die Mütter, die manchmal professionelle Beratung zur Beantwortung von Fragen suchen wie: Welcher Schaden wird angerichtet, besonders bei meinem Sohn, was kann getan werden?

Mütter, die nicht außerhalb des Hauses einer Berufstätigkeit nachgehen, sind selten über die Nähe zu ihren Kindern besorgt. Sie sind von früh morgens bis weit in den Abend mit ihnen zusammen, außer während der Kindergarten- oder Schulzeit. Doch in den meisten aller Fälle gibt es wenig Zeit für gemeinsames Spiel. Eher sind es die arbeitenden Mütter junger Kinder, die sich über das Zusammensein mit dem Kind Sorgen machen und sich schuldig fühlen. Aber das ist ein anderes Thema.

Es ist nur gut, wenn sich ein Vater ungezwungen als Freund seiner Kinder fühlt und mit ihnen zusammen etwas unternehmen will. Es gibt viel Aufregendes zu erleben: beispielsweise Zoos und Museen, Konzerte und Sportveranstaltungen besuchen, zum Fischen gehen, Picknicks machen oder eine Burg besichtigen. Bevor der Vater Zeit und Geld in solche Ausflüge investiert, sollte er testen, ob die Kinder für diese Veranstaltungen reif genug sind. Bei meinen eigenen Kindern habe ich herausgefunden, daß sie in einem bestimmten Alter mehr an den Erfrischungsgetränken und den Souvenirs als an einem Fußballspiel interessiert sind; dies ist nicht schlimm, solange sich der Vater darüber nicht aufregt. Ein Kind, das auf eine Fischtour mitgenommen wird, wird es vielleicht viel interessanter finden, einen Damm am Ufer zu bauen. Und während eines Picknicks wird es eventuell sein Brot an Vögel oder Eichhörnchen verfüttern. Ausflüge sollten allen Spaß machen, oder es war ein Fehler, sie überhaupt zu unternehmen. Manchmal läuft die Sache besser, wenn sowohl der Vater als auch der Sohn einen Freund mitnehmen. Beide können dann auf ihre Weise Spaß am Ausflug gewinnen.

Es ist weder klug noch notwendig, daß ein Vater immer irgend etwas Besonderes mit den Kindern unternimmt. Dies gilt auch für geschiedene Väter. Es gibt weniger aufwendige Aktivitäten in und um das Haus, die häufig bessere Gelegenheiten bieten, sich gegenseitig kennenzulernen, beispielsweise Fußball oder Baseball spielen oder eine Übungsstunde im Rollschuhlaufen. Ein Vater kann Seite an Seite mit seinen Kindern an einer Hobelbank arbeiten, ein Puzzle zusammensetzen oder am Herd eine Mahlzeit bereiten. Seine Stimme und seine Betonungen geben Vorlesestunden einen neuen Charakter. Gelegentlich kann er eine Partie Dame, Schach oder Monopoly mitspielen.

Bei Arbeiten mit Holz, beim Spiel mit einer elektrischen Eisenbahn oder bei jeder anderen Aktivität sollte es der Vater vermeiden, seine Vorstellungen dem Kind überzustülpen. Dadurch würde dem Kind lediglich das Gefühl der Unzulänglichkeit vermittelt. Andererseits sollte ein Vater das Kind aber auch nicht bei jedem Spiel gewinnen lassen. Ein Kind spürt eine solche Täuschung und zieht daraus keine Befriedigung.

Anstatt darüber nachzudenken, wie ein Vater auf gesellige Weise mit seinem Kind spielen kann, ist es häufig sinnvoller, zu überlegen, wie das Kind an den Aktivitäten der Eltern teilnehmen kann. In einer Industriegesellschaft ist es nicht möglich, daß ein Vater seinen Sohn mitnimmt, damit dieser ihm bei der Arbeit im Büro oder am Band hilft. Doch zu Hause gibt es eine Vielzahl von Arbeiten, die die Eltern erledigen müssen und bei denen die Kinder helfen sollten: beispielsweise Einkaufen, Essen kochen, Tisch decken, Abwaschen und Abtrocknen, Saubermachen, Gartenarbeiten, Autowäsche oder Betreuung jüngerer Geschwister.

Zu häufig machen die Eltern diese Arbeiten allein, bis sie eines Tages glauben, jetzt sind die Kinder in der Lage, sie ganz zu übernehmen. Dann übergeben sie sie an die Kinder, zumindest zeitweise. Ich meine, es ist besser, wenn die Eltern die Kinder zu einem früheren Zeitpunkt um Hilfe bitten. Und später, wenn die Kinder die Aufgabe allein bewältigen könnten, sollten die Eltern sie trotzdem mit den Kindern zusammen erledigen. Die praktische Freundschaft während einer Arbeit erscheint mir einträglicher als die Freundschaft an sich. Wenn sich Eltern und Kinder dabei zeitweise nichts zu erzählen haben, dann können sie ihre Arbeit still erledigen. Ein neues Gespräch wird sich schon wieder ergeben.

Aber angenommen, ein Vater fühlt sich zu ausgelastet, als daß er noch den Rasen mähen oder andere Hausarbeit zusammen mit der Familie erledigen könnte. Oder er hat einfach keine Lust zu Holzarbeiten, Sport oder Ausflügen. Werden seine Kinder daran leiden? Ich würde ihn zunächst danach fragen ob er tatsächlich zu stark beschäftigt ist oder ob er in Wirklichkeit keinen Spaß daran findet, mit Kindern zusammen zu sein. Ist er zu stark beschäftigt, dann sollte er es nicht sein.

Ich habe mich mit zahlreichen Vätern unterhalten, die ihre Berufskarriere begannen, als ihre Kinder noch jung waren. Sie hatten das Gefühl, daß ihre Arbeit (oder ihr öffentliches Engagement) immer Vorrang hatte. Später, als ihre Kinder herangewachsen waren, erkannten sie, daß sie niemals die Freunde ihrer Kinder waren. Dies bedauerten sie dann zutiefst, besonders wenn es nun Probleme mit den Kindern gab. Solche Väter haben zu spät eingesehen, daß die sklavische Unterordnung unter die Erfordernisse ihrer Arbeit eine Vernachlässigung ihrer Familie bedeutete und für ihr Fortkommen am Arbeitsplatz oder im öffentlichen Leben überhaupt nicht wichtig war. Es war einfach ein Arbeitswahn, ein Ausdruck der Angst.

In einem Land wie Amerika wird das Vorwärtskommen als größte Tugend gepriesen. Ein junger Vater muß deshalb mutig und vorausschauend sein, wenn er einsehen will, daß ein gutes Familienleben nicht nur der bessere Beitrag für eine Gesellschaft ist, sondern langfristig auch mehr Zufriedenheit mit sich bringt. Die Entscheidung muß gefällt werden, wenn die Kinder noch sehr jung sind.

Für Väter, die nicht so genau wissen, wie sie ihre Kinder genießen können, gibt es eine Zeit, in der sie dies ausprobieren können, in der sie die Hürde nehmen können: dann, wenn das erste Baby gerade gekommen ist. Manche Männer meinen in dieser Phase: »Ich glaube, ich kann mit dem Kind ungezwungener umgehen, wenn es ein bißchen älter und irgendwie mehr wie ein richtiger Mensch ist.« Ich meine, die Sache funktioniert gerade anders herum. Der Umgang mit dem Kind zeigt dem Erwachsenen, was dies für ein Wesen ist, was seine Bedürfnisse sind, was es haben will, welchen Spaß es macht, mit ihm zusammen zu sein, wie mit ihm kommuniziert werden muß, wie man ihm seine Liebe zeigt und wie man seine Liebe gewinnt. So etwas kann man nicht abstrakt erlernen, sondern nur konkret erleben.

Wenn man als Erwachsener gut mit anderen Erwachsenen auskommt, dann muß das noch lange nicht bedeuten, daß man auch mit Babys und Kleinkindern gut umgehen kann. Man kann Erwachsene gewinnen, indem man ihrem Intellekt oder ihren Eitelkeiten schmeichelt, bei kleinen Kindern kommt man mit diesen Methoden nicht weit.

Ein Vater gewinnt die Freundschaft seines Kindes, indem er sich von dem Tag, an dem es aus der Klinik nach Hause kommt, an seiner Pflege beteiligt und dies auch dauerhaft beibehält. Wenn es selbst zwei bis drei Jahre alt ist, kann der Vater vom Kind erwarten, daß es ihm bei der Erledigung seiner Arbeiten im Haus und im Garten oder beim Einkauf hilft. Seine Hilfe bei der Pflege des Kindes und dessen Hilfe bei seiner Hausarbeit bilden die beste Grundlage für eine verläßliche Freundschaft. Die gemeinsamen Spiele oder die Ausflüge sind dann nur die Extras, die Rosinen im Kuchen.

Ein Letztes: Nicht wenige Väter lieben es, mit ihren Kindern wild herumzutoben. Sie werfen ihr Baby empor bis zur Decke. Sie geben kleinen Kindern vor, ein wilder Löwe zu sein. Sie veranstalten mit größeren Kindern Kissenschlachten. Kinderpsychologen haben entdeckt, daß solche Spiele die Kinder in manchen Fällen zu sehr aufregen. Sie wirbeln ungestüme Emotionen empor, die sich anschließend nicht vollständig beruhigen lassen und deshalb zu nervösen Symptomen führen. Berichtet man Vätern von diesen Befunden, dann reagieren viele gereizt. Sie weisen darauf hin, wie sehr die Kinder solche Spiele lieben und um mehr betteln. Dies ist zwar richtig, widerlegt aber nicht die Befunde. Eine kleine Aufregung reicht den Kindern durchaus.

Die Vergnügen des Elterndaseins

Wir denken an das Elterndasein meist in Form von Pflichten und Problemen. Als meine Söhne noch klein waren, habe ich es häufig versäumt, Vergnügen an ihnen zu finden – bis ich dann auf einer Reise ohne sie feststellte, wie sehr ich sie vermisse. Mir tat meine Haltung dann leid, und ich schämte mich ein bißchen dafür. Doch dies bewirkte nicht, daß sich mein Verhalten grundlegend änderte, wenn ich wieder mit ihnen zusammen war.

Ursache für dieses Verhalten ist, daß sich die meisten von uns einbilden, sie müßten ständig auf die Kinder aufpassen, auf ihre Eßgewohnheiten, ihre Bekleidung, ihre Schuhe, ihre Arbeiten, ihre Manieren. Oder auch auf die Gefahr eines Feuers, eines Verkehrsunfalls, einer Vergiftung, eines Sturzes vom Baum oder aus dem Fenster im zweiten Stock.

Häufig haben mich Großväter gefragt, warum sie sich damals an ihren eigenen Kindern nicht in der gleichen Weise erfreuen konnten wie heute an ihren Enkeln. Ich habe darüber lange Jahre nachgedacht und bin schließlich zu dem Ergebnis gekommen, daß es keine Möglichkeit gibt, Eltern die ständige Sorge über das Verhalten und die Sicherheit ihrer Kinder zu nehmen. Dafür gibt es Eltern. Obwohl natürlich die Ausprägung ihres Besorgtseins von Familie zu Familie variiert.

Andererseits fühlen sich Großeltern durch die Verwandtschaft den Enkeln eng genug verbunden, um stolz auf deren Talente und entzückt über ihren Charme zu sein. Doch die meisten Großeltern – nicht alle – bekommen es fertig, sich dem angstbeladenen Verantwortungsgefühl, das sie als Eltern gehabt haben, zu entziehen.

Ich glaube deshalb nicht, daß ich den Eltern sehr viele Möglichkeiten aufzeigen kann, mehr Vergnügen an ihren Kindern zu finden, aber ein bißchen will ich doch helfen.

Zunächst ist es wichtig, daß sie sich klarmachen, daß all die Sorge und der Ärger nichts nützen und sich teilweise auch rächen werden. Der Hauptfaktor, der die Persönlichkeit eines Kindes zum Positiven formt, ist sein tiefer Wunsch, so zu werden wie die Erwachsenen, die es bewundert und liebt. Die meiste Arbeit dafür wird vom Kind selbst geleistet. **Je stärker an einem Kind herumgenörgelt wird, desto geringer ist das Verlangen, nachzuahmen und zu gefallen. Natürlich empfehle ich nicht, daß Sie ein Fehlverhalten des Kindes oder Ungezogenheiten zulassen. Sie sollten versuchen, das automatisierte und häufig über-**

flüssige Beobachten, Warnen, Dirigieren, Verbieten und Schelten zu vermeiden.

Meine Praxis als Kinderarzt hat mir gezeigt, daß die Auswirkungen der elterlichen Voreingenommenheit und Besorgtheit regelmäßig in den Unterschieden zwischen dem ersten und zweiten Kind im ersten oder den ersten beiden Lebensjahren sichtbar werden. Viele Mütter haben mir erzählt, daß sie sich nach einem schmusigen Baby gesehnt haben. Doch ihr erstes Kind hat dabei nicht mitgespielt, es drehte sich ungeduldig weg, wenn es umarmt wurde. Das zweite Kind ließ sich weitaus einfacher umarmen. »Warum dieser Unterschied?« fragten die Mütter.

Natürlich ist dieser Unterschied durchaus nicht in allen Familien anzutreffen. Ich glaube, daß sich viele erste Kinder durch die große Aufmerksamkeit, die ihnen zuteil wird, beengt fühlen – besonders durch die sorgenvolle Aufmerksamkeit, aber auch durch den Stolz und den Übereifer. Warum hat es jetzt einen Schluckauf? Bedeutet seine verstopfte Nase, daß es sich erkältet hat? Warum kann es noch nicht aufrecht sitzen wie unser Neffe? Ist sein Daumenlutschen ein Zeichen für Unsicherheit? Warum will es nicht einschlafen? Und dann: »Tu das nicht in deinen Mund!« »Gib Tante Annette schön die Hand!« »Sag ›Papa‹«.

Bei einem zweiten Kind lassen die Eltern individuelle Unterschiede zu. Sie halten es nun für selbstverständlich, daß jedes Baby seine Marotten hat, Marotten, die nicht erklärt werden können, die aber ohne besondere Bedeutung sind. Sie haben gelernt, daß ein Baby trotz seiner geringen Körpergröße zäh und widerstandsfähig ist. Noch wichtiger: Sie haben von ihrem ersten Baby gelernt, daß sie als Eltern angemessen handeln und im wesentlichen das Richtige tun. Deshalb haben sie Selbstvertrauen und gehen mit dem zweiten Kind auf entspanntere Weise um.

Ich bin davon überzeugt, daß ein Baby oder ein Kleinkind instinktiv weiß, daß es Freiheit benötigt, um seine eigenen kleinen Entscheidungen treffen zu können – um selbst eine Aktivität auszusuchen, um mit einem Spielzeug in der von ihm gewählten Weise zu spielen, um heute eine Mahlzeit abzulehnen, die es gestern noch gemocht hat und die es morgen wieder mögen wird. Es fühlt, daß es eine zu starke psychische und physische Gängelung durch die Eltern nicht zulassen darf. Wenn sie ihm zu stark vorschreiben, wie es ein Stück Kreide zu halten oder einen Socken anzuziehen hat, wenn sie versuchen, zu lange mit ihm zu kuscheln, wenn sie sein Ohr säubern oder für länger als zwei Sekunden in seinen Rachen starren wollen, dann empfindet es einen starken Drang, sich freizukämpfen.

In der Regel wird dem zweiten oder dritten Kind mehr Freiheit gelassen. Es kann seine eigenen Wege gehen. Es ist weniger bereit, anderen zuzugestehen, daß sie es zu dominieren versuchen. Wenn es das Gefühl hat, es möchte gekuschelt werden, oder wenn seine Mutter es in den Arm nehmen möchte, dann kann es eine Umarmung über fünf bis 10 Sekunden genießen oder für eine ganze Minute auf dem Schoß der Mutter sitzen, bevor es hinunterrutscht, um seine Aktivität fortzusetzen.

Nun einige positive Vorschläge: Eltern haben großes Vergnügen, wenn sie die Freuden ihrer eigenen Kindheit wieder aufleben lassen können, indem sie sich durch jede neu gemachte Erfahrung mit ihrem Kind identifizieren. Wenn sie vor ihrem 18 Monate alten Kind ihren Hund streicheln, dann beobachten sie, wie es vorsichtig zurückweicht, fasziniert versucht, den Hund zu berühren, als Antwort auf die Freundlichkeit des Hundes lächelt und stolz über den eigenen Mut ist – und das alles zur gleichen Zeit. Wenn ein dreijähriges Kind zum ersten Mal einem Schaufelbagger beim Einsatz zusieht, kann man beobachten, daß es eine Weile braucht, um all die Eindrücke zu verarbeiten: den Lärm, das Holprige der Bewegungen, die enorme Menge von Erde und die Größe der Steine, die es greift, das plötzliche Entladen der Schaufel in den wartenden Laster, der dabei erzittert, die Tatsache, daß ein normal ausschauender Mensch mit einigen Hebeln diese gewaltige Kraft kontrolliert. Ein Kind wird vielleicht erst Stunden danach von dieser ersten Beobachtung eines Schaufelbaggers erzählen, mit leuchtenden Augen – und die Eltern können seine Faszination mit ihm teilen.

Ausflüge in den Zoo, in ein Museum, in einen Zirkus, in den Wald, an einen Fluß oder an den Strand können sehr anregend sein. Aber es ist nicht nötig, daß Eltern mit einem Kind immer einen solchen Ausflug machen, um ihm Vergnügen zu bereiten und sich daran zu erfreuen. Das Beobachten eines Wurms oder Käfers im Garten oder im Park kann alle eine halbe Stunde lang fesseln.

Und vergessen Sie nicht das einfache Vergnügen, welches das Vorlesen bereitet. Kinder aller Altersgruppen sind gleichermaßen von Geschichten fasziniert. Die Büchereien sind vollgestopft mit Kinderbüchern. **Alles, was Sie tun müssen, ist, sich das regelmäßige Vorlesen anzugewöhnen. Es gibt einen Grund, warum dies eine ideale Art ist, sich mit einem Kind zu beschäftigen: Sie müssen nämlich alles andere vergessen und dem Kind ihre ganze Aufmerksamkeit schenken.** Lassen Sie das Kind die Geschwindigkeit des Vorlesens bestimmen. Lassen Sie es seine Fragen stellen. Lesen Sie eine Seite mehrmals, wenn das Kind es wünscht. Oder lesen Sie das ganze Buch ein zweites Mal. Auf diese Weise kann das Kind das aus der Geschichte holen, was es möchte. Und Sie gelangen zur Harmonie mit ihm.

Die gemeinsame Arbeit an einem Hobby – Holzarbeit, Nähen, Perlenknüpfen, Modellbau, Gärtnern, Angeln, Malen, Kochen – kann die Freundschaft stärken. Ich weiß aber auch aus meiner eigenen Erfahrung als Vater, daß sie auch frustrierend sein kann – für beide Generationen –, wenn der Vater oder die Mutter die Ansprüche zu hoch ansetzt oder zu stark kontrolliert oder zu kritisch ist.

Ich habe meinen beiden Söhnen den Spaß an Modelleisenbahnen verdorben, weil ich eine Ausrüstung gekauft hatte, die jenseits ihres Entwicklungsstands war, weil ich Gleispläne entwickelte, die viel zu kompliziert waren, und weil ich die Arbeiten immer dirigierte. Bei einer gemeinsamen Arbeit müssen Sie in der Lage sein, dem Kind die Führung zu übergeben. Und wenn Sie beim gleichen Hobby verschiedene Projekte bearbeiten, dann sollten Sie taktvoll genug sein, Ihre eigene Arbeit nicht so kunstvoll auszuführen, daß sie das Kind mit seiner Arbeit beschämen.

Die Zusammenarbeit im Haushalt – sogar die langweiligste Arbeit – kann Eltern und Kinder Spaß machen. Die Erwachsenen sollten allerdings beachten, daß sich ein Kind einer Aufgabe immer nur für eine begrenzte Zeit widmen kann. Es arbeitet nicht sehr effektiv und neigt dazu, sich nach einer Weile in phantasievollen Nebenprojekten zu verlieren. Sobald die Eltern bemerken, daß der Enthusiasmus des Kindes nachläßt, sollten sie ihm andeuten, daß es genug geholfen habe. Wird das Kind älter, dann können und sollten sie natürlich mehr erwarten.

Und schließlich ist das Gespräch eine der bedeutendsten Formen, wie Menschen aneinander Vergnügen finden. Das Gespräch zwischen Eltern und Kind kann ebenso unterhaltend sein wie das zwischen Gleichaltrigen. Gespräche mit Kindern machen häufig keinen Spaß, weil regelmäßig verbale Mittel von den Eltern zum Lenken und Korrigieren und vom Kind zum Betteln und Quengeln eingesetzt werden. Beide nehmen die Gewohnheit an, einander nicht zuzuhören.

Selbst mit anderen Erwachsenen gelangt man nur dadurch zu angenehmen und gehaltvollen Gesprächen, daß man sich mit dem Gesprächspartner durch aufmerksames und wohlwollendes Zuhören in Einklang versetzt. Man schaut sich dabei ab und zu in die Augen, und der eigene Gesichtsausdruck spiegelt die Stimmung des anderen, sei sie humorvoll, entrüstet oder ängstlich. Ist man selbst mit dem Sprechen an der Reihe, greift man die Bemerkungen des anderen auf und zeigt, daß man auf sie in Worten und im Fühlen antwortet. **Eine Konversation wird von zwei verwandten Seelen gesponnen, die am selben Faden arbeiten.**

Beim ersten Sprecher muß das Gefühl vorhanden sein, daß man mit dem anderen etwas teilen möchte, und vom zweiten muß eine echte Antwort kommen. **Ein Gespräch zwischen dem Vater oder der Mutter und dem Kind kann nicht mit der neugierigen oder bohrenden Frage beginnen:»Na, was gab's heute in der Schule?« Diese Frage fördert nicht die winzigste bedeutende Information zu Tage.**

Beginnt das Kind ein Gespräch, dann sollten die Eltern jedem Drang widerstehen, sich kritisch oder gelangweilt zu zeigen. Berichtet das Kind aus der Schule:»Erhard hat mich heute geschlagen!« und die Mutter antwortet:»Na, du hast doch sicher angefangen!«, dann ist mit der Antwort das Gespräch beendet. Das gleiche geschieht, wenn der Ton, in dem die Eltern antworten, deutlich macht, daß sie überhaupt nicht interessiert sind.

Ich glaube, einer der vergnüglichsten Aspekte von Kindern ist die Originalität dessen, was sie sagen, besonders wenn sie noch nicht in die Schule gehen. Ihre Bemerkungen, ihre Art, Dinge zu sehen, sind häufig frischer und sogar lebendiger als die der großen Dichter und Denker. Doch viele Eltern schenken diesen Kleinoden der Wahrnehmungsfähigkeit keine Aufmerksamkeit und weisen ihre Kinder wegen der unkonventionellen Sprache zurecht. Zwischen sechs und acht Jahren werden die meisten Kinder konventioneller und haben nur allzubald die Platitüden und Klischees der Erwachsenensprache übernommen.

Kürzlich las ich einen Bericht, in dem zwei Eltern einen ihrer Wege beschrieben, um mit ihren Kindern ins Gespräch zu kommen, eine Möglichkeit, die mir und wahrscheinlich den meisten anderen Eltern niemals in den Sinn gekommen wäre: Sie sahen sich zusammen mit den Kindern einige der Kindersendungen im Fernsehen an – besonders am Samstagmorgen.

Die Eltern berichteten, daß sie dieser ungewöhnlichen Beschäftigung zahlreiche nützliche Aspekte abgewinnen können. Sie können mitverfolgen, was ihre Kinder sehen, und die gewalttätigen Programme abschalten. Sie machten die Erfahrung, daß es einfach und natürlich ist, über das Programm und damit verwandten Themen ins Gespräch zu kommen. Die Kinder nutzen die Gelegenheit, um über Dinge, die sie nicht verstanden haben, viele Fragen zu stellen. Und die Eltern haben Freude daran, daß sie in der Lage sind, diese zu beantworten.

Die Kommentare ihrer Kinder waren überraschend einsichtig und amüsant – besonders ihr Hohn über die Werbespots. Auch die Eltern haben zu ihrem eigenen Erstaunen einige der Programme mit Spaß verfolgt. Am schönsten aber war die Entdeckung, daß dies eine angenehme und einfache Form ist, den Zusammenhalt in der Familie zu festigen.

Die Gleichheit von Mann und Frau

Meine Diskussionsgruppe aus sechs Vätern nahm die allgemeine Frage, was sie bei der Erziehung ihrer Kinder besonders beschäftigt, in Angriff. Scott war ein neunundzwanzigjähriger Vater mit einem acht Monate alten Sohn, er fragte:»Kann man am Verhalten eines Kindes feststellen, ob ein Elternteil dominiert? Ich meine, Eltern formen ihr Kind – mir macht das Sorge. Meine Frau ist mit dem Baby sehr eng zusammen. Sie ist den ganzen Tag bei ihm. Ich freue mich, daß sie so eng mit ihm zusammen ist. Doch bin ich an vier Abenden in der Woche nicht zu Hause. Ich möchte wissen, was ich tun kann, um Einfluß auf meinen Sohn zu haben. Ich möchte nicht, daß er verweichlicht und unmännlich aufwächst. Soll ich mir Zeit nehmen, um mich mit ihm besonders zu beschäftigen? Wann ist dafür das beste Alter?«

Jim erweiterte die Frage:»Wie erzieht man seinen Sohn zum Mann und seine Tochter zur Frau? Wieviel Zeit sollte ein Vater mit seinem Sohn verbringen?«

Leon meinte:»Ich möchte die Frage noch anders stellen: Soll ein Junge anders als ein Mädchen behandelt werden?«

Meine Antworten auf diese Fragen waren etwa folgende: Heute ist dies ein weites und kontrovers diskutiertes Thema. Wir können eigentlich nicht mit der Frage beginnen:»Wie sollen wir einen Jungen oder ein Mädchen erziehen?« Wir müssen zunächst die Frage beantworten: »Welche Rollen wollen heute Frauen und Männer in unserer Gesellschaft ausfüllen?« Die Diskussion darüber kann sehr scharf sein, wie wir aus der Debatte um die Gleichberechtigung wissen.

Wenn Männer und Frauen die Frage geklärt haben, welche Rolle sie spielen wollen, dann können sie leichter das abgeleitete Thema aufgreifen: Wie können Jungen und Mädchen auf ihre Rollen als Erwachsene vorbereitet werden?

Die Frage, wie bei Jungen der männliche und bei Mädchen der weibliche Aspekt gefördert wird, ist ebenfalls nur schwer rational zu beantworten. Denn die Definitionen dafür, was »männlich« und »weiblich« ist, sind von Gesellschaft zu Gesellschaft und von Jahrhundert zu Jahrhundert verschieden. Und auch in unserer heutigen Gesellschaft unterliegen sie dem Wandel.

In England trugen die Gentlemen des 18. Jahrhunderts Spitzenbändchen an ihren Kragen und Manschetten. Sie liefen etwas geziert und hielten dabei Spazierstöcke mit Silberköpfen. Im vorgeschichtlichen Kreta kämpften barbusige Frauen in Arenen gegen Stiere. In einer viktorianischen Gesellschaft pflegten Frauen in Ohnmacht zu fallen, wenn sie Männer grob oder obszön reden hörten. Heute benutzen viele Frauen diese Wörter selbst. In vielen Gegenden der Welt ist das Verhalten von Männern und Frauen, die in den Feldern arbeiten – ihr Gang, ihre Sprache, ihre Gesten –, ziemlich gleichförmig für die beiden Geschlechter. **Was wir mit »männlich« oder »weiblich« bezeichnen, wird also gelernt – ganz unterschiedlich in verschiedenen Gesellschaften.**

In den vergangenen Generationen glaubten die meisten Menschen, daß man Jungen streng, »männlich«, erziehen soll, indem man ihnen »männliches« Spielzeug gibt, ihnen »männliche« Hausarbeiten überträgt und sie »männlich« kleidet. Jungen wurden dazu angehalten, ihr Schmerzgefühl, ihre Angst und ihr Mitgefühl zu verstecken und zu verleugnen. Sie wurden getadelt, wenn ihnen dies mißlang. Von Jungen wurde erwartet, daß sie kämpften, wenn sie herausgefordert wurden. Sie sollten am sportlichen Wettbewerb teilnehmen und sich auf »männliche« Berufe vorbereiten. Wettbewerb und Erfolg in ihrer zukünftigen Karriere wurden glorifiziert. Und sie sollten eine wenigstens leichte Verachtung für diejenigen empfinden, die »unmännliche« Berufe wählten oder sich »effeminiert« verhielten.

Von Mädchen wurde früher erwartet, daß sie sich auf die Ehe und die Mutterschaft, als die trefflichste Rolle der Frau, vorbereiteten. Sie wurden angehalten, eher die mitfühlende und sorgende Seite ihrer Persönlichkeit zu entwickeln als ihren Ehrgeiz und ihren Wetteifer.

Zahlreiche starke Einflüsse haben im 20. Jahrhundert die Einstellungen und das Verhalten der Menschen verändert. Zwei Weltkriege haben die Frauen in die Industriebetriebe gezogen. Dort haben sie ihre Sache gut gemacht, wodurch sie auf den Geschmack für finanzielle und emotionale Unabhängigkeit gekommen sind. Die immer weiter wachsende Menge industrieller Beschäftigung, die nicht von körperlicher Kraft abhing, brachte ebenfalls Frauen aus dem Haus in die Fabrik. Männer mußten sich daran gewöhnen, daß ihre Frauen in der Industrie arbeiten und sich dafür nicht schämen. Die Werbung für neue Produkte wie Automobile, zahlreiche Küchengeräte, Fernsehgeräte oder Airconditioner erweckte bei vielen Paaren das Gefühl, daß sie mehr Einkommen benötigten als der Ehemann allein verdienen kann. Für Mütter und Ehefrauen wurde es deshalb selbstverständlich, Geld hinzuzuverdienen.

Die Teilnehmerinnen an der Frauenbewegung haben seit den siebziger Jahren gegen die immer noch lebendigen schmerzlichen und ungerechtfertigten Vorurteile und Diskriminierungen ihres Geschlechts protestiert. Sie haben darauf hingewiesen, daß das Fortbestehen der Vorurteile zum Teil auf die Tatsache zurückzuführen ist, daß von frühester Kindheit an Jungen in einer Weise und Mädchen in einer anderen erzogen wurden, ohne daß es dafür irgendeine wissenschaftliche Rechtfertigung gab. Wenn wir diese Ungerechtigkeit vorurteilsfrei betrachten, dann zwingt uns dies wenigstens dazu, unsere früheren Annahmen über Männlichkeit und Weiblichkeit und über die Vorbereitung von Jungen und Mädchen auf ihre Rollen als Erwachsene zu revidieren.

Inzwischen haben Psychologen und Psychiater diesem sozialen Wandel mehr Aufmerksamkeit geschenkt. Sie mußten ihre willkürlichen Definitionen von »männlichem« und »weiblichem« Verhalten überdenken, und sie sind dabei zu einer weitaus flexibleren Einstellung gelangt. Die meisten haben erkannt, daß jeder Mensch teils eine männliche teils eine weibliche Identität besitzt. Die Mehrzahl der Jungen identifiziert sich vorwiegend mit ihren Vätern. Aber zu einem geringeren Grad identifizieren sie sich auch mit ihren Müttern und ahmen sie bezüglich gewisser Interessen und Einstellungen nach. Die Mehrzahl der Mädchen identifiziert sich vorwiegend mit ihren Müttern, aber auch mit den Vätern.

Einige Beispiele: Ich habe heute erkannt, daß der Hauptgrund dafür, daß ich in die Kinderheilkunde gegangen bin, eine partielle Identifikation mit meiner Mutter war. Ich war das älteste von sechs Kindern und übernahm viel Babypflege. Wie meine Mutter liebte ich Babys und wollte es ihnen recht machen, sie beruhigen, sie pflegen, wenn sie krank waren und sie zu verantwortungsbewußten und glücklichen Menschen erziehen. Ich habe nicht wahrgenommen, daß sich mein Vater an der Kinderpflege beteiligte – das entsprach damals nicht der Rolle eines

Mannes –, gleichwohl hat er uns innig geliebt. Viele der jungen Frauen von früher, die sich als erste in der Medizin, der Rechtsprechung, der Ingenieurswissenschaft oder in der Luftfahrt behaupteten, profitierten von einer überdurchschnittlich starken Identifizierung mit dem Vater. Dies half ihnen, die beschränkte Rolle, die ihnen als Frau zugemutet wurde abzulehnen.

Die Behauptung, ein Junge sei zu 100 Prozent männlich und ein Mädchen zu 100 Prozent weiblich, ist einfach falsch. Das gibt es nicht. Die Analyse des Macho-Manns, der übertrieben grob handelt und über Männer spottet, die sanftere Interessen verfolgen, zeigt, daß es sich um einen Menschen handelt, der ausgeprägte Ängste davor hat, daß er weich oder verweiblicht sein könnte. Und einige Frauen, die bezüglich ihrer Kleidung und ihres Verhaltens eine äußerst verführerische »Weiblichkeit« kultivieren, offenbaren bei näherer Bekanntschaft eine ausgesprochen feindliche Haltung gegenüber Männern.

Dieses Identitätsgemisch bei Jungen und Mädchen ist individuell verschieden. Die jeweilige Zusammensetzung hängt von der subtilen Beziehung des Kindes zum Vater, zur Mutter sowie von den Einstellungen der Eltern zu ihrem Kind ab. Eine Vielzahl von Einstellungen, Emotionen, Wechselwirkungen und Einflüssen treffen hier aufeinander: Bewunderung, Besorgnis, Rivalität, Neid, Ehrgeiz, Sehnsucht. Und jeder wird in seinem Erwachsenenleben dann am meisten leisten können, wenn es ihm gelingt, sich mit der spezifischen Zusammensetzung seiner Identität wohl zu fühlen.

Betrachten wir das Ballett als Beispiel. Früher lehnten viele amerikanische Familien das Tanzen von Jungen in einem Ballett als »unmännlich« ab. (Als vor Jahren das erste russische Ballett hierherkam, habe ich interessiert festgestellt, daß die russischen Ballettänzer keineswegs verweichlicht wirkten. Einige von ihnen waren kräftig wie amerikanische »football«-Spieler gebaut. Und an ihrem Verhalten war überhaupt nichts Unmännliches.) Meines Erachtens wäre es nur vernünftig, wenn ein Junge mit dem beharrlichen Drang, Ballettänzer zu werden, auch Ballettänzer wird. Man würde sicherlich nicht viel erreichen, wenn man versuchte, ihn durch das Erwecken von Schamgefühlen von seinem Wunsch abzubringen. Hierdurch ändern sich weder seine Persönlichkeit noch seine Interessen, und er würde kein bißchen »männlicher«. Statt dessen fühlte er sich nur unwohl, unsicher und unzulänglich und wäre im Endeffekt weniger leistungsfähig, weder als Ballettänzer noch als etwas anderes.

Heute gehe ich davon aus, daß Frauen immer noch ungeheuer benachteiligt werden, ohne triftige Gründe. Diese Diskriminierung wird von frühester Kindheit an schrittweise aufgebaut. In den Geschichten, die ihnen vorgelesen werden, erleben Jungen Abenteuer, und Mädchen schauen zu oder bleiben zu Hause. Mädchen wird von wohlmeinenden Eltern erläutert, sie seien zerbrechlich und dürften deshalb weder auf Bäume noch auf Garagendächer klettern. Sie werden, unabhängig von den Tatsachen, von rivalisierenden und unsicheren Jungen verspottet, weil sie nicht so schnell laufen oder keinen Ball werfen können. Die Menstruation – sofern sie nicht von Lehrern oder Eltern taktvoll behandelt wurde – erscheint als weiterer Beweis der Schwäche. »Man« sagt, Mädchen sollen mit Puppen spielen, Jungen mit Lastautos; Mädchen sollen hübsche Kleider tragen, Jungen strapazierfähige, männliche Kleidung; Jungen sollen im Garten das Laub zusammenkehren und die Garage aufräumen, Mädchen bei der Hausarbeit helfen. An den einzelnen Ansichten mag eigentlich nichts so Verwerfliches auszusetzen sein. Doch die kumulative Wirkung Hunderter solcher diskriminierender Äußerungen hat bei Jungen und Mädchen zum Zeitpunkt ihres Erwachsenseins zu der Überzeugung geführt, daß die beiden Geschlechter so verschieden sind wie zwei eigene Arten und die Frauen die Unterlegenen. Immer noch meinen Menschen: »Frauen können keine Mathematik oder Physik!« »Frauen können nicht Auto fahren!« Dies sind unbesonnene Verallgemeinerungen ohne wissenschaftliche Basis. Sie rauben Frauen jegliches Selbstvertrauen.

Die Überlegenheit, die von so vielen Jungen und Männern für sich in Anspruch genommen wird, mag ihnen als Vorteil erscheinen. Tatsächlich ist dies nicht der Fall. Männer, die nicht dazu veranlaßt wurden, ihr Bewußtsein zu verändern, stützen mit ihren kindischen Prahlereien nicht nur ihr unsicheres Ego. Durch das Insistieren auf dem Gedanken einer männlicher Überlegenheit schaden sie auch ihrer eigenen Psyche.

Ihr ewiges Zurschaustellen, ihre Streitgespräche mit Frauen, die Zeit, die sie mit den Überlegungen verbringen, ob sie den ihnen gebührenden Rang und Respekt bekommen – alles das zehrt ständig an den emotionalen Energien, die sonst zur Befriedigung konstruktiver, kreativer und angenehmer Interessen genutzt werden könnten. Solche Männer können ihre Beziehungen zu Frauen nicht voll ausleben; denn sie sind nicht in der Lage, ihnen auf der Grundlage gegenseitigen Respekts und demokratischer Gleichheit zu begegnen.

Außerdem fühlten Männer und Jungen, zumindest in der Vergangenheit, ständig den Druck, sich an standardisierten »männlichen« Verhaltensmustern auszurichten, unabhängig davon, ob sie ihnen sympathisch waren oder nicht. Sie bemühten sich, niemals Angst zu zeigen oder zu weinen, sich nur entsprechend der landläufigen Mode zu kleiden und die als »typisch weiblich« bezeichneten Berufe, Hobbys und Interessen zu meiden. Als Erwachsene folgten die meisten von ihnen dem Drang, ständig und in der Konkurrenz zu anderen nach höheren Positionen und Gehältern zu streben und ihre Familien mit Wohnraum, Bekleidung und Autos auf dem höchsten Niveau, das sie sich leisten konnten, zu versorgen.

Mit anderen Worten, auch Männer sind Opfer sexueller Stereotypen – eines allerdings gänzlich anderen, selbstauferlegten Musters. **Männliche und weibliche Stereotypen sind lediglich zwei Seiten einer Medaille. Während der Frau nur eingeschränkte Möglichkeiten zugestanden und eine überwiegend passive Rolle zugewiesen werden, soll sich der Mann mit Erfolg aktiv verhalten und seine Gefühle ignorieren. Beide Geschlechter bedürfen der Befreiung von diesen Zwängen.**

Seit langer Zeit schon schätzen Psychiater die Bedeutung einer gut ausgeprägten männlichen bzw. weiblichen Identität. Ihre Erkenntnisse stammten aus der Arbeit mit den unglücklichen Menschen, die sich, obwohl sie rational ihre Geschlechtszugehörigkeit anerkannten, emotional teils als Mann, teils als Frau sahen oder die tatsächlich wie ein Mitglied des anderen Geschlechts empfanden und sich entsprechend verhielten.

Früher habe ich angenommen, daß ein Vater seinem Sohn dadurch zu einer starken männlichen Identität verhelfen könne, daß er ihm Spielzeugautos und -pistolen kaufte, ihm Aufgaben im Garten und in der Garage zuwies, mit ihm über Dinge wie den Tabellenstand des Fußballvereins spräche – und daß er seiner Tochter Puppen kaufte und mit ihr über ganz andere Dinge spräche. Ich erinnere mich reuevoll der zornigen Anschuldigungen der Feministinnen, die mir vorwarfen, ich hätte in den frühen Ausgaben meines Buches »Säuglings- und Kinderpflege« empfohlen, daß ein Vater, wollte er seine Wertschätzung für seine Tochter ausdrücken, ihr ein Kompliment über ihr neues Kleid oder über die selbst gebackenen Kekse machen solle.

Heute bin ich davon überzeugt, daß die sexuelle Identität zwar psychologisch in dem Sinne wichtig ist, daß sich ein Mensch mit seinem Geschlecht wohl fühlen muß, doch ist die Betonung der Unterschiede in solchen Aspekten wie Kleidung, Spielzeug oder Hausarbeiten überflüssig. Tatsächlich kann eine solche Unterscheidung sogar schädlich sein. Jungen wie Mädchen gewinnen ihr Gefühl für männliches bzw. weibliches Verhalten primär durch eine befriedigende Identifikation mit dem Elternteil des gleichen Geschlechts, aber auch aus der Entwicklung ihres eigenen Körpers.

Legt ein Vater auf die Verschiedenartigkeit der Spielsachen, Kleider oder Hausarbeiten für seinen Sohn und seine Tochter sehr viel Wert, dann macht dies nur seine eigene – bewußte oder unbewußte – Unsicherheit über seine Männlichkeit deutlich. Ich erinnere mich noch heute, mit welcher ängstlichen Entrüstung ich 1936 einen Vorschlag meiner Frau ablehnte: Unser dreijähriger Sohn wünschte sich eine Puppe, und meine Frau wollte ihm eine kaufen. Alle Männer haben ein gewisses Ausmaß an Unsicherheit über die Angemessenheit ihres männlichen Verhaltens. Doch europäische Soziologen haben darauf hingewiesen, daß die Furcht, als verweiblicht oder homosexuell zu gelten, in Amerika besonders stark ausgeprägt ist.

Macht ein Vater besorgte Unterscheidungen zwischen Jungen und Mädchen, so wird sein Sohn seine Unsicherheit wahrnehmen. Der Sohn übernimmt etwas davon, dies kann ihn daran hindern, eine selbstbewußte und als angenehm empfundene Identität zu erwerben.

Dadurch, daß sich jedes Kind zu einem geringeren Grad auch mit dem Elternteil des gegenteiligen Geschlechts identifiziert, wird das lebenslange Verständnis für dieses andere Geschlecht gefördert. Dies trägt zur Vielfalt, Flexibilität und Tiefe bei der Persönlichkeitsentwicklung beider Geschlechter bei. Gerade weil die Identität aller Menschen aus einer Mixtur männlicher und weiblicher Elemente besteht, ist es wichtig, daß sie fähig sind, diese Eigenart ihrer Psyche anzuerkennen, statt sich ihrer zu schämen oder verwirrt oder verängstigt zu reagieren.

Heute glaube ich also, daß Eltern zum Wohl ihrer Söhne und Töchter ihre bewußten und unbewußten sexuellen Vorurteile überwinden und Diskriminierungen vermeiden sollten. Dazu benötigen sie guten Willen, Bereitschaft zu Anstrengungen und sehr viel Zeit. Gelänge es uns, eine Generation von Kindern großzuziehen, die frei von solchen Vorurteilen ist, wäre schon viel gewonnen. Die Väter als Vertreter des Geschlechts, das (angeblich) durch die Vorurteile bevorzugt wird, können hierbei mehr Druck ausüben als die Mütter, falls sie überhaupt Druckmittel einsetzen möchten. Der Prozeß müßte schon in früher Kindheit einsetzen.

Ich habe meine Vorschläge; einfühlsamen Eltern werden viele weitere einfallen. Wollen Töchter und Söhne auf immer und ewig die gleiche Art von T-Shirts und Jeans tragen, auch noch während des Studiums, so sollten Eltern meines Erachtens nicht darauf insistieren, daß es für Frauen wichtig sei, sich »attraktiv« anzuziehen.

Jede Frau wird sich natürlich auf vielfache Weise von ihrem Mann unterscheiden, und ihre junge Tochter wird sie in dieser Hinsicht eifrig nachahmen wollen. Ein Mädchen mag vielleicht Kleider anziehen, weil seine Mutter und seine Freundinnen sie tragen. Entschließt sich ein Mädchen hierzu freiwillig, so ist es etwas ganz anderes als wenn es gesagt bekommt: »Mädchen tragen Kleider, also solltest du sie auch anziehen!«

In der 1976 überarbeiteten Fassung von »Säuglings- und Kinderpflege« schrieb ich, daß Eltern hinsichtlich des Spielzeugs und der Bekleidung keine Unterschiede machen und die Kinder selbst entscheiden lassen sollen, womit sie spielen und was sie anziehen wollen. Eltern brauchen keine Angst zu haben, daß dies die geschlechtliche Identifikation negativ beeinflußt. Mädchen und Jungen sollten auch im Haushalt die gleichen Arbeiten übernehmen.

Bei der Verteilung von Arbeiten wie Rasenmähen, Laub zusammenharken oder Auto waschen sollte ein Vater meiner Meinung nach seine Tochter genauso einbeziehen wie den Sohn. Sie möchte vielleicht auch neben ihrem Vater und ihrem Bruder arbeiten, unabhängig davon, ob ihre Mutter auch Gartenarbeit verrichtet oder nicht. Falls die Tochter aber lieber der Mutter bei der Hausarbeit helfen möchte, ist es auch recht. Wichtig ist, daß sie nicht das Gefühl hat, bestimmte Rollen übernehmen zu müssen, während andere ihr versagt bleiben.

Wenn ein Vater seinen Sohn zu einer Sportveranstaltung oder zu einem Campingausflug mitnehmen möchte, dann sollte er auch seine Tochter und seine Frau mit einladen, jedenfalls so lange diese nicht ihr dauerhaftes Desinteresse bekundet haben. Falls es nervenaufreibende Rivalitäten und Streitigkeiten zwischen Sohn und Tochter gibt, dann könnte es für den Vater besser sein, er würde zunächst seine Tochter und später, bei anderer Gelegenheit, seinen Sohn einladen.

Ein Sohn und deshalb auch ein Vater sollten sich an allen Aktivitäten im Haushalt beteiligen. Ich denke dabei an die ganze Liste: Lebensmittel einkaufen, Vorbereiten der Mahlzeiten, Tisch decken, abwaschen, Wäsche waschen, saubermachen, Betten machen, aufräumen. Auch die Kinderpflege gehört zu den Aufgaben einer Familie, die von beiden

Geschlechtern aller Altersstufen erledigt werden sollte. Dazu gehört das Füttern, das Wechseln der Windeln, das Baden und Anziehen, das Vorlesen und für ältere Geschwister das Babysitting, wenn der Rest der Familie ausgehen möchte. **Kleinkinder sind besonders sensibel für alle Aspekte der fürsorglichen Pflege, die sie erhalten. Es ist deshalb wichtig, daß sie wahrnehmen können, daß sich alle an der Pflege beteiligen.** Dies hinterläßt tiefe Spuren, die von Generation zu Generation weitergetragen werden.

Wenn eine Mutter alle oder fast alle dieser Arbeiten im Haushalt allein erledigt, dann ist sie nichts anderes als ein universelles Dienstmädchen. Erledigen nur Mutter und Tochter die Hausarbeit, dann sieht das so aus, als ob dies Frauensache sei und weniger bedeutend als das, was Männer tun. Noch schlimmer: Es macht deutlich, daß es die Rolle der Frau sei, den Mann zu unterstützen und ihm zu dienen. Wenn sich aber alle entsprechend ihrem Alter und entsprechend der Zeit, die sie zu Hause sein können, beteiligen, dann bekommt die Hausarbeit einen Wert und einen Nutzen, und niemand wird durch sie herabgesetzt. Außerdem macht die Arbeit mehr Spaß, wenn sie in der Gemeinschaft und im Geist der Gleichheit erledigt wird.

Hat die Mutter eine Ganztagsbeschäftigung außer Haus, dann sollte der Vater einen gleichwertigen Anteil an Hausarbeit übernehmen. Hat die Mutter aber keinen solchen Job oder will sie keinen übernehmen, dann sollte der Vater sich an all den Hausarbeiten beteiligen, die morgens vor seinem Gehen und abends nach seinem Kommen erledigt werden müssen. An den Wochenenden können dann alle Arbeiten geteilt werden.

Der Beitrag eines Kindes hängt natürlich von seinem Alter ab, seinen Fähigkeiten und den Schulaufgaben, die es zu erledigen hat. Doch sollte niemand ausgenommen werden – zum Wohle der Familie und zum Wohle des einzelnen. Ein Dreijähriger kann beim Tischdecken helfen oder die sauberen Windeln für das Baby holen. Und selbst der vielbeschäftigtste Oberstufenschüler ist in der Lage, unter der Woche beim Abendbrot und am Wochenende bei anderen Dingen zu helfen.

Das Teilen der Arbeit zwischen Mann und Frau, zwischen Jungen und Mädchen bedeutet natürlich nicht, daß jeder nach jeder Mahlzeit die gleiche Anzahl von Tellern und Bestecken abzuwaschen hat. Die Aufgaben können täglich oder wöchentlich gewechselt werden. Ein Kind unter 18 Jahren wird – ist es nicht Chefkoch – beim Kochen assistieren. Wenn einer lieber abwäscht und ein anderer lieber abtrocknet, dann können beide zusammen in einem Team ohne Wechseln der Aufgaben arbeiten. Aber es verstößt gegen den Geist des Teilens und der Gleichheit, wenn alle Arbeiten im Haus allmählich von den Mädchen und alle außerhalb von den Jungen übernommen werden. **Mir ist inzwischen bewußt geworden, daß fast alle Jungen zwischen drei und vier Jahren mit Puppen spielen und eine eigene Puppe besitzen möchten. Sie tun dies nicht, weil sie lieber ein Mädchen wären, sondern weil sie Eltern sein wollen.** Aus dem gleichen Grund spielen Jungen wie Mädchen zwischen drei und fünf Jahren so ausgiebig »Vater, Mutter, Kind«. Ich halte dies gut für Jungen und finde es auch richtig, wenn Jungen – sofern sie danach fragen – eigene Puppen besitzen. Dies hilft ihnen, gute Väter zu werden.

Ich würde dann eine Ausnahme von dieser toleranten Position machen, wenn ein Junge in seiner Identifikation vorwiegend weiblich ist, wenn er beispielsweise nur mit Mädchen spielen möchte, im Spiel einzig Frauenrollen übernehmen will und sich insgesamt darüber unglücklich zeigt, daß er ein Junge ist. In diesem Fall würde ich versuchen, mit ihm zu einem Psychoanalytiker zu gehen; denn tiefe, unbewußte Gefühle haben ihn vor einer Identifikation mit dem Vater zurückschrecken lassen. Diese Gefühle müssen an die Oberfläche gebracht und verarbeitet werden. Dem liegt die Annahme zugrunde, daß er für den Rest seines Lebens glücklicher sein wird, wenn seine primäre Identifikation seinem eigenen Geschlecht entspricht. Und wenn ein Mädchen ausschließlich die Rollen von Jungen spielt und entsprechend unglücklich über sein Mädchensein ist, dann würde ich zumindest eine Konsultation beim Psychologen empfehlen. Natürlich trifft dies nicht auf die zahlreichen Mädchen zu, die manchmal zusammen mit Jungen Fußball spielen wollen und gelegentlich darüber murren, daß sie ein Mädchen sind.

Während des Zweiten Weltkriegs wurde ausgiebig belegt, daß die Identifikation eines Jungen mit seinem Vater nicht primär von der Zeitmenge abhängt, in der sie zusammensein können. Der Vater kann während der wichtigsten Entwicklungsjahre seines Jungen zwei Jahre bei der Armee sein. Der Junge würde gleichwohl aus verschiedenen Gründen eine gute männliche Identität entwickeln: Die Mutter würde mit Liebe und Bewunderung über den Vater sprechen. Das Bild des Vaters stünde auf dem Kaminsims. Die Mutter würde dem Jungen erzählen, daß sein Vater sehr stolz auf ihn wäre, wenn er sich besonders hilfsbereit und erwachsen verhalten würde. Gelegentlich würde der Vater ihm Briefe schreiben. Der Junge würde andere freundliche erwachsene Männer kennenlernen, den Großvater, Onkel, Nachbarn. Aus diesen Gründen kann man nicht sagen, daß eine gute Identifizierung von einer Mindestanzahl von Stunden abhängt, die Vater und Sohn wöchentlich zusammen sind.

Natürlich kann die Identifikation besser geschehen, wenn der Vater häufig anwesend ist. Doch bedeutet das nicht, daß der Vater, der nicht da sein kann, pessimistisch hinsichtlich seiner Beziehung zum Kind sein muß. Entscheidend ist die Art der Beziehung zwischen den beiden. Wichtig ist, daß sich Vater und Sohn einigermaßen miteinander wohl fühlen und daß sie die meiste Zeit aneinander Spaß haben. Daraus entsteht beim Jungen der Wunsch, so wie der Vater werden zu wollen. Was ich mit »einigermaßen wohl fühlen« meine, bedarf noch einiger Erklärungen.

Das Wohlfühlen von Vater und Sohn

Offensichtlich würde ein Junge nicht sonderlich viel Drang verspüren, den Vater als Vorbild zu wählen, wenn dieser andauernd an ihm herumnörgelt, ihn herabsetzt, ihn verspottet oder ihn häufig auch nur so ansieht, als ob er nach etwas Kritisierbarem sucht. Es ist ebenfalls nachteilig, wenn der Vater den Sohn fortgesetzt ignoriert, so als ob es ihn gar nicht gäbe.

Allerdings glaube ich heute, daß die Beziehung nicht perfekt oder idyllisch sein muß. Vater und Sohn müssen nicht wie zwei Kumpel sein oder nur vollkommen entspannt miteinander umgehen. Es gibt in der Psychoanalyse eine Vielzahl von Belegen dafür, daß Jungen ihren Vater durchschnittlich stärker fürchten – oder ihm zumindest mit mehr Ehrfurcht begegnen als ihrer Mutter, und Väter mit ihren Söhnen im Durchschnitt strenger sind als mit ihren Töchtern.

Es scheint stärker die Aufgabe des Vaters zu sein, den älter werdenden Sohn zu erziehen, und die der Mutter, sich um die ältere Tochter zu kümmern. Fragt man einen Vater danach, warum er mit seinem Sohn strenger ist, dann wird er antworten, weil sein Vater streng mit ihm war. Aber als Anhänger von Sigmund Freud würde ich auch antworten, weil zwischen Vater und Sohn eine größere Rivalität herrscht als zwischen Vater und Tochter – wie auch mehr Rivalität zwischen Mutter und Tochter als zwischen Vater und Tochter ist.

Manche gewissenhafte Väter versuchen so stark Kumpel ihrer Kinder zu sein, daß sie keinen Spaß mehr haben. Irgendwann sind sie dann so weit, sich darüber zu ärgern. Als ich Mütter beriet, die von mir verlangten, Druck auf den Vater auszuüben, damit dieser mehr mit seinem Sohn spielt, habe ich geantwortet: »Versuchen Sie nicht, Ihren Mann dazu zu zwingen, mehr Zeit mit dem Jungen zu verbringen, wenn er dies nicht mag. Denn er wird immer verkniffener, und das Spiel schadet mehr, als daß es nützt.« Natürlich sollte ein Vater schon etwas finden, an dem beide Spaß haben. Das kann der Besuch eines Fußballspiels sein, Fischen, Geschichten lesen, Comics durchblättern oder sich gemeinsam eine Fernsehsendung anschauen. Oder es können auch nur zustimmende Bemerkungen übereinander bei einem Essen sein.

Im 19. Jahrhundert und davor spielten nur wenige Väter mit ihren Söhnen. Väter der Mittel- und Oberklassen trugen in jenen Tagen ihre Würde zur Schau. Sie trugen würdevolle Kleidung, sie verließen das Haus, um Geld zu verdienen, und kamen zurück, um am Familientisch zu residieren. Doch bedeutete dies nicht notwendigerweise, daß es zwischen Vater und Sohn keine gute Beziehung gab, oder daß sich die Söhne nicht mit ihren Vätern identifizierten.

Mein Vater hat mit mir niemals herumgetobt oder Ball gespielt. Er nahm mich nicht zu Sportereignissen, Fischzügen oder Campingausflügen mit, denn er selbst hat so etwas nicht unternommen. Während zweier Jahre nahm er mich auf einem Dampfer mit nach Maine, um sich Sommerhäuser, die zu vermieten waren, anzuschauen. Damals fühlte ich mich erwachsen. Er liebte die Oper und nahm mich einmal mit dem Zug von New Haven nach New York mit, um »Madame Butterfly« zu hören. Der Gesang und die Handlung haben mich nicht interessiert. Mich hat aber fasziniert, daß die Techniker in der Lage waren, das Licht auf der Bühne allmählich von taghell über einen rosafarbenen Sonnenuntergang bis zur Nachtdunkelheit zu verändern. Dies erschien mir als unglaubliche Zauberei. (Sie wissen niemals im voraus, was ihre Kinder beeindrucken und was sie kaltlassen wird. Ich erinnere mich, wie ich zusammen mit meinen Enkeln im Fernsehen die erste, Epoche machende Landung von Astronauten auf dem Wasser sah. Meine Enkel verloren innerhalb von Minuten das Interesse an der Sache.)

Es gab zwei Ereignisse, die meine Identifizierung mit meinem Vater am stärksten prägten: Als ich 12 Jahre alt war, brachte er mir einmal bei, wie der Kohleofen während seiner Abwesenheit nachzufeuern sei. Und dann zeigte er mir, wie man das Familienauto abschmiert. Damals mußte man unter das Auto kriechen und ein Dutzend Schmierbuchsen nachfüllen, während der Dreck, der sich dabei löste, einem ins Gesicht fiel. Am meisten beeindruckte mich, daß er mir diese Aufgaben anvertraute, obwohl ich den Ofen zweimal hatte ausgehen lassen. Es dauerte Stunden, bis ich mit kleinem Anmachholz die Kohle wieder zum Glühen brachte. Mein Vater hatte mich auch beauftragt, das Familienauto zu malen. Er bezahlte mir, wenn ich mich noch richtig entsinne, fünf Dollar dafür. (Das war im Jahr 1915, damals verdienten unqualifizierte Arbeiter nur einen Dollar am Tag, und im Laden an der Ecke kostete nichts mehr als einen Dollar. Ein neues Auto war für 300 Dollar zu haben.) Er führte mich feierlich in die Adoleszenz ein, als er mir zeigte, wie ich meine erste lange Hose und die Ärmel der dazugehörigen Jacke zu bügeln hatte.

Mit diesen Schilderungen will ich deutlich machen, daß es neben dem gemeinsamen Spiel viele andere Möglichkeiten gibt, durch die Eltern und Kind eine Beziehung aufbauen können, die zur Identifizierung führt.

Ein weiteres Element einer guten Beziehung zwischen Vater und Sohn, Mutter und Tochter ist die physische Zuneigung, und zwar vom Säuglingsalter an. In vielen Familien, besonders in solchen mit angelsächsischen Vorfahren, zeigen Väter gegenüber ihren Söhnen traditionsgemäß eine körperliche Zurückhaltung. Dies war sicherlich auch bei der Beziehung der Fall, die mein Vater zu mir hatte. Und ich übertrug diese Haltung automatisch auf meine Beziehung zu meinen Söhnen. Als sie erwachsen waren, warfen sie mir meine Zurückhaltung mit der Begründung vor, daß sie dadurch glaubten, solche Zuneigung sei falsch, obwohl sie sich zugleich danach sehnten. Meinen Söhnen wurde der Unterschied zwischen mir und anderen Vätern klar, als sie in der Schule mit Kindern aus anderen Familien zusammenkamen. Bei vielen von ihnen war die offene Bezeugung körperlicher Zuneigung zwischen Vater und Sohn etwas ganz Natürliches. Die Kinder, die ich während meiner Kindheit kennenlernte, entstammten dagegen viel homogeneren sozialen Gemeinschaften – eine Tatsache, die ich in vielerlei Hinsicht bedaure.

Die körperliche Zuneigung zwischen Vätern und Töchtern, Müttern und Söhnen ist auch gut, solange sie nicht zu innig und zu intensiv wird. In den meisten Familien fällt es dem Vater leichter, mit seiner Tochter als mit seinem Sohn in angenehmer Weise auszukommen – dies aufgrund der natürlichen Anziehungskraft der Geschlechter, der fehlenden

Rivalität und weil es traditionsgemäß die Mutter ist, die die Tochter stärker führt und kontrolliert.

Obwohl sie mit ihren Töchtern gut auskommen, fällt es einigen Vätern schwer, ihnen das Gefühl zu vermitteln, sie seien für sie genau so bedeutend wie ihre Söhne. Einem Vater mag es leichter fallen, mit seinem Sohn über Sport, Autos oder über Reparaturprojekte im Haus zu sprechen, denn sein ganzes Leben lang hat er angenommen, daß dies ausschließlich männliche Themen seien. Solch einem Vater ist es wahrscheinlich niemals in den Sinn gekommen, seine Tochter zu einem Fußballspiel oder in ein technisches Museum mitzunehmen. Diese Form von Voreingenommenheit kann ein Mädchen nicht nur davon überzeugen, daß Männer und Frauen gänzlich verschieden, sondern daß Frauen auch noch die Unterlegenen sind und daß ein Vater seine Tochter weniger liebt als seinen Sohn. Dies kann bei seiner Tochter eine altmodische und gehemmte Form von Weiblichkeit erzeugen oder eine Form, die durch Vorbehalte gegenüber Männern angesäuert ist. Oder aber es entsteht eine rebellische Form, bei der die Tochter in jeder Hinsicht eine männliche Rolle ostentativ zu spielen versucht.

Die ideale Form der Weiblichkeit besteht meines Erachtens für ein Mädchen darin, daß es zu einer Frau aufwächst, die glücklich ist, Frau zu sein – dies mehr oder weniger nach dem Vorbild, das durch die Mutter dargestellt und vom Vater respektiert wird. Dies setzt voraus, daß die Eltern sie hinsichtlich ihrer spezifischen Form der Identifizierung und hinsichtlich ihrer Wünsche unterstützen. Und für einen Jungen gilt ebenfalls das Ideal, sich als Mann glücklich zu fühlen. Um dies zu erreichen, müssen Vater und Mutter seine besondere Verbindung von Identifikationen und Wünschen, die er von jedem einzelnen von ihnen erworben hat, anerkennen.

Die Rolle des Vaters hinsichtlich der Disziplin

Ich werde niemals eine Tagung vergessen, bei der ich mit einem Dutzend junger Mütter über Probleme der Kindererziehung diskutierte. Es gab keine Planung, über welche Aspekte der Erziehung wir sprechen wollten. Als wir mit dem Gespräch begannen, kamen die Mütter schnell auf die Frage, warum sich einige Väter dagegen sträuben, an der Disziplinierung ihrer Kinder teilzunehmen.

75

Das Problem mit dem Wort »Disziplin« besteht darin, daß einige lediglich »bestrafen« damit meinen. Betrachtet man aber seine Herkunft, dann bedeutet es einfach »lehren«. Für mich umfaßt es: führen, beaufsichtigen, bilden, korrigieren und manchmal bestrafen – ich selbst bin kein Befürworter des Bestrafens von Kindern (vgl. Kapitel 6).

Mir war immer bewußt, daß sich einige Väter der Disziplinierung ihrer Kinder entziehen. Aber ich war überrascht, daß sich die Mehrzahl der Frauen in der Gruppe mit dem Gefühl der Entrüstung den Vorwürfen anschloß.

Die Frauen beklagten sich beispielsweise über das Verhalten ihrer Männer, nachdem sie abends von der Arbeit nach Hause gekommen sind. Diese würden dann die Beaufsichtigung und die Ermahnungen der Kinder weiterhin den Frauen überlassen, während sie selbst in der Zeitung läsen, im Haus herumwerkelten oder mit den Kindern spielten. Ist es Zeit ins Bett zu gehen, dann müßten die Frauen die Männer bitten oder gar darum betteln, daß sie mit ihrer Autorität die Kinder in Bewegung brächten. Eine Stunde später, wenn die Kinder längst ruhig sein sollten, ist immer noch Getuschel oder Streit aus ihrem Zimmer zu hören. Die Mutter sagt dann zu ihrem Mann: »Es ist jeden Abend dasselbe, sie halten sich nicht an die Spielregeln. Du könntest sie endlich mal so anschnauzen, daß sie es nicht so schnell vergessen!« Doch der Vater ruft nur freundlich: »Würdet Ihr bitte leise sein und schlafen!«

Welche Erklärungen geben Väter für solches Verhalten? Einige sagen, daß sie nach ihrer ganztägigen Abwesenheit die Kinder abends lieber genießen als maßregeln oder bestrafen wollen. Andere erklären, daß ihre Frauen ihres Erachtens zu kritisch oder gereizt auf die Kinder reagieren – zumindest zum Abend hin – und von ihnen einen ähnlichen Ton den Kindern gegenüber verlangen würden. Und es gibt ja durchaus Mütter, die ihre Verärgerungen über die Kinder tagsüber sammeln, um ihren Ehemännern abends davon zu erzählen. Sie erwarten dann, daß diese ihre Maßnahmen und Bestrafungen noch verstärken. Die betroffenen Väter lehnen dies ab, denn sie wollen sich abends nicht immer in der Rolle des Strafenden wiederfinden.

Es ist sicherlich nicht fair, vom Vater zu verlangen, daß er, sobald er abends zur Tür hereinkommt, sofort zum Strafenden wird. Ich meine, daß der Elternteil, der tagsüber mit den Kindern zusammen ist, für die jeweils angebrachten Korrekturen, Tadel oder Bestrafungen verantwortlich sein sollte. Nur außergewöhnliches Fehlverhalten sollte mit dem anderen Elternteil besprochen werden.

Die Gereiztheit, die eine Frau gegenüber ihren Kindern und ihrem Mann zeigt, läßt sich manchmal auf eine untergründige Unzufriedenheit zurückführen: Sie ist unzufrieden mit den langweiligen Seiten des Hausfrauendaseins und – verglichen mit der scheinbaren Herausforderung einer außerhäuslichen Karriere – über die fehlende Anerkennung. Solche wesentlichen Probleme müssen zunächst angesprochen und gelöst werden, bevor Meinungsverschiedenheiten zwischen den Eltern über die Kindererziehung geklärt werden können.

In vielen Familien ist natürlich die Mutter gezwungen, tagsüber für die Einhaltung einer gewissen Disziplin zu sorgen. Bis zum Abendessen ist ihre Autorität dann ziemlich abgenutzt, und sie sehnt sich nach der Hilfe ihres Ehemanns. Die väterliche Autorität ist normalerweise noch frisch; schon durch ein leises Wort vermag er eine Fügsamkeit herbeizuführen, die die Mutter erst durch langes Zureden erreichen könnte. Wäre die Lage umgekehrt, d. h. die Väter blieben häufiger mit den Kindern tagsüber zu Hause, so könnten vielleicht die Frauen abends wirksamer Disziplin halten.

Einige Mütter sind mit ihren Forderungen nach einem strengeren Durchgreifen durch die Väter unfair, denn dieses ist nicht notwendig. Doch haben meines Erachtens viele von ihnen recht, wenn sie behaupten, ihre Ehemänner würden ihren Anteil an den familiären Führungsaufgaben nicht tragen.

Häufig haben Besucher aus anderen Ländern bemerkt, daß in den USA meist die Mütter den Hauptanteil der familiären Autorität tragen. In den europäischen Ländern wird der Vater als das Familienoberhaupt betrachtet. Hierfür gibt es viele Gründe.

In den Familien, in denen der Vater dazu neigt, seinen Anteil an disziplinarischen Maßnahmen nicht zu übernehmen, ähnelt der Vater manchmal im Verhalten eher den Kindern als einem Ehemann oder Elternteil. Er erwartet vielleicht, daß seine Frau seine Anzüge kauft; vielleicht liefert er ihr sein Gehalt ab und erwartet, daß sie alle Entscheidungen über Geldausgaben trifft; vielleicht nennt er sie »Boss«.

Mir sind Familien bekannt, bei denen sich der Vater offen mit den Kindern verbündet, um die Disziplin der Mutter zu untergraben oder zumindest, um sie ständig zu reizen. Dies zwingt die Mutter dazu, zu Hause zunehmend aggressiv aufzutreten, um diesem Widerstand zu begegnen. Was wiederum die Gruppe zu weiteren Störungen ermutigt.

Ein junger Vater, der sich nur widerwillig an der Disziplinierung beteiligt, könnte sich damit rechtfertigen, daß er bei seinen Kindern –

besonders bei seinem Sohn – keinen Groll gegen sich erzeugen möchte, in der Art wie er selbst Groll gegen seinen Vater hegte. Er möchte, daß ihn seine Kinder eher als Freund sehen. Dieser Wunsch ist verständlich. Doch gewöhnlich mangelt es an der praktischen Realisierung. Er stellt vielmehr eine Überführung der jugendlichen kritischen Haltung gegenüber den eigenen Eltern in das Erwachsenenalter dar.

Wenn junge Menschen durch die letzte Phase des Ausbrechens aus den Abhängigkeiten ihrer Kindheit gehen, sehen sie ihre Eltern als altmodisch, restriktiv und streng. Sie schwören, daß sie selbst niemals so sein werden. (Ich erinnere mich, dies einige hundert Mal gesagt zu haben.) Aber die Mehrheit, hat sie erstmal einen Beruf und eine eigene Familie, entwickelt doch eine engere emotionale Identifikation mit den eigenen Eltern. Die jungen Eltern sagen dann vielleicht: »Heute verstehe ich meine Eltern, ich glaube, sie haben ihre Sache gut gemacht!« Und sie übernehmen wahrscheinlich mehr Einstellungen und Methoden der Kindererziehung von ihren Eltern, als sie es selbst vermutet hätten.

Aber es gibt auch eine Minderheit unter den Eltern, die sich stärker an die negativen Gefühle erinnert, die sie in der Kindheit gehegt hat. Diese Eltern möchten mit Recht ihre eigenen Kinder ganz anders erziehen. Häufiger sind es wohl die Väter, die befürchten, bei ihren Söhnen die Vorbehalte zu erzeugen, die sie selbst gegen ihre Väter entwickelt haben. Dies liegt daran, daß es im allgemeinen zwischen Vätern und Söhnen mehr Rivalität und unbewußte Gegensätze gibt als zwischen Vätern und Töchtern oder Müttern und Söhnen. Der Konflikt zwischen Müttern und Töchtern kann allerdings auch recht heftig sein.

Die Väter, die besonders darauf bedacht sind, daß ihre Kinder keine Ängste vor ihnen entwickeln, möchte ich auf ein anscheinend widersprüchliches Ergebnis der Kinderpsychologie hinweisen. Ganz allgemein lautet es, daß Jungen vor Vätern, die intensiv versuchen, nicht zu schelten oder Ärger zu zeigen, mehr Angst haben. Diese Jungen wissen aus ihrer Beobachtung, daß Erwachsene Kinder, die sich danebenbenommen haben, tadeln und manchmal recht wütend über sie werden können. Wenn ein solcher Junge nun bemerkt, daß sich der eigene Vater zurückhält, dann nimmt er an, daß er in Wirklichkeit wütend ist. Und er bekommt Angst vor dieser versteckten Wut. Er hat dann größere Angst als der durchschnittliche Junge, denn er hat selten oder niemals einen Ausbruch der väterlichen Wut erlebt. Und als Kind stellt er sich diese schrecklicher vor, als sie in Wahrheit ist.

Die Erfahrungen aus der Kinderpsychologie zeigen, daß der Junge annimmt, daß sich sein Vater deshalb so zurückhält, weil dieser Angst vor der zerstörerischen Kraft seiner eigenen Wut hat. Dies mag weit hergeholt und wenig plausibel erscheinen. Man kann es einfacher verstehen, wenn man die Sache andersherum betrachtet: Gewöhnlich wird ein Junge von seinem Vater relativ häufig getadelt, und er erlebt ab und an einen Wutausbruch. Solange sie andauern, sind dies unangenehme Erfahrungen, doch meist sind sie schnell überstanden. Und jedesmal erlebt der Junge – mit einem gewissen Gefühl des Triumphs –, daß er den Sturm überlebt hat. Jede dieser Episoden stärkt die Selbstsicherheit des Jungen, so wie er jedesmal mehr Selbstvertrauen gewinnt, wenn er im Dunkeln die Treppe nach oben geht oder freiwillig den kürzeren Weg zur Schule wählt, vorbei an dem kläffenden Hund.

Ich plädiere nicht dafür, daß sich ein Vater in Wutausbrüchen ergeht, um seinen Sohn psychisch zu stärken. Doch wann immer er das Verhalten seines Sohnes mißbilligt oder sich über ihn ärgert, tut er besser daran, seine Gefühle nicht zu verbergen, sondern die Sache umgehend und offen anzugehen.

Eine Maßregelung muß nicht mit Wut oder Herabsetzung verbunden sein. Wenn Eltern jede kleine Krise aufgreifen, sobald sie entsteht, dann muß sich der elterliche Ärger nicht zur Wut aufstauen. **Die Erziehung von Kindern kann hauptsächlich aus positiven Anweisungen oder aus Reglementierungen bestehen, die sachlich und schnell überstanden sind, ohne negative Gefühle zu hinterlassen. Führungspersönlichkeiten, ob sie nun Generäle, Industriekapitäne oder Eltern sind, können mit denen, die ihrer Autorität unterstellt sind, freundlich und respektvoll umgehen, wenn sie wissen, was sie selbst wollen, wenn sie ihre Wünsche deutlich machen und wenn sie nichts zwangsweise verordnen.**

Ein weiterer Faktor, der zum Widerwillen des Vaters beitragen kann, sich an der Disziplinierung seiner Kinder zu beteiligen, mag darin begründet sein, daß er durch eine übermäßig herrische Mutter erzogen wurde, der er sich nicht offen zu widersetzen wagte, gegen die er sich aber häufig subtil, auf plagende und nervtötende Weise wehrte. Ein Mann, der mit einer derartigen Beziehung groß geworden ist, sucht unter Umständen unbewußt eine zur Herrschsucht neigende Ehefrau. Selbst wenn dieses Persönlichkeitsmerkmal bei seiner Partnerwahl nebensächlich war, mag er später unbewußt versuchen, seine Ehefrau zum ständigen Meckern zu provozieren, indem er seiner Verantwortung als Vater und Ehemann nicht voll gerecht wird oder indem er sich dem alltäglichen Ungehorsam der Kinder anschließt. Er zwingt so seine Frau, sich ihm gegenüber wie eine tadelnde Mutter zu verhalten – genauso wie es seine eigene Mutter tat. Freud bezeichnete dieses Verhalten mit »Wiederholungszwang«.

Möchte ein solch widerwilliger Vater einen gerechten Anteil an der Kinderbetreuung übernehmen, dann muß er sich ändern. Dazu muß er in der Lage sein, sein Verhalten – bzw. Fehlverhalten – zu erkennen. Und seine Ehefrau muß ihm die Übernahme seiner Rolle ermöglichen, indem sie ihm Gelegenheiten dazu gibt. Ich kenne Fälle, in denen die Mutter sich zwar bitter über ihren Mann beklagte, weil dieser sich an der Disziplinierung nicht beteiligte. Als er aber Disziplinmaßnahmen ergreifen wollte, widersprach sie ihm oder widerrief sogar seine Anweisungen.

Ich denke, ein Vater sollte abends, wenn er nach Hause kommt, den Hauptteil der Kinderbetreuung übernehmen, einschließlich des Badens und Ins-Bett-Bringens, ohne daß seine Frau ihn groß darum bitten muß.

Dies alles muß nicht bedeuten, daß ein Vater grimmig und verbissen auftreten muß und nicht der Freund seiner Kinder sein darf. Es ist für Kinder von großer Bedeutung, einen freundschaftlichen Vater zu haben. Soll er aber nicht nur ideellen Einfluß auf seine Kinder sondern auch eine gute Beziehung zu seiner Frau haben, so muß er vor allem ein bewußter Vater sein, d.h. richtungsweisend für seine Kinder und ihr Vorbild. Ein Junge läßt sich hinsichtlich seiner Vorstellungen darüber, wie er zum Erwachsenen und zum Mann wird, hauptsächlich von seinem Vater inspirieren. Er beobachtet sehr konzentriert, wie sein Vater sich gegenüber seinen Kindern verhält – wie er sie anleitet, sie respektiert, von ihnen Respekt verlangt, ihnen Verantwortung überträgt, ihnen Wünsche abschlagen kann und eindeutig seine Mißbilligung zeigt. Ein Junge sieht, wie sein Vater seiner Frau und anderen Frauen begegnet; wie er mit anderen Männern auskommt, freundschaftlich und konkurrenzbetont; wie er mit Einfallsreichtum, Würde und Mut den Anforderungen und Krisensituationen des Alltags begegnet.

Zeigt sich der Vater lediglich als ein gutmütiges, großes Kind, entzieht er sich dem Sohn als wichtiges Verhaltensvorbild. Er verhindert auch, daß die Tochter ein gutes männliches Verhaltensmuster kennenlernt, nach dem sie ihre zukünftige Beziehungen mit Männern und insbesondere mit ihrem zukünftigen Ehemann modellieren könnte.

Während Kinder aufwachsen, werden sie viele Freunde haben. Sie werden aber wahrscheinlich nur einen Vater haben. Es ist großartig, wenn der Vater ein Freund ist, aber es ist äußerst wichtig, daß er vor allem Vater ist.

Die aktive Beteiligung des Vaters an der Erziehung der Kinder darf nicht aufgeschoben werden, bis seine Söhne und Töchter ein bestimmtes Alter erreicht haben. Genausowenig kann er plötzlich dann auftauchen, wenn sich Probleme abzeichnen, und nach deren Lösung wieder verschwinden. Die Disziplinierung ist nur ein Detail im ganzen Komplex der Vater-Kind-Beziehung, an der weitergearbeitet werden muß, bis das Kind das elterliche Haus verläßt. Der Zeitpunkt, ab dem der Vater zu jedem Kind eine feste Beziehung herstellen sollte, ist die Geburt. Vater und Mutter sollten gemeinsam Experten der Kindererziehung werden. Die Beteiligung des Vaters an der Erziehung ergibt sich natürlicherweise aus der Beteiligung an der Kinderpflege – Füttern, Wickeln, Baden, Anziehen, Trösten, Erklären, Vorlesen und Erzählen.

Sobald die Kinder das Jugendlichenalter erreicht haben, übernimmt normalerweise (und natürlicherweise) die Mutter eher die Anleitung des Mädchens und der Vater die des Jungen. In diesem Alter hat der Junge häufig eine übertriebene Vorstellung vom »Anderssein« seiner Mutter aufgrund ihres Geschlechts. Fast betrachtet er sie als Mitglied einer anderen Art. Er mag kaum daran glauben, daß sie seine Gefühle und Bedürfnisse versteht. Er betrachtet – durchaus mit Recht – seinen Vater als Hauptberater und Erzieher. Gleichwohl sollte er seiner Mutter noch zuhören und ihr Respekt zeigen.

Dementsprechend glaubt ein heranwachsendes Mädchen, daß sein Vater niemals seine Gefühle und Probleme verstehen könnte. Der Vater wird dann den Hauptteil der elterlichen Anleitung taktvoll der Mutter überlassen. Es ist dennoch außerordentlich wichtig, daß auch der Vater seine Tochter noch freundschaftlich unterstützt, sich für ihre Ideen und Aktivitäten interessiert und seine eigenen mit ihr teilt, sie in Reisen und in besondere Unternehmungen einbezieht. Außerdem sollte er bereit sein, ihr beim ersten Liebeskummer oder anderen Sorgen mit männlichen Altersgenossen durch verständnisvolle Anteilnahme zu helfen.

Wie verhält sich ein Stiefvater?

Vor langer Zeit schrieb ich einen für mein Empfinden sehr klugen Artikel über die Probleme von Stiefeltern. Als ich aber vor 11 Jahren selbst Stiefvater eines elfjährigen Mädchens wurde, mußte ich erkennen, daß ich nicht die leiseste Ahnung davon hatte, wie es als Stiefvater tatsächlich ist. Frustriert und unglücklich suchte ich Rat. Eine Spezialistin, die ich fand, machte mir Hoffnung. Sie verdeutlichte mir, daß ich mit meinem naiven Glauben, jedes Kind würde in ein oder zwei Jahren seine Stiefmutter oder seinen Stiefvater akzeptieren, in einem Traumland gelebt hatte. Mit einem deutlich besseren Gefühl, mit der Hilfe eines Familienberaters und den Einsichten, die ich aus vielen Büchern und Artikeln über dieses Thema gewonnen hatte, fing ich an, mich mit dem Problem intensiv zu beschäftigen.

Ich beginne mit der mutigen Behauptung, daß die Stiefbeziehung von sich aus verflucht und giftig ist. Es ist kein Zufall, daß die Bösewichter in so vielen Märchen heimtückische Stiefmütter und grausame Stiefväter sind. **Stiefeltern müssen den betroffenen Kindern als böse erscheinen. Schließlich sind es nicht die Kinder, die sich in diesen Außenstehenden verliebt haben. Nicht sie haben diesem Eindringling erlaubt, die Hälfte der Aufmerksamkeit ihres leiblichen Elternteils auf sich zu ziehen.** Und häufig platzen Stiefeltern ausgerechnet dann in Familien hinein, wenn die Kinder mit ihrer Mutter oder ihrem Vater aufgrund einer Scheidung oder des Todesfalls des anderen Elternteils eine außergewöhnlich enge Beziehung miteinander haben. Die Stiefmutter oder der Stiefvater erzeugen dann starken Neid und Ärger. Um ihre Gefühle zu rechtfertigen, überzeichnen die Kinder die Fehler ihrer Stiefmutter bzw. ihres Stiefvaters und übersehen deren gute Eigenschaften.

Ich betone hier natürlich die negativen Aspekte. Manchmal verhalten sich Kinder gegenüber ihrer Stiefmutter oder ihrem Stiefvater ausgesprochen höflich. Aber unterhalb der Oberfläche lauert meist eine Bereitschaft zur Bitterkeit, die sich in mangelndem Entgegenkommen und fehlender Hilfsbereitschaft äußern kann. Früher oder später geht dies dem Stiefvater oder der Stiefmutter auf die Nerven, selbst dann, wenn sie sonst verständnisvoll und geduldig sind. Schließlich ärgern sie sich, zeigen womöglich ihren Ärger und scheinen damit die Kinder abzulehnen. Die Kinder, die endlich einen Beweis für die Feindseligkeit haben, führen sich noch schlimmer auf.

Der Stiefvater bzw. die Stiefmutter wirft dann dem leiblichen Elternteil vor, er habe die Kinder schlecht erzogen, und verlangt eine Änderung. Die Kinder schließen daraus, daß der Stiefelternteil versucht, ihren leiblichen Elternteil gegen sie aufzubringen. Der unglückliche leibliche Elternteil ist nun zerrissen. Jegliche Stellungnahme führt mit Sicherheit zur Verletzung und Entfremdung einer Seite.

Die Situation, die ich hier beschreibe, ist typisch. Sie beschreibt auch meine eigene Situation. Ginger, meine Stieftochter, hatte ihre Mutter mehr oder weniger ganz für sich allein. Es gab von ihrem 7. Lebensjahr an, als sich ihre Eltern scheiden ließen, für sie keine ernstzunehmende Konkurrenz – bis ich nach vier Jahren in ihrem Leben auftauchte.

Mary und ich verliebten uns, als wir uns anläßlich einer Tagung in Kalifornien zum ersten Mal trafen. Wir hatten daher die Dinge schon zum Teil festgelegt, bevor Ginger mich jemals zu Gesicht bekam. Von Anfang an wurde ihr die Beteiligung an der Partnerwahl ihrer Mutter verweigert. Und Mary und ich achteten, in unserer gegenseitigen Begeisterung, wenig auf Gingers Gefühle.

Seit ich als Universitätsprofessor pensioniert wurde, habe ich den größten Teil des Jahres auf meinem Segelboot gelebt – während der Winter vor den Virgin Islands und in den Sommern vor der Küste von Maine. Schon immer war Segeln meine große Leidenschaft. Sobald ich pensioniert war, wurde es zu einem elementaren Bestandteil meines Lebens. Deshalb war es für mich und Mary wichtig, daß auch sie daran teilnehmen konnte. Sie kam daher, schon bald nachdem wir uns kennengelernt hatten, für mehrere Wochen zu den Virgin Islands. Später, im Winter, besuchte sie mich erneut. Beide Male wurde Ginger bei guten Freunden in den Vereinigten Staaten gelassen. Als Mary dann zum dritten Mal kommen sollte, luden wir Ginger mit ein und schlugen ihr vor, eine Freundin mitzubringen. Ginger war während der ganzen Zeit ausgesprochen kühl zu mir und bei einer Gelegenheit so unverschämt, daß ich vor Ärger explodiert bin.

Zehn Monate, nachdem wir uns kennengelernt hatten, beschlossen Mary und ich zu heiraten. Zu dieser Zeit lebte ich in New York City und Mary und Ginger in Kalifornien. Wir hätten es vorgezogen, uns an einer dieser beiden Stellen niederzulassen. Aber Ginger bettelte darum, daß wir nach Arkansas zogen, dort ist sie aufgewachsen, dort war sie das bezaubernde erste Enkelkind für die Großeltern beider Seiten, und dort lebte ihr Vater. Aus diesen Gründen stimmten wir zu und bauten dort ein Haus. Ginger und ihr Vater kamen überein, daß sie während der Monate, die Mary und ich auf See verbringen würden, bei ihm leben könnte. Doch nach einem Jahr, als unser Haus fertig war, hatten sich Ginger und ihr Vater die Sache mit dem Zusammenleben wieder anders überlegt. Nun trugen wir wieder die volle Verantwortung für sie. Wir versuchten unser Leben so zu planen, daß alle damit zufrieden sein könnten.

Wir hatten vor, während des Frühlings und Herbstes in Arkansas zu leben und die Sommer mit Ginger auf dem Boot zu verbringen. Im Winter hatte sie um Weihnachten herum drei Wochen Ferien und weitere zwei Wochen im Februar, die wir ebenso gemeinsam verbringen wollten. Damit blieben insgesamt nur zwei Monate, die Mary und ich auf dem Boot verbringen wollten, sie aber in die Schule gehen mußte. Uns war klar, daß dies für sie eine angenehme Form des Lebens sein könnte.

Doch Ginger war empört. Aus ihrer Sicht wurde sie häufig einfach abgehängt. Als sie älter und mutiger wurde, warf sie uns vor, daß wir ihr das Gefühl gäben, ungeliebt, vernachlässigt und sitzengelassen zu sein. Zwar mögen wir ihr durchaus manchmal zu wenig Beachtung und Verständnis entgegengebracht haben. Aber ich glaube nicht, daß alles so einseitig war, wie Gingers Gefühl sie glauben ließ. Aus meiner Sicht war sie es, die häufig nicht mit uns zusammen sein wollte. Sie weigerte sich hartnäckig, gemeinsam mit uns den ersten Sommer in Maine, das sie sich als kalte, unfreundliche Gegend vorstellte, zu verbringen. Während eines anderen Sommers gaben wir ihrem Drängen nach und blieben einen sehr heißen Juli lang in Arkansas. Doch von Ginger haben wir wenig gesehen. Anstatt ihre Freunde in unser Haus an einem See einzuladen, verbrachte sie die ganze Zeit in der Stadt.

Doch nicht nur die Sommer waren ein Problem. Während der ersten drei oder vier Jahre, in denen wir zusammenlebten, schien es mir, als ob Ginger mich nur selten ansah oder mit mir sprach. Fuhr ich sie zur Schule, weil sie den Bus verpaßt hatte, so versuchte ich mich mit ihr zu unterhalten – ohne großen Erfolg. Ich erntete lediglich ein gemurmeltes Ja oder Nein. Ein oder zweimal pro Jahr bin ich explodiert. Ich erinnere mich noch an einen Tag, als ich ihr sagte: »Ginger, in meinen 75 Lebensjahren habe ich Tausende von Menschen kennengelernt – aber niemand von denen war so unverschämt wie du!« Ich glaubte auf ihrem Gesicht ein triumphales Lächeln wahrzunehmen.

Als ob ich nicht schon genug Probleme mit Ginger hatte, verschlimmerte ich die Situation, indem ich an ihr herumkritisierte. Beim Essen zerlegte sie Hähnchenfleisch mit den Fingern in kleine Teile, um anschließend damit in der Bratensoße zu pantschen. (Mary war davon überzeugt, daß sie das tat, um mich zu ärgern.) Sie weigerte sich, obwohl ich darauf bestand, ihre Zahnspange zu tragen. Sie hinterließ ihr Zimmer in einem Chaos. Und jeden Morgen ließ sie ihren nassen Waschlappen zusammengeknüllt neben dem Waschtisch liegen. Immer wieder erklärte ich ihr, daß er auf diese Weise nicht trocknen könne und zu schimmeln begänne. Wenn sie sagte: »Heute war ich zu spät in die Schule!«, korrigierte ich ihre Grammatik. Was für ein Unsinn!

Häufig habe ich von Mary verlangt, daß sie Ginger rügt. Doch obwohl sie mir mit Verständnis zuhörte, war sie natürlich nicht bereit, irgend etwas zu unternehmen, aus dem Ginger schließen könnte, daß sich ihre Mutter gegen sie wendet. Freunden erzählte Mary, daß sie das Gefühl hätte, zwischen Ginger und mir zerrissen zu werden.

Es gibt weit mehr Probleme in Stieffamilien, als diejenigen, von denen ich hier berichtet habe. In einigen Fällen bringen beide Eltern Kinder in eine neue Familie ein. Dann müssen die beiden Gruppen von Kindern sich nicht nur an die jeweiligen Stiefeltern, sondern auch aneinander gewöhnen. Manchmal sind die geschiedenen Elternteile voller Bitterkeit über die Besuchsregelung oder über die Regelung der finanziellen Dinge. »Stiefeltern, Stiefkinder und ihre Familien« von Emily und John Visher ist ein hilfreiches Buch für solche Schwierigkeiten.

In meinem Fall heilte die Zeit die meisten Wunden. Drei oder vier schmerzliche Jahre mit Ginger wurden durch vier bis fünf Jahre abgelöst, die allmähliche Verbesserungen brachten. Gingers eigene Entwicklung hat auch die Sache erleichtert. Sie entwuchs dem Stadium der fast völligen Abhängigkeit von ihrer Mutter und erreichte ein Alter, in dem sie Unabhängigkeit suchte. Je älter sie wurde, desto weniger erschien ich ihr als Bedrohung.

Im nachhinein muß ich sagen, daß wir wahrscheinlich zu einem früheren Zeitpunkt besser miteinander ausgekommen wären, wenn ich den Nerv und die Selbstkontrolle besessen hätte, sie nicht zu kritisieren. **Alle Experten, die über die Stiefbeziehung geschrieben haben, sind sich darin einig, daß eine Stiefmutter oder ein Stiefvater sich nicht zu früh in die Erziehung einmischen sollte.** Das Kind würde sich nur sagen: »Du bist nicht mein Vater, auf Dich muß ich nicht hören!« Dies muß nicht heißen, daß sich Stiefeltern auf der Nase herumtanzen lassen müssen. Sie sollten nur den Zeitpunkt abwarten, von dem an sie akzeptiert werden, bevor sie versuchen, die Pflichten von Eltern zu übernehmen.

Inzwischen (1988) ist Ginger 22 Jahre alt, wir beide sind gute Freunde geworden, jedenfalls meistens. Als sie an der High School war, sorgte sie dafür, daß ich die Rede anläßlich ihrer Abschlußfeier hielt. Diese Geste der Akzeptanz hat mich enorm gefreut. Sie bezieht sich manchmal auf mich als ihren »Dad«. Und obwohl ich nicht den Wunsch habe, ihren leiblichen Vater zu verdrängen, verspüre ich dann doch eine gewisse Wärme in meinem Herzen.

An dieser Stelle möchte ich auch Gingers Sicht unserer frühen gemeinsamen Jahre wiedergeben:

Er platzte hinein und riß die Führung an sich!

von Ginger Councille

»Eines Tages hatte ich, wie aus heiterem Himmel, einen zweiten Vater. Was unserer Familie seit meinem 7. Lebensjahr fehlte, wurde nun ersetzt. Das einzige Problem war, daß ich meinen neuen Vater nicht kannte. Ich hatte ihn nur einmal gesehen, als mir eröffnet wurde, er würde meine Mutter heiraten. Mein erster, angstbeladener Gedanke war, daß unsere kleine zweiköpfige Familie nun an von einem völlig fremden Menschen gestört werden würde. Wie würden mein neuer Stiefvater und ich miteinander auskommen? Mußte ich ihn automatisch akzeptieren?

Ich erkannte bald, daß meine Beziehung zu meinem Stiefvater wie keine andere Beziehung sein würde, die ich jemals erlebt hatte – und bei weitem die schwierigste. Nachdem sie wieder geheiratet hatte, sah ich meine Mutter, der Mensch auf dieser Erde, der mir am nächsten stand, nur noch ungefähr fünf Monate im Jahr. Ich wollte nicht mit meinem leiblichen Vater in Arkansas zusammenleben, so daß ich, während meine Mutter und mein Stiefvater segelten oder verreist waren, bei Freunden wohnte. Es schien mir, als ob Ben und meine Mutter nicht verstünden, wie unglücklich und zurückgewiesen ich mir vorkam. Ich glaube, jeder hätte in dieser Situation so ähnlich empfunden wie ich.

Ich hatte nie die Absicht, Ben das Gefühl zu geben, er sei ein ungebetener Gast. Ich habe mir nie vorgenommen, ihm gegenüber unhöflich zu sein. Aber im Unterbewußtsein wollte ich dies wahrscheinlich doch, denn das Akzeptieren seiner bloßen Gegenwart fiel mir schon schwer. In vielen Artikeln und Reden hat Ben gesagt, ich hätte während den ersten Jahren nie mit ihm gesprochen, ihn niemals angeschaut und morgens, wenn er mich in die Schule brachte, einfach über ihn hinweggesehen. Erstens bin ich morgens nicht sehr gesprächig und zweitens muß ich ehrlich zugeben, daß ich Ben nicht viel zu sagen hatte. Über einen langen Zeitraum hinweg habe ich ihn nur beobachtet.

Den ersten Sommer nach ihrer Heirat wollten meine Mutter und Ben in Maine verbringen. Ich bin niemals dort gewesen und wollte lieber in Arkansas bleiben. Als sie beschlossen, trotzdem nach Maine zu gehen, hatte ich das Gefühl, als ob meine Wünsche überhaupt nicht mehr zählten. Meine Mutter hätte mich niemals während des Sommers oder zu irgendeinem anderen Zeitpunkt zurückgelassen – wäre Ben nicht gewesen. Ich war gezwungen, im Kampf um ihre Aufmerksamkeit gegen ihn anzutreten, und das nahm ich ihm übel.

Ich habe Ben niemals gehaßt. Es gab einfach so viele Unterschiede zwischen uns, daß sie sich auf unsere Beziehung auswirken mußten. Da er 60 Jahre älter ist und in einem puritanischen Elternhaus erzogen wurde, hat er eine weitaus konservativere Einstellung als ich. Als ich mit 13 oder 14 Jahren häufig mit meinen Freundinnen telefonierte und mit Jungen flirtete, wußte ich, daß er mich albern fand. Ich habe Stofftiere immer geliebt, aber Ben, dessen vier Schwestern so etwas nie gesammelt hatten, betrachtete dies als kindisch. Und was die Musik betraf, hatten wir natürlich auch unterschiedliche Geschmacksrichtungen. Während ich oben in meinem Zimmer Rock hörte, legte er unten im Wohnzimmer Jazz oder klassische Musik auf. Gelegentlich drehte einer von uns die Lautstärke auf, um die Musik des anderen zu übertönen.

Meine Beziehung zu Ben hat sich über die Jahre verbessert. Ich erkannte im Laufe der Zeit, daß er keineswegs ein rücksichtsloser, hinterhältiger Mann sei, der mir meine Mutter wegnehmen wollte. Allmählich begannen wir gemeinsam mit dem Kanu zu fahren, zu segeln und vorzulesen. Einmal, als ich mit meiner Mutter über etwas stritt, das mir sehr wichtig war, hat Ben für mich Partei ergriffen. Ich war sehr gerührt und erkannte, daß er mich mochte und wirklich mein Bestes wollte.

Ich erinnere mich sehr genau daran, wie ich Ben zum ersten Mal ein Geschenk zum Vatertag machte. Uns beiden war die Bedeutung klar: Von nun an betrachtete ich uns drei als eine Familie.«

Kapitel 3

Scheidung
und die Konsequenzen

Kinder und Scheidung

Wie kann man Kinder so auf eine Scheidung vorbereiten, daß sie möglichst wenig Schaden davontragen? Zunächst muß man sehen, daß das Gefühl eines Kindes, sicher und geborgen zu sein, sehr stark davon abhängt, daß es einen Vater und eine Mutter hat und daß beide zusammen in einem Haushalt leben. Sobald es von der Möglichkeit einer Scheidung erfährt, bittet es seine Eltern inständig darum, zusammenzubleiben. Selbst Monate oder sogar Jahre nach der Scheidung hoffen und betteln sie immer noch. Es ist deshalb wichtig, daß streitende Eltern erst dann mit einer Scheidung drohen, wenn sie sich schon dazu entschlossen haben. Nachdem diese Entscheidung aber gefällt wurde, ist es klug, mit den Kindern offen darüber zu reden. Wird mit den Kindern nicht gesprochen, obwohl sich eine ernsthafte Krise zusammengebraut hat, dann bemerken sie trotzdem sofort, daß etwas nicht stimmt. Ihre dunklen und angstvollen Vorstellungen lassen ihnen die Situation leicht viel schlimmer erscheinen, als sie in Wirklichkeit ist.

Zunächst nehmen sie aufgrund irgendeiner komischen Kinderlogik an, daß sie an der Scheidung schuld sind. Dies mag wahrscheinlich daran liegen, daß sie es gewöhnt sind, wegen allem möglichen ausgeschimpft zu werden, sie halten ihre Schuld so lange für selbstverständlich, bis das Gegenteil bewiesen ist.

Zweitens glauben sie, daß der Elternteil, der das Haus verläßt, auf ewig verschwinden und nicht länger Vater oder Mutter sein wird. Falls dieser Elternteil dann tatsächlich den Kontakt nicht irgendwie aufrechterhält, kommen sie zu der tiefen Überzeugung, daß sie der Liebe des

Vaters oder der Mutter nicht würdig sind. Diese Überzeugung wird ihnen ihr Leben lang ein Hindernis sein. Aus diesem Grund ist es so wichtig, daß der Elternteil, der das Kind verläßt, nicht nur verspricht, es zu besuchen, sondern dieses Versprechen auch wie eine heilige Verpflichtung einhält – oder falls er zu weit weg wohnt, durch Briefe, Anrufe, Geburtstags- und Weihnachtsgeschenke mit ihm in Verbindung bleibt.

Drittens hegen Kinder die Befürchtung, daß, nachdem ein Elternteil weggegangen ist – sie in ihren Augen verlassen hat –, der andere es ebenfalls tun könnte. Und dann wären sie Waisen.

Versucht schließlich ein Elternteil sie davon zu überzeugen, daß der andere Elternteil ein schlechter Mensch sei, so werden sie glauben, daß auch sie schlecht seien, denn schließlich stammen sie von beiden Eltern ab.

Trotz bester Vorbereitungen müssen Eltern davon ausgehen, daß ihre Kinder über mindestens zwei Jahre hinweg Symptome psychischer Störungen zeigen werden. Diese Symptome äußern sich unterschiedlich und hängen von der Persönlichkeit sowie vom Alter der Kinder ab: Angst und Alpträume, Anklammern, Weinen, übertriebene Ansprüche stellen, Aggressivität, Streitsucht, schlechte Schulleistungen.

Mein Rat an beide Eltern, ganz gleich, ob sie das Sorgerecht haben oder nicht, lautet: Behandeln Sie das Kind genauso wie vor der Scheidung! Die Mutter, die vorher nicht arbeiten ging, hat nun Schuldgefühle und denkt vielleicht, sie müsse häufig Geschenke nach Hause bringen. Doch ersetzen Geschenke nicht ihre Anwesenheit. Andere Eltern erlauben ihren Kindern nach der Scheidung zuviel. Sie achten nicht mehr darauf, daß sie ihre Aufgaben erfüllen, sie akzeptieren unkooperatives Verhalten und Unhöflichkeiten. Der Elternteil ohne Sorgerecht verfällt leicht in einen festen Ablauf für den Samstagsbesuch: Erst Essen bei McDonald's und dann ab ins Kino, als ob dies die Norm für alle Kinder sei. Ich habe nichts dagegen, wenn Eltern mit ihren Kindern etwas Schönes unternehmen, solange sie die Lust dazu verspüren und es nicht zu zeitraubend wird. Ist dies aber nicht der Fall, geschieht es nur aus elterlichen Schuldgefühlen. Die Kinder interpretieren das Verhalten der Eltern dann entsprechend und neigen dazu, immer mehr Ansprüche zu stellen. Dann sollte man einfach sagen: »Ich bin jetzt müde und will die Zeitung lesen.«

Die Kinder sollen zur Einhaltung ihrer normalen Routine angehalten werden. Sie sollen draußen mit anderen Kindern spielen, ihren Hobbys nachgehen, Fernsehsendungen anschauen, Hausaufgaben machen und lesen. Und es trägt zu ihrem emotionalen Wohlbefinden bei, wenn sie sich bei beiden Elternteilen an der Hausarbeit beteiligen.

Kann eine Mutter den Vater ersetzen? Sie kann es nicht, und sie sollte sich deswegen keine Sorgen machen. Großväter, Onkel, Fußballtrainer, Väter von Freundinnen, Lehrer und die Freunde der Mutter können als Vaterersatz dienen. Die Mutter hat wahrscheinlich Angst davor, daß sie die Kontrolle über ihren Sohn verlieren wird, wenn er im Jugendalter stark wächst. Doch körperliche Gewalt und Bestrafung sind selbst für einen Vater nicht die richtigen Kontrollmöglichkeiten. Dies gelingt viel eher durch das Vermitteln von Respekt, Vernunft und Idealismus.

Wichtig ist, daß die Mutter ihren Sohn nicht als Ersatzehemann betrachtet. Sie sollte ihn nicht mit in ihr Bett nehmen oder mit ihm ihre größten Sorgen ausführlich besprechen. Und ist sie über das Verhalten ihres früheren Ehemanns verbittert und glaubt, daß alle Männer Schurken sind, so sollte sie nicht auch noch ihren Sohn – oder ihre Tochter – davon zu überzeugen versuchen, obwohl die Versuchung wahrscheinlich groß ist. **Es ist wichtig, daß Jungen und Mädchen mit der Überzeugung groß werden, daß Männer und Frauen allgemein, und besonders ihre Eltern, anständige und wohlmeinende Menschen sind. Andernfalls werden sie von sich, vom anderen Geschlecht und von der Ehe ein falsches Bild bekommen.**

In vieler Hinsicht ist die Mutter, falls sie das Sorgerecht bekommt, am stärksten von einer Scheidung und der Alleinerziehung betroffen. Viele dieser Frauen hatten nie zuvor eine bezahlte Arbeit. Sie bestätigen, daß die Unsicherheit, ob sie für sich und ihre Kinder finanziell sorgen könnten, ihnen am meisten Angst bereitete. (Solange sie nicht selbst wohlhabend sind, sollten Mütter in einem Scheidungsverfahren nicht zu stolz sein und auf reichlicher finanzieller Unterstützung für die Kinder bestehen – obschon in einer Vielzahl von Fällen sich ihre Ansprüche nicht immer ohne weiteres durchsetzen lassen werden.) Doch wenn sie sich selbst bewiesen haben, daß sie die Anforderungen des Arbeitsplatzes und die der Kinder erfüllen können, hat sie das mit nie zuvor gekannter Selbstsicherheit und mit Stolz erfüllt. Und trotzdem, Frauen sind in unserer Gesellschaft allein durch die Tatsache benachteiligt, daß sie für die Arbeit, für die ein Mann einen Dollar erhält, nur 59 Cents bekommen. Deshalb hat die alleinerziehende Mutter weniger für die Kinder, für sich, für den Babysitter und den Kindergarten.

Zusätzlich zu einem ausgefüllten Arbeitstag muß sich die Mutter (oder der Vater) um die Kinder kümmern, sie muß den emotionalen Problemen, die durch die Scheidung entstanden sind, besondere Aufmerksamkeit schenken, und sie muß sich mit dem anstrengenden und nervenaufreibenden Verhalten der Kinder auseinandersetzen. Dies alles läßt wenig Zeit für die Befriedigung der eigenen sozialen Bedürfnisse.

(Bei einer Diskussion von geschiedenen Eltern, an der ich vor einiger Zeit teilnahm, bekannte angesichts der Realität ihrer jetzigen Situation eine beträchtliche Anzahl der Eltern, daß sie heute wünschen, sie hätten mehr für den Erhalt ihrer Ehe getan, durch Aufbringen von mehr Verständnis und durch Beratung von außen. Ich würde diese Aussagen so interpretieren, daß manche dieser Eltern auf der Scheidung aus Ärger, Verbissenheit und Vergeltung beharrt haben, daß später aber diese Gefühle verschwunden sind.)

Angesichts der Tatsache, daß sie nicht so gut wie Männer bezahlt werden, sind manche Frauen nicht sicher, ob sie sich finanziell unabhängig machen können. Sie ziehen sich dann zurück in den Haushalt ihrer Eltern – zumindest vorübergehend. Andere sehen einen Vorteil darin, zusammen mit anderen Frauen in einer Wohngemeinschaft zu leben – meist mit Müttern. Dadurch werden Kosten gespart, die dringend benötigten sozialen Kontakte geboten und es wird möglich, daß eine der Frauen abends etwas unternehmen kann. Selbstverständlich sollten sich die Frauen, bevor sie sich auf eine solche Gemeinschaft einlassen, gut kennengelernt haben. Für Männer gilt natürlich das gleiche.

Alleinerziehende Elternteile führen kein einfaches Leben. Doch es kann sehr lehrreich sein und sich bei einer zweiten Ehe als Vorteil erweisen – falls eine zweite Ehe überhaupt angestrebt wird. Oder es kann einfach nur zu mehr Zufriedenheit führen.

Kann ein Elternteil allein erfolgreich sein?

Wie können alleinerziehende Eltern erfolgreich sein? Dies ist heutzutage eine bedeutende Frage, denn es gibt mehr und mehr solcher Familien. Die meisten von ihnen werden von Frauen geführt, die von ihren Männern geschieden oder verlassen wurden oder die verwitwet sind. In den letzten Jahren wurde allerdings von einigen Gerichten auch Vätern das Sorgerecht zugesprochen. Und außerdem gibt es noch eine kleine, aber wachsende Anzahl von Frauen, die ein Kind großziehen wollen, ohne den Vorteil (oder Nachteil, wie einige von ihnen sagen würden) des Partners.

Hinweise für die beste Art und Weise, ein Kind als Alleinerziehender großzuziehen, erhalten wir, wenn wir untersuchen, was Vater und Mutter dem Kind in einer vollständigen Familie geben können.

Im allgemeinen wollen Kinder eine Mutter und einen Vater haben, teils weil sie aus ihrer frühen Kindheit nichts anderes kennen und zu beiden eine tiefe emotionale Beziehung entwickelt haben. Dies zeigt sich in der Art und Weise, wie sie ihre geschiedenen Eltern bitten, wieder zusammenzuleben. Kinder sehnen sich aber auch nach dem, was andere Kinder haben, sei es ein Computer, eine neuartige Puppe oder eine Familie mit Mutter und Vater.

Früher gab es noch zahlreiche Waisenhäuser – meist für verwahrloste und verwaiste Kinder. Dort konnte man beobachten, wie Kinder, die ihre Eltern nie kennengelernt haben, sich gleichwohl nach ihnen sehnten. Sie erfanden Eltern in ihrer Phantasie, zusammengesetzt aus ihrer Kenntnis der verschiedenen Erwachsenen, die sie kannten und mochten, beispielsweise dem Personal oder von Eltern, die ihr Kind besuchten. Solche Kinder konnten jedes Detail des Aussehens ihrer vorgestellten Eltern beschreiben, sie erzählten von den regelmäßigen Besuchen, von den schönen Geschenken, die sie mitbrächten und davon, daß sie sie bald aus dem Heim in ein schönes Zuhause holen würden.

Jungen und Mädchen erwerben in intakten Familien von Vater und Mutter die entscheidenden Idealvorstellungen, die sie ihr Leben lang begleiten werden.

Bislang habe ich so geredet, als ob Kinder ihre Verhaltensmuster und Vorstellungen einzig aus der Identifikation mit ihren eigenen Eltern oder der Bindung zu ihnen erwerben. Die Eltern sind in intakten Familien die wichtigsten Personen, auch in geschiedenen, wenn regelmäßig Besuche und andere Kontakte (Briefe, Geschenke, Anrufe) gepflegt werden – besonders in den wichtigen Vorschuljahren. Doch Kinder entwickeln sich, sie lernen über die Welt außerhalb der Familie und wollen von ihren Eltern unabhängig werden. Und so kommen sie auch in intakten Familien unter den Einfluß von Kindergärtnerinnen, Lehrern, Fußballtrainern und ihren »Helden«. Sie bilden zu ihnen Bindungen aus und identifizieren sich mit ihnen ebenfalls.

Und so wendet sich ein Kind, bei dem sich Vater oder Mutter unnahbar oder sogar ganz unzugänglich gebärden, auch im frühen Alter von zwei bis fünf Jahren instinktiv an Ersatzpersonen: Großeltern, Onkel,

Tanten, Familienfreunde, Bekannte aus der Nachbarschaft, die freundlich und interessiert sind und das Bedürfnis nach dem fehlenden Elternteil befriedigen. (Es ist unmöglich, sich mit jemandem zu identifizieren, der einem gleichgültig gegenübersteht.) Ich erinnere mich immer noch an die vierjährige Tochter eines Kollegen, der während des Zweiten Weltkriegs zwei Jahre als Mitglied einer medizinischen Militäreinheit im Pazifik diente. Als ich in dieser Zeit bei ihr einen kinderärztlichen Hausbesuch machte, stürzte sie sich förmlich auf mich, um mich in Besitz zu nehmen. Es besteht kein Zweifel – und viele Biographien bestätigen dies –, daß Kinder alleinerziehender Eltern zu gut angepaßten, erfolgreichen Menschen werden können, wenn sie mit getrennt lebenden Eltern oder Ersatzeltern gut auskommen.

Welche Faktoren tragen zum Erfolg oder Mißerfolg bei? (Zur Vereinfachung ist im folgenden vorausgesetzt, daß die Kinder hauptsächlich mit der Mutter zusammenleben.) Betrachten wir erst die Situation, in der geschiedene Väter in »Besuchsnähe« bleiben und gerne bereit sind, ihren Verpflichtungen gegenüber den Kindern nachzukommen. Kinder können viel von einem getrennt lebenden Vater haben, wenn er sie regelmäßig besucht und durch andere Mittel mit ihnen in Kontakt bleibt – durch Briefe, Geschenke zu passenden Anlässen oder durch Anrufe. Die wirkungsvollste und relativ einfachste Weise, in der eine Mutter sicherstellen kann, daß ihre Kinder die Vorteile eines Vaters genießen können, ist die Förderung solcher Besuche und Kontakte.

In gewisser Weise ist es am besten, wenn die Eltern sich das Sorgerecht und die Verantwortung für die Kinder teilen und die Kinder regelmäßig viel Zeit in beiden Haushalten verbringen können. Der Vater fühlt sich dann nicht so entfremdet. Das gemeinsame Sorgerecht verlangt jedoch von beiden Eltern eine kooperative Einstellung um der Kinder willen. Eine Sorgerechtsteilung gelingt nur schlecht, wenn die Eltern sich feindselig gegenüberstehen. Die nächstbeste Lösung, bei der die Mutter normalerweise das Sorgerecht zugeteilt bekommt, besteht in häufigen, regelmäßigen Besuchen. Viel zu oft aber läuft diese Regelung darauf hinaus, daß der Vater allmählich sein Besuchsrecht und seine Kontakte vernachlässigt, weil er meint, seine Autorität gegenüber den Kindern verloren zu haben. Er behauptet, die Mutter würde seinen Rat zur Erziehung bzw. Betreuung der Kinder nicht hören – geschweige denn befolgen. Und er glaubt, daß die Kinder ihn nicht weiter nach seiner Meinung fragen oder um seine Erlaubnis bitten. Sie behandeln ihn nicht wie einen Vater und nehmen ihm dadurch sein Gefühl, Vater zu sein. Möglicherweise glaubt er, daß die Mutter die Besuche der Kinder bei ihm ausnutzt, um ihn auszuschimpfen, und daß sie diese Besuche einschränkt als Bestrafung für »Vergehen«, wie die Kinder zu spät abgeholt oder nach Hause gebracht, sie mit Süßigkeiten vollgestopft, sie nicht warm genug angezogen oder die monatlichen Zahlungen nicht pünktlich geleistet zu haben.

Die Mutter trägt daher die wichtige Verantwortung, die Kontaktaufnahme zu fördern, indem sie über Fehler des Vaters hinwegsieht, indem sie, wenn er zu Besuch ist, sich ihm gegenüber freundlich oder zumindest höflich zu verhalten versucht und ihn gelegentlich nach seiner Meinung oder seinem Rat fragt (zum Beispiel in medizinischen Fragen oder bei Ausbildungsangelegenheiten).

Falls zwischen einem Kind und seinem Vater keinerlei Kontakt besteht und sich das Kind an den Vater nicht erinnern kann, so ist es auf die Aussagen der Mutter sowie auf ihre allgemeine Einstellung zu Männern angewiesen. Spricht sie von den guten Qualitäten des Vaters sowie von seiner Liebe zu den Kindern und zeigt sie im allgemeinen den meisten Männern gegenüber Respekt, so wird ihr Sohn in der Lage sein, sich positiv mit dem Bild des Vaters, das die Mutter ihm zeichnet, zu identifizieren. Beschreibt sie aber ihren Ex-Ehemann als einen Schurken, so gibt sie dem Jungen ein schwaches Identifikationsmodell, er wird sich als Ergebnis auch zur Hälfte als Schurke betrachten. Und zeigt sie sich verbittert und verächtlich gegenüber allen Männern – in ihrer Sprache wie auch in ihrem Verhalten –, wird sie sowohl ihrer Tochter wie auch ihrem Sohn eine krankhafte Vorstellung von Männern vermitteln. Sie zieht womöglich eine Tochter groß, die mißtrauisch und kalt auf Männer reagiert. Oder umgekehrt, sie zieht eine Tochter groß, die von Männern fasziniert ist. Unbewußt fühlt sie sich von Männern angezogen, die Spuren von Boshaftigkeit, Untreue, Unfähigkeit oder andere Charakterzüge tragen, gegen die ihre Mutter gewettert hat.

»Aber«, werden viele geschiedene Frauen einwerfen, »er war doch tatsächlich ein brutaler Typ!« oder ein Schwerenöter oder ein Tunichtgut. Solche Aussagen mögen die eigenen Gefühle richtig zum Ausdruck bringen, sie sind aber nebensächlich, wenn es darum geht, den Kindern ein positives Bild von ihrem Vater zu lassen – nicht des Vaters, sondern der Kinder wegen! **Um den Kindern eine richtige Vorstellung zu geben, sollte die Mutter von den Qualitäten des Vaters erzählen, die einstmals ihre Liebe für ihn entfacht hatten, und davon, wie der Vater in früheren, glücklicheren Zeiten seine Kinder liebte und stolz auf sie war.**

Je weniger Kontakt ein Junge oder Mädchen mit seinem Vater hat, desto bedeutender werden seine Beziehungen zu anderen, freundlich gesonnenen und aufgeschlossenen Männern. Kann eine Mutter eine Beziehung ihres Sohns oder ihrer Tochter zu einer Vaterersatzfigur herstellen? Ich glaube, daß sie zwar die Bedingungen einrichten, aber eine solche Beziehung nicht direkt initiieren kann. Eine Beziehung hängt von subtilen Einstellungen und Persönlichkeitsmerkmalen ab, die unkontrollierbar sind. Stellt die Mutter fest, daß ihr Kind von einem Verwandten, Lehrer, Bekannten oder Nachbarn angetan ist, so kann sie ihm von der Begeisterung ihres Kindes erzählen und beschreiben, wie sehr sie selbst sich darüber freue, weil das Kind seinen abwesenden Vater so sehr vermisse. Ist diese Person über die Mitteilung einerseits erfreut, wird aber in der Folge nicht selbst aktiv, so kann die Mutter diese Person einladen – mit der Familie, falls vorhanden. Mit einem Verwandten kann sie die Angelegenheit meist direkt ansprechen. Solche Schritte sollten einen Lehrer, Gruppenleiter oder Nachbarn zumindest zu kleinen Freundschaftsbeweisen anregen, diese können dem Kind viel bedeuten. (Seit meiner Jugend habe ich immer einen dunkelblauen Nadelstreifenanzug besessen. Dies war ein Identifikationsakt mit einem netten und flotten Lehrer, der einen solchen Anzug zu tragen pflegte.) Eine Mutter kann ihrem Kind nahelegen, es solle einem bestimmten Verein oder einer Freizeitgruppe beitreten, wenn sie erfährt, daß der Gruppenleiter besonders beliebt ist. Sie kann ihr Kind während der Sommerferien auch in ein Freizeitlager schicken.

Wie steht es mit dem Mann (oder den Männern), die die Mutter als Freund hat? Falls sich eine engere Beziehung oder eine Ehe anbahnt, wird dieser Mann natürlich äußerst wichtig. Dies mag aber seine Zeit dauern. In der Zwischenzeit gibt es viele gute Gründe zur Vorsicht.

Die meisten Kinder hoffen noch jahrelang, daß ihre Eltern sich eines Tages wieder vertragen und zusammenziehen werden. Wenn ihre Mutter (oder ihr Vater) eine intime Beziehung mit einem anderen Menschen einzugehen scheint, interpretieren sie dies als Untreue. Deshalb sollte die Mutter oder der Vater langsam vorgehen, zumindest in dem, was die Kinder von der neuen Beziehung mitbekommen. Früher oder später sollten sie aber wissen, daß ihre Mutter mit einem Freund ausgeht. Die Mutter sollte aber damit warten, einen Mann zu sich nach Hause einzuladen, bis sie jemanden gefunden hat, den sie den Kindern mit Stolz vorstellen kann. Hierdurch vermeidet sie bei den Kindern den Eindruck, als husche sie von Mann zu Mann. Sie sollte in Anwesenheit der Kinder ihm gegenüber Zeichen von körperlicher Zärtlichkeit zunächst vermeiden – bis die Kinder ihn kennengelernt haben und ihn mögen. Meines Erachtens sollte sie ihn auch nicht bitten, die Nacht bei ihr zu verbringen, und nicht zu erkennen geben, daß sie die Nacht bei ihm verbracht hat, bis viele Monate vergangen sind, in denen die Kinder wahrnehmen konnten, wie ihre Zärtlichkeit langsam gewachsen ist. All diese Vorsichtsmaßnahmen sollen verhindern, daß die Kinder glauben, ihre Mutter wechsle häufig den Partner.

Meine Äußerungen darüber, daß eine geschiedene Mutter keine Promiskuität bzw. zu schnelle sexuelle Intimität zeigen sollte, gelten natürlich genauso für einen geschiedenen Vater. Dieser Rat ist sinnvollerweise an beide Elternteile gerichtet, denn häufig reagieren beide auf die Verletzungen, Demütigungen und Beschimpfungen, die mit einer Scheidung einhergehen, mit dem Zurschaustellen ihrer neuen Liebesaffären, als wollten sie beweisen, daß sie trotz ihres ehelichen Mißerfolgs noch attraktiv sind.

Hat sich die Mutter ernsthaft verliebt, und erwägt sie, wieder zu heiraten, so sollte sie zuvor die Meinungen ihrer Kinder zu dem neuen Mann anhören, ihnen von ihrer Heiratsabsicht erzählen und sie fragen, wie sie dazu stehen. Allerdings sollte sie den Kindern kein Vetorecht hinsichtlich ihrer Heirat einräumen. **Viele Kinder, die den Freund ihrer Mutter gerne mögen, werden angesichts der Erkenntnis, daß dieser Mann danach trachtet, ihr Stiefvater zu werden, plötzlich mißtrauisch, eifersüchtig und feindselig. Es kann Jahre dauern, bis sie ihn in dieser Rolle akzeptieren.** Das Paar täte gut daran, die Kinder vor und nach der Hochzeit zum Ausdruck ihrer Gefühle dem Eltern- und Stiefelternteil gegenüber zu ermutigen – solange dies nicht in offene Unhöflichkeit ausartet.

Viele alleinerziehende Mütter haben mir die gleichlautende ängstliche Frage gestellt: Wie kann ich sowohl ein guter Vater wie auch eine gute Mutter sein, besonders meinem Sohn gegenüber? Dieser Frage liegen drei Mißverständnisse zugrunde: Erstens, eine Mutter muß eine Ersatzvaterfigur sein – zum Beispiel in dem Sinne, daß sie dem Jungen beibringen muß, Fußball zu spielen, oder mit ihm vom männlichen Blickwinkel über Sexualität zu sprechen. Das zweite Mißverständnis ist, daß ein Junge solche Dinge von seinen Eltern lernen müßte. Das dritte, daß Frauen und Männer völlig getrennte Lebenserfahrungen haben und vom anderen Geschlecht überhaupt nichts wissen können.

In Wirklichkeit aber ist es so: Eine Mutter braucht nicht der Fußballtrainer ihres Sohns zu werden. Er lernt viel besser vom Trainer im Sportverein oder in der Schule und von anderen Jungen. Sie kennt sich sowohl im männlichen wie auch im weiblichen sexuellen Bereich gut genug aus, um mit ihrem Sohn darüber zu reden und alle seine Fragen beantworten zu können. Viele Mütter können sogar besser mit ihren Söhnen reden als ihre Väter, denn die Mehrheit der Männer neigt dazu, sich aus Scheu vor diesem Thema zu drücken. Die Mütter sollten aber auch daran denken, daß die meisten Jugendlichen ihre sexuellen Kenntnisse sowieso nicht von den Eltern, sondern von anderen Jugendlichen und aus der Literatur beziehen – seriöser wie auch unseriöser.

Ich habe schon erläutert, daß Männer und Frauen, was ihre gegenseitigen Gedanken und Gefühle betrifft, nicht unwissend sind. Es gibt eine beachtliche Menge von intuitivem Wissen über das jeweils andere Geschlecht, bei manchen mehr, bei anderen weniger. Dieses Wissen wurde in der frühen Kindheit durch Identifikation mit dem andersgeschlechtlichen Elternteil angeeignet. Mütter sollten sich also keine allzu großen Gedanken darüber machen, ob sie für ihre Söhne als Vaterersatz fungieren können. Sie leisten andere wichtige Beiträge zur Erziehung.

Eine Mutter sollte auch nicht deshalb wieder heiraten, damit ihre Kinder wieder einen Vater haben; dies ist ein nebensächlicher Aspekt. Sie sollte nur dann erneut heiraten, wenn sie für den Mann eine tiefe Liebe empfindet und sicher ist, daß er ein guter Ehepartner sein wird. Die Ehe wird sonst nicht lange halten. Ist sie aber von Dauer, wird der neue Partner früher oder später wahrscheinlich auch als guter Stiefvater von den Kindern akzeptiert werden.

Das Sorgerecht

In den letzten Jahrzehnten haben Frauen Positionen in typisch männlichen Arbeitsbereichen für sich gefordert. Zugleich haben einige Männer, die den Drang dazu verspürten, gezeigt, daß sie Kinder ebensogut aufziehen konnten wie Frauen. In den entsprechenden Fällen haben sie das Sorgerecht beansprucht und von aufgeschlossenen Richtern auch zugesprochen bekommen. Aber die Mehrheit der Väter, die in Scheidung stehen, hat kein Interesse daran, das Sorgerecht für die Kinder zu erhalten.

In den Vereinigten Staaten endet schon jetzt die Hälfte aller Ehen mit einer Scheidung. Mir bereitet am meisten Sorge, daß jedes Jahr eine Million Kinder zusätzlich mit dem Auseinanderbrechen ihrer Familien konfrontiert werden. In den USA gibt es schon sechs Millionen Familien mit alleinerziehenden Elternteilen und minderjährigen Kindern. Obwohl auf längere Sicht eine Scheidung die bessere Lösung für eine unglückliche Ehe sein mag, stimmen Experten darin überein, daß die übliche Zuteilung des Sorgerechts an nur einen der beiden Eltern – in 90 Prozent aller Fälle an die Mutter – für alle Beteiligten (Kinder, Väter und Mütter) nur Kummer bedeutet, zumindest für einige Jahre.

Vor einigen Jahren habe ich zu meiner Überraschung erfahren, daß bis in das 20. Jahrhundert normalerweise die Väter das Sorgerecht zugeteilt bekamen. Dennoch besagt die Gesetzgebung der meisten amerikanischen Bundesstaaten, sowohl damals wie auch jetzt, daß weder die Mutter noch der Vater bei der Zuteilung des Sorgerechts bevorzugt sein sollte. Der bestimmende Faktor sollten »die besten Interessen des Kindes« sein. Das bedeutet, daß die starke Voreingenommenheit der Richter, zunächst für die Väter und später für die Mütter, auf psychologischen und sozialen Einstellungen und nicht auf Gesetzen beruht. Im folgenden gehe ich, wenn nicht anders angegeben, von der Annahme aus, daß die Mutter das Sorgerecht besitzt.

Gleich nach der Scheidung neigen Kleinkinder bezüglich Sauberkeitserziehung, Quengeln, Weinen, Gereiztheit, Zornesausbrüchen, Schlafstörungen und Aggressivitätsverhalten zu einer beträchtlichen rückläufigen Entwicklung.

Das Leiden mag nach einem Jahr noch angewachsen sein, besonders dann, wenn die Eltern noch in Konflikte verwickelt sind. Die Beziehungen zu den Vätern haben sich oft gebessert, während sich die Beziehungen zu den Müttern verschlimmert haben können.

Auch für Jugendliche ist eine Scheidung noch schmerzhaft, obwohl sie nach einem Jahr nicht mehr das Gefühl haben, Partei ergreifen zu müssen; sie können leichter ihr eigenes Leben fortsetzen.

Die wichtigste Erkenntnis aus Studien ist, daß Kinder jeglichen Alters dann besser zurechtkommen und die Mütter mit ihnen einfacher umgehen können, wenn sie häufig Kontakt mit ihrem Vater haben und die Eltern zugunsten der Kinder miteinander kooperieren.

Bekommt die Mutter das Sorgerecht, so ist der Vater in großem Ausmaß nicht nur von seiner Frau, sondern auch von seinen Kindern geschieden. In vielen Fällen darf er seine Kinder nur an einigen Tagen pro Woche oder häufig nur an jedem zweiten Wochenende sehen.

Vielleicht darf er sie nicht einmal über Nacht behalten. Manchmal darf er sie sogar nur im Haus ihrer Mutter besuchen und sie überhaupt nicht allein begleiten.

Väter fühlen sich kurz nach der Scheidung zurückgewiesen, deprimiert und entwurzelt. Einige berichten, sie hätten einen Teil ihrer Identität verloren. Sie betonen, wie schmerzhaft sie die Besuche bei ihren Kindern empfinden, denn diese finden so selten statt, daß sie eine immer größere Distanz zwischen sich und ihren Kindern wahrnehmen. Die gleichen Gefühle haben Mütter, wenn Väter das Sorgerecht haben. Manche Väter beklagen sich, sie würden von ihren früheren Ehefrauen absichtlich gedemütigt. Sie glauben, ihre früheren Ehefrauen empfänden eine böswillige Befriedigung in der willkürlichen und anmaßenden Festlegung von Besuchsbestimmungen. Sie würden Besuche häufig verbieten, wenn Unterhaltszahlungen nicht rechtzeitig eingetroffen seien. Doch in vielen Fällen entsprechen diese Klagen nicht der Wirklichkeit. Sie sind vielmehr nur Ausreden der Väter für die schlechte Ausübung ihrer Besuchs- und Unterhaltspflichten.

Obwohl sie das Sorgerecht haben, sind die meisten Mütter in den ersten zwei Jahren nach der Scheidung nicht glücklich. Sie machen sich Sorgen, sind wütend und fühlen sich hilflos. Zwei Drittel von ihnen müssen den Unterhalt selbst verdienen (nur die Hälfte aller nichtgeschiedenen Mütter arbeitet außer Haus). Und sie müssen zudem mit einem niedrigeren Lebensstandard zurechtkommen. Man muß davon ausgehen, daß nach einer Scheidung der finanzielle Aufwand allein wegen der Unterhaltung von zwei Haushalten um 25 Prozent steigt. Von den meisten Richtern wird die Höhe der Unterhaltszahlungen für die Kinder zu niedrig angesetzt, und diese werden in der Mehrzahl aller Fälle dann noch nicht einmal regelmäßig geleistet.

Nach Feierabend müssen alleinerziehende Mütter ihren Haushalt ohne die Hilfe und die Gesellschaft eines weiteren Erwachsenen machen. Sie müssen mit den Bedürfnissen, Forderungen, Streitereien und dem Fehlverhalten der Kinder fertigwerden. Und die Kinder sind meist entschieden weniger hilfsbereit und widerspenstiger gesinnt als zuvor. **Die meisten geschiedenen Mütter finden ihr Privatleben schmerzlich eingeschränkt – durch ihre Arbeit, durch ihr Bedürfnis, viel Zeit mit den Kindern zu verbringen, dadurch, daß es sich bei ihren alten Freunden um Ehepaare handelt, die meist andere Paare und keine alleinstehenden Menschen einladen und durch die normalerweise geringe Anzahl an Gelegenheiten, neue Bekanntschaften zu machen.**

Zusammenfassend läßt sich sagen: Die fortgesetzte Nähe des Vaters zu seinen Kindern ist für sie und ihre soziale Anpassung von wesentlicher Bedeutung. Seine Hilfsbereitschaft gegenüber seiner früheren Ehefrau ist für ihr Gefühl, als Mutter geeignet zu sein, und für ihre guten Beziehungen zu den Kindern wichtig. Trotzdem schränken die meisten Scheidungsurteile den Kontakt des Vaters zu seinen Kindern und zur früheren Ehefrau stark ein. Hierdurch fühlt er sich überflüssig, unerwünscht und unbequem. Das führt im Laufe der Zeit dazu, daß er seine Besuche immer stärker einschränkt. Es ist ein trauriger Teufelskreis. Wird umgekehrt das Sorgerecht dem Vater zugesprochen, ist die Lage der Mutter in 10 Prozent aller Fälle ähnlich schlimm.

Ich stimme mit vielen anderen Experten darin überein, daß Väter genauso engagiert und fürsorglich sein können wie Mütter. Heutzutage werden 1,5 Millionen Familien von einem alleinerziehenden Vater geführt, weil die Ehefrau gestorben ist, sie die Familie verlassen hat oder sich hat scheiden lassen. Väter, die das Sorgerecht für ihre Kinder haben, bestätigen, daß sie sich aufgrund dieser Erfahrung weniger mit Disziplinproblemen auseinandersetzen. Sie gehen statt dessen stärker auf die Gefühle der Kinder ein. Zugleich ist ihnen die Bedeutung der Nähe zu ihren Kindern und die Freude daran bewußter geworden.

Das gemeinsame Sorgerecht – die gemeinsame Verantwortung beider Eltern – ist eine relativ neue gerichtliche Praxis. Der meines Erachtens weitaus wichtigste Aspekt ist, daß beide Elternteile den Kindern zuliebe bestrebt sein sollten, sich gegenseitig zu respektieren und bezüglich aller wichtigen Entscheidungen hinsichtlich der Kinder zusammenzuarbeiten. Dadurch werden beide von den Kindern akzeptiert, und keiner von ihnen verliert das Gefühl, Vater bzw. Mutter zu sein. Bestehen aber großes Mißtrauen, starke Gegensätze und gegenseitiger Groll, dann hat die gemeinsame Ausübung des Sorgerechts kaum Aussicht auf Erfolg. In diesem Fall ist die herkömmliche Übertragung des Sorgerechts auf nur einen Elternteil mit Besuchsrechten für den anderen Elternteil vorzuziehen.

Die Erteilung eines gemeinsamen Sorgerechts verbinden manche (amerikanische) Bundesstaaten mit der Vorschrift, daß die Kinder wöchentlich zu gleichen Zeitanteilen auf die Elternteile aufgeteilt werden oder daß zumindest ein Verhältnis von 1/3 zu 2/3 bestehen soll. Ich sehe darin nur einen theoretischen Vorteil. Es wird nämlich vorausgesetzt, daß beide Eltern im gleichen Ort leben, daß beide in der Nähe der Schule der Kinder wohnen und daß beide Wohnungen für Kinder eingerichtet sind. Ich meine, viel wichtiger am gemeinsamen Sorgerecht ist, daß weder Vater noch Mutter das Gefühl haben, ausgegrenzt zu werden. Die Aufteilung der Zeit ist eine andere Sache, die unter praktischen Gesichtspunkten angegangen werden sollte.

Gibt es zwischen den Eltern eine allgemeine, kooperative Grundstimmung und können gleichwohl bestimmte Probleme nicht gemeinsam gelöst werden, dann sollte die professionelle Hilfe einer Familienberatungsstelle, die mit der Situation vertraut ist und die von beiden Eltern anerkannt wird, beansprucht werden.

Ich befürworte, daß Eltern, die meinen, die notwendige Zusammenarbeit leisten zu können, ein gemeinsames Sorgerecht übertragen wird. Dies gibt den Kindern das Gefühl, weiterhin einen Vater zu haben. Sie werden einen großen Teil ihrer Zeit mit ihm zusammen verbringen und wissen, daß er weiter an Entscheidungen beteiligt ist, die sie betreffen. Der Vater kann annehmen, auch zukünftig seinen Kindern nahe zu sein; er hat das Gefühl, an ihrem Leben beteiligt und für ihr Wohlbefinden mitverantwortlich zu sein. Zwar werden die Mütter durch das gemeinsame Sorgerecht mit frustrierenden Kompromißzwängen bezüglich des Lebens ihrer Kinder konfrontiert werden, doch wird dies meist durch zusätzliche gewonnene Freizeit und durch die Entlastung von der Alleinverantwortung bei allen Problemen und Entscheidungen ausgeglichen.

Theoretisch kann ich die Einwände mancher Experten hinsichtlich des Doppellebens der Kinder, die in zwei Haushalten leben sollen, nachvollziehen. Doch wissen wir heute, daß sich Kinder an das Leben in zwei »Zuhause« gut anpassen können, wenn dies nur sorgfältig und unter Beachtung der Bedürfnisse der Kinder geplant wird. Die Belege hierfür stammen nicht nur von Fällen, in denen das Sorgerecht geteilt wurde, sondern auch von Familien, in denen beide Eltern tagsüber arbeiten gehen und die Kleinkinder den Tag in einem Kinderhort oder bei einer Tagesmutter verbringen.

Ich habe immer betont, daß es äußerst wichtig ist, daß geschiedene Väter ihre Kinder so oft wie möglich sehen. Dies kommt ihnen und den Kindern zugute. Und es erhält die Gefühle der Nähe und der Verantwortung auf der Seite des Vaters. Sind solche Pläne einmal gemacht, ist es entscheidend, daß sie nicht zurückgenommen werden. Statt Ausflüge und besondere Überraschungen zu planen, sollte ein geschiedener Vater seine Kinder besser zu sich nach Hause nehmen, wo sie eigene Betten, Spielsachen, Bücher und Kleider haben sollten.

Kapitel 4

Das neue Baby

Die ersten drei Monate

Die meisten Eltern erfahren die ersten drei Monate im Leben ihres ersten Kindes als nicht nur aufregend, sondern zugleich auch als nervenaufreibend. Von der Zufriedenheit des Babys und der Selbstsicherheit der Eltern hängt es ab, welche Stimmung vorherrscht.

Manche Säuglinge sind von Natur aus entspannt und quengeln auch dann nicht, wenn sie Hunger haben, frieren oder über längere Zeit allein gelassen werden. Diese äußerst freundlichen Säuglinge können auf jede Form menschlicher Aufmerksamkeit so freudestrahlend reagieren, daß sie sogar bei den versteinertsten und boshaftesten Erwachsenen eine warme Reaktion erzeugen. Sie haben Glück, sie werden ihr ganzes Leben lang an jedem, mit dem sie zu tun haben, etwas Gutes finden. Sie besitzen aber nicht nur Vorteile; sie gehören zum Beispiel meist nicht zu der Art von Menschen, die die Welt auf den Kopf stellen werden – falls ihre Eltern sich dies für sie zum Ziel gesetzt haben.

Das andere Extrem bilden die Säuglinge – nach meiner Erfahrung häufiger Jungen –, die schwierig zu pflegen sind und mit denen es häufig schwerfällt, unter einem Dach zu leben: Säuglinge, die viel quengeln, die sehr schnell ermüden und ungeduldig werden, die an Koliken leiden, die häufig wütend werden, die tags oder nachts lange wach bleiben und das Leben nicht zu genießen scheinen. Die meisten dieser Babys beruhigen sich und werden im Laufe der nächsten Monate umgänglicher. Der dritte Lebensmonat stellt häufig einen dramatischen Wendepunkt dar – aber bis dahin können diese Babys das Leben ihrer Eltern zur Qual machen.

Dann gibt es gelegentlich noch das Baby, das von solch unbewegter Miene ist, daß seine Eltern wenig Freude an ihm haben. Ich selbst habe solche Säuglinge schon mit einiger Sorge beobachtet und mich gefragt, ob sie wohl von Natur aus so reserviert und ungesellig seien. Später zeigte sich natürlich, daß sie doch über genügend Wärme und Humor verfügen. Doch anfangs tragen sie wenig dazu bei, daß ihre Eltern sich mit ihnen anfreunden und Selbstvertrauen gewinnen.

Eine Reihe von Faktoren bestimmt, wie einfach Eltern die ersten drei Monate hinter sich bringen werden. Mütter und Väter, die beispielsweise sehr selbstsicher sind, können das schwierige Verhalten ihres Babys lange ertragen, bevor sie aus dem Konzept gebracht werden. Diejenigen aber, die zum Selbstzweifel erzogen wurden, werden von einem schwierigen Baby schnell entmutigt.

Und Eltern, die schon viel Erfahrung sammeln konnten, weil sie auf jüngere Geschwister aufgepaßt oder als Babysitter gearbeitet haben, ertragen auch mehr Schwierigkeiten.

Ich selbst glaube, daß diejenigen, die an Säuglingspflegekursen teilgenommen, zuvor aber keine praktische Erfahrung mit Babys gehabt haben, dazu neigen, mehr Schwierigkeiten zu haben. Wenn ihr Baby schreit, so machen sie sich zunächst auf der theoretischen Ebene Gedanken, ob es schreit, weil es mehr Liebe braucht oder weil es zu stark verwöhnt wird; Fragen, die durch Hinschauen kaum beantwortet werden können.

Zwar hat meines Erachtens die Natur es so eingerichtet, daß sich unerfahrene Eltern erhebliche Sorgen machen. Dadurch wird sichergestellt, daß das Neugeborene nicht vernachlässigt wird. Allerdings gibt es jede Menge unverantwortlicher Individuen, die ebenso wie gewissenhafte Menschen Babys bekommen. Das System ist deshalb ineffektiv, denn in der Regel machen sich gewissenhafte Eltern die meisten Sorgen.

Ärzte, Krankenschwestern und Psychologen sind zu der Erkenntnis gelangt, daß sich unerfahrene Eltern über eine erstaunliche Vielfalt von Vorkommnissen bei ihrem Baby Sorgen machen können: Schluckauf, Rülpser, Schnarchen, Frösteln, Zittern, Blässe, Bläue, kalte Hände und Füße, Erektionen. Typischerweise schleicht sich die Mutter nachts zu ihrem Säugling, um nachzuschauen, ob er noch atmet. Sie kommt dann vor Angst fast um, wenn sie keine Bewegung seines Brustkorbs erkennen kann. (Bei Babys kommt meist Bauchatmung vor.)

Schreit ihr Säugling sehr viel, so werden sich die meisten unerfahrenen Eltern Sorgen machen. Es ist für sie offensichtlich, daß etwas nicht stimmen kann. Ich erinnere mich, wie wenig hilfreich ich mir als Kinderarzt bei den Routineuntersuchungen solcher Säuglinge vorgekommen bin. Ich mußte erklären, daß das Kind offenbar bei bester Gesundheit sei. Warum schreit es dann? Den Zustand mit einem herkömmlichen Begriff wie Kolik zu bezeichnen, hilft nur wenig, denn dieser Begriff erklärt gar nichts. Die Eltern sind vielleicht für kurze Zeit etwas getröstet, doch bald steigen wieder ihre Zweifel auf, und sie verlangen nach tiefergehenden Untersuchungen. Solche Sorgen können die Eltern fix und fertig machen.

Vielleicht schlimmer als diese Sorgen sind die Schuldgefühle und Depressionen, die mit ihnen einhergehen. In den ersten Wochen nach der Geburt, wenn viele Mütter, auch die mit ausgeglichenen Säuglingen, ab und zu trübsinnig werden, kann das viele Geschrei eines Neugeborenen Ängste bei der Mutter hervorrufen. Sie befürchtet dann, daß sie Vernachlässigungen oder Fehler begangen hat. Vielleicht macht sie sich gar Sorgen, daß das Kind einen Geburtsfehler habe oder daß sie es nicht richtig ernährt habe. Unbewußt bestehen aber häufig Schuldgefühle sexueller Natur, die noch aus der eigenen frühen Kindheit stammen. Wenn meine Mutter mich als Kind vor den Folgen der Masturbation zu warnen versuchte, dann pflegte sie zu sagen: »Du willst doch gesunde Kinder haben, nicht wahr?« Als ich kurz nach der Geburt unseres ersten Sohnes zu meiner Frau in den Kreißsaal durfte, teilte ich meiner Frau mit Erleichterung mit: »Er hat 10 Finger und 10 Zehen!«

Eine weitere Reaktion, die Eltern während der ersten Wochen nach der Geburt empfinden, ist Wut: Wut auf ein Baby, das ständig schreit. **Die meisten Menschen entsetzt die Vorstellung, auf einen hilflosen Säugling wütend zu sein. Und wenn sie bemerken, daß sie selbst solche Gefühle zu entwickeln beginnen, versuchen sie, diese zu verdrängen. Doch die Wut wird dadurch nicht beseitigt – sie erhält lediglich einen anderen Ausdruck.** Sie äußert sich in Schuldgefühlen, in Zwanghaftigkeiten, in ständiger Besorgnis oder als Depression. Am häufigsten drückt sich die Wut wahrscheinlich in Form von Spannungen aus, die durch die Bemühungen, eben diese Wut zu verdrängen, erzeugt werden. Solche Spannungen, dauern sie Tage oder gar Wochen an, führen zu emotionaler und körperlicher Ermüdung und wahrscheinlich auch zu Gereiztheit, bei allen Beteiligten – bis auf den Säugling.

Ich erinnere mich an ein reifes und einfühlsames Elternpaar, das ganz verzweifelt und angespannt war, nachdem sein Baby einen Monat lang aufgrund von Koliken mehr oder weniger ständig geschrien hat. Als einer von ihnen dem anderen einmal impulsiv zugab, wie wütend ihn das Baby mache, gestand der andere auch, daß er den gleichen versteckten Groll hegte. Nach einer weiteren Aussprache fühlten sich dann beide sehr viel wohler.

Junge, unerfahrene Eltern haben viele Möglichkeiten, ihr seelisches Gleichgewicht zu bewahren. Am wichtigsten ist, daß sie rücksichtsvoll und hilfsbereit miteinander umgehen. Der Vater sollte die gleiche Verantwortung für das Wohlbefinden des Säuglings auf sich nehmen wie die Mutter.

Wenn der Vater jeden Tag zur Arbeit geht und die Mutter zu Hause bleibt, kann dies offensichtlich nicht bedeuten, daß er das Baby genauso häufig füttert und wickelt wie sie. Aber es bedeutet schon, daß er aufrichtig beteiligt sein soll – sich mit der Mutter beraten und ihre Sorgen teilen soll, falls es Grund zur Sorge gibt. Und er soll sich nicht hinter der Zeitung verbergen, als ginge das Baby hauptsächlich nur die Mutter etwas an. Bekommt der Säugling die Flasche, so kann der Vater die Abend- und Nachtmahlzeiten übernehmen. Diese Arbeiten sollte er nicht deswegen übernehmen, weil er sonst als Faulpelz erschiene – sein Beruf mag ungewöhnlich viel Anstrengungen von ihm verlangen. Er sollte sie vielmehr übernehmen, um zu zeigen, daß er die Erziehung seines Kindes für genauso wichtig erachtet wie seinen Beruf, und daß er seiner Frau während der Übernahme der neuen, herausfordernden Pflichten zur Seite steht.

Die Psychologie hat darauf hingewiesen, daß ein Mensch, der plötzlich sehr viel mehr Liebe und Aufmerksamkeit schenken muß, als er dies jemals zuvor getan hat, selbst mehr Liebe und Aufmerksamkeit benötigt – zumindest für eine gewisse Zeit. Die Geburt eines Kindes, besonders des ersten Kindes, ist vor allem für die Mutter eine starke emotionale Belastung. Vielleicht aber nur deshalb, weil wir bislang davon ausgegangen sind, daß es hauptsächlich die Mutter ist, die die Verantwortung für die Säuglingspflege zu tragen hat. Wie auch immer, die Mutter braucht Unterstützung, und der Vater muß die Hauptstütze sein.

Eine Großmutter kann fast genauso hilfreich sein wie ein Ehemann, falls sie in der Nähe lebt und sich mit der Mutter gut versteht. In Gesellschaften, in denen junge Familien in der Nähe der Großeltern und anderer Verwandten wohnen und in denen ältere Leute für weise gehalten werden, stehen noch die kooperativen Aspekte der Generationsbeziehungen im Vordergrund. Es wird als selbstverständlich erachtet, daß die Großmutter bzw. die Mutter die beste Freundin, Vertraute, Ratgeberin, Helferin und emotionale Stütze der neuen Mutter ist.

Im Gegensatz dazu wird in den USA die Rivalität zwischen den Generationen und das Unabhängigkeitsbedürfnis der jungen Eltern betont. Außerdem wird in den meisten amerikanischen Familien angenommen, daß ältere Leute nicht auf dem laufenden sind und deswegen nicht viel wissen können. Die Nützlichkeit der Ratschläge einer Großmutter nach der Geburt eines Kindes wird deshalb meist nicht als selbstverständlich unterstellt.

Ist die neue Mutter ein reifer, sicherer Mensch, kann sie sich an die Großmutter wenden und enorme Unterstützung von ihr erhalten. Hat die Mutter aber das Gefühl, von der Großmutter lediglich kritisiert und herabgesetzt zu werden (ob von der Großmutter beabsichtigt oder nicht), so wird sie diese nicht in der Nähe haben wollen, denn sie nimmt an, daß die Großmutter das Neugeborene an sich reißt und die Mutter beiseite schiebt.

Die unerfahrene Mutter muß das sichere Gefühl haben, daß der Säugling ihr gehört und daß sie lernt, ihre Aufgaben gut zu erledigen. Hat sie hinsichtlich ihrer eigenen Mutter oder Schwiegermutter Bedenken, so sollte sie sie nicht zu Rate ziehen. Und wenn sie sie doch um Hilfe gebeten hat und dann feststellen muß, daß sie sich zu sehr einmischt oder zu kritisch ist, so sollte sie gefühlvoll klarstellen, daß sie sich nun stark genug fühle, um allein zurechtzukommen. In gleicher Weise sollte sie sich auch gegenüber einer herablassenden Säuglingsschwester verhalten.

Eltern – besonders Mütter – sollten in den ersten Monaten nach der Geburt mindestens einmal pro Woche ausgehen. Dies ist dann besonders wichtig, wenn das erste Kind viel quengelt oder unter Koliken leidet. Anfangs mögen die Eltern angespannt sein oder Schuldgefühle wegen ihres Weggehens haben. Doch sobald sie sich davon lösen können, amüsieren sie sich wie gewohnt und kehren erholt und entspannt nach Hause zurück. Dies tut ihnen und dem Baby gut. Nachdem sie als Eltern einige Jahre Erfahrung gesammelt haben, werden sie sich an die Einschränkungen ihrer Freiheit eher gewöhnt haben und den Drang, flüchten zu müssen, wahrscheinlich nicht mehr so stark verspüren.

Die ersten drei Monate im Leben eines Kindes bieten der Mutter und dem Vater gute Gelegenheiten, sich am Ausdiskutieren von Sorgen, Ärger und Spannungen, die in jeder jungen Familie reichlichst vorkommen, zu versuchen. Lernen sie, auf gefühlvolle Weise offen zu sein, und versuchen sie, die Meinung des anderen wirklich zu verstehen, so verringert sich die Wahrscheinlichkeit, daß ihre Ehe durch kleine Streitereien oder Verstimmungen anläßlich scheinbarer oder versteckter Probleme verdorben wird. Positiv ausgedrückt können sie diesen Wendepunkt in ihrem Leben dazu nutzen, sich eine gegenseitige Offenheit anzueignen, die eine der besten Garantien für eine starke und glückliche Ehe bietet.

Schreien

Die Fragen, die bei jedem Gespräch zwischen jungen Eltern am häufigsten gestellt werden, betreffen das Schreien des Säuglings und wie eine Verwöhnung des Säuglings vermieden werden kann. Bevor wir aber darüber reden, wie man mit schreienden Babys umgeht, sollten wir zunächst einige Ursachen für ihr Schreien untersuchen.

Die meisten Säuglinge schreien während ihren ersten Lebensmonaten verhältnismäßig viel. Die Ursachen ihres Schreiens sind zum Teil bekannt (Hunger, Müdigkeit), teils unbekannt. Es gibt die typische Kolik, die sich in Symptomen wie starken Bauchschmerzen und Blähungen äußert. Diese Beschwerden treten ab der zweiten Lebenswoche recht regelmäßig auf, meist abends, und klingen nach drei Monaten wieder ab. Dann gibt es noch das von mir so bezeichnete »periodisch gereizte« Schreien, dessen Auftreten zwar zeitlich mit der Kolik übereinstimmt, bei dem aber keine Bauchbeschwerden oder Blähungen vorkommen. Es ist fraglich, ob das Baby überhaupt aus Schmerz quengelt. Ein weiterer Zustand, der etwas unklar ist und häufig mit dem Begriff Quengeligkeit umschrieben wird, kann zu jeder Tages- und Nachtzeit auftreten und für unbestimmte Zeit anhalten.

Koliken, periodisches, gereiztes Schreien und Quengeligkeit sind gerade während der ersten drei Lebensmonate sehr häufig, niemand weiß warum. Ich nehme an, daß der Säugling die Außenwelt im Vergleich zu später noch unklar wahrnimmt und daß er deshalb auf innere Gefühle wie Hunger, Bauchschmerzen oder Ermüdung empfindlicher reagiert. In diesem Alter machen sich solche Gefühle sowieso stärker bemerkbar, denn das Verdauungs- und das Nervensystem sind noch nicht voll entwickelt. Einige Psychologen führen das Schreien auf das Trauma der Geburt zurück, obwohl kein Zusammenhang zwischen Problemen bei der Geburt und den später auftretenden Phänomenen bekannt ist.

Unglücklicherweise gibt es noch keine sichere und effektive Methode, Koliken, Schreikrämpfe und Quengeligkeiten zu lindern. (Forschungsmittel werden in Projekte zur Erforschung und Heilung von schweren Krankheiten und nicht von Allerweltskrankheiten gesteckt.) **Ich glaube, daß ein Schnuller genauso hilft wie alles andere. Er heilt zwar nicht, kann den Säugling aber ausreichend trösten – oder seinen Mund stopfen –, so daß das Schreien zunächst aufhört. Später mag es wieder anfangen.**

Klappt es mit dem Schnuller nicht, und Sie haben nichts dagegen, das Baby auf dem Schoß zu halten oder herumzutragen, so probieren Sie es mit dieser Methode. Bei Koliken können Sie auch versuchen, den Säugling bäuchlings auf eine in ein Handtuch eingewickelte Wärmflasche auf ihre Knie zu legen. (Prüfen Sie, ob die Wärmflasche die richtige Temperatur hat. Wenn Sie sie an ihr Handgelenk halten, sollte sie nicht weh tun.) Einige Eltern haben festgestellt, daß sich ihr Baby bei einer Autofahrt beruhigt (vorausgesetzt, sie müssen nicht allzu häufig an Ampeln halten!).

Ich glaube, daß ich guten Gewissens folgenden Rat geben kann: Machen sie sich während der ersten drei Lebensmonate keine Gedanken darüber, ob sie ihr Kind durch zuviel Zuwendung verwöhnen. Es ist höchst unwahrscheinlich, daß Verwöhnen in irgendeiner Weise eine ursächliche Bedeutung für das Schreien ihres Kindes hat. Sie müssen sich in dieser Entwicklungsphase über genügend andere Sachen den Kopf zerbrechen. In anderen Teilen der Welt werden Säuglinge tagsüber in Tüchern auf dem Rücken oder an der Seite ihrer Mutter getragen, während diese arbeitet. Nachts liegen diese Säuglinge neben ihrer Mutter im selben Bett. Es gibt jedoch weder Hinweise noch Vermutungen, daß diese Babys verwöhnt sein könnten. Vermutlich ist der Körper des Kindes tagsüber an die fast ständige Bewegung und an die 24stündige Nähe zur Mutter angepaßt: Er erwartet es. Ähnliches hat der kindliche Organismus ja schon im Mutterleib erfahren.

Ich möchte an einem Beispiel zeigen, daß meiner Meinung nach eine Verwöhnung bei allerdings älteren Babys tatsächlich zu kindlichen Spannungen führen kann. Betrachten Sie den Besuch einer Großmutter. Sie bleibt für einige Wochen und freut sich so über das Baby, daß sie von früh bis spät mit ihm spielt. Sie trägt das Baby herum, zeigt ihm Sachen und kitzelt es, um es zum Lachen zu bringen. Fährt die Großmutter irgendwann wieder ab, dann erwartet das Baby weiterhin, den ganzen Tag getragen und unterhalten zu werden. Und wenn die Eltern darauf nicht eingehen, dann wird es in den ersten Tagen nach der Abreise der Großmutter viel schreien. Ich betrachte solche Fälle als einfache Form der Verwöhnung, denn sie wurden weder durch bestimmte Schmerzen oder Beschwerden seitens des Kindes noch durch eine Überängstlichkeit der Eltern ausgelöst.

Verändert ein Baby eine Ehe?

Natürlich wäre es ideal, wenn Eltern nach der Geburt eines Babys weiterhin das gleiche Leben führen, alle Interessen und Freundschaften aufrechterhalten und immer noch genau so häufig aneinander denken und füreinander sorgen könnten wie vorher. Die Pflege eines Säuglings verlangt aber sehr viel Zeit und Mühe – die Vorbereitung und Verabreichung der Mahlzeiten, das Wickeln, das An- und Ausziehen, das Baden, das Waschen seiner vielen Kleidungsstücke.

Noch mehr Gedanken und Energie beanspruchen die Sorgen um die Gesundheit des Babys und die Beschäftigung mit ihm, zumindest in der ersten Zeit. Viele Fragen stellen sich. Bereite ich die Babynahrung richtig zu? Wo kommt der Ausschlag her? Warum schreit es jetzt? Hat es geweint oder nicht? Verwöhne ich es zu sehr? Lutscht es am Daumen, weil ihm etwas fehlt?

Diese Sorgen stammen alle von dem überwältigenden Gefühl, zum ersten Mal für das Leben und die Sicherheit eines anderen Menschen verantwortlich zu sein – ein winziges Wesen, das sich nicht selbst schützen kann und nicht einmal sagen kann, was ihm fehlt. Die Sorgen tauchen nicht nur bei unerfahrenen und übergewissenhaften Eltern auf. Manchmal hat sich auch der Arzt über den Zustand des Neugeborenen Sorgen gemacht. Oder das Baby gehört zu jenen, die an Koliken leiden oder quengelig sind und das Leben der jungen Eltern zur Qual machen.

Zusätzlich hierzu leiden alle, die zum ersten Mal Eltern geworden sind, am teilweisen Verlust ihrer Freiheit: Sie können sich nun nicht mehr spontan entschließen, ins Kino oder ins Restaurant zu gehen, Freunde zu besuchen, am Wochenende lange aufzubleiben und am nächsten Morgen auszuschlafen. Dieser Verlust an Freiheit verursacht nicht nur Bedauern, sondern auch subtilen Ärger.

Das Problem beruht nicht nur darauf, daß eine Vielzahl neuer Spannungen entstehen. **Die Eltern müssen nun abrupt den wahrscheinlich**

radikalsten Wandel ihres Lebens vollziehen: Bislang waren sie es, die Liebe und Pflege erhalten haben, nun sind sie es, die beides einem anderen Menschen geben müssen. Von unerfahrenen Eltern kann nicht erwartet werden, daß sie die zur Pflege ihres ersten Kindes erforderliche Menge selbstloser und uneingeschränkter Liebe geben können, ohne am Tagesende emotional völlig erschöpft zu sein – wie abgeschlaffte Luftballons. Doch gerade die Pflege des ersten Kindes lehrt die Eltern allmählich die Fähigkeit des Gebens, ohne danach ein Gefühl der Belastung oder Erschöpfung zu verspüren. Bei der Ankunft des zweiten Kindes fällt die zusätzlich notwendige Mühe kaum ins Gewicht.

Bleibt ein Elternteil zu Hause, um das Baby zu pflegen, wird er am Abend derjenige sein, dessen emotionale Reserven erschöpft sind. Die wahrnehmbare Liebe und Unterstützung des anderen Elternteils, der tagsüber außer Haus gearbeitet hat, kann zur Erholung des Zuhausegebliebenen erheblich beitragen.

Die übertriebene Sorge um das Baby hat viele Nebenwirkungen. Eine davon ist, daß sie die Eltern für ihre kinderlosen Freunde langweilig macht. Dies kann sogar dann der Fall sein, wenn die Eltern sich keine Sorgen um ihr Baby machen, sondern ganz einfach nur in es vernarrt sind. Es fällt sehr schwer, die Freunde wiederzugewinnen, die sich aus solchen Gründen abgewendet haben: Werden Eltern erst einmal als »solche, die nur über ihr Kind reden« betrachtet, so werden sie von den ehemaligen Freunden selten eine zweite Chance erhalten. (Ich erinnere mich noch, wie wir vor 50 Jahren unsere Freunde gelangweilt haben.)

Auch die Beziehung zwischen Mutter und Vater wird beeinflußt. Beschäftigen sich beide Elternteile fast ausschließlich mit dem Säugling, so wird die Aufmerksamkeit und Zuneigung, die eigentlich zwischen ihnen bestehen soll, aus ihrer Beziehung verschwinden. Beide werden dies bewußt oder unbewußt als Mangel empfinden; ihre Beziehung wird als fade erscheinen. Sie fühlen sich vielleicht sogar deprimiert.

Beschäftigt sich ein Elternteil deutlich mehr mit dem Baby als der andere, kann letzterer mit der Zeit richtig ärgerlich werden, obwohl er die Ursachen für seinen Ärger vielleicht nicht erkennt. Zur gleichen Zeit kann es dem mit dem Baby beschäftigten Elternteil so vorkommen, als würde er die Last alleine tragen. Die Umkehr dieses Prozesses und Wiederherstellung der alten Begeisterung erfordert Zeit.

Aus der Sicht der Kinder ist es besser, wenn sie nicht das Ziel von übermäßig viel Aufmerksamkeit werden. Nimmt diese Aufmerksamkeit die Form von ängstlicher Sorge an, so werden die Kinder einen Teil dieser Angst allmählich übernehmen und selber ängstlich oder besorgt werden. Aber auch dann, wenn diese Aufmerksamkeit völlig positiv gerichtet ist, werden die Kinder etwas egozentrisch und befangen. Sie werden sich später viele Sorgen darüber machen, ob andere sie gern haben. Sie werden sich nach mehr Aufmerksamkeit sehnen, als die meisten anderen Menschen zu geben bereit sind. Ihre Gefühle werden leichter verletzt als die durchschnittlicher Kinder. Diese Verhaltensweisen und Einstellungen kommen häufig bei Erstgeborenen vor, bei nachfolgenden Kindern sind sie seltener.

Doch auch dann, wenn die Eltern sich nicht übermäßig viel mit ihrem Kind beschäftigen, aber gleichwohl dem Kind zuliebe einen Teil ihrer Unabhängigkeit und persönlichen Freuden aufgeben, werden sie ihm dies mit der Zeit übelnehmen – bewußt oder unbewußt. Vielleicht lassen sie dann ihren Ärger durch Gereiztheit oder nicht notwendiges Schimpfen am Kind aus (die Methode meiner Mutter). Das mindeste ist, daß sie von ihrem Kind zuviel Dankbarkeit und vollkommene Verhaltensweisen erwarten.

Wie viele Sorgen sind zu viele Sorgen? Säuglinge brauchen reichlich viel Aufmerksamkeit, Anerkennung und Zuneigung – Gespräche, Lächeln, Komplimente, Umarmungen und Herumtragerei. Wenn sie etwas stört, seien es Schmerzen oder nur irgendeine mysteriöse Gereiztheit, dann brauchen sie Eltern, die sich genügend Sorgen machen, die Ursachen suchen und entweder eine Lösung finden oder sie zumindest trösten.

Die Belastungen der Säuglingspflege, die ich hier hervorgehoben haben, stellen aber nur eine Seite dar. Heutzutage entschließen sich die meisten jungen Menschen erst dann, ein Kind zu bekommen, wenn sie sich hierzu auch bereit fühlen: d.h., sie warten bis sie glauben, sich den Herausforderungen stellen zu können. Bis sie sich danach sehnen, liebevoll für ein Kind zu sorgen, so, wie sie einst umsorgt wurden. Nachdem also die ersten zwei oder drei sorgenvollen Monate vergangen sind, werden die Belastungen deshalb weniger stark empfunden und durch Befriedigungen ausgeglichen.

So lange es keinen ernsten Grund gibt, ist übertriebene Sorge problematisch. Eine übermäßige Beschäftigung kommt dann vor, wenn jemand nicht in der Lage ist, an etwas anderes als das Kind zu denken und darüber zu sprechen. Beides wird durch Gewissenhaftigkeit und Unerfahrenheit hervorgerufen und ist völlig verständlich.

Wie kann die übermäßige Beschäftigung mit dem Baby vermieden werden – oder, positiver ausgedrückt, wie können Eltern ihre Freude aneinander bewahren? Es nützt wenig, jungen Eltern nur zu erzählen, sie sollten nicht zu sehr in ihrem Kind aufgehen. Genausowenig nützt es, ständig besorgten Menschen zu raten, sie sollten sich weniger Sorgen machen. Ich habe aber festgestellt, daß es ganz simple Mittel gibt, die in diesen Fällen Abhilfe schaffen. Eines der besten ist, wenn Eltern ein- oder zweimal in der Woche ausgehen, um Freunde zu besuchen, ins Kino oder zum Essen zu gehen. (Wenn Sie niemanden haben, der auf das Baby aufpaßt, nehmen Sie es einfach in einem Tragekorb mit.) Gibt es Verwandte in der Nähe, so könnten diese auf das Baby aufpassen. Sonst finden Sie vielleicht jemanden (ein junges Mädchen oder eine »Ersatzoma«), der gegen Entgelt auf das Kind aufpaßt. Falls Ihnen das Geld hierzu fehlt, können Sie eine Kinderbetreuungsgruppe organisieren. Die Eltern, die sich an solchen Gruppen beteiligen, passen gegenseitig auf ihre Kinder auf. Sie wechseln sich mit dem Ausgehen und Aufpassen ab. Im Laufe eines Jahres gleicht sich dies meistens zwischen den Familien aus.

Mit das Angenehmste an den frühen Lebensmonaten eines Babys ist, daß es abends fast überall einschlafen kann und neben seinen Eltern relativ problemlos die Flasche auch von anderen annimmt. Wird das Kind gestillt, so hat die Mutter zwischen den Mahlzeiten meist vier Stunden Zeit, um eigenen Interessen nachzugehen oder um mit ihrem Mann allein zu sein.

Sie sollten sich nicht scheuen, zur Bezahlung von Babysittern »Schulden« zu machen, sei es, daß Sie das dafür notwendige Geld aus der Haushaltskasse vorstrecken oder daß Sie sich bei anderen Eltern verpflichten. Denn gerade die ersten Monate nach der Geburt sind für die Bewahrung eines vernünftigen Maßes an Unabhängigkeit vom Kind entscheidend. Schaffen Sie es während dieser Zeit, so haben Sie schon gewonnen. Danach können Sie anfangen, ihre »Schulden« zurückzuzahlen.

Falls ein Ehepaar aus dem einen oder anderen Grund keine Kinderbetreuung einrichten kann, so können sich Mutter und Vater abends abwechseln. Jeder von beiden sollte an mindestens einem Abend in der Woche ausgehen können.

Pflichtbewußte Eltern mögen ein schlechtes Gewissen bekommen, wenn sie sich freinehmen. Sie kommen sich vielleicht wenig verantwortungsbewußt vor, wie ein Kuckuck, der seine Eier in die Nester anderer

Eltern legt. Manche Eltern scheuen sich vielleicht davor, ihre Verwandten um Hilfe zu bitten. Ein weiteres Problem besteht darin, daß sich junge Eltern häufig mehr Sorgen über das Baby machen, wenn sie nicht bei ihm sind, als wenn sie zu Hause wären. Diese Phase vergeht aber meist, sobald sie davon überzeugt sind, daß das Baby auch ohne sie zurechtkommt. In jedem Fall sollten Eltern, ihrer Ehe und der zukünftigen Persönlichkeit ihres Kindes zuliebe, sich nicht davor scheuen, freizunehmen.

Ein anderer Trick besteht darin, in Anwesenheit von Freunden oder auch – zu bestimmten Zeiten – untereinander nicht über das Baby zu sprechen. Sie werden zunächst feststellen, daß ihre Gedanken und Gespräche alle zwei Minuten zum Baby zurückkehren. Wenn Sie sich dann aber disziplinieren können und ihren Mund halten oder sich gegenseitig durch ein Signal erinnern, werden Sie allmählich lernen, nicht nur über das Baby nicht zu reden, sondern auch, nicht an es zu denken.

Es ist gut, wenn beide Eltern ihre Hobbys beibehalten, weiterhin lesen und anderen Freizeitinteressen und kulturellen Beschäftigungen nachgehen. Zeitmangel ist keine gute Ausrede.

Nicht jedermann wird mit dieser Philosophie übereinstimmen. Es gibt Eltern mit festen Prinzipien. Sie sind fest davon überzeugt, daß Kinder zwei Jahre lang gestillt werden müssen, daß sie sofort hochgenommen werden sollten, sobald sie zu schreien oder auch nur zu quengeln beginnen, und daß Eltern verpflichtet sind, während der ersten zwei Jahre alle Entscheidungen zugunsten des Kindes zu fällen. Ich verstehe zwar, warum sie diese Einstellungen haben, bin aber trotzdem damit nicht einverstanden.

Und mein gerade erteilter Rat, verbissen einzuhaltende Regeln hinsichtlich des Babys zu vermeiden, erscheint nur durch die Bemerkungen im nächsten Abschnitt über die Intimität von Mutter und Kind in anderen Gesellschaften und bei anderen Arten relativiert. Solche Regeln sind Ausdruck einer übertriebenen und besessenen Beschäftigung mit dem Kind, die andere Interessen überdeckt. Sie ist am häufigsten bei unerfahrenen, sehr pflichtbewußten Eltern anzutreffen. Im folgenden Abschnitt werde ich die natürliche, unbesorgte Nähe in einfach strukturierten Gesellschaften beschreiben. Daran wird deutlich, wie weit wir uns in unserer »verwissenschaftlichten« Zivilisation von unserer Natur entfernt haben, ganz gleich, ob eine Rückkehr zu gewissen Aspekten dieser Nähe praktisch wäre oder nicht.

Die frühe Eltern-Kind-Bindung

In den letzten 40 Jahren wurden vergleichende Beobachtungen und Untersuchungen über die Bedeutung der Nähe zwischen Mutter und Kind in einfachen, nichtindustrialisierten Gesellschaften, in unserer eigenen hoch technisch-orientierten Gesellschaft und bei einigen Tierarten angestellt. Sie haben verdeutlicht, wie weit wir uns vom natürlichen Zustand entfernt haben. Vor 1940 wurden Neugeborene gleich nach der Geburt in Säuglingszimmer gebracht, um sie vor Krankheitskeimen zu schützen und unter Beobachtung zu halten. Viele Stunden vergingen, bevor die Mütter ihre Kinder zum ersten Mal halten durften. Sie sollten sich zunächst von den Anstrengungen der Geburt erholen. Der auf einen Vier-Stunden-Rhythmus festgelegte Zeitplan für die Mahlzeiten – sowohl bei gestillten Babys wie auch bei Flaschenkindern – wurde rigide eingehalten, bis auf die Mahlzeit nachts um zwei Uhr. Diese Mahlzeit übernahmen die Kinderkrankenschwestern im Säuglingszimmer, damit die Mütter durchschlafen konnten. Das bedeutete, daß die Säuglinge manchmal zu früh Nahrung bekamen, häufiger allerdings, daß sie länger als gewollt warten mußten.

Dieser rigide und sorgfältig geplante Zeitplan unterscheidet sich stark vom natürlichen Rhythmus: am ersten Tag durchschlafen, dann einige Tage und Nächte häufig aufwachen, um ernährt zu werden, schließlich eine allmähliche Gewöhnung an sieben bis acht Mahlzeiten pro 24 Stunden. Dieser Wechsel ist für die Anregung der Milchbildung in der Brust der Mutter sehr gut geeignet. Vor dem Zweiten Weltkrieg blieben viele Wöchnerinnen12 Tage im Krankenhaus, dies verringerte die Chancen für das Stillen, da die Ausbildung einer natürlichen Flexibilität, die zu Hause möglich gewesen wäre, zeitlich weiter hinausgeschoben wurde. Der Säugling war von der Mutter getrennt im Säuglingszimmer untergebracht und wurde hauptsächlich von den Krankenschwestern gepflegt. Dies gab den neuen Müttern das Gefühl, zu dumm zu sein, um für das Baby, das scheinbar den Schwestern gehörte, selbst verantwortlich zu sein.

Während der vierziger Jahre wurden die ersten Versuche mit dem »Rooming in« gemacht. Bei diesem System wird das Babybettchen neben das Bett der Mutter gestellt, so kann sie seine Pflege besser übernehmen. Sie gewöhnt sich an seine Geräusche, seinen Schlaf- und Verdauungsrhythmus. Der Vater darf beide besuchen und sich an der Pflege beteiligen.

Zur gleichen Zeit wurden auch die »natürlichen« Geburtsmethoden wieder aufgegriffen. Schwangere Frauen lernten wieder, aktiv die Wehen zu unterstützen, sich bei Pausen auszuruhen, auf Narkosen zu verzichten (es sei denn, die Wehen sind sehr besorgniserregend) und die Geburt bewußt zu erleben.

Inzwischen hatten Beobachtungen an Tieren gezeigt, daß Verhaltensmuster, die wir früher völlig auf angeborene Instinkte zurückführten, zumindest teilweise von vorher gemachten Erfahrungen abhängen. Wenn Ratten während der Schwangerschaft Papierkragen um den Hals tragen, tritt das normale mütterliche Verhalten gegenüber dem ersten Wurf nicht auf. Die Kragen verhindern, daß die Ratten ihre trächtigen Bäuche und die sich verändernden Genitalien lecken, eine an sich artübliche Verhaltensweise. Eine Schimpansenmutter versorgt ihr erstes Baby ganz normal, wenn die Geburt von normaler Dauer war. Hatte sie aber eine plötzliche, überstürzte Geburt, so zeigt sie vor dem Baby Angst und klettert die Käfigwände hoch, um ihm zu entkommen. Neugeborene Affen, die von ihren Müttern und anderen Artgenossen isoliert wurden, zeigten abnormal ängstliche und aggressive Verhaltensweisen, wenn sie während der Pubertät mit anderen Affen zusammenkamen. Solche Beobachtungen von Verhaltensstörungen bei Tieren führten Wissenschaftler zu einer sorgfältigeren Untersuchung der Störungen, die unsere Gesellschaft bei den Verhaltensmustern von Müttern und Säuglingen verursacht hat.

Untersuchungen aus den siebziger Jahren zeigten, daß ein Neugeborenes, das innerhalb einer Stunde nach der Geburt für einige Zeit zur Mutter gebracht wird, von ihr am ganzen Körper langsam und zärtlich gestreichelt wird. Die Mütter beginnen damit, die Arme und Beine und vielleicht das Gesicht mit ihren Fingerspitzen leicht zu berühren. Mit der Zeit beziehen sie auch den Brustkorb, den Bauch und den Rücken ein, den sie mit ihren Handflächen erkunden. Nach einem Monat und nach einem Jahr neigen Mütter, die diese Gelegenheit bekommen haben, eher dazu, ihre Babys zu trösten, ihnen in die Augen zu schauen und sie während der Mahlzeiten zu streicheln. Und die Babys nehmen Nahrung besser auf, entwickeln sich schneller und haben weniger Infektionen.

In Guatemala pflegen indianische Mütter gleich nach der Geburt wieder ihre normale Arbeit aufzunehmen. Sie tragen ihr Baby dabei in einem Tragetuch und stillen es recht häufig. Obgleich die Mütter niemals etwas von einem Bäuerchen gehört haben, zeigen diese Babys weder Anzeichen von Koliken noch müssen sie aufstoßen.

Zwar sind wir in den letzten Jahren in gewisser Hinsicht zu natürlicheren Methoden zurückgekehrt. Doch zugleich haben wir mehr Technik eingeführt, die nicht nur keine Vorteile, sondern zusätzliche Nachteile erbringt. So haben die komplizierten Monitore, die während der Geburt den Herzton des Babys überwachen, keinen grundsätzlichen Vorteil gegenüber dem altmodischen Stethoskop, und sie scheinen die Mütter ein bißchen zu verängstigen.

Die Anzahl von Kaiserschnitten hat dramatisch zugenommen. In der Mehrzahl der Fälle sind diese Schnitte weder für das Wohl des Babys noch der Mutter nötig. Vielmehr besteht bei den Eltern eine größere Bereitschaft, den Arzt zu verklagen, falls mit dem Baby irgend etwas nicht stimmt. Die Ärzte verhalten sich deshalb übervorsichtig, damit sie später sagen können, sie hätten alles Erdenkliche getan. Zusätzlich zahlen die Ärzte teure Haftpflichtprämien, die letztlich von den Patienten getragen werden müssen.

Ich möchte Mütter darin bestärken, mit mehr Enthusiasmus zu stillen, falls sie den Wunsch danach verspüren: Denn mehr und mehr Mütter haben festgestellt, daß sie stillen können, und es gibt mehr Belege dafür, daß durch die Muttermilch die Immunität des Babys gestärkt wird. Sie sollten das Zufüttern mit einer Flasche vermeiden, so lange es nicht wirklich notwendig ist – beispielsweise bei Zwillingen, die immer zur gleichen Zeit aufwachen und schreien. Benutzen Sie ein Tragetuch, das ist besser, als das Baby in eine Wippe zu setzen, um es zu beruhigen, wenn es quengelt. Sie können es darin auch leicht von Ort zu Ort mitnehmen. Erkundigen Sie sich nach natürlichen Geburtsmethoden, nach dem engen Kontakt direkt nach der Geburt und nach »Rooming in«. All dies wird die Bindung zwischen Mutter und Baby festigen.

Für die Mütter, die bislang nicht die Methoden der natürlichen Geburt ganz oder teilweise praktiziert haben, möchte ich an dieser Stelle hinzufügen, daß dies nicht heißt, daß ihr Kind ernstlich oder dauerhaft benachteiligt wäre. Wir wissen ja, daß sich die große Mehrzahl der amerikanischen Kinder, die in der Vergangenheit mit den künstlich-technischen Methoden geboren wurden, aufgeweckt und warmherzig entwickelt hat. Die Bindung zur Mutter hat sich selbstverständlich auch entwickelt, vielleicht etwas verspätet. **Ich möchte einfach generell Eltern mehr Mut machen, sich für die natürlichen Methoden zu interessieren und Skepsis gegenüber den zutiefst künstlichen und technischen Methoden zu entwickeln, so lange nicht wirklich deren tatsächliche Vorteile bewiesen wurden.**

Kapitel 5

Schlafprobleme

Die Nacht zum Tag machen

Einige Babys werden geboren, ohne daß ihr Verhalten an die Unterschiede zwischen Tag und Nacht angepaßt ist. Nachts sind sie wach und quengeln, sie warten darauf, gefüttert zu werden. Wenn der Morgen dämmert, werden sie müde und fallen in tiefen Schlaf, aus dem sie weder durch Staubsauger, Kindergeschrei noch Türenschlagen gerissen werden können. Selbst wenn die Eltern das Baby zu wecken versuchen, indem sie es aufnehmen, zunächst leise und dann lauter mit ihm sprechen, es vorsichtig und dann kräftiger schütteln, wird es erschöpft weiterschlafen. Bislang weiß niemand, warum manche Babys zunächst diesen umgekehrten Rhythmus haben, und niemand weiß, wie er verändert werden könnte.

Früher habe ich den Eltern verschiedene Wege vorgeschlagen, solche Babys aufzuwecken und sie tagsüber wach zu halten. Dahinter steckte die Vorstellung, daß sie so müde würden, daß sie nachts einfach schlafen müssen. Versuchen Sie es! Gewöhnlich klappt es nicht. Selbst wenn es Ihnen gelingt, einige dieser Babys aufzuwecken und eine Flasche in ihren Mund zu schieben, um sie zu beschäftigen, so haben sie noch nicht ein Viertel der Flasche leer getrunken und sind bereits wieder eingeschlafen. Die einzige Beruhigung, die die Eltern haben, ist, daß sich dieses Verhalten ihres Babys nach ein bis drei Monaten ausgewachsen haben wird.

Chronischer Widerstand gegen das Schlafen

Ich habe 1940 für eine kinderärztliche Fachzeitschrift über ein Problem geschrieben, das ich als »chronischen Widerstand gegen das Schlafen« bezeichnete. Ich schrieb damals, daß mir dieses Problem zuvor, d.h. in einer Zeit, als Kinderärzte den Müttern hinsichtlich der Fütterungszeiten (alle vier Stunden, und nicht eine Minute früher oder später!) und der Wach- und Schlafenszeiten rigide Vorschriften machten, niemals begegnet sei. Es tauchte erst auf, als die Ärzte zu flexiblen Fütterungsmustern rieten, abhängig von den tatsächlichen Bedürfnissen des Babys. Manche Eltern haben natürlicherweise angenommen, daß die Babys auch ihren eigenen Schlafrhythmus bestimmen sollten. Das Problem dabei ist nur, daß einige Babys wohl die Vorstellung haben, daß die Nacht die beste Zeit für Geselligkeit und Herumgetragenwerden sei.

Das Problem entwickelt sich meist folgendermaßen. Ein Baby, normalerweise eines, das während der ersten drei Monate abends stark an Koliken oder Quengeligkeit gelitten hat und deswegen von den Eltern viel herumgetragen wurde, scheint seinen Beschwerden zu entwachsen. Dem Bedürfnis, abends viel herumgetragen zu werden, entwächst es allerdings nicht. Dieses Bedürfnis wird im vierten, fünften, sechsten und siebten Monat sogar noch stärker. Schlief es früher gegen 19 oder 20 Uhr endlich ein, so bleibt es allmählich bis 21, 22 oder sogar 23 Uhr wach.

Werden die Eltern gefragt, ob ihr Baby zu so später Stunde nicht müde wird, so berichten sie, daß seine Augen ständig zufallen und sein Kopf zurückfällt. Sobald sie aber zum Babybettchen herüberschleichen und vorsichtig versuchen, es von der Schulter zu nehmen, um es hinzulegen, wacht das Baby jäh auf und fängt an zu brüllen. Dabei schreit es so, als ob es bis in alle Ewigkeit weiterbrüllen würde, wenn die Eltern es nicht noch einmal hochnehmen und umhertragen.

Meist sind es sehr pflichtbewußte Eltern, die ihr erstes Kind bekommen haben und die sich ihrer neuen Rolle nicht sehr sicher sind, die mit ihrem Baby solche Einschlafschwierigkeiten bekommen. Ihnen fällt keine weitere Lösung ein, als nachzugeben. Doch je mehr sie nachgeben, desto hartnäckiger werden viele solcher Babys.

Es taucht eine weitere Komplikation auf. Wenn Eltern das Gefühl bekommen, ihr Baby würde zuviel von ihnen verlangen, nehmen sie dies dem Baby unbewußt übel. Doch auf ein »hilfloses, winziges Baby« wütend zu werden, erscheint brutal. Ihr Schuldgefühl zwingt sie deshalb, das Aufkommen dieser Wut schnell zu verdrängen und noch stärker nachzugeben. Es kann sein, daß das Baby die innere Anspannung der Eltern merkt und dadurch noch unruhiger wird.

Der Umgang mit solchen Einschlafproblemen ist relativ einfach – vorausgesetzt, die Eltern haben eingesehen, daß sie zum Wohl aller Beteiligten bestimmte Organisationsfragen, wie das Schlafenlegen des Babys, klären müssen. Sie müssen auch davon überzeugt sein, daß ihr Baby nicht ewig weiterschreien wird, wenn sie sich weigern, nach dem Gutenachtkuß ins Zimmer zurückzukehren. Am ersten Abend wird es wahrscheinlich 20 bis 30 Minuten schreien, am zweiten Abend 10 Minuten und danach überhaupt nicht mehr.

Ich habe Eltern empfohlen, daß sie das Kind umarmen und ihm sagen, wie lieb sie es haben, wenn sie es ins Bett legen. Damit drücken sie für sich und für das Baby aus, daß sie nicht hartherzig geworden sind, sondern ihm nur aus einer schmerzhaften Situation heraushelfen wollen. Ich schlage dann vor, daß sie freundlich aber bestimmt hinzufügen, daß sie ihre Ruhe brauchen und deswegen nicht wieder hereinkommen werden, obwohl sie sich im Nebenzimmer aufhalten. (Wenn Sie wollen, können Sie noch dazu sagen, der Kinderarzt hätte dies empfohlen!) Das Baby wird die Wörter natürlich nicht verstehen. Es wird aber die Botschaft verstehen, daß die Eltern jetzt entschlossen sind, ein neues Kapitel zu beginnen.

Gehen Eltern, von Schuldgefühlen geplagt und mit der Vorstellung, das Kind könnte seinen Kopf zwischen den Gitterstäben eingeklemmt oder etwas um seinen Hals gewickelt haben, nach einer Viertelstunde doch ins Zimmer zurück – also nur um nachzuschauen, ob es in Gefahr ist –, dann nimmt das Baby an, daß es nun endlich hochgenommen werden wird. Stellt es fest, daß dies nicht der Fall ist, wird es, entsetzt über diese Täuschung, das Weinen verstärken. Schauen die Eltern alle 10 Minuten herein, kann das Baby sein aufgebrachtes Weinen während der ganzen Nacht fortsetzen.

Babys, die nachts aufwachen

Es gibt eine nächtliche Variation dieser Situation. Die Schwierigkeiten setzen meist in der zweiten Hälfte des ersten bzw. zu Beginn des zweiten Lebensjahres ein. Die Art und Weise wie sie beginnen deutet manchmal darauf hin, warum diese Situationen sich fortsetzen und verschlimmern. Ein Beispiel: Ein Baby im Alter von acht Monaten wacht zum ersten Mal nachts auf und schreit lange und intensiv. Die Eltern warten eine Weile, stehen aber schließlich doch auf, um es hochzunehmen und zu trösten. Am nächsten Tag stellt der Kinderarzt eine Ohrentzündung oder eine andere Krankheit fest. Die Eltern haben vor dieser ersten echten Krankheit Angst und machen sich Vorwürfe, weil sie zunächst versucht hatten, darüber hinwegzusehen. In der zweiten Nacht – und der dritten, vierten und vielleicht fünften Nacht – rührt sich das Kind und wimmert vielleicht kurz. Die Eltern, die nun aufpassen, stehen sofort auf und trösten es. Innerhalb weniger Tage kann sich ein festes Verhaltensmuster bilden. Wahrscheinlich hat sich das Baby nachts immer bewegt, hat einige Laute von sich gegeben und mehrmals seine Schlafposition gewechselt – genauso, wie es ältere Kinder und Erwachsene tun. Doch vor dem Vorfall haben die schlafenden Eltern dies nicht gehört, da sie keinen Grund hatten, darauf zu achten.

Ich glaube, daß verschiedene Faktoren zu dem Problem beitragen. Einer ist die erhöhte Alarmbereitschaft der Eltern. Dahinter verbergen sich ihre Angst- und Schuldgefühle – wie schwach sie auch immer ausgeprägt sein mögen –, die aus der Entdeckung der Ohrinfektion stammen. Ich vermute, daß solche Gefühle auch beim Baby eine leichte Verängstigung auslösen: »Wenn sie sich so besorgt verhalten und sofort bei mir sind, dann gibt es vielleicht wirklich etwas, wovor ich mich fürchten sollte«, könnte das Baby denken. **Babys und Kleinkinder sind hinsichtlich der Gefühle ihrer Eltern äußerst sensitiv. Und wenn im Verlauf der Nacht die Eltern aufstehen, um das Baby zu trösten, gewinnt es mehr und mehr das Gefühl, daß es das Verhalten der Eltern steuern kann.**

Im Verlauf der nächsten Wochen und Monate, wenn sich die schlaflosen Phasen ausdehnen, nehmen die Eltern allmählich den Einfluß, den das Verhalten ihres Kindes auf sie ausübt, übel. Sie möchten sich eigentlich von ihrem nachgiebigen Verhalten lösen, können sich aber das wahre Ausmaß ihres Ärgers selbst nicht eingestehen. Und meist fehlt ihnen genügend Selbstbewußtsein, um zu erkennen, daß sie das Richtige schon dann tun würden, wenn sie nicht in das Zimmer des Babys zurückkehren. Also geben sie weiterhin nach. Meiner Meinung nach nimmt das Baby sowohl ihren Ärger wie auch ihre Schuldgefühle, wenn sie das Baby weiter schreien lassen, wahr. Dies ermuntert es, sein Verhalten beizubehalten.

Die Hälfte der Fälle nächtlichen Aufwachens lassen sich auf weniger dramatische Ursachen als eine Ohrentzündung oder eine andere Krankheit zurückführen. Das Zahnen ist eine weitere mögliche Erklärung. Ab dem fünften oder sechsten Lebensmonat fühlen sich manche Babys tagsüber recht elend. Ihre Zähne beginnen durchzustoßen. Besonders schwierig ist es, wenn im Alter von einem Jahr die Backenzähne durchkommen. Nachts kommt es vor, daß manche Kinder im Schlaf zusammenzucken und Laute von sich geben. Die Situation kann dann genauso schwierig werden, wie die oben beschriebenen Fälle, die wir mit einer Entzündung der Ohren beginnen ließen. Dies passiert, wenn die Eltern auf die kleinsten Laute ihres Kindes zu reagieren beginnen, es hochnehmen, ins Wohnzimmer tragen, es über immer längere Zeiträume unterhalten und vielleicht sogar füttern. Später, wenn sie entdecken, daß sie sich über die Forderungen des Kindes ärgern, sich diesen gegenüber aber nicht behaupten können, baut sich noch mehr Spannung auf.

Daß die Schuldgefühle und das Zögern der Eltern solche Schwierigkeiten verlängern, wird dann deutlich, wenn die Eltern trotz des Weinens ihres Babys sein Zimmer nicht mehr betreten. In kurzer Zeit sind dann nämlich die Probleme mit dem Einschlafen und dem nächtlichen Aufwachen verschwunden. Während der ersten Nacht wird das Baby normalerweise 30 Minuten intensiv schreien, während der zweiten Nacht aber nur noch 10 Minuten. In der dritten oder vierten Nacht schreit es dann meist überhaupt nicht mehr.

Die Überwindung des gewohnheitsmäßigen nächtlichen Aufwachens und Schreiens dauert dann meist länger als zwei Nächte, wenn das Kind schon älter und hinsichtlich seines Verhaltens festgelegter ist. Das Prinzip bleibt aber gleich: Gehen Sie nicht ins Zimmer zurück, nachdem Sie das Kind einmal hingelegt haben.

Wohnen Sie in einem Mehrfamilienhaus oder mit den Großeltern zusammen und befürchten deshalb, daß das Schreien den Mitbewohnern auf die Nerven geht, dann sollten Sie diesen erklären, daß Sie sich an ärztliche Ratschläge halten und das Schreien nur einige Nächte dauern würde.

Hat das Baby bislang mit den Eltern zusammen in einem Zimmer geschlafen, dann müssen sie ihm wahrscheinlich eine andere Schlafstätte im Wohnzimmer, im Flur oder in der Küche suchen, wenn sie selbst ins Bett gehen. Denn wenn ein Baby, das nachts immer hochgenommen wurde, bemerkt, daß seine Eltern Schlaf nur vortäuschen, so fühlt es sich herausgefordert, so lange immer lauter zu schreien, bis die Eltern endlich aufgestanden sind. Wenn keine andere Alternative besteht, kann zumindest ein Wandschirm zwischen den Betten der Eltern und dem des Babys aufgestellt werden.

In Los Angeles gibt es eine Klinik, die häufig auftretende Probleme von Säuglingen und Kleinkindern behandelt und die auf anrufende Eltern spezialisiert ist. Die Mitarbeiter dieser Klinik bekommen häufig Anfragen zu den hier beschriebenen Schlafproblemen. Sie meinen, daß es nicht einmal notwendig ist, daß Baby eine halbe Stunde schreien zu lassen. Sie raten Eltern, sich im Dunkeln neben das Babybett zu setzen, das Baby aber nicht hochzunehmen und ihm ab und zu beruhigend zuzuflüstern. Nach ihrer Erfahrung ist dann innerhalb einer Woche das Problem gelöst. In gewisser Hinsicht schont diese Methode sowohl die Nerven der Eltern als auch die des Babys. Und obwohl ich keine Gelegenheit gehabt habe, sie selbst auszuprobieren, würde ich Eltern zu dieser Methode raten. Klappt es nicht, so können sie immer noch zu der rigideren Methode zurückgreifen, die ich oben beschrieben habe.

Ich habe mit meinem Rat, dem Kind nicht nachzugeben, zunächst gezögert, denn er erscheint den meisten Eltern sehr hartherzig und schwierig durchzuführen. Aber nachdem eine Mutter nach der anderen berichtete, daß das Schreien in der ersten Nacht nur 30 und in der zweiten Nacht nur 10 Minuten anhielt, daß das Baby tagsüber ausgeschlafen und viel glücklicher war und daß die Eltern, nach monatelanger Erschöpfung und Anspannung, sich nun endlich entspannen und ihr Baby wieder genießen konnten, fühlte ich mich bestätigt. Außerdem hatte keine andere Methode geklappt.

Zu meinem Bedauern entdeckte ich aber, daß ich bei einigen Eltern und Ärzten einen schlechten Ruf erworben hatte. Mir wurde nachgesagt, ich würde, um Verwöhnung beim Kind zu vermeiden, Eltern generell raten, ihr Baby schreien zu lassen, anstatt es zu trösten. Dies ist natürlich unsinnig! Ich habe Eltern immer empfohlen, ein Baby, das unerwartet zu schreien beginnt, zu trösten und zu versuchen, die Ursache für das Schreien herauszufinden: Krankheit, Zahnen, Alpträume. Die oben beschriebene Empfehlung – in das Kinderzimmer nicht zurückzukehren – bezieht sich ausschließlich auf ein ganz spezifisches und ungewöhnliches Problem: Ein Baby hat sich über Wochen und Monate hinweg gegen den Schlaf gesträubt, und seine Eltern sind frustriert und erschöpft.

Ich gebe allerdings zu, daß ich unerfahrenen Eltern empfehle, nachts nicht zu ihrem Baby zu eilen, um es hochzunehmen, weil es gelegentlich im Schlaf wimmert. Sie sollten statt dessen kurz abwarten, ob es sich nicht wieder von allein beruhigt. Hierdurch wird das Baby ermutigt, nachts durchzuschlafen und morgens zu zivilisierter Stunde aufzuwachen, sobald es hierzu in der Lage ist. Ich füge immer hinzu, daß die Eltern zum Kind gehen müssen, falls es wirklich aufwacht und ständig schreit. Ich würde zunächst versuchen, im Dunkeln neben dem Bettchen zu sitzen und ihm leise zuflüstern oder ihm etwas vorsingen. Zeigt diese Methode keine Wirkung, so würde ich es im dunklen Zimmer auf den Arm nehmen, wobei Licht, Herumlaufen und – falls das Kind keine nächtliche Mahlzeit mehr braucht – Füttern vermieden werden sollten. Wie ich schon erwähnt habe, können einige Säuglinge nicht sanft in den Schlaf fallen, sondern brauchen zunächst eine kurze Quengel- oder Schreiphase. Es gibt aber keine einfache Methode, dieses Übergangsweinen zu vermeiden.

Schlaf und Trennungsangst bei Zweijährigen

Zwischen eineinhalb und drei Jahren ist sich ein Kind sehr stark der Abhängigkeit von seinen Eltern bewußt, speziell von dem Elternteil oder der Person, die die meiste Pflegearbeit leistet – in der Regel also die Mutter. Im folgenden sind einige dramatische Beispiele für den Fall beschrieben, in dem das Kind von der Mutter getrennt wird.

Falls die Mutter plötzlich für eine Woche wegfährt – um beispielsweise einen kranken Verwandten zu pflegen – oder falls sie eine ganztägige Arbeit annimmt und das Kind in die Obhut einer ihm zunächst unbekannten Person gibt, kann seine Angst dramatische Ausmaße annehmen. Solange die Mutter tatsächlich weg ist, zeigt sie sich aber normalerweise nicht in deutlich erkennbarer Form. Der Betreuer berichtet sogar oft, daß das Kind sich die ganze Zeit wie ein kleiner Engel verhalten hätte. Erst mit der Zeit kommt die Mutter dahinter, daß das allzu perfekte Verhalten Ausdruck von verdrängter Angst ist. Das Kind war so besorgt, daß es nicht einmal versuchte, sich der neuen Situation

zu stellen. In den meisten Fällen wagt es nicht einmal, die angstbeladene Frage, die es am stärksten belastet, zu stellen: »Wo ist meine Mutti?«
Die Tatsache, daß das Kind sich in Wirklichkeit Sorgen machte, wird später bei der Rückkehr der Mutter deutlich. Das Kind rennt auf sie zu, läßt sie nicht aus seinem Blick, bleibt dicht an ihren Fersen, weint sofort, falls sie doch wieder verschwindet. Es läßt den neuen Betreuer überhaupt nicht mehr an sich heran. Ebenso dramatische Szenen finden abends statt, wenn das Kind ins Bett gehen soll. Sobald die Mutter versucht, das Kind hinzulegen, hält es sich mit eisernem Griff an ihr fest und schreit in panischer Angst. Gelingt es der Mutter, sich loszumachen und auf die Tür zuzulaufen, kann sich das Kind ohne Zögern über das Geländer seines Gitterbettchens werfen, selbst dann, wenn es zuvor noch nie herausgeklettert ist. Es landet unten auf dem Boden, steht auf und rast hinter der Mutter her. Falls es aus dem Bettchen nicht herauszuklettern wagt, kann es die ganze Nacht im Halbschlaf dasitzen.

Wochenlang folgt das Kind seiner Mutter wie ein Schatten und versucht, sie am Verlassen des Hauses oder vielleicht sogar des Zimmers zu hindern.

In den 30er Jahren haben einige Kindergärten zweijährige Kinder aufgenommen. Die meisten haben diese Praxis aber wieder eingestellt, hauptsächlich deshalb, weil viele Kinder enorme Trennungsängste entwickelt hatten. Manche Zweijährige wollten vom ersten Tag an ihre Eltern nicht wieder gehen lassen, nachdem diese sie zum Kindergarten gebracht hatten. Einige machten während der ersten Tage den Eindruck, als hätten sie sich gut angepaßt. Wenn ein solches Kind sich dann aber in einer Rauferei oder bei einem kleinen Unfall leicht verletzte, hat es nach seinen Eltern geschrien, ließ sich nicht trösten und konnte stundenlang weiter weinen, bis die Eltern schließlich kamen. Am nächsten Tag weigerte sich das Kind, im Kindergarten zu bleiben oder sogar das eigene Haus zu verlassen.

Vor vielen Jahren wurde in England das Verhalten eines zweijährigen Mädchens detailliert beschrieben, das zur Behandlung eines Nabelbruchs einige Tage im Krankenhaus verbringen mußte. (Es ist ein interessanter Vergleich chirurgischer Traditionen, daß die weitaus häufigste Operation zum damaligen Zeitpunkt in Amerika die Herausnahme von Mandeln und Nasenpolypen, in Großbritannien aber die Behandlung von Nabelbrüchen war. Heutzutage werden beide Operationen nur noch gelegentlich für notwendig gehalten.) Das Mädchen war deprimiert und meist träge. Wurde es von einer Krankenschwester angesprochen oder hat ein anderes Kind geschrien, so hat es nach seiner Mutter geweint. Als seine Eltern zu Besuch waren, verhielt es sich seinem Vater gegenüber freundlich, der Mutter gegenüber aber kühl, und zwar über einen wachsenden Zeitraum von einigen Minuten an jedem nachfolgenden Tag.

Die Ablehnung der Mutter wurde auch bei anderen jungen Kindern häufig beobachtet, die über einen längeren Zeitraum im Krankenhaus bleiben mußten. Die Phasen der kalten Zurückweisung wurden tatsächlich immer länger, bis sie sich über die gesamte Besuchszeit erstreckten. Es schien so, als ob das Kind völlig vergessen hätte, wer seine Mutter sei. Die Tatsache, daß sich die Kinder den Vätern gegenüber weiterhin freundlich zeigten, macht deutlich, daß sie nicht an Gedächtnisschwund litten. Die Kinder bestraften vielmehr den Elternteil, der ihnen am nächsten stand, als ob sie sagen wollten: »Ich habe dir am meisten vertraut, und du hast mich trotzdem allein gelassen«.

Wie tief der Groll dieser Kinder reichte, wurde deutlich, nachdem sie nach Hause zurückgekehrt waren. Noch tagelang gaben sie vor, ihre Mütter nicht zu kennen. Nachdem sie diese Haltung aufgaben, haben die Kinder ihre Mütter dann mit solchen bitteren und harschen Worten angegriffen, daß diese schockiert waren.

Ich habe diese relativ extremen Beispiele angeführt, um Skeptikern deutlich zu machen, daß Kleinkinder tatsächlich unter starken Trennungsängsten leiden und daß dies ernsthafte Auswirkungen haben kann.

Es gibt eine schwächere Form von Trennungsangst, die sich bei Kindern im Alter zwischen eindreiviertel und zweieinhalb Jahren häufig abends zeigt, wenn sie ins Bett gehen sollen. Ein Kind, das früher gern ins Bett gegangen ist (es macht mir Spaß zu beobachten, wie bereitwillig die meisten Einjährigen sich ins Bett kuscheln), beginnt, seine Eltern am Bettrand halten zu wollen. Die häufigsten Versuche sind: »Ich muß noch mal aufs Klo« oder »Ich will noch was trinken«, obwohl es gerade vor ein paar Minuten auf dem Klo war und etwas getrunken hat.

Da Eltern normalerweise ihre Kinder in diesem Alter zur Benutzung der Toilette ermuntern möchten, ist es ihnen so gut wie unmöglich, eine derartige Bitte abzuschlagen. Das Kind wechselt zwischen seinen Bitten »aufs Klo gehen« und »was trinken« so lange hin und her, bis die Eltern davon überzeugt sind, daß seine Bedürfnisse emotionaler und nicht körperlicher Natur sind.

Bei einer weiteren Variante erlaubt das Kind seinen Eltern, den Raum zu verlassen, nur um fünf oder 10 Minuten später zu ihnen zu gehen, lieb und charmant. Ein Kind, das tagsüber so unruhig ist, daß es keine zwei Minuten auf dem Schoß seiner Eltern aushält, klettert nun selbst hinauf und bleibt dort kleben. Es erzählt der Mutter, wie schön ihr Kleid sei, dem Vater, wie sehr es seine Krawatte mag. Wird es dann endlich ins Bett zurückgebracht, so ist es innerhalb weniger Minuten wieder da und tut völlig unschuldig, als wüßte es überhaupt noch nicht, daß es Zeit sei, ins Bett zu gehen. Mir wurde schon von Fällen berichtet, in denen das Kind zwanzigmal wieder aufgestanden ist, trotz zunehmenden Ärgers und der Mißbilligung seiner Eltern.

Nach meiner Erfahrung dauert es sehr lange, bis sich das Kind von einer dramatisch erlebten Angst wieder befreien kann. War die Ursache der Angst die Reise der Mutter, dann sollte sie eine weitere Reise in jedem Fall zu vermeiden suchen. Am besten ist es sogar, wenn in den nächsten Wochen auch eine Trennung während des Tages umgangen werden kann. Geht die Mutter beispielsweise einkaufen, so sollte sie das Kind mitnehmen.

Es ist vernünftig, dem Kind die Gründe seiner Angst bewußt zu machen. Wenn es aufschreit und nach der Mutter greift, weil es glaubt, sie würde es verlassen, kann sie ihm verständnisvoll erklären: »Hast du Angst, weil du glaubst, daß Mami wieder wegfährt? Aber ich fahre nicht wieder weg. Ich werde bei dir bleiben!« **Andernfalls besteht die Gefahr, daß die Hauptangst des Kindes verdrängt wird und als Phobie – Angst vor einem bestimmten Zimmer oder einem Gegenstand – wieder auftaucht. In dieser Form kann sie dann lange andauern.**

Es kann sein, daß die Mutter abends über Wochen hinweg neben dem Kinderbett sitzen muß, bis das Kind tief eingeschlafen ist. Versucht sie sich eher hinauszuschleichen, wird das Kind alarmiert und noch wachsamer als zuvor bleiben. In den ersten Nächten kann es bis zu zwei Stunden dauern, bis das Kind eingeschlafen ist. Nachdem es aber das Gefühl der Sicherheit wiedergewonnen hat, bleibt es vielleicht nur 20 oder 30 Minuten wach. Es nützt nicht viel, wenn die Mutter sich neben das Kind ins Bett legt, denn ihre kleinste Bewegung beim Weggehen wird es aufwecken. Es schadet nichts, wenn die Mutter ein schwaches Licht brennen läßt, damit sie während ihrer langen Aufenthalte lesen kann.

Dürfen die Eltern abends, nachdem ihr Kind eingeschlafen ist, das Haus verlassen? Besteht die geringste Wahrscheinlichkeit, daß das Kind aufwachen wird, werden seine Ängste durch die Entdeckung, daß seine Mutter schon wieder weg ist, erneut stark angefacht. Es wäre also nicht klug, auszugehen. Wacht das Kind, nachdem es eingeschlafen ist, nachts niemals auf, so kann es nicht schaden, wenn die Eltern ausgehen. In jedem Fall sollte derjenige, der als Babysitter auf das Kind aufpaßt, ihm auch bekannt sein.

Ich habe mich bei diesen Beispielen immer auf die Mutter bezogen, denn gerade unter ihrer Abwesenheit leidet das Kind normalerweise am stärksten. Sorgt aber der Vater, die Großmutter oder eine andere Person hauptsächlich für das Kind, so wird die Abwesenheit dieser Person bei ihm am stärksten Angst auslösen.

Wie sollen Eltern reagieren, wenn ihr Kind vor dem Einschlafen leichte Ängste hat? Das beste ist, wenn sie freundlich, aber entschlossen bleiben: »Ein Glas Wasser und einmal aufs Klo gehen reicht.« »Wenn man ins Bett geht, bleibt man auch dort.« Taucht das Kind wieder auf, sollte nicht erlaubt werden, daß es aufbleibt, auch wenn es drängelt. Die Eltern sollten es sofort und mit Entschlossenheit wieder zurück ins Bett bringen. Sie müssen dabei weder wütend noch verärgert sein – das könnte seine Ängste noch verstärken –, sondern sehr bestimmt und konsequent. Die Entschlossenheit der Eltern zeigt dem Kind, daß es keinen Grund zur Sorge gibt.

Gerade ein Zögern seitens der Eltern erweckt beim Kind den Eindruck, als wären seine Ängste begründet. Es meint, wenn sie beim Weggehen zögern, muß eine Gefahr drohen. Und gerade das Zögern ermuntert es bei seinen Versuchen, die Regeln zu umgehen.

Sind Trennungsängste einmal geweckt, so stellt sich die Frage nach ihrer Behandlung. Viel wichtiger ist aber die Frage nach der Vorbeugung. Sollte die Mutter überhaupt ohne das Kind wegfahren, um ihre kranke Mutter zu pflegen? Ist dies der richtige Zeitpunkt, um ins Berufsleben zurückzukehren? Ist es wirklich nötig, den Mann bei der Geschäftsreise zu begleiten? Muß der zweiwöchige Urlaub, den die Eltern ihr und ihrem Mann geschenkt haben, ausgerechnet jetzt genommen werden?

Das erste Kind, das bis zum zweiten oder dritten Lebensjahr meist ein Einzelkind bleibt, neigt eher zur Angst vor einer Trennung als nachfolgende Kinder. In den meisten Fällen besteht seine Familie aus ihm selbst und seiner Mutter. Tagsüber sind beide allein zusammen. Sein Vater taucht erst abends auf. Die gesellschaftliche und emotionale Existenz des Kindes dreht sich also um die Mutter. Fährt sie plötzlich weg oder tritt eine Arbeitstelle an, hinterläßt sie ein riesiges Loch. Beim zweiten oder dritten Kind bleibt immer noch ein älteres Kind da, wenn die Mutter weggeht. Dadurch kann sein Sicherheitsbedürfnis im wesentlichen befriedigt werden. Vorbeugende Maßnahmen sind also beim ersten Kind wichtiger, aber auch bei jedem Kind, das, aus welchem Grund auch immer, sehr stark von den Eltern abhängig zu sein scheint.

Wenn der Vater während der Abwesenheit der Mutter morgens länger zu Hause bleiben kann und nachmittags früher zurückkommt, trägt er zur Minderung der Ängste bei. Und gibt es einen Betreuer, der schon häufig auf das Kind aufgepaßt hat, während es wach war, und bislang relativ stark an der Pflege des Kindes beteiligt gewesen ist, so ist dies eine weitere wirksame Vorbeugung.

Angenommen, es gibt niemanden, der bisher auf das Kind aufgepaßt hat, und die Mutter muß absolut arbeiten gehen oder für eine kurze Zeit allein verreisen. In diesem Fall muß alles unternommen werden, um eine tröstende Ersatzmutter zu finden und ihr vorher die allmähliche Beteiligung an der Pflege des Kindes zu ermöglichen, zumindest eine Woche vor Abreise der Mutter. (Zwei Wochen wären sicherer.)

Nachdem das Kind die Beteiligung – nicht die bloße Anwesenheit – einer Ersatzmutter akzeptiert hat, sollte die Mutter anfangen, für immer länger werdende Zeiträume fortzugehen. So kann sie das Kind an ihre Abwesenheit gewöhnen sowie an die Tatsache, daß sie früher oder später immer wieder nach Hause kommt.

Bestehen Zweifel an der Notwendigkeit der mütterlichen Berufstätigkeit, würde ich raten, eine plötzliche Arbeitsaufnahme bzw. eine ganztägige Arbeit zu vermeiden, bis das Kind drei Jahre alt ist. Es gibt viele Kompromisse. Vielleicht können der Vater und die Mutter ihre Arbeitszeiten so staffeln, daß einer von ihnen immer zu Hause sein kann, oder so, daß das Kind nur kurz von Dritten betreut werden muß. Vielleicht gibt sich die Mutter zunächst mit einer stundenweisen Beschäftigung zufrieden, nimmt später eine Halbtagsstelle an und steigert ihre Arbeitszeit, bis sie eine volle Stelle ausfüllt. So lange das erste Kind jünger als drei Jahre alt ist, bin ich dagegen, daß ein Elternteil, der bislang seine ganze Zeit der Pflege und Betreuung dieses Kindes gewidmet hat, plötzlich ganztägig außerhalb des Hauses zu arbeiten beginnt.

Was Urlaub ohne das Kind bzw. Geschäftsreisen des Vaters in Begleitung der Mutter angeht, rate ich davon ab, bis das erste Kind drei Jahre alt ist, aber auch dann, wenn ein später geborenes Kind emotional stark von den Eltern abhängig ist.

Bis dahin ist es am besten, wenn das Kind mitgenommen wird – auch wenn die Ferien mit dem Kind nicht unbedingt eine Erholung sind. Wenn aber die Eltern schon allein verreisen, dann ist es am besten, wenn für das Kind zu Hause, in seiner gewohnten Umgebung, gesorgt wird. Gerade im zweiten Lebensjahr werden Kinder durch Ortsveränderungen – selbst zusammen mit den Eltern – leicht verunsichert.

Ich möchte nicht so kategorisch klingen, wie sich das Gesagte anhören mag. Ich will nicht festschreiben, daß eine Mutter nicht eine Vollzeitarbeit annehmen oder ohne ihr Kind verreisen könnte, wenn bislang nur sie sich um das Kind gekümmert hat. Genug Eltern haben dies ohne Probleme getan. Und die anderen Kinder, die ältere Geschwister haben oder die regelmäßig von Babysittern betreut wurden, können auch noch in panische Angstzustände geraten.

Der wichtigste Rat, den ich Eltern geben kann, lautet: **Gewöhnen Sie das Kind an die Betreuung durch Dritte, und zwar von Anfang an. Falls möglich, sollte das Kind während der Wachphasen jede Woche für einige Stunden von jemandem außerhalb der Kernfamilie, beispielsweise von einem Verwandten betreut werden. So wird es nicht glauben, daß seine Welt zusammenbricht, wenn die Mutter (oder der Vater) es für einige Zeit verlassen muß.**

Hat es sich an eine bestimmte Betreuerin gewöhnt, wird das Problem nicht gelöst, wenn diese Person es während der Abwesenheit der Eltern nicht ganztägig betreuen kann. Dem Kind steht ja immer noch eine große Anpassung bevor. Diese Anpassung wird ihm aber leichter fallen, wenn es gelernt hat, sich nicht ausschließlich auf die Mutter zu verlassen.

Strebt die Mutter genauso stark wie der Vater nach einer Karriere – und sie hat jedes Recht hierzu –, dann müssen geeignete Betreuungsmaßnahmen gemeinsam ausgearbeitet werden. Von Geburt des Kindes an – besser noch schon von ihrer Entscheidung für ein Kind – sollten sich die Eltern überlegen, wie sie ihre Berufskarrieren koordinieren können und ihre Arbeitszeiten so staffeln, daß sie die Betreuung eines Kindes zu gleichen Teilen leisten können. Dies kann auch mit der Hilfe einer regelmäßigen Betreuerin (einer Tagesmutter) geschehen.

Die Angst vor einer Trennung ist kein seltenes und unerklärliches Phänomen. Sie gehört zur menschlichen Natur. Man findet sie auch bei Tierarten, bei denen die Jungtiere über Wochen oder Monate in der Nähe der Mutter bleiben. Kurz nach der Geburt gibt es bei solchen Arten – beispielsweise Rinder, Pferde, Schafe und Ziegen – eine kritische

Phase, während der das Aussehen, der Geruch und die Geräusche der Mutter in das Gedächtnis der jungen Tiere eingeprägt werden. Die Elterntiere wiederum prägen sich das Erscheinungsbild des Jungen ein. Wenn das Jungtier später von seiner Mutter getrennt wird, bekommt es Angst und gibt einen Schrei von sich. Dieser Schrei löst bei seiner Mutter eine Reaktion aus. Tritt während der kritischen Phase ein Mensch anstelle der Tiermutter, so bindet sich das Tier an diesen Menschen.

Ein Kind wird eine starke Abhängigkeit von der Person entwickeln, die es am meisten pflegt – in der Regel also zur Mutter und zum Vater. Bei uns Menschen kann diese Abhängigkeit – obwohl in abgeschwächter Form – auch auf andere Personen, Verwandte oder Nachbarn, gerichtet werden. In anderen Gesellschaften ist dies vielfach noch der Fall. Diese Abschwächung der Abhängigkeit hilft dem Kind, sich zunächst an die Großfamilie und später an die weitere soziale Umwelt anzupassen. Sie nimmt den Eltern auch das Gefühl der Bedrängnis, das aus ihrer Wahrnehmung des Kindes als klammerndes Wesen herrührt. Die Relativierung der Abhängigkeit ist also in doppelter Hinsicht wertvoll.

Streit über die Schlafenszeiten

Die Situation, die Eltern nach meiner Erfahrung am häufigsten stört, ist die, wenn nach dem dritten Lebensjahr Kinder, denen gesagt wurde, sie sollen ins Bett gehen, widersprechen. Ihre Einwände sind, daß sie gestern abend auch länger aufbleiben durften, daß ihre Freunde nie so früh ins Bett gehen oder daß sie ihre Hausaufgaben noch zu Ende machen müssen. Manche betteln darum, noch eine Fernsehsendung anschauen zu dürfen. Sie können Dutzende von anderen Gründe anführen. Sie kennen sie genausogut wie ich.

Dieses Problem kann zum Teil darauf zurückgeführt werden, daß alle Kinder Rechtsanwälte sind. Sie werden, sofern sie auch nur die geringsten Chance sehen, damit durchzukommen, trotz festgelegter Regeln sofort und unnachgiebig für jedes ersehnte Privileg, für jeden begehrten Gegenstand plädieren.

Eine bedeutendere Ursache ist die Unschlüssigkeit der Eltern. Kinder werden ihre Vorstöße verstärken, falls ihre Eltern auch nur für eine Zehntelsekunde zögern, bevor sie ihnen ihre Bitte abschlagen. Beispielsweise, wenn sie das Kind bemitleiden, weil es in letzter Zeit häufig krank war, oder weil sie aufgrund eines vorangegangenen Streits mit dem Kind ein schlechtes Gewissen haben, oder weil es ihnen halt immer schwerfällt, eine Bitte ihrer Kinder abzulehnen, auch dann, wenn sie fest davon überzeugt sind, daß die Einwilligung falsch ist.

Unabhängig davon, warum das Kind aufbleibt oder warum die Eltern es nicht schaffen, das Kind mit Entschlossenheit ins Bett zu schicken, der Ablauf der Ereignisse bleibt fast immer gleich. Auch nachdem das Kind aufgehört hat, Gründe anzuführen, wird es immer noch versuchen, Zeit zu gewinnen. Es bleibt noch vor dem Fernseher sitzen oder wendet sich einem Spielzeug zu. Vielleicht sagt es »Ich gehe ja schon!«, aber geht dann doch nicht. Die Eltern aber, anstatt auf das Weigern einzugehen, lesen einfach weiter, schauen weiter die Nachrichten oder führen ihr Gespräch fort. Es ist eine Art kalter Krieg, der nicht aufhört und nicht entschieden wird.

Sie nehmen vielleicht an, daß ich mit meiner Beschreibung Eltern empfehlen will, sich abends beim Ins-Bett-Gehen wie scharfe Wachhunde aufzuführen. Überhaupt nicht. Die Eltern sollten freundlich und leise bleiben: So haben sie viel mehr Erfolg. Sie müssen dem Kind lediglich für ein paar Minuten ihre Aufmerksamkeit widmen, bis es ins Bett geht. Falls das zeitliche Hinauszögern zum chronischen Problem geworden ist, kann es eine Zeitlang besser sein, wenn ein Elternteil das Kind zu seinem Schlafzimmer begleitet und ihm dort gute Nacht sagt. Nachdem klar ist, daß das Kind tatsächlich schon auf dem Weg ist, können die Eltern auch versprechen, gleich hinaufzukommen, um eine Geschichte vorzulesen. Falls der Vater den ganzen Tag nicht zu Hause war, wäre es besser, wenn er abends die Lösung der hartnäckigen Probleme auf sich nähme. Zu dieser späten Stunde sind die Disziplinmaßnahmen der Mutter oft abgenutzt.

Eine Beständigkeit muß einigermaßen gegeben sein. Die Eltern müssen die Schlafenszeit jeden Abend zur gleichen Zeit einleiten. Wollen sie zu besonderen Anlässen Ausnahmen machen – wie zum Beispiel in der Silvesternacht –, so ist es besser, wenn sie diese Ausnahme vorher selbst ankündigen und nicht abwarten, bis sie von den Kindern »angenörgelt« werden. Und wenn sie bei anderen Gelegenheiten einer Bitte nachgeben, so sollten sie dies entweder sofort tun oder gleich lassen. Mit anderen Worten, sie sollten nicht nachgeben, weil ihre Geduld vor den endlosen Bitten des Kindes zu Ende geht.

Eine derartige Konsequenz ist in Familien, in denen die Kinder die elterlichen Regeln meist ohne große Probleme akzeptieren, nicht notwendig. Mein Rat richtet sich an Familien, in denen die Kinder mit den Schlafenszeiten nie einverstanden sind.

Natürlich, manche Eltern lassen ihre Kinder so lange wach bleiben, bis sie so müde sind, daß sie von allein ins Bett gehen. Ich bin nicht nachsichtig genug, um dies zu empfehlen, besonders dann nicht, wenn der Fernseher die Kinder wach hält. **Wenn Sie sich über die Schlafenszeiten Ihrer Kinder Gedanken machen, müssen Sie auch konsequent handeln.** Sie **können dann nicht an einigen Abenden die Entscheidung den Kindern überlassen und an anderen sie selbst treffen wollen – das führt zu endlosen Diskussionen.**

Es gibt noch eine ganze andere Art von Schlafproblemen: Nehmen Sie an, ein drei- bis sechsjähriges Kind möchte die Tür zu seinem Schlafzimmer während des ganzen Abends geöffnet halten. Meist hat es keine Angst, sondern es möchte nur wissen, was seine Eltern machen. Wollen diese sich selbst ins Bett legen, dann scheint es hellwach und bittet sie, auch die Tür zu ihrem Schlafzimmer geöffnet zu halten. Wenn die Eltern dann nach einigen Minuten ihre Tür vorsichtig schließen wollen, ist das Kind sofort wach und bittet erneut, die Tür geöffnet zu lassen.

Wachheit und Rivalität

Eine Variante dieses Problems besteht darin, daß das Kind während der Nacht aufsteht, in das Bett der Eltern klettert und sich zwischen sie kuschelt. Manchmal wehren sich die Eltern anfangs dagegen und tragen das Kind zurück in sein Bett. Doch wenn es anschließend alle halbe Stunde erneut zurückkehrt, dann geben viele aus Müdigkeit und Schlaflosigkeit auf und lassen es in ihrem Bett schlafen. Kürzlich sagte mir ein Vater, der nur am Wochenende zu Hause sein kann, lachend über seinen vierjährigen Sohn, der genau dann regelmäßig in die Betten der Eltern klettert: »Er ist das wirksamste Verhütungsmittel der Welt!«

Der Vater sprach eine Wahrheit aus, ohne daß er sich ihrer wirklich bewußt war. Zwischen drei und sechs Jahren befinden sich Kinder im ersten Stadium ihrer sexuellen Entwicklung. Ein Junge entwickelt eine romantische Bindung zu seiner Mutter. Im Alter von vier Jahren erklärt er eventuell, daß er sie später einmal heiraten werde. Allmählich begreift er, daß die Ehe seiner Mutter mit seinem Vater die Ausführung seines

Plans unmöglich macht. Er wird deshalb immer stärker auf den Vater eifersüchtig. Doch die Vorstellung einer Rivalität mit einem Mann, der so viel größer und stärker ist als er selbst, macht ihm angst. Schließlich verdrängt er diese Gedanken ins Unterbewußte, wo sie aber weiterhin existieren.

In ähnlicher Weise verliebt sich eine Tochter in ihren Vater und lernt allmählich, daß sie zu klein und zu schwach ist, um als Rivalin ihrer Mutter bestehen zu können. Im Unbewußten aber gibt sie die Hoffnung nicht auf, daß sie eines Tages doch ihren Vater gewinnen kann.

Wenn ein Kind also abends genau mitbekommen will, was seine Eltern machen und darauf besteht, daß die Schlafzimmertüren während der Nacht geöffnet bleiben, oder wenn es nachts in das Ehebett klettert, dann mag es unbewußt versuchen, die Eltern zu trennen, im wörtlichen Sinne und im übertragenen.

Aber wissen Kinder, die drei, vier oder fünf Jahre alt sind, wirklich, was zwischen den Eltern vor sich geht? Einige haben davon gehört, andere nicht. Doch alle haben ausreichend besitzergreifende sexuelle Triebkraft, mag sie auch noch sehr vage sein, um irgendwie zwischen die Eltern gelangen zu wollen.

Aus dem Wunsch wird nur bei einer Minderheit tatsächlich ein Handeln. Das hängt von den jeweiligen Umständen ab. Ist der Vater beispielsweise ein reisender Vertreter, und die Mutter läßt ihren kleinen Sohn im Ehebett oder im Bett des Vaters schlafen, wenn dieser unterwegs ist, dann werden die Wünsche des Sohnes gewaltig unterstützt, und er wird wahrscheinlich offener mit dem Vater in einen Wettbewerb treten wollen. Ebenso wird sich die Rivalität offener zeigen, wenn die Mutter sich gegenüber dem Sohn, der Vater gegenüber der Tochter allzu verführerisch verhält.

Lernt ein Kind, daß es den andersgeschlechtlichen Elternteil nicht für sich allein haben kann, dann ist es einigermaßen frustiert. Manche sehr modern eingestellte Eltern verhalten sich dann gegenüber dem rivalisierenden Kind zu rücksichtsvoll – ja regelrecht unterwürfig. Sie vermeiden jegliche Zärtlichkeit vor dem Kind, oder sie lassen es sogar zu, daß ein sehr anstrengendes Kind ihnen vorschreibt, wann sie miteinander sprechen dürfen. Diese Form der Katzbuckelei vor den unrealistischen Wünschen eines Kindes zahlt sich langfristig nicht aus. Es erzeugt vielmehr bei ihm die Vorstellung, daß seine Wünsche eine wesentlich höhere Priorität haben als die der Eltern und daß es wirklich seine Mutter oder seinen Vater für sich allein beanspruchen kann.

Für Eltern ist es nützlich, wenn sie die romantischen und sexuellen Gefühle, die ihr Kind schon in jungen Jahren hat, kennen. Dadurch lassen sich Verhaltensweisen verstehen, die sonst rätselhaft bleiben müssen. Aber es darf daraus nicht gefolgert werden, daß Eltern sich den Wünschen des Kindes unterzuordnen hätten oder daß sie das Kind in der Annahme bestärken müßten, es könne in ihrer Beziehung einen von beiden ersetzen. Falsche Hoffnungen führen in Sackgassen, aus denen man später nur mit großen Schwierigkeiten wieder herauskommt.

Es ist nämlich auch so, daß Kinder gerne mehr fordern als ihnen zusteht oder daß sie Dinge tun wollen, für die sie entwicklungsmäßig noch gar nicht bereit sind. Dann ist es zu ihrem Wohl, wenn ihnen bestimmt aber freundlich gesagt wird, daß das, was sie fordern, unmöglich ist. Menschen aller Altersgruppen fühlen sich wohler, wenn sie die Rechte anderer respektieren müssen und ihren Platz behalten können.

Ich meine, daß ein Kind, das nachts in die Betten der Eltern krabbelt, umgehend wieder in sein eigenes Bett getragen werden sollte – und dies so häufig wie nötig. Zeigt sich das Kind davon unbeeindruckt, dann müssen die Eltern die Tür zu ihrem Schlafzimmer abschließen. Fordert ein Kind von den Eltern, daß diese die Tür offenlassen, dann muß dem Kind deutlich gemacht werden, daß die Eltern allein sein möchten. Ein Kind kann dies verstehen. Die Eltern müssen nicht unsanft oder böse sein. Sie können dies dem Kind bestimmt und freundlich sagen.

Fordert ein Kind in diesem Alter, daß die Schlafzimmertür der Eltern offenbleiben soll, daß sie nicht zärtlich zueinander sein sollen oder daß sie nicht miteinander sprechen sollen, dann kann es nützlich sein, wenn die Eltern dem Kind die Situation genauer erklären. Die Mutter könnte einem Mädchen erläutern, daß es den Vater ganz für sich allein haben will (oder daß der Junge die Mutter für sich allein beansprucht), daß sie sich darüber ärgert, wenn der Vater mit der Mutter spricht (oder sie küßt oder mit ihr im Bett liegt). Aber – so könnten die Eltern fortfahren – Mutter und Vater lieben sich, und deshalb wollen sie all dies manchmal tun. Sie lieben aber auch ihr Kind und wollen mit ihm reden und es manchmal küssen. Für einen Erwachsenen mag dies selbstverständlich klingen. Für ein Kind, das von blinder Eifersucht geplagt ist, die es noch nicht einmal versteht, kann es erleuchtend und beruhigend sein.

Ich möchte hier aber nicht gesagt haben, daß Eifersucht der einzige Grund ist, warum Kinder nachts in die Betten ihrer Eltern krabbeln. Sie können beispielsweise durch Alpträume aufgewacht sein und nun im Bett der Eltern Sicherheit und Beruhigung suchen.

Angst vor der Dunkelheit und vor Gespenstern

Ein drittes Problem entsteht, wenn ein Kind nicht ins Bett gehen will, weil es Angst vor der Dunkelheit hat. Oder, um genauer zu sein, weil es Angst vor einem Löwen unter seinem Bett hat, oder davor, daß ein Räuber durch das Fenster kommen wird, oder ein Schatten an der Wand in Wahrheit ein Gespenst ist. Solche Ängste sind bei Fünf- und Sechsjährigen weit verbreitet. Häufig sind sie mit der Rivalität des Kindes zu einem Elternteil und der Angst vor dessen Verärgerung verknüpft.

Die besitzergreifende romantische Bindung zum andersgeschlechtlichen Elternteil hilft dem Kind, eigene romantische Ideale zu erwerben, die es später zu einer guten Liebesbeziehung befähigt. Sie helfen ihm auch in anderer Hinsicht, sich weiterzuentwickeln. Doch dies würde nicht funktionieren, wenn diese erste Bindung so tief und langanhaltend geriete, daß das Kind als Erwachsener nicht die Mutter oder den Vater verlassen könnte, um eine eigene Ehe führen zu können. Einige wenige Menschen verharren im Muster der Dreijährigen, sie bleiben lebenslang Sohn ihrer Mutter oder Tochter ihres Vaters.

Doch in den meisten Familien verliert sich diese enge Bindung wieder. Der Sohn gibt das Streben nach der ungeteilten Liebe der Mutter auf, denn er befürchtet, daß der Vater genauso eifersüchtig werden könnte wie er es auf den Vater ist – und käme es zur Auseinandersetzung, würde der Vater spielend gewinnen.

Diese Furcht ist das Hauptelement in den Alpträumen, die für Fünf- bis Siebenjährige so typisch sind. Charakteristischerweise träumen Jungen von Riesen und Gorillas, von denen sie gejagt werden; Mädchen träumen häufiger von Hexen. Dieser Faktor ist hinsichtlich der Ängste vor Dunkelheit und Gruselmonstern am häufigsten anzutreffen. Doch es gibt weitere Faktoren, die zu den Phobien und Alpträumen in diesem Alter beitragen, die die tiefliegenden Ängste des Kindes aufwühlen und verstärken. Beispielsweise angsteinflößende Fernsehprogramme, besonders abends. **Meines Erachtens sind aufregende und gewalttätige Sendungen schädlich für Kinder, ganz gleich, ob sie Angst bekommen oder nicht. Hat das Kind aber sowieso schon Ängste, dann ist dies ein Grund mehr, solche Sendungen aus dem Leben des Kindes zu verbannen.** (Es wirft ein bezeichnendes Licht auf den menschlichen Charakter, daß viele Kinder – und Erwachsene – die sich bei gruseligen Sendungen aufregen, darum betteln, solche Sendungen sehen zu dürfen.) Was für Gruselfilme gilt, gilt natürlich gleichermaßen für entsprechende Bücher.

Das abendliche Herumtoben mit dem Vater kann kleine Kinder stark aufregen – obwohl es ihnen Spaß macht. Für das Unterbewußtsein des Jungen drückt sich darin zu lebhaft die potentielle körperliche Kraft des Vaters aus. Für das Unterbewußte der Tochter kann darin eine aufregende sexuelle Komponente zum Tragen kommen, was Ängste vor der Rivalität der Mutter erzeugt.

Es mag so ausschauen, als ob ich ein Spielverderber bin, wenn ich dafür plädiere, auf diese Vergnügen zu verzichten. Ich denke aber, daß Kinder genug Spaß und Vergnügen finden, wenn sie ihr normales Leben leben und ihrer eigenen Vorstellungskraft folgen. Sie brauchen keine zusätzliche Stimulation durch die Eltern oder durch das Fernsehen.

Wenn man überlegt, wie man Kindern mit Ängsten und Alpträumen helfen kann, dann muß man zwischen solchen Kindern unterscheiden, für die dies das einzige Problem ist, und solchen, die noch andere Probleme haben. Es ist niemals falsch und immer nützlich, im Fall des mit Ängsten beladenen Kindes (oder auch bei anderen Problemen), Hilfe bei professionellen Beratungsstellen oder Experten zu suchen. Ich halte dies besonders dann für wichtig, wenn das Kind vielerlei Ängste hat und auch weitere Spannungssymptome wie Stottern, Bettnässen oder fehlende soziale Anpassung zeigt. Hat ein Kind während der Nacht Ängste oder Alpträume, kommt ansonsten aber gut in der Schule zurecht, spielt mit anderen Kindern zusammen und macht den Eltern keine großen Sorgen, so sollten die Eltern abwarten, und schauen, ob die Ängste mit der weiteren Entwicklung wieder verschwinden. Eine Beratungsstelle muß dann nicht aufgesucht werden.

Natürlich können Eltern dem Kind dadurch helfen, daß sie ihm versichern, daß in seinem Zimmer nichts zu finden ist, was Angst einflößen könnte, doch solche Ängste haben andere Ursprünge. (Diese Ursprünge sind aber meines Erachtens zu komplex, als das die Eltern versuchen sollten, sie dem Kind zu erklären.) Sie können das Kind darin unterstützen, sich wie ein Erwachsener zu verhalten und allein in sein Zimmer zu gehen. Fehlt ihm der Mut, dann sollten sie es begleiten. Will das Kind ein Nachtlicht in seinem Zimmer, dann sollten sie dem mit Freude zustimmen. Solch ein Licht ist der normalen Beleuchtung vorzuziehen, da diese zum Spielen und Lesen verführt und am Einschlafen hindert.

Manchmal ist es schwierig, ein Kind aufzuwecken, wenn es Alpträume hat. Das Kind scheint wach zu sein, aber immer noch seine Peiniger vor Augen zu haben. Meist hilft es dann, das Kind in einen hell erleuchteten Raum zu tragen und sanft auf es einzureden.

In früheren Tagen haben Eltern versucht, die Ängste der Kinder dadurch verschwinden zu lassen, daß sie die Kinder ausschimpften oder sich über sie lustig machten. Als dann später die Ursachen für manche Ängste bekannt waren, ließen Eltern und Lehrer das Pendel genau in die entgegengesetzte Richtung ausschlagen. Sie haben versucht, vollkommen verständnisvoll zu handeln und wegen der inneren Spannungen den Kindern alle äußeren Verpflichtungen abzunehmen. Heute wissen wir, daß dies Kinder manchmal ermuntert, auf einer unreifen Entwicklungsstufe zu verharren und die Symptome beizubehalten. Erinnern Sie das Kind deshalb von Zeit zu Zeit daran, daß es keinen Spaß macht, wenn es so ängstlich ist – oder in anderen Fällen, wenn es am Daumen lutscht oder ins Bett macht. Sagen Sie ihm, daß Sie sicher sind, daß es eines Tages diese Angewohnheiten ablegen und ein großer Junge oder ein großes Mädchen werden kann.

Übrigens, wenn Sie glauben, meine Erklärungen – Rivalität und Wut der Eltern – seien absurd und makaber, dann sollten Sie sie nicht akzeptieren. Sie können auch ohne sie gut als Eltern zurechtkommen!

Das Familienbett und die Nacktheit

Vor einigen Jahren verbreitete ein Buch mit dem Titel »The Family Bed: An Age-Old Concept in Childrearing« (Das Familienbett: Ein uraltes Konzept der Kindererziehung) die Idee, daß Kinder mit ihren Eltern im gleichen Bett schlafen sollten. Die Autorin, Tine Thevenin, eine Hausfrau aus Minneapolis, weist darauf hin, daß in früheren Kulturen und auch noch zu Beginn der Besiedelung der USA Familien immer zusammen in einem Bett schliefen. Doch selbst vor der Veröffentlichung des Buchs von Thevenin sind viele amerikanische Familien in Richtung des behaglichen Familienbetts gegangen – als Teil der Zurück-zur-Natur-Bewegung in den sechziger und siebziger Jahren.

Was ist gegen diese Praxis einzuwenden? Kinderpsychologen berichten von einigen Kindern, die in sexueller Hinsicht überstimuliert werden, wenn sie mit ihren Eltern in einem Bett schlafen. Andere, die mit den Eltern im gleichen Zimmer, aber nicht im gleichen Bett schlafen, reagieren verstört auf den Anblick und die Geräusche des Geschlechtsakts der Eltern, mit der – für Kinder – scheinbaren Gewalttätigkeit. Wenn ein Kind – besonders eines, das Angst davor hat, alleine zu schlafen – sich erst einmal an das gemeinsame Familienbett gewöhnt hat, gelingt es den Eltern nur unter großen Schwierigkeiten, es wieder hinauszubekommen. Ich kenne einige Zwölfjährige, die immer noch dort schlafen.

Kinder fühlen sich im Alter zwischen drei und sechs sowohl in körperlicher wie auch in seelischer Hinsicht vom andersgeschlechtlichen Elternteil angezogen. Das Verlangen des Kindes, seine Eltern zu sehen und zu berühren und seine Ankündigung, daß es sie eines Tages heiraten wird, sind ganz normal. Es wird durch zwei Faktoren begrenzt. Das Kind hat unbewußt Angst vor der Rivalität mit dem gleichgeschlechtlichen Elternteil. Und zweitens besitzen die Eltern ein Gefühl dafür, was angemessen ist, und halten ihre Kinder davon ab, zu weit zu gehen.

Die meisten Eltern umarmen und küssen ihre Kinder spontan und freuen sich, wenn ihre Kinder ihre Umarmungen und Küsse erwidern. Es besteht aber ein Unterschied zwischen diesem relativ kurz gezeigten Beweis der Zuneigung und dem verlängerten nächtlichen Kontakt im Bett.

Aber schadet dieser wirklich? Wird er zur regelmäßigen Gewohnheit, kann eine intensive Beziehung entstehen, aus der sich das Kind später, wenn es an der Zeit ist, sich in einen Gleichaltrigen zu verlieben, nur schwer lösen kann.

In den letzten Jahren hat es sich durchgesetzt, daß junge Kinder morgens (besonders am Wochenende) zum familiären Schmusen ins elterliche Bett klettern. Ein guter Grund hierfür liegt darin, daß in unserer angelsächsischen Kultur Beweise körperlicher Zuneigung zwischen Männern verpönt sind.

Einige Eltern schrecken vor dem Gedanken, das Kind auch nur kurz mit in ihr Bett zu nehmen, zurück, hauptsächlich aus Angst vor sexueller Erregung – ihrerseits, aber auch seitens der Kinder. Sollte sich das Kind zu stark mit den Körpern seiner Eltern befassen und sie mit übertriebener Beharrlichkeit streicheln, ist es weder notwendig noch klug, sich so zu verhalten, als mache das Kind einen Fehler. Statt dessen sollten die Eltern ihre Körperstellung unauffällig ändern oder das Kind ablenken. Schlagen die Bemühungen fehl, so können sie immer noch einfach aufstehen. Fühlen sich die Eltern von vornherein unwohl bei nahem körperlichen Kontakt (vielleicht aufgrund ihrer eigenen strikten Erziehung), so wäre es wahrscheinlich besser, das Kind erst überhaupt nicht ins Bett zu lassen. Denn zweifellos würde das Kind die Kontaktangst seiner Eltern spüren und sich daran stärker stören als am Ausfall der sonntäglichen Schmusestunde im Bett.

Wenn wir schon beim Thema der sexuellen Neugier und des körperlichen Kontakts zwischen Eltern und Kind sind, möchte ich eine Bemerkung über die zunehmende Anzahl von Menschen machen, die »häusliche Nudisten« geworden sind. Zu Hause ziehen sie sich – auch in Anwesenheit der Kinder – nichts über. Ist dies von Vorteil oder stört es deren Entwicklung?

Dies hängt natürlich von den herrschenden Sitten und Gebräuchen ab. Die Bekleidung, die in unterschiedlichen Gesellschaften getragen wird, unterscheidet sich stark. Sie reicht von der arabischen Verschleierung des Gesichts und des Körpers bis hin zu den knappsten Slips und Bikinis schicker westlicher Männer und Frauen. Der gesunde Menschenverstand sagt uns, daß die Verschleierung des ganzen Körpers die Erregung, die bei der Betrachtung des anderen Geschlechts aufkommt, nicht ausschließt, und daß in einer vom Nudismus geprägten Gesellschaft nackte Körper nicht immer aufregend wirken.

Eltern sollten sich die eigentlichen Gründe für ihren Nudismus klarmachen. Die meisten von uns verspüren den Drang, sich mit ihrem Körper darzustellen – ob angezogen oder nackt –, besonderes wenn sie jung und attraktiv sind. Bei einem Exhibitionisten ist dieser Drang übertrieben. Exhibitionistische Eltern mögen ihren Körper dazu benutzen, um unbewußt andere Erwachsene oder ihre Kinder zu blenden. Andere Eltern wiederum besitzen keine exhibitionistischen Tendenzen. Die Wirkung der elterlichen Nacktheit auf die Kinder wird in beiden Fällen unterschiedlich sein.

Der Nudismus des Vaters oder der Mutter kann nicht nur das andersgeschlechtliche Kind erregen, sondern auch das gleichgeschlechtliche Kind verärgern. Als beispielsweise einer meiner Söhne vier Jahre alt war, fing er an, sich beim morgendlichen Rasieren neben mich zu stellen und sich mit einem klingenlosen Rasierer ebenfalls zu »rasieren«. Ich war dabei nackt. Nach einigen Wochen fing er dann an – halb im Spaß, halb im Ernst –, nach meinem Penis zu greifen. Mir wurde klar, daß ihn meine Nacktheit störte, weil dadurch seine Rivalität geweckt wurde. Danach trug ich beim Rasieren immer eine Unterhose.

Millionen von Eltern laufen zu Hause nackt herum. Dieser Nudismus hat offensichtlich keine schädliche Auswirkungen auf eine größere Anzahl von Kindern, denn sonst würden uns Ärzte, Psychologen und Familienberater davon berichten. Trotzdem meine ich, daß wir die Stimmen von Therapeuten nicht völlig ignorieren sollten, die uns vor den Störungen warnen, die elterlicher Nudismus bei einigen Kindern bewirken kann.

Hätte ich heute kleine Kinder und wäre von Natur aus sehr schamhaft, so würde ich so bleiben. Wäre mir das Nacktsein lieber, so sähe ich keine Notwendigkeit, mein Verhalten wegen der Kinder zu ändern – es sei denn, das Kind würde aufgedreht, erregt oder sich mit meinem nackten Körper übertrieben beschäftigen. In dem Fall würde ich mich zumindest teilweise anziehen.

Kapitel 6

Disziplin

Das Wichtigste ist Liebe

Während des Zweiten Weltkriegs diente ich in der Marine. Dort war ich hauptsächlich als Psychiater für eine Station verantwortlich, in der »Psychopathen«, wie man sie damals nannte, untergebracht waren. (Heutzutage heißen sie »Soziopathen«.) Diese Menschen sind verantwortungslos, anspruchsvoll und impulsiv. Sie lernen nicht aus Erfahrungen. Als Marinesoldaten kümmerten sie sich nicht um ihre Aufgaben und hielten die Vorschriften nicht ein. Sie überzogen ihren Urlaub oder entfernten sich ohne Erlaubnis vom Dienst. Wiederholte Strafen bewirkten keine Besserung. Nach mehreren Vergehen von zunehmender Schwere wurde in schmerzhafter Weise klar, daß sie als Marinesoldaten nie tauglich, sondern immer nur Störenfriede sein würden. Zum Schluß wurden sie »unehrenhaft« entlassen.

Da alle meine Patienten sich vor der Überstellung strafbar gemacht hatten, mußten sie einige Wochen in der Gefängniskrankenstation verbringen. Dort wurde ihre psychiatrische Krankengeschichte erhoben, derweil in Washington ihre Entlassungspapiere ausgestellt wurden. In den meisten Fällen wurde aus den dürftigen Erinnerungen, die diese Männer an ihre Kindheit noch hatten, deutlich, warum sich ihre Persönlichkeiten so falsch entwickelt hatten. In ihrer frühen Kindheit wurden sie ganz einfach nie richtig geliebt. Sie hatten eigentlich nie das Gefühl, zu ihren Eltern zu gehören. Deswegen hat sich bei ihnen auch nie Verantwortungsbewußtsein entwickelt – weder den Eltern noch sonst jemandem gegenüber. Häufig berichteten sie, daß der Vater die Familie verlassen hatte. Die Mutter mußte arbeiten und die Kinder deswegen einer anderen Frau geben, diese brachte ihnen wenig Liebe und Aufmerksamkeit entgegen. Oder die Mutter starb und der Vater hat die Kinder an einen gleichgültigen Dritten weitergegeben. Einige aber wurden auch zu Hause in der eigenen Familie vernachlässigt.

Für solche ungeliebten Kinder ist es typisch, daß sie in der Schule Probleme haben. Sie spüren keinen Drang, dem Lehrer Freude zu bereiten oder mit ihm zusammenzuarbeiten. **Kinder, die geliebt werden, wollen zunächst ihren Eltern Freude machen und weiten ihren Bezugshorizont automatisch aus, indem sie ihre Lehrer und andere Personen mit einbeziehen.** Auch zeigen diese Kinder kein Interesse an ihren Schularbeiten. Es sind ja die Eltern, die die Kinder mit Gegenständen und mit Konzepten bekanntmachen und diesen durch ihre enge Bindung zu den Kindern eine Bedeutung geben.

Schulkinder, die von ihren Eltern nicht geliebt werden, schwänzen oft, fallen im Unterricht häufiger negativ auf und verbringen mehr Strafzeit in einer Klassenzimmerecke oder im Flur. Häufig werden sie nicht versetzt, gleichwohl ist ihr Leistungsstand auch in den neuen Klassen meist weit zurück. Wenn sie 14 oder 15 Jahre alt sind, haben sie es satt, in der Schule bestraft zu werden. Sie schämen sich vor den jüngeren Mitschülern in ihren Klassen und wollen die Schule für immer verlassen.

An den Geschichten meiner Marinepatienten interessierte mich besonders die Phase, in der sie von zu Hause weggegangen sind. Eine typische Geschichte sah so aus: Der sechzehnjährige Sohn fühlt sich stark genug, um zu widersprechen. Der wütende Vater besteht auf seiner Position; der Sohn weigert sich erneut. Der Vater hebt die Hand, um den Sohn zu schlagen. Der Sohn ist aber schneller, und bevor ihm klar wird, was er macht, hat er den Vater niedergeschlagen. Ihm wird klar, daß es für ihn zu Hause nicht mehr sehr angenehm sein wird. Er macht sich auf den Weg in die nächste Stadt, wo er Arbeit sucht.

Soziopathen haben bei der Arbeit genauso wenig Erfolg wie in der Schule. Sie wollen Geld verdienen, können sich aber nicht wirklich für irgendeine Arbeit interessieren und legen keinen Wert darauf, dem Chef zu gefallen. Sie werden entweder bald gefeuert oder kündigen kurz vorher von selbst. Sie halten viele Ausreden bereit: »Der Chef hatte es immer auf mich abgesehen.« »Die haben mir nicht genug gezahlt.« Nur in seltenen Fällen bleibt ein Soziopath länger als einige Wochen an einer Arbeitsstelle.

Die Marine, das Heer oder die Luftwaffe eignen sich für einen Soziopathen noch weniger als eine zivile Arbeitsstelle. Die Regeln sind noch willkürlicher und strenger. Als Soldat kann man beispielsweise nicht einmal die Kaserne verlassen, ohne zuvor eine Erlaubnis eingeholt zu haben. Die Vorgesetzten interessieren sich normalerweise kaum für den einzelnen. Der Soziopath findet sich also wiederholt in Schwierigkeiten. Fragte ich: »Warum bist du abgehauen?«, bekam ich zur Antwort: »Ich habe Urlaub beantragt, und die wollten ihn mir nicht geben!«

Bei den meisten Gewohnheitskriminellen handelt es sich um Soziopathen. Diejenigen, die leichte Verbrechen begehen – wie Autos »ausleihen«, die ihnen nicht gehören –, wurden während der Kindheit vernachlässigt. Sie streben nach Besitz und Geld. Und da sie nicht wissen, wie sie es verdienen können, stehlen sie.

Gewalttätige Kriminelle wurden während der Kindheit meist nicht nur vernachlässigt, sondern auch noch brutal behandelt. Werden sie verhaftet und abgeurteilt, so werden ihre Strafen immer länger. Doch sie empfinden dafür keine Scham, denn sie haben nicht das Gefühl, irgend jemand enttäuscht zu haben. Ebensowenig haben sie das Bedürfnis, jemandem zu gefallen. Eine Bestrafung bringt also nichts; sie führt lediglich dazu, daß ihr Groll noch verstärkt wird.

Die Beschreibungen sollen einen wichtigen Punkt betonen: Werden Erwachsene bzw. Kinder nicht geliebt, so zeigt Bestrafung keine vorteilhaften Auswirkungen. Die Schmerzen einer Bestrafung sind kein ausreichendes Abschreckungsmittel. Eine Bestrafung wirkt sich aber auf Menschen aus, die Liebe erfahren haben, hauptsächlich deshalb, weil sie einen kurzfristigen Liebes- und Anerkennungsverlust darstellt.

Wenn Kinder von ihren Eltern geliebt werden, wird bei ihnen eine entsprechende Liebe erzeugt. Diese Liebe bewirkt in ihnen das Verlangen, als Erwachsene so wie ihre Eltern zu sein, und sie führt normalerweise dazu, daß sie ihren Eltern gefallen wollen. Dies ist eigentlich das wichtigste Mittel, auf das Eltern bei der Motivierung und der Kontrolle des Verhaltens ihrer Kinder zurückgreifen können. Verfügen Eltern nicht über diese gegenseitige Bindung zu ihren Kindern, so sind sie hilflos. Sie haben keine Möglichkeit, die Kinder zum Tun oder Lassen zu zwingen, falls diese wirklich aufsässig geworden sind. Die Erfahrungen in Familienberatungsstellen und bei Jugendgerichten haben dies deutlich gezeigt.

Die wichtigsten Phasen des Prozesses – bei dem die Liebe der Eltern eine entsprechende Liebe bei den Kindern erzeugt – finden in den ersten Lebensjahren statt. Hauptsächlich in dieser Zeit wird entschie-

den, ob das Kind warm oder distanziert, vertrauensvoll oder mißtrauisch, optimistisch oder pessimistisch wird. Viele andere Merkmale – wie berufliche Interessen oder persönliche Angewohnheiten – werden erst später im Leben entwickelt. Doch die grundlegenden Merkmale werden im frühesten Alter festgelegt.

Manche Menschen betrachten die Liebe lediglich als Ausdruck körperlicher und emotionaler Zuneigung. Die elterliche Liebe ist vielseitiger. Sie umfaßt den Wunsch, die Kinder zu verantwortungsvollen und erfolgreichen Menschen heranwachsen zu lassen. Sie beinhaltet die tagtäglichen, wenn auch sehr freundlichen Ermahnungen, wie man sich verhalten muß, um so zu werden.

Viele weitere Faktoren spielen bei der Steuerung des Verhaltens von Kindern und bei ihrer Motivierung eine Rolle: das Beispiel der Eltern, ihre Aufrichtigkeit, ihre Konsequenz, ihre Selbstsicherheit, ihr Respekt für die Kinder, ihre Strafen, falls es sie gibt. Das weitaus Wichtigste ist aber die Liebe, die die Eltern für ihre Kinder empfinden, und die entsprechende Liebe der Kinder für sie.

In den folgenden drei Abschnitte möchte ich drei kontroverse Fragen zum Umgang mit Kindern behandeln: nachsichtig oder streng; autoritär oder demokratisch; auferlegte oder verinnerlichte Disziplin? Um die Unterschiede deutlich zu machen, werde ich in jedem Abschnitt die extremen Positionen schildern, obwohl Eltern natürlich niemals eine solche völlig einseitige Meinung vertreten. Anschließend werde ich meine eigene Position erläutern.

Nachsichtig oder streng

Zunächst möchte ich mich mit der häufig diskutierten Frage nach Strenge oder »Permissivität« auseinandersetzen. »Permissivität« ist ein Wort mit verschiedenen Bedeutungen. Falls nachsichtige aber zugleich vernünftige und wirksame Methoden im Umgang mit Kindern als »permissive« Methoden bezeichnet werden, dann bin ich dafür und verwende das Wort gerne ohne die Anführungszeichen. Heutzutage wird das Wort aber von den meisten Menschen abschätzig verwendet, um törichte, unterwürfige elterliche Verhaltensweisen zu bezeichnen, die anstrengende, verwöhnte Kinder hervorbringen. Ich verwende also lieber das Wort »Nachsichtigkeit«.

Manche zu Strenge neigende Eltern glauben, daß ihr Ansatz ein gutes Benehmen bei den Kinder garantiert und daß Nachsichtigkeit mit Sicherheit zu undisziplinierten und unhöflichen Sprößlingen führt. Beide Annahmen sind falsch – oder bestenfalls nur halbwegs wahr. Alles hängt von den Einstellungen oder unbewußten Motiven hinter den elterlichen Vorgehensweisen ab.

Die Methoden und Einstellungen der Eltern beim Umgang mit ihren Kindern werden hauptsächlich durch die Art und Weise festgelegt, in der sie selbst erzogen wurden. Wurde den Eltern beispielsweise beigebracht, daß sie unter allen Umständen höflich sein müßten, daß sie sofort zu gehorchen hätten und immer die ganze Wahrheit sagen müßten (wie in meinem Fall, obwohl ich nicht mehr so absolut daran glaube), dann werden sie dazu neigen, bei ihren Kindern die gleichen Werte zu betonen – es sei denn, sie selbst haben gegen Teile dieser Lehre rebelliert.

Haben die Eltern ungewöhnlich hohe Maßstäbe – zum Beispiel hinsichtlich Höflichkeit, Pünktlichkeit, Aussehen, Hilfsbereitschaft, Ordnung –, und achten sie auf die Einhaltung dieser Maßstäbe mit Strenge, sind dabei aber freundlich und liebevoll (wie bei vielen Eltern der Fall), so wird diese Kombination wahrscheinlich dazu führen, daß ihre Kinder als Erwachsene ähnlich hohe Maßstäbe und eine ähnliche Strenge besitzen, ohne daß ihr Seelenleben in irgendeiner wichtigen Weise beeinträchtigt wäre. Mit anderen Worten, Kinder müssen nicht unbedingt verklemmte, aggressive Individuen werden, nur weil sie streng erzogen wurden – wie uns viele Menschen glauben lassen möchten. Ich kenne recht viele Menschen, die streng aber liebevoll erzogen wurden und die prima Freunde und kreative Mitarbeiter wurden.

Andererseits gibt es Eltern, die als streng bezeichnet werden, die tatsächlich aber herrschsüchtig sind. Sie haben ein inneres Bedürfnis zu kommandieren und zu kontrollieren, auch dann, wenn sich ihre Kinder korrekt verhalten. Die Kinder sind meist sehr still, zumindest solange sie nicht selbst Eltern sind. Und dann gibt es die harten, feindlich gesinnten Eltern, die ihre Kinder ständig schlechtmachen, sie anschreien oder schlagen. Die Kinder solcher Eltern sind entweder völlig eingeschüchtert oder, falls sie sich wehren, unausstehlich aggressiv.

Viele herrschsüchtige und hartherzige Eltern glauben, daß die Angst der ausschlaggebende Faktor bei der Erziehung des Kindes ist. Sie erinnern sich nicht an die Kraft der Liebe, an den Wunsch nachzuahmen, etwas zu leisten, jemandem zu gefallen, Verantwortung zu übernehmen, erwachsen zu werden. Wenn es darum geht, Kinder – oder Erwachsene – zu guten Leistungen anzuhalten, sind diese Faktoren meines Erachtens unendlich viel wirksamer als die Angst. Die meisten Eltern, die sich auf die Angst verlassen, haben in ihrer eigenen Kindheit schon damit begonnen. Sie haben damals die Einstellungen ihrer Eltern übernommen. Einstellungen, die besagten, daß man sich nicht darauf verlassen kann, daß Menschen, einschließlich sie selbst, von guten Absichten geleitet sind und allein deswegen das Richtige machen, weil sie davon überzeugt sind.

Strenge ist nicht eine singuläre Einstellung oder Methode der Eltern. Ihr sind verschiedene Motive und Gefühle unterlegt. Und es sind gerade diese Motive und Einstellungen, und nicht die Strenge selbst, die darüber bestimmen, ob ein Kind verantwortungsbewußt oder kriminell, liebevoll oder feindlich, kooperativ oder unsympathisch wird.

Eine nachsichtige Vorgehensweise – bei der sich die Eltern nicht um Tischmanieren, Unterbrechungen von Gesprächen, unaufgeräumte Zimmer, schmutzige Hände und, solange niemand absichtlich unfreundlich ist, die feineren Aspekte der Höflichkeit kümmern – kann in ähnlicher Weise entweder gute oder schlechte Konsequenzen haben, je nachdem, welche Einstellung ihr zugrunde liegt. Sowohl in meinem Beruf wie auch im privaten Leben habe ich Hunderte von Kindern kennengelernt, die ohne Bestrafungen, ohne Drohungen und fast ohne Schelte oder mißbilligende Blicke erzogen wurden. Ihre Eltern hatten offensichtlich Respekt vor ihnen und pflegten einen entsprechend höflichen Umgangston. Wie alle guten Eltern mußten auch ihre Eltern sie natürlich häufig anleiten. Doch trotz der fehlenden Strenge sind diese Kinder das, was man normalerweise mit »gut erzogen« bezeichnet. Sie verhalten sich gegenüber ihren Eltern und ihren Lehrern kooperativ. Sie kommen ihren Pflichten nach. In der Schule erbringen sie mindestens »zufriedenstellende« Leistungen. Sie haben gute Freunde. Sie sind »nett«. Sie meckern und nörgeln nicht. Und diejenigen, die ich auch als Erwachsene kenne, sind anerkannte Mitbürger und erfolgreich in ihrem Beruf.

Kann man also sagen, daß eine nachsichtige Erziehung vorzuziehen ist? Nein, denn Nachsichtigkeit kann zu unerwünschten Ergebnissen führen, wenn sie von Eltern ausgeübt wird, die ihren Kindern gegenüber zu zaghaft und zu nachgiebig sind und die sich ihnen unterordnen. Sie verhalten sich vielleicht so, weil sie schon immer nachgiebig waren, oder weil sie Angst haben, ihre Kinder würden sie sonst nicht lieben, oder weil sie wegen der Mißstände, unter denen Kinder vergangener Generationen leiden mußten, ein schlechtes Gewissen haben, oder weil sie vermeiden wollen, daß ihre Kinder an ihnen so leiden, wie sie in der eigenen Kindheit an der Strenge ihrer Eltern gelitten haben. Aus welchem Grund auch immer, solche Eltern verlangen von ihren Kindern keinen Respekt: Sie lassen zu, daß sie sich unkooperativ, rücksichtslos, anmaßend oder unhöflich verhalten. Sind solche Kinder frustriert, so können sie in Extremfällen ihre Eltern mit Sätzen wie »Ich hasse dich« oder »Du stinkst« anschreien, ohne daß dies zu Konsequenzen seitens der Eltern führt. Es ist, als glaubten diese, solche Beschimpfungen verdient zu haben.

Über fast 100 Jahre ist eine teils falsche, teils nur halbwahre psychologische Theorie im Umlauf gewesen, die besagt, daß ganz einfach die Eltern Schuld am falschen Verhalten ihrer Kinder sind. Diese Theorie trifft gewissenhafte Eltern besonders schwer. Sie läßt außer acht, daß die Ursachen bestimmter Verhaltensweisen unglaublich komplex sind und daß die meisten Eltern ihr Bestes geben.

Ich erinnere mich an die Äußerung einer mit Scham erfüllten Mutter, die meinte, das unangenehme und anmaßende Verhalten ihres Sohnes sei wohl darauf zurückzuführen, daß sie seine grundlegenden Bedürfnisse nicht gestillt hätte. Ich sagte mir, daß es eines der grundlegendsten Bedürfnisse dieses Kindes sei, eine Mutter zu haben, die Respekt verlangt. In solchen Familien entsteht ein Teufelskreis: Die Eltern nehmen die volle Schuld für das Fehlverhalten ihres Kindes auf sich, haben ein zunehmend schlechtes Gewissen und unterwerfen sich dem Kind immer mehr. Daß die Eltern seine Beschimpfungen akzeptieren, erzeugt beim Kind auf einer unbewußten Ebene Schuldgefühle; denn unbewußt weiß jedes Kind, daß Eltern nicht so behandelt werden sollten. Das Kind führt sich dann instinktiv noch schlechter auf, als wollte es sagen: »Wie schlimm muß ich mich denn noch aufführen, bis Ihr mich so kontrolliert, wie ich meine, kontrolliert werden zu müssen? «

Es kann sein, daß ein Vater höchst kompetent mit zweien seiner Kinder umgeht und sich nur dem dritten gegenüber unterwürfig verhält. Hier kommt irgendein unbewußter Faktor zur Geltung. Das dritte Kind erinnert den Vater vielleicht an seinen eigenen Bruder, mit dem er sich früher nicht vertrug, wofür man ihm ein schlechtes Gewissen eingeredet hatte.

Auch hieraus schließe ich, daß die Frage nach Strenge oder Nachsichtigkeit nicht wesentlich ist. Entscheidend ist die Haltung, mit der sie ausgeübt werden. Strenge kann bei Eltern, die ihre Kinder lieben und respektieren, erfolgreich sein und muß nicht repressiv sein. Bei Eltern, die herrschsüchtig und aggressiv sind, führt sie zu Kindern, die Duckmäuser sind oder sich äußerst aggressiv verhalten, oder zu Kindern, die während der Kindheit sehr still, als Erwachsene aber aggressiv sind. Nachsichtige Eltern, die sich ihren Kindern unterordnen, bewirken, daß ihre Kinder unhöflich und anmaßend sind.

Bei Eltern jedoch, die Selbstachtung besitzen, kann eine nachsichtige Erziehung zu einem idealen Familienleben führen. Ihre von Zuneigung geprägte demokratische Einstellung erweckt liebevolle Gefühle bei den Kindern. Sie fühlen sich stolz, wie Erwachsene behandelt zu werden und wollen gefallen. Und steht ein so erzogenes Kind eines Morgens mit dem linken Fuß zuerst auf und verhält sich muffelig und unkooperativ, dann reagieren seine Eltern prompt und entschieden aber freundlich: »Es macht mir wenig Spaß, wenn du so mit mir sprichst!« Ein solch sanfter Vorwurf seitens der Eltern wird keine Wirkung zeigen, wenn Eltern und Kinder an laute Beschuldigungen gewöhnt sind; er ist aber sehr wirksam, wenn in der Familie gegenseitiger Respekt herrscht.

Autoritär oder demokratisch

Als nächstes möchte ich autoritäre und demokratische Verhaltensweisen miteinander vergleichen. Ich glaube, »mißtrauisch« mag vielleicht mehr zutreffen als das Wort »autoritär«. Eltern, die hierzu neigen, sind eher streng, weil sie glauben, daß sich selbst überlassene Kinder sich häufiger schlecht als recht benehmen. Sie meinen, daß Kinder nicht deshalb höflich, kooperativ, großzügig, fleißig oder ehrlich sein werden, weil sie diese Tugenden vorziehen, sondern weil sie Angst vor Mißbilligung und Bestrafung haben. Nur Wachsamkeit und häufige Korrekturen durch die Eltern werden sie auf den richtigen Weg bringen. Solche Eltern meinen, daß sie den Kindern nicht oft Entscheidungen überlassen können, nicht einmal, wenn diese schon im Jugendalter sind. Sie sagen: »Ich werde schon hören, ob du Klavier übst oder nicht.« »Mach erst deine Hausaufgabe, sonst darfst du nicht mit zum Spielen!« (Es kann sein, daß man eine solche Strafe androhen muß, falls sich ein Kind wiederholt unverantwortlich gegenüber seiner Arbeit verhalten hat. Gleichwohl führt dies beim Kind nicht zu Verantwortungsbewußtsein.)

»Mach es, weil ich es dir sage!« Ich habe Verständnis, wenn Eltern solche Befehle aussprechen, wenn dies nur sehr selten passiert, beispielsweise dann, wenn sie über das Kind verzweifelt sind, das doch genau weiß, warum sie um etwas gebeten haben, aber aus Lust am Streiten nachfragt. Ein solcher Befehl ist aber sicherlich nicht dazu geeignet, das Kind zur Zusammenarbeit anzuregen.

Ich entsinne mich an eine junge Mutter des autoritären Typs. Als ihr ihr Säugling zum erstenmal nach der Geburt gebracht wurde und am Daumen lutschte, meinte sie sofort mit vorwurfsvollem Ton: »Du böses Mädchen.«

Autoritäre Eltern empören sich über Schulen, die Kinder auch dann in die nächste Klasse befördern, wenn sie nicht in sämtlichen Fächern befriedigende Leistungen erbracht haben. Sie gehen davon aus, daß Schüler aufhören werden, etwas zu lernen, wenn sie merken, daß sie sowieso versetzt werden. Leider geben solche Eltern diese Haltung trotz eindeutiger Beweise, daß Kinder bessere Leistungen erbringen, wenn sie weiter gefördert anstatt rückversetzt werden, nicht auf.

Genauso wie Kinder andere Ängste ihrer Eltern übernehmen – egal ob sie Donner, Blitz oder Hagel betreffen –, akzeptieren sie auch die Ängste ihrer Eltern davor, daß sie hauptsächlich schlechte Absichten hegen, weswegen sie fest im Zaum gehalten werden müssen. Sie nehmen diese mißtrauische Darstellung ihrer Person an, obwohl sie sich gleichzeitig über die elterliche Strenge ärgern. Als Erwachsene nehmen die meisten von ihnen an, daß ihr braves Verhalten auf ihre strenge Erziehung zurückzuführen sei und zögern überhaupt nicht, die gleichen Methoden bei ihren eigenen Kindern anzuwenden.

Einige streng erzogene Kinder werden sich natürlich dagegen wehren und sich vornehmen, ihre Kinder anders zu erziehen. Aber eine so tiefgreifende Veränderung von einem mit Mißtrauen behandelten Kind zu einer vertrauenden Mutter bzw. einem vertrauenden Vater fällt sehr schwer.

Eltern mit einer entgegengesetzten Einstellung können als demokratisch oder vertrauensvoll bezeichnet werden: demokratisch und vertrauensvoll in dem Sinne, daß sie ihren Kinder die gleichen guten Absichten unterstellen und sie mit dem gleichen Respekt behandeln wie sich selbst. Obwohl ihnen klar ist, daß ihre Kinder aufgrund ihrer Unerfahrenheit ein großes Bedürfnis nach handfester Anleitung haben, neigen diese Eltern dazu, ihre Kinder an den Entscheidungsprozessen teilhaben zu lassen – in einem vernünftigen Rahmen. In ihren Augen sind Kinder überwiegend eifrig, fleißig, ehrlich, originell, kreativ, meistens gefällig, und sie streben nach Reife und Verantwortung. Sie respektieren die Gefühle ihrer Kinder, ihre Würde und ihre Individualität.

Kinder, die in einer hauptsächlich von Liebe und gegenseitigem Respekt geprägten familiären Atmosphäre aufwachsen, entwickeln Selbstvertrauen als zuverlässige Mitmenschen sowie Vertrauen zu anderen. Meist sind sie auch hoch motiviert. Wenn sie später eigene Kinder bekommen, gehen sie ganz selbstverständlich davon aus, daß sie sich gut entwickeln werden. Sie bevorzugen solche Erziehungsmethoden und pädagogische Theorien, die Kindern so viel Unabhängigkeit und Kreativität und so viele Freiräume wie möglich zugestehen.

Es gibt natürlich keine Eltern, die sich entweder völlig autoritär oder völlig demokratisch verhalten. Alle befinden sich auf einer Skala irgendwo zwischen beiden Extremen. Jeder von uns handelt in der einen Situation eher autoritär, in einer anderen eher demokratisch, und jeder von uns schwankt von Zeit zu Zeit.

In der Gesellschaft insgesamt sowie in unterschiedlichen sozialen Gruppen oder Regionen kann das Pendel erst in die eine, dann in die andere Richtung ausschlagen. Welche Richtung eingeschlagen wird, hängt von Faktoren ab wie der allgemeinen Einschätzung der ökonomischen Sicherheit oder des sozialen Friedens, der demokratische Einstellungen eher fördert. Während politischer Krisensituationen im In- und Ausland dagegen verlangen nicht nur Politiker nach strengerem Durchgreifen.

Wenn Eltern, die zu autoritären Einstellungen neigen, auch aggressive Menschen sind, die wegen ihrer Kinder ständig in Wut auszubrechen drohen – weil sie fürchten, die Kontrolle über sie zu verlieren, oder aus anderen Gründen –, dann werden die Kinder wahrscheinlich auch viel Aggressivität gegenüber anderen Menschen entwickeln. Ganz gleich ob sie nach außen hin betont unsympathisch wirken oder ob sie ihre Stimmungen verdrängen, die Aggressivität bleibt ein wichtiges Charaktermerkmal. Fühlen sich die Eltern mit ihrer Autorität sehr wohl, so werden die Kinder womöglich weniger flexibel und passen sich stärker als andere an. Sie bleiben aber freundliche Menschen.

Eltern, die eine demokratische Haltung annehmen, können beträchtliche Schwierigkeiten haben, wenn sie bei der Anleitung ihrer Kinder zu zaghaft sind. Dies macht sich besonders deutlich bei mangelnder Entschlossenheit hinsichtlich der Zusammenarbeit, der Höflichkeit, der Schlafenszeiten oder der Beteiligung an der Hausarbeit. Von früh an wissen Kinder sehr wohl, wer in verschiedenen familiären Situationen das Sagen hat. Sie wissen, ob ihre Eltern jede ihrer Forderungen erfüllen, ob sie ihrem Betteln nachgeben oder ob sie sich durch Zornesausbrüche oder Rufe wie »Ich hasse Dich!« kleinkriegen lassen. Mir sind einige Kleinkinder bekannt, die schon im Alter von acht Monaten richtige Tyrannen waren, weil ihre Eltern davor Angst hatten, jemals entschlossen aufzutreten. In einer Familie können die Eltern hinsichtlich ihrer Ablehnung von Limonaden und Süßigkeiten sehr bestimmt sein, aber immer nachgeben, sobald die Kinder sich gegen die Schlafenszeiten wehren. Die Kinder streiten also nicht um Süßigkeiten, gehen aber nie ohne ausgiebiges Feilschen ins Bett. In der anderen Familie mag es genau umgekehrt zugehen.

Ich persönlich neige stark zur demokratischen Position, weil sie meines Erachtens Qualitäten wie Flexibilität, Vernunft, Initiative und Selbstdisziplin fördert. Ich glaube aber auch, daß Eltern sich letztlich doch autoritär verhalten müssen, wenn sie entscheiden, daß ein Kleinkind trotz seines Protests ins Bett gehen muß, daß Cola verboten ist, daß Jugendliche nicht die ganze Nacht fortbleiben dürfen und daß Eltern das Recht auf Respekt haben.

Bevor sie ein Veto aussprechen, sollten Eltern den Bitten ihrer Kinder wohlwollend zuhören, die Fragen in einer demokratischen, nicht diktatorischen Weise erörtern und während der Diskussion zeigen, daß sie nicht willkürlich Einschränkungen auferlegen, sondern das Wohl der gesamten Familie im Sinn haben. Eltern können dabei ihren Sinn für Humor zeigen.

Sie sollten Gespräche fördern, in denen Gefühle offen diskutiert werden, einschließlich des Grolls der Kinder gegenüber ihren Eltern – vorausgesetzt, dies artet nicht in Beschimpfungen aus. Solche Diskussionen führen meist dazu, daß die kooperativen Verhaltensweisen der Kinder bestärkt werden. Allerdings nicht immer. Die Eltern haben dann das Recht (ich zumindest betrachte es als ein Recht), ihre Entscheidung durchzusetzen. Ihre Entscheidung sollte aber nicht im Ärger, der auf Unsicherheit oder Schuldgefühle ihrerseits hindeuten würde, sondern äußerst sachlich ausgesprochen werden.

Sich als Eltern demokratisch zu verhalten bedeutet nicht, daß man sich auf endlose Diskussionen über die kleinsten Fragen einlassen muß. Denn wenn Kinder entdecken, daß ihre Eltern zu zaghaft sind, um eine

Diskussion zu einem vernünftigen Schluß zu bringen, können sie allen Familienmitgliedern – sich selbst mit einbegriffen – das Leben schwermachen.

Auferlegte oder verinnerlichte Disziplin

Vor einigen Jahren führten Psychologen Untersuchungen durch, um die unterschiedlichen Wirkungen von autoritären und demokratischen Disziplinierungsmaßnahmen auf 10- bis 12jährige Jungen herauszufinden. Die Wissenschaftler organisierten Freizeitvereine und luden die Jungen ein, Mitglied zu werden.

Während der autoritären Phase der Untersuchung rief der Vereinsleiter die Jungen gleich bei der ersten Sitzung zur Ordnung und gab bekannt, daß sie kleine Tische bauen würden. Er fuhr dann – wie auch in späteren Phasen – fort, die Arbeitsschritte, die notwendigen Werkzeuge und Arbeitsmaterialien, die Art und Weise, wie diese zu beschaffen und verwenden seien sowie die Aufgaben jedes einzelnen bzw. jeder Gruppe aufzulisten. Bis auf eine geplante Abwesenheit blieb er ständig allgegenwärtig. Er gab Anleitungen, korrigierte und tadelte. Er verwarf sämtliche Vorschläge von seiten der Jungen, die bald aufhörten, überhaupt Vorschläge zu machen.

Die Durchführung der demokratischen Phase der Untersuchung verlief völlig anders. Der Leiter erklärte den Jungen, daß dies ihr Verein sei und sie bestimmen sollten, welches Projekt sie in Angriff nehmen. Verschiedene Mitglieder schlugen Projekte vor. Einige wurden verworfen, weil sie nur wenigen gefielen. Der Vorschlag, ein richtiges Flugzeug zu bauen, in dem ein Junge fliegen könnte, erschien allen zunächst sehr attraktiv. Doch die weitere Diskussion – über solche praktischen Fragen wie Kosten und Flugerlaubnis der Eltern – führte zur Aufgabe der Idee.

Der Leiter beteiligte sich stark an dieser Gruppe. Traten Störungen auf, so kontrollierte er sie durch vernünftige Argumente. Manchmal lenkte er die Diskussion, indem er Fragen aufwarf, die die Jungen noch nicht überlegt hatten. Aber er überließ ihnen mit Bedacht die meisten Vorschläge, Argumente und Entscheidungen. Entschlossen sich die Jungen zu einer Vorgehensweise, die er für zweifelhaft hielt, wie zum Beispiel, Werkzeuge von einem Zimmermann auszuleihen, ließ er sie gewähren – solange niemand daran Schaden nehmen konnte. Sie sollten selbst die Erfahrungen machen, daß kein vernünftiger Zimmermann sich solches Vertrauen und solche Großzügigkeit leisten kann.

So verschieden die Führungsstile in den beiden Gruppen waren, genauso unterschiedlich waren auch die Ergebnisse. Entschieden sich nach langen Überlegungen die Jungen in der demokratisch geführten Gruppe beispielsweise dafür, Nistkästen zu bauen, so folgten Diskussionen hauptsächlich zwischen den Jungen, unter gelegentlicher Anleitung des erwachsenen Leiters. Sie besprachen, wie sie an Baupläne herankommen könnten und welchen Plan sie aussuchen sollten; in welcher Reihenfolge die Arbeitsschritte ausgeführt werden sollten; welche Arbeiten besser der Gruppe und welche einzelnen übertragen werden sollten. Nachdem mehr und mehr Entscheidungen gefällt und realisiert wurden und nachdem die Jungen die Fähigkeiten der anderen besser kennengelernt hatten, übertrugen sie selbst die Aufgaben an einzelne oder an Untergruppen. Dies hatte zur Folge, daß jeder Junge das Gefühl bekam, innerhalb der Gruppe eine besondere Verantwortung zu tragen.

In welcher Gruppe, unter welcher Art der Anleitung wurden Gegenstände schneller hergestellt? Die Arbeit unter der autoritären Methode ging wesentlich schneller. Diese Methode erbrachte auch vollkommenere Produkte. Sobald aber der autoritäre Leiter den Raum verließ, legten fast alle Jungen ihre Arbeit nieder und fingen an zu toben. Dabei verhielten sich einige von ihnen gegenüber gehorsameren Gruppenmitgliedern recht aggressiv. Manche beschädigten sogar ihre Arbeiten. Offensichtlich hielten sie das Projekt, das ihnen der Leiter von Anfang an aufgezwungen hatte, für seine und nicht für ihre Sache. Und sie fühlten sich berechtigt, es in seiner Abwesenheit fallenzulassen. Einige nahmen dem Leiter seine Vorherrschaft offensichtlich so übel, daß sie ihre Frustrationen an den anderen ausgelassen haben.

Verließ andererseits der demokratische Leiter den Raum, so wurde die Arbeit fast genauso gezielt fortgeführt wie während seiner Anwesenheit. Die Jungen wußten, daß es sich um ihr eigenes Projekt handelte. Sie kannten die nächsten Arbeitsschritte ziemlich genau. Die Verantwortungsbereiche der einzelnen Gruppenmitglieder waren ihnen bewußt. Und sie waren eifrig dabei, die Arbeit voranzutreiben.

Es gab noch einen dritten Teil der Untersuchung: eine weitere Gruppe, deren erwachsener Betreuer überhaupt keine Leitungsfunktionen übernahm. Diese Methode wird meist mit dem französischen Begriff »laissez-faire« gekennzeichnet, was soviel bedeutet wie »Gewährenlassen«. Die Aufgabe des Leiters beschränkte sich auf bloße Anwesenheit. Es wurde ihm erlaubt, Hilfestellung dann zu leisten, wenn er darum gebeten wurde; aber er sollte in keiner Weise irgendeine Führungsrolle einnehmen. In dieser Gruppe trödelten die Jungen lediglich herum. Weder haben sie etwas zustande gebracht, noch haben sie irgend etwas entschieden. Ab und zu forderten einige reifere Jungen die Gruppe auf, sich zu organisieren und ein Projekt zu wählen. Die anderen stimmten für einen Augenblick zu. Doch die führenden Jungen verfügten nicht über genügend Führungseigenschaften, um in der Gruppe Ordnung herzustellen und aufrechtzuerhalten.

Ich bin froh, daß die Untersuchung auch die laissez-faire-Methode berücksichtigte, denn viele Menschen (meist Anhänger der autoritären Führungsphilosophie) meinen, daß es für Eltern, Lehrer oder Gruppenleiter nur zwei Möglichkeiten gibt, Kinder zu leiten. Die eine Methode ist, sie ständig herumzukommandieren und zu korrigieren, was ihres Erachtens zu gutem Benehmen und konstruktiver Tätigkeit führen soll. Die andere Methode besteht darin, sie genau das tun zu lassen, was sie tun wollen, was zu schlechtem Benehmen führt. Wie die beschriebene Untersuchung aber zeigte, gibt es einen großen Unterschied zwischen der demokratischen Führungsweise, bei der es um die Förderung sozialer Fähigkeiten, der Selbstdisziplin sowie das Erzielen konkreter Ergebnisse geht, und dem »laissez-faire«, das keinerlei Führung anbietet.

Die Untersuchung macht deutlich, daß die autoritäre Führung zu vollständigen Ergebnissen sowie zum Erlernen manueller Fähigkeiten führen kann. (In der Schule kann sie bei gut motivierten Kindern zum Erlernen einfacher Fertigkeiten wie Rechtschreibung oder einfaches Rechnen angewendet werden.) Sie lehrt aber nicht, wie man zusammenarbeitet – ganz im Gegenteil. Und da die Ordnung, die sie erzeugt, von außen aufgezwungen wird, fällt sie auseinander, sobald der Leiter abwesend ist. Die demokratische Führungsweise baut dagegen Selbstdisziplin auf, die unter den meisten Bedingungen erhalten wird, denn sie speist sich von innen.

Dieses gute Ergebnis beruht darauf, daß den Jungen vom Leiter allmählich immer mehr Verantwortung und Pflichten übertragen wurden und daß die Jungen erfahren konnten, daß sie dieser Verantwortung gerecht wurden. Hieraus entstanden Selbstvertrauen, Stolz, Initiative und Einfallsreichtum; Eigenschaften, die beim Kind allmählich zu Charaktermerkmalen werden. Eine solche Haltung führt dazu, daß Studenten später – in den letzten Jahren des Gymnasiums, an der Universität und an den beruflichen Akademien – für ihren Lernerfolg selber verantwortlich sind, anstatt sich nur nach äußerlichen Anforderungen wie z. B. Hausaufgaben zu richten. Im späteren Leben werden Menschen durch diese Eigenschaften motiviert, ihre beruflichen Aufgaben zu erfüllen – und zwar nicht nur ausreichend, damit sie ihre Stelle behalten, sondern möglichst gut, weil sie die Arbeit mit Spaß verrichten möchten. Sie erkennen, wie ihre Arbeit, zu Hause oder im Beruf ständig verbessert werden kann, und sie empfinden Befriedigung bei der Verbesserung.

Kinder, die zu Hause und in der Schule demokratisch geführt werden, lernen auch, sich in Gruppen gut zurechtzufinden, sei es zu Hause, in ihrem Beruf oder im öffentlichen Leben. Sie lernen, den Vorschlägen anderer zuzuhören, in angemessener und überzeugender Weise eigene Vorschläge zu machen, die besonderen Fähigkeiten anderer zu erkennen und anzuerkennen und ihnen zu helfen, den richtigen Job zu übernehmen, die Führung eines anderen zu akzeptieren, aber auch selbst zu führen – wobei sie nicht herummäkeln oder die Gruppe dominieren sondern sie inspirieren.

Einige Eltern, die als Kinder selbst autoritätsbezogene Schulen besucht haben, in denen die Kinder in festen Reihen gesessen sind, nur sprechen durften, wenn sie dazu aufgefordert wurden, niemals um eigene Kommentare oder Beiträge gebeten wurden und keine Kontakte zu den anderen Kindern hatten (außer beim heimlichen gegenseitigen Ärgern oder »Briefeschreiben«), sind befremdet, wenn sie Schulklassen sehen, in denen die Kinder in lockeren Gruppen arbeiten. Sie sehen, daß die Kinder aufstehen, um Materialien zu holen, den Lehrer oder andere Kinder etwas fragen, nach ihren Ansichten gefragt werden, um diese offen zu diskutieren, gemeinsam in Gruppen an bestimmten Projekten arbeiten – häufig ohne daß sie dabei direkt beaufsichtigt werden –, darüber mitentscheiden, welches Kind eine besondere Aufgabe übernehmen soll, wie beispielsweise in die Bibliothek gehen, um fehlende Informationen zu besorgen. Autoritätsfixierten Eltern erscheint eine solche Atmosphäre als zu »frei«, fast als chaotisch.

An guten Schulen unterstützen die Lehrer heutzutage die Spontanität, eigenständiges Denken und Lernen, Selbstdisziplin, Kooperation, Anerkennung von anderen – Eigenschaften und Fähigkeiten, die genauso wichtig sind wie die Rechtschreibung oder das kleine Einmaleins. Auf Dauer sind sie wesentlich wichtiger als zu lernen, wie man so still sitzt, daß man dem Lehrer nicht auffällt.

Wenn Kinder wirklich vom Erlernen von Initiative und Verantwortung in ihrer Schulzeit profitieren sollen, dann sollten die Eltern schon in der Vorschulzeit damit beginnen, diese Eigenschaften einzuüben – das kann sogar schon bei zweijährigen Kindern anfangen. Wenn Kinder dagegen im frühen Alter schon lernen, daß sie am besten mit den Eltern zurechtkommen, wenn sie das machen, was ihnen gesagt wurde, ohne zu fragen, ohne zu diskutieren, nur um artig zu sein, so lange wie die Eltern es wünschen – wie soll dann selbst der beste Lehrer in der Schule diese Kinder zu Neugier, Selbstmotivation oder Selbstdisziplin erziehen? Die Grundmuster sind längst schon festgelegt.

Wie können Sie einen demokratisch orientierten Erziehungsstil praktizieren, wenn Ihr Kind erst ein Jahr alt ist? Natürlich nicht dadurch, daß täglich gemeinsame Familiensitzungen abgehalten werden. Lassen Sie das Kind, solange seine Sicherheit oder Ihre Wertgegenstände nicht bedroht sind, die Umwelt ungehindert entdecken und mit allem spielen. Sagen Sie nicht dauernd: »Nein, nein!«, und geben sie dem Kind keinen Klaps, wenn es etwas Neues entdecken möchte. Räumen Sie alles Zerbrechliche vorübergehend aus dem Weg und versuchen Sie nur wenige Verbote gleichzeitig durchzusetzen. Lassen Sie es mit Löffeln, Schaumschlägern oder Eierkartons spielen und auf Sesseln und Sitzkissen herumklettern. Es soll eigene Entscheidungen treffen können.

Wenn das Kind zwei oder drei Jahre alt ist, sollten Sie versuchen, alle seine ernsthaften Fragen zu beantworten. (Manchmal gewöhnen sich kleine Kinder eine trotzige Art an, Fragen zu stellen. Beispielsweise wenn sie jede Äußerung der Eltern mit der Frage: »Warum?« beantworten, ohne überhaupt darauf zu achten, was die Eltern sagen. Dann macht es natürlich keinen Sinn, auf die Frage zu antworten.) Ermutigen Sie das Kind, wenn es Ihnen aus eigener Initiative helfen will, sei es, das Laub zusammenzukehren, den Tisch zu decken oder aufzuräumen. Verzichten Sie auf diese Hilfe auch dann nicht, wenn sie Ihnen noch zusätzliche Arbeit bereitet. Später sollten Sie dem Kind solche Aufgaben als eigene Pflichten übergeben.

Wenn ein Kind fünf oder sechs Jahre alt ist, können Sie mit ihm schon über Alternativen für einen Ausflug oder für den Urlaub diskutieren. Es kann dann seine Vorlieben einbringen. Machen diese einen Sinn, dann hat das Kind an der Entscheidung der Familie teilgehabt. Sind die Vorschläge des Kindes undurchführbar, dann sollten Sie dem Kind die Gründe dafür erklären. Wenn ein Vorschulkind oder ein Schulkind Sie beispielsweise bei einer Hausaufgabe oder beim Reparieren eines Spielzeugs um Hilfe bittet, dann sollten Sie zunächst das Kind nach seinen eigenen Vorschlägen fragen. Sie machen damit deutlich, daß häufig auch das Kind gute Vorschläge für die Lösung eines Problems machen kann. (In keinem Fall sollten Eltern die Hausaufgaben der Kinder machen!) Wenn Sie dem Kind ein Taschengeld geben oder es für die Erledigung von Hausarbeiten bezahlen, dann sollten Sie ihm bei der Ausgabe dieses Gelds keine Vorschriften machen (außer es kauft etwas, das gefährlich sein könnte). So kann es den Umgang mit seinem Geld durch eigene Erfahrung lernen. Lassen Sie das Kind, solange es sinnvoll ist, seine Kleidung selbst aussuchen, selbst wenn Sie meinen, daß sein Geschmack sehr zu wünschen läßt.

Wenn das Kind bei einem eigenen Projekt ganz offensichtlich auf dem Holzweg ist, sollten die Eltern dem Impuls widerstehen, es zu kritisieren oder Ratschläge zu geben – solange sie nicht darum gebeten werden. (Für mich als Vater war dies sehr schwierig. Ich wollte dem Kind immer einen besseren oder ausgefeilteren Weg vorschlagen, etwas zu bauen.)

Wenn Kinder in der Familie eine zeitweilige oder dauerhafte Aufgabe übernehmen sollen, dann ist es aus der Perspektive der demokratischen Erziehung angebracht, dies in Frageform vorzubringen:»Was meint ihr, wer von uns könnte diesen Job am besten übernehmen?«»Wer will diese Aufgabe freiwillig erledigen?«»Wer hat noch nicht im Garten gearbeitet?« So können die Kinder erkennen, daß das Übertragen von Hausarbeiten keine Form elterlicher Repression ist. Und indem sie ihre Aufgabe erledigen, entwickeln sie Verantwortungsgefühl gegenüber der ganzen Gruppe.

Meine Meinung zur Disziplin

Seit 1968 wird mir nachgesagt und vorgehalten, ich vertrete die Position einer allzu nachsichtigen Erziehung. Zugleich wird behauptet, ich hätte als Reaktion auf die Angriffe meine »nachsichtige« Philosophie widerrufen und würde statt dessen eine strikte Position vertreten. Wenn – wie die meisten Menschen glauben – »nachsichtig« bedeutet, Kindern alles zu erlauben, was sie haben, machen und sagen wollen, dann habe ich niemals eine solche Philosophie vertreten. Tatsächlich bin ich vom Gegenteil überzeugt: Es stört mich ernsthaft, wenn zugelassen wird, daß Kinder anmaßend oder unkooperativ sein können.

Wenn heute meine Söhne interviewt werden, dann berichten sie, daß ich ein ziemlich strenger Vater war. Und Menschen, die mich auf der Straße ansprechen, um mir zu sagen:»Danke dafür, daß Sie mir bei der Erziehung meiner beiden Kinder geholfen haben!« fügen häufig hinzu:»Und ich meine überhaupt nicht, daß Ihr Buch zu nachsichtig ist!«»Baby and Child Care« ist 1945 zum erstenmal erschienen, und niemand, der mit dem Buch wirklich gearbeitet hat, hat mir vorgeworfen, es predige zu große Nachsichtigkeit. Das Buch fordert im Gegenteil von den Eltern, daß sie die Kindern deutlich und fest führen und Kooperation und Höflichkeit als Gegenleistung von den Kindern erwarten sollen.

Die ersten Anschuldigungen hinsichtlich der Nachsichtigkeit kamen zwei Wochen später, nachdem ich von der Administration von Präsident Johnson öffentlich angegriffen wurde, weil ich aktiv gegen den Krieg in Vietnam opponierte. Die Beschuldigungen nahmen durch Reverend Norman Vincent Peale die Form eines Kreuzzugs an. Er behauptete, daß der Mangel an Verantwortungsgefühl, an Disziplin und an Patriotismus, den er bei jungen Menschen auszumachen glaubte (dies bezog sich auf deren Weigerung, in einem Krieg zu töten oder getötet zu werden, den sie mit den Prinzipien und besten Interessen ihres Landes für unvereinbar hielten), dadurch hervorgerufen wäre, daß ich ihren Eltern geraten hätte, die Wünsche ihrer Babys sofort zu befriedigen.

Dies hat mir deutlich gemacht, daß der Reverend das Buch niemals gelesen hatte, denn es ist darin nichts zu finden, woraus man auch nur im entferntesten auf die »sofortige Befriedigung von Wünschen« schließen könnte. Er hat – wie auf die jugendlichen Demonstranten – lediglich sein Vorurteil auf mich gerichtet, denn auch ich opponierte gegen den Krieg.

Seine Beschuldigungen wurden bereitwillig von den konservativen Zeitungen und Kommentatoren im ganzen Land, die den Krieg unterstützten, aufgegriffen. Sie waren über die Einstellung der Jugend besorgt und auf eine Erklärung erpicht. Am meisten hat Spiro Agnew zur Verbreitung der Anschuldigungen beigetragen. Erinnern Sie sich noch an ihn? Er mußte als Vizepräsident zurücktreten, als herauskam, daß er von einer Straßenbaufirma in Maryland, wo er früher Gouverneur war, immer noch Schmiergelder bekam. Glücklicherweise konnte mich niemand beschuldigen, daß ich etwas zur Erziehung von Agnew beigetragen habe. Er wuchs auf, bevor mein Buch erschien.

Vor einem Dutzend Jahre gingen dann Berichte durch die Presse, ich hätte meine Philosophie widerrufen. In einer Pressemitteilung der Zeitschrift »Redbook« (in der Spock eine regelmäßige Kolumne hatte, Anm. d. Ü.) wurde auf eine Kolumne hingewiesen, in der ich ein halbes Dutzend Ursachen dafür untersuchte, daß einige Eltern zögern, eine feste Haltung gegenüber ihren Kindern einzunehmen. Die Pressemitteilung stellte nur einen dieser Gründe in den Mittelpunkt: Experten (mich eingeschlossen), die für Eltern schreiben, vermitteln Eltern mit wenig Selbstvertrauen den Eindruck, daß nur die Experten wüßten, wie man Kinder richtig erziehe. Die Schlagzeile der Pressemitteilung lautete: »Warum gibt es so viele ungezogene Kinder? Dr. Spock macht die Experten verantwortlich.«

Zeitungs- und Nachrichtenredakteure, die mich als den Vertreter einer nachsichtigen Erziehungsphilosophie betrachteten, interpretierten diese Pressemitteilung so, als hätte ich mich nun von meinen früheren Überzeugungen abgewendet, da sie mißratene Kinder produzierten. In der Folge erhielt ich zahlreiche Interviewanfragen aus der ganzen Welt, worin ich gefragt wurde, warum ich widerrufen hätte. Ich bestritt, daß ich jemals eine nachsichtige Philosophie vertreten hätte oder daß ich meine Meinung nun gewechselt hätte. Aber es ist unmöglich, gegen eine falsche Schlagzeile anzugehen. Noch heute werden mir in jeder Woche die gleichen alten Fragen gestellt. Sie werden verstehen, daß ich in dieser Frage empfindlich geworden bin!

Natürlich habe ich im Buch »Säuglings- und Kinderpflege« viel geändert, seit es vor mehr als vier Jahrzehnten zum ersten Mal erschienen ist. Aber meine Grundüberzeugungen hinsichtlich der Disziplin und des Umgangs mit Kindern haben sich nicht geändert. Ich möchte diese auf verschiedene Weise erläutern, um sie so klar wie möglich darzustellen.

Kinder arbeiten intensiv an sich, um erwachsen zu werden, um reifer zu werden, um mehr Verantwortung für andere übernehmen zu können. Von Beginn an entdecken und entwickeln sie ihre Fertigkeiten mit unendlicher Geduld. In der Phase zwischen drei und sechs Jahren beobachten sie ständig ihre geliebten Eltern und versuchen sie nachzuahmen.

Erst seit den zwanziger Jahren wissen wir aus entwicklungspsychologischen Untersuchungen, wie absichtsvoll und motiviert Kinder handeln können. Sowohl in Europa als auch in Amerika wurde dies in der Vergangenheit selten beachtet. Kinder wurden wie Sklaven behandelt (und noch nicht einmal als wertvoll betrachtet) oder als zweit- und drittklassige Menschen. Lehrer verprügelten sie nach eigenem Gutdünken, Unternehmer mißbrauchten sie, indem sie ihre Arbeitskraft aus-

159

beuteten. Eltern und Geistliche unterstellten, sie wären mit der Veranlagung geboren, Böses zu tun, von der sie nur durch ständige Wachsamkeit, Züchtigungen und Bestrafungen erlöst werden könnten.

Kinder müssen respektiert werden, denn sie sind im allgemeinen genauso idealistisch wie Erwachsene, genauso ehrlich, originell, kreativ, liebevoll und treu. Eltern können den Respekt für ihre Kinder auf vielfache Weise ausdrücken – indem sie freundlich mit ihnen reden, ihnen Dinge erklären, wenn sie darum gebeten werden, ihren Erzählungen mit Interesse zuhören, ihre berechtigten Wünsche erfüllen, ihr Mitgefühl bei Kummer, Ärger oder Schuld ausdrücken und sie bei Hausarbeiten und anderen Projekten höflich um ihre Hilfe bitten.

Es ist wichtig, daß Eltern in ihrem Verhalten zeigen, daß sie von ihren Kindern Respekt verlangen und sich selbst gegenseitig respektieren. Damit ist nicht gemeint, daß Eltern ihren Kindern Predigten halten sollen, viel einfacher: Eine Mutter sollte beispielsweise einem quengeligen, acht Monate alten Baby nicht erlauben, daß es an ihren Haaren zieht, oder verhindern, daß sie ihr zahnendes Kind in den Arm beißt. Sie sollte nicht böse werden oder zurückbeißen, sondern einfach das Kind zurückziehen, wenn sie den Biß ahnt. Wenn ein Einjähriges damit beginnt, immer dann zu schreien, wenn es etwas bekommen möchte, dann sollte die Mutter ruhig und bestimmt sagen, daß sie das Schreien nicht mag, und die Aufmerksamkeit des Kindes auf ein anderes Spielzeug lenken. Damit zeigt sie, daß Schreien kein Mittel ist, um etwas Gewünschtes zu erhalten. Wenn ein vierjähriges Kind seine Mutter zum ersten Mal mit »dumme Kuh« bezeichnet oder zum Vater sagt: »Ich hasse dich!«, dann sollten die Eltern ihre Besorgnis darüber sofort ausdrücken: »Es macht mich sehr traurig, wenn du so sprichst!« Und wenn ein älteres Kind so redet oder sich weigert, in der Familie mitzuhelfen, dann können die Eltern beispielsweise seine Hand nehmen und sehr ernsthaft sagen: »Ich weiß, wie du dich manchmal über mich ärgerst. Und ich weiß, daß du nicht immer das machen möchtest, worum ich dich bitte. Aber in dieser Familie hat jeder mitzuhelfen, selbst dann, wenn er dazu keine Lust hat!«

Ich betone immer wieder, wie wichtig es ist, daß Eltern in ruhiger aber bestimmter Weise mit ihren Kindern sprechen. Schreien, schimpfen oder schlagen sie, verlieren sie ihre Position als moralisches Vorbild. Sie begeben sich dann auf die Ebene des ungezogenen Kindes, letztlich reduziert sich dann alles auf die Frage, wer lauter oder länger schreien kann.

Im 20. Jahrhundert wurde erkannt, daß Kinder einen starken inneren Trieb besitzen, sich zu entwickeln und heranzureifen, und daß es möglich ist, sie respektvoll – ohne Züchtigungen und Strafen – zu erziehen. Dies hat bei Eltern drei unterschiedliche Reaktionen bewirkt.

Einige haben diese neue Philosophie begrüßt und ihre Kinder mit mehr Freundlichkeit und mehr Vertrauen behandelt. Zugleich haben sie ihren Selbstrespekt gewahrt und die Achtung ihrer Kinder gewonnen. Dies kann als Ansatz des gegenseitigen Respekts bezeichnet werden. Mit ihm werden kooperative, flexible, höfliche und warmherzige Kinder erzogen.

Andere Eltern werden von den guten Absichten ihrer Kinder überwältigt. Sie sind sich so deutlich des Mangels an Expertenwissen und des Mißbrauchs von Kindern in der Vergangenheit bewußt, daß sie mit Schuldgefühlen ihre eigenen Kinder moralisch gewissermaßen über sich selbst stellen. Solche Eltern neigen dazu, sich einem hohen Maß von Bestrafungen durch ihre Kinder zu beugen. Sie akzeptieren Unverschämtheiten und das Fehlen von Kooperation. Sie geben den Kindern mehr Besitztümer und Privilegien, als vernünftig wäre. Dies ist für mich typisch für eine viel zu nachsichtige Erziehung. Sie führt zu Kindern, die stark im Diskutieren und Fordern sind, aber schwach bei der Kooperation und in der Höflichkeit. (Diese Erziehung bringt zugleich auch das Konzept des gegenseitigen Respekts in Verruf.)

Eine dritte Gruppe von Eltern schließlich ist zutiefst davon überzeugt – vielleicht durch die Art und Weise, wie sie selbst erzogen wurde –, daß Kinder faul, destruktiv, ungehorsam und böse werden, wenn sie nicht durch häufige Warnungen und Bestrafungen geführt werden. Solche Eltern werden durch Experten und andere Eltern, die auf Liebe und Verständnis bauen, die die Schule interessant machen wollen und die zu Hause, aber auch vor dem Jugendgericht auf Milde setzen, in höchstem Maß alarmiert. Sie können nur Unheil sehen, wenn Kinder zu »weich« erzogen werden. Eine solche Erziehung produziert Duckmäuser oder Kinder, die aggressiv, unflexibel und zurückweisend sind.

Natürlich sind dies Extreme. Die meisten Eltern neigen zu einem Stil, zeigen in ihrem tatsächlichen Verhalten aber Spuren der anderen Stile – besonders in Zeiten des Zweifels oder unter Streß. Ich selbst bin ein überzeugter Verfechter der Philosophie des gegenseitigen Respekts.

Kinder mögen voller guter Absichten stecken, doch sie beginnen ohne Erfahrungen und haben eine impulsive Natur. Sie benötigen viel Aufsicht und klare Anleitungen. Babys sollten stufenweise lernen, was

»nein« bedeutet. Ein zwei- oder dreijähriges Kind muß lernen, eine Straße nur dann zu überqueren, wenn es von der Hand der Mutter oder des Vaters gehalten wird. Ein Schulkind muß pünktlich sein, um den Bus zu erreichen. Jugendliche müssen abends zu einer bestimmten Zeit zu Hause sein.

Um in der Familie zufrieden zu sein, müssen sich Kinder der Familie verpflichtet fühlen. Es sollte von ihnen erwartet werden, daß sie sich höflich benehmen. Sie sollten ihre Spielsachen wegräumen (während der ersten Lebensjahre noch mit Hilfe der Eltern); sie sollten bei der Zubereitung von Mahlzeiten sowie beim Abwaschen helfen, sie sollten ihre Zimmer aufräumen, Müll raustragen und Gartenarbeiten verrichten – alles ihrem Alter, ihren Fähigkeiten sowie den Wünschen ihrer Eltern entsprechend. Zugleich sollten sich die Eltern weder herrisch, unsympathisch noch strafend aufführen. Ist beispielsweise ein Freund der Eltern zu Besuch, und benötigen Sie deshalb die Hilfe Ihres Kindes bei der Zubereitung des Abendessens, so sollten Sie es nicht gereizt anschreien: »Mach sofort den Fernseher aus und deck den Tisch!« Wenn ein Vorgesetzter bei der Arbeit mit der Leistung eines neuen Mitarbeiters nicht zufrieden ist, dann rauscht er ja auch nicht herein, um ihm eine Ohrfeige zu verpassen. Statt dessen erklärt er ihm, was er anders zu machen hätte, damit die Arbeit besser gelingt – und zwar wiederholt, falls notwendig. Genauso sollten wir mit unseren Kindern umgehen. Leider werden die meisten von uns manchmal zu ungeduldig und ungehalten gegenüber unseren Kindern, so daß diese mit den Zähnen knirschen und sich unkooperativ verhalten möchten.

Es gibt viele Gründe dafür, warum wir so leicht unsere Geduld verlieren. Wir neigen dazu, unsere Kinder unnötigerweise herunterzumachen, weil unsere Gesellschaft allzu gespannt und kompliziert ist, wie ich im ersten Kapitel schon erörtert habe. Der wichtigste Grund scheint mir aber zu sein, daß die meisten von uns während der eigenen Kindheit auch mit Ungeduld behandelt wurden. Beobachten Sie einmal, wie Vier- und Fünfjährige ihre Puppen genauso ausschimpfen und versohlen wie sie selbst bestraft werden, und diese Haltung wird wahrscheinlich bis ins Erwachsenenalter andauern. Ich meine nicht, daß wir alle dazu verurteilt sind, das Beispiel unserer Eltern bis ins kleinste Detail nachzuahmen. Der Drang dazu ist aber äußerst stark.

Bestrafung

Ab und an, wenn ich in einer Stadt ankomme, um einen Vortrag zu halten, werde ich von einem jungen, ledigen Journalisten interviewt. Der fragt mich dann mit ernsthafter Stimme:»Doktor Spock, glauben Sie an körperliche Bestrafung?« Dies ist ziemlich frustrierend. Denn wenn ich nicht sofort»Kein Kommentar«sage, sondern erläutere, daß es viele andere Faktoren gibt, die bei der Disziplinierung zunächst kommen und wichtiger sind, dann sieht er mich mißbilligend an und fragt:»Sie glauben also, daß man Kindern freien Lauf geben sollte?«

Dieser Standpunkt – daß man ein Kind entweder körperlich bestraft oder es verwöhnt – wird recht häufig vertreten, meist von Männern und besonders von kinderlosen Mitmenschen. (Die meisten Eltern sind durch Erfahrung gezwungen, solche Simplifizierungen aufzugeben.)

Ich kann mich erinnern, daß ich als Kind einige wenige Male körperlich gezüchtigt wurde. Dies wurde von meinem Vater – auf Anraten meiner Mutter – mit Ernst durchgeführt. Er schlug meine Handflächen mit dem Rücken einer Haarbürste. Ich erinnere mich noch an die schreckliche angst- und schuldbeladene Stimmung, die herrschte, nachdem meine Mutter ihr Urteil ausgesprochen hatte, bis mein Vater nach Hause kam, um die Bestrafung durchzuführen.

Für den Rest meiner Kindheit hatte mich meine Mutter fest in der Hand durch ihre strengen Entscheidungen und noch strengeren Mißbilligungen. Sie hat nicht einfach nur ein Verhalten mißbilligt. Ihr Gesichtsausdruck dabei sollte den Entzug von Liebe – der in diesem Moment auch tatsächlich stattfand – und ihre Verurteilung und Verärgerung ausdrücken. Ich bezeichne so etwas als moralische Disziplinierung. Sie hat den Zweck, beim Kind Schuldgefühle hervorzurufen. Von meiner Mutter wurde sie in einer unnötig strengen Form angewandt. In dieser einfachen Kindheitsform bedeuten Schuldgefühle Angst davor, die Liebe der Eltern und alles das, was die Liebe in diesem Stadium der Abhängigkeit bedeutet, zu verlieren. Wenn Kinder älter werden, verändert sich die Furcht, die Anerkennung der Eltern zu verlieren, allmählich in die Furcht vor Vorwürfen des eigenen Gewissens oder der Gesellschaft.

Wie dem auch sei, die sechs Kinder meiner Mutter hatten kaum, falls überhaupt, irgendeine Form offener Bestrafung nötig – weder körperlicher Art noch durch Entzug von Privilegien oder Geschenken noch durch Isolierung. Eine Warnung, ein Ausschimpfen war schon schlimm genug und ebenso wirksam. Normalerweise gerieten wir nicht deshalb in Schwierigkeiten, weil wir nicht gehorchten – das trauten wir uns nicht –, sondern weil wir etwas getan hatten, das unter den bisherigen Regeln nicht verboten war, oder weil wir uns gestritten hatten. (Ständiges Streiten kann für Kinder, die häufig Mißbilligungen und Beschimpfungen erfahren, ein normales Ventil sein.) Wir sechs Kinder sind alle mit einem viel schlechteren Gewissen und größeren Schuldgefühlen aufgewachsen, als notwendig oder gesund gewesen wäre.

Ein gutes Gewissen ist natürlich ein regelmäßiger und notwendiger Bestandteil bei der Disziplinierung eines Kindes sowie bei der Persönlichkeitsentwicklung eines Erwachsenen. Es ist die Kehrseite der Freude des Kindes an der Liebe seiner Eltern und von seinem Wunsch, ihnen zu gefallen. **Im idealen Maß ausgeprägt, funktioniert das Gewissen als sanfte Mahnung bei den Versuchungen, sich schlecht zu benehmen. Es sollte aber nicht so stark sein, daß es ständig als Bedrohung empfunden wird.**

Ist Bestrafung – sei sie körperlicher oder anderer Art – überhaupt notwendig? Viele höchst gewissenhafte, an der Psychologie orientierte Eltern, die mich in New York als Kinderarzt aufsuchten, waren wie ich der Meinung, daß eine Bestrafung selten, wenn überhaupt, notwendig ist. Wir glaubten, daß Kinder allein lernen würden, sich verantwortungsvoll zu verhalten – weil ihre Eltern sie liebhaben und ihnen als Mitmenschen Respekt zeigen; weil ihre Eltern sie lehren und mit ihnen vernünftig reden; und auch weil Kinder ihre Eltern liebhaben und bewundern, sie als Vorbild nehmen und ihnen gefallen wollen.

Dennoch gibt es eine beträchtliche Mehrheit amerikanischer Eltern, die ihre Kinder nicht nur schlagen, wenn sie sich über ihr Verhalten ärgern, sie halten obendrein die körperliche Züchtigung für einen wesentlichen Bestandteil der Kindererziehung. Es sind meist die Eltern, die selber relativ regelmäßig bestraft und geschlagen wurden, die dazu neigen, Bestrafung für eine natürliche und notwendige Methode zu halten. Manche von ihnen würden sich machtlos und verärgert fühlen, wenn ein Psychologe oder ein Lehrer ihnen vorschreiben wollte, sie dürften ihre Kinder nicht mehr bestrafen. Eltern müssen ihre Kinder nach ihren eigenen Überzeugungen erziehen. Auf der anderen Seite neigen die meisten Eltern, die ohne körperliche Bestrafung erzogen wurden, dazu, Bestrafung als willkürliches Aufzwingen des Willens der Eltern zu betrachten, und dies nur, weil sie körperlich größer sind.

In früheren Jahrzehnten – und in früheren Ausgaben von »Säuglings- und Kinderpflege« habe ich deutliche mißbilligende Aussagen über die körperliche Strafe vermieden. Ich gab mich mit der Feststellung zufrieden, daß sie meines Erachtens nicht notwendig sei. Dies ist auf meine Auffassung zurückzuführen, daß Eltern sich über Fachleute ärgern, die so tun, als wüßten sie alles besser. Ich habe mich über diese Position hinweggesetzt angesichts der vielen und noch immer zunehmenden Fälle von Mordtaten in amerikanischen Familien, von Kindesmißhandlungen und von Gewalttaten gegen Ehefrauen, angesichts des Enthusiamus unserer Regierung für das nukleare Wettrüsten und für eine aggressive Außenpolitik. Natürlich erzeugen nicht allein körperliche Strafen diese alarmierende Situation, doch sie spielen ganz gewiß eine Rolle bei unserer Akzeptanz von Gewalt. **Wenn wir jemals eine friedfertigere und sichere Welt erreichen wollen, dann wäre die Ächtung der körperlichen Züchtigung von Kindern ein guter Beginn.** Ich habe noch andere Gründe gegen körperliche Strafe: Sie lehrt, daß Gewalt vor Recht geht. Sie macht aus manchen Kindern Rowdys. Und vor allem, soweit sie »artiges« Verhalten produziert, dann nur aus Angst vor Schmerzen. **Ich bin fest davon überzeugt, daß die beste Triebkraft, sich gut zu verhalten, darin besteht, daß man andere Menschen mag, mit ihnen auskommen will und von ihnen gern gemocht wird.**

Ich halte es für wichtig, sich beim Umgang mit Kindern soviel wie möglich auf die Liebe und Vernunft zu verlassen. Deshalb interessieren mich die Vor- und Nachteile bestimmter Arten von nicht-körperlichen Bestrafungen nur wenig. Es fällt mir aber nicht schwer, einige offensichtliche Regeln zu benennen: Das Kind sollte vorher von den Regeln wissen, für deren Verletzung es hinterher bestraft werden soll. Die Bestrafung sollte dem Fehlverhalten angemessen sein. Ein Lieblingsspielzeug kann für einige Tage eingezogen, das Taschengeld einbehalten oder das Kind in sein Zimmer geschickt werden.

Ich muß aber betonen, daß die Bestrafung nur dann eine positive Wirkung zeigen kann, wenn das Kind in seinem Herzen den Gerechtigkeitssinn seiner Eltern kennt und respektiert (Kinder geben nur selten offen zu, daß eine Bestrafung gerecht ist) und wenn das Kind bei jedem Vergehen lernt, sich etwas verantwortungsvoller zu verhalten.

Drohungen besitzen einen positiven Wert, wenn sie vernünftig sind und dann auch in die Tat umgesetzt werden. (»Warnung« wäre in diesem Fall vielleicht eine bessere Bezeichnung; »Drohung« klingt so aggressiv.) Es gibt einige Eltern, die den ganzen Tag Drohungen aussprechen, sie aber selten wahrmachen und selten überhaupt die Absicht haben, sie wahrzumachen. Diese Eltern rechnen damit, daß ihre Kinder sich ständig danebenbenehmen werden, und – zumindest im Unterbewußtsein – daß sie mit ihnen nicht fertig werden können (wahrscheinlich aufgrund ihrer eigenen Kindheitserfahrungen). Ihre ständigen leeren Drohungen dienen also nur dazu, ihrer eigenen Frustration Ausdruck zu verleihen. Ihre Kinder aber lernen nur, Drohungen zu ignorieren und kaum an die Aufrichtigkeit ihrer Eltern zu glauben.

Warnungen stehen meines Erachtens an zweiter Stelle hinter der Art von Disziplinierung oder Beziehung, bei der die Eltern in gegenseitigem Respekt erklären, was an bestimmten Handlungen (oder durch das Unterlassen bestimmter Handlungen) schädlich ist. Die Eltern können das Kind mit Vertrauen in der Stimme um ihre Kooperation bitten. Warnungen sollten nur dann ausgesprochen werden, wenn der gegenseitige Respekt vorübergehend nicht wirkt.

Eine weitere Schwierigkeit mit Warnungen ist, daß sie oft wie Herausforderungen klingen, besonders bei Kindern bis zum vierten Lebensjahr. In diesem jungen Alter haben Kinder noch keinen Respekt vor der Autorität der Eltern entwickelt, die auf deren Weisheit und guten Absichten beruht. Für solche Kinder impliziert eine Warnung, daß sie sich entschließen können, die Warnung zu ignorieren, wenn sie bereit sind, die Folgen zu akzeptieren. Mit anderen Worten, eine Warnung stellt ein Kind vor eine Entscheidung: sich zu beugen und zu gehorchen, oder selbständig zu sein und nicht zu gehorchen. Da impulsives Verhalten und der Drang zur Selbständigkeit bei Kindern dieser Altersstufe sehr ausgeprägt sind, stehen die Chancen gegen die Eltern. Bei einem Kind dieses Alters ist es also wirklich besser, ihm das Gefühl zu geben, daß es nur eine richtige Verhaltensweise gibt.

Oft wird Konsequenz als notwendiger Bestandteil einer erfolgreichen Erziehungspraxis gefordert. Wenn, beispielsweise, eine Mutter ihr Kind bei der Hälfte aller Fälle ermahnt, Gespräche von Erwachsenen nicht zu unterbrechen, die übrigen Unterbrechungen aber nicht zu bemerken scheint, wird das Kind weiterhin Gespräche unterbrechen. Lehnt es ein Vater bei vier Ausflügen ab, seiner Tochter eine Cola zu kaufen, und gibt er beim fünften Ausflug schließlich nach, so wird sie lernen, daß es sich lohnt, Bitten, Forderungen und weinerliches Verhalten bei jeder Gelegenheit auszuprobieren.

Uneingeschränkte Konsequenz ist nicht notwendig. Die Kontrolle der Eltern ist aber stärker, wenn sie diejenigen sind, die die Ausnahmen machen oder wenn sie einer besonderen Bitte des Kindes sofort und ohne Diskussion nachgeben. **Ein Nachgeben aus reiner Erschöpfung,**

weil das Kind ewig drängt, sollten Eltern unter allen Umständen zu vermeiden suchen.

Einige Väter und Mütter meinen, sie müßten hinter allen Regeln und Maßstäben gemeinsam stehen, damit diese von den Kindern respektiert werden. Ich halte auch dieses Maß an Konsequenz für unnötig. Kinder sind sehr einfühlsam und flexibel bei der Anpassung an die etwas unterschiedlichen Maßstäbe der Mutter und des Vaters – zum Beispiel, was Ordentlichkeit, Ruhe und Höflichkeit betrifft. Genauso können sie sich an schulische Anforderungen anpassen, die sich von den häuslichen stark unterscheiden. Elterliche Disziplinmaßnahmen und gute familiäre Beziehungen werden aber untergraben, wenn Eltern, die ernsthafte Meinungsverschiedenheiten und Konflikte miteinander haben, es zulassen, daß das Kind sie gegeneinander ausspielt. Dies erschwert die Probleme der Eltern und, viel schlimmer, erzieht das Kind zu einem Menschen, der die Beziehungen seiner Mitmenschen manipuliert und vergiftet.

Zusammengefaßt möchte ich sagen, daß die Fragen der Bestrafung, Drohung und Konsequenz, über die viele Eltern sich Sorgen machen, zweitrangig sind. Sie werden sich meist von selbst lösen, wenn Eltern und Kinder sich lieben und gegenseitig respektieren.

Meinst Du das wirklich?

Ob Sie das, was Sie Ihren Kindern sagen, auch wirklich meinen, ist neben der Liebe wahrscheinlich der wichtigste Faktor bei Ihrer Erziehung.

Eltern gehen natürlich davon aus, daß sie es ernst meinen, wenn sie ihr Kind bitten, etwas zu tun oder etwas zu unterlassen. Dies gilt für die Mehrheit aller Eltern – meistens. Sie meinen es ernst, wenn Sie der dreijährigen Tochter verbieten, nochmals die Straße zu überqueren, ohne die Mutter an der Hand zu halten, oder wenn sie verbieten, daß der Junge mit Streichhölzern spielt. Doch die Erfahrungen aus den Familienberatungsstellen und die Beobachtungen von Eltern im Umgang mit ihren Kindern zeigen, daß die meisten Eltern in manchen Bereichen deshalb nicht über ausreichende Kontrolle verfügen, weil sie das, was sie sagen, nicht ganz ernst meinen. Bei einigen sind die Aussagen fast nie ernst gemeint.

Andersherum ausgedrückt wirkt diese Feststellung noch überraschender: Eltern können jede Verhaltensweise, die sie von ihren Kindern wirklich wünschen, tatsächlich auch bewirken.

Mir fallen zwei verschiedene Situationen ein, in denen Eltern nicht immer das meinen, was sie sagen. Erstens, wenn sie sich nicht sicher sind, daß sie recht haben – heutzutage eine recht häufige Situation bei gewissenhaften Eltern. Die andere ist, wenn sie eine bestimmte Verhaltensweise von ihren Kindern bewußt möchten, aber durch tief verwurzelte Verhaltensmuster, nach denen sie selber erzogen wurden, verunsichert werden.

Ein einfaches, häufig vorkommendes Beispiel von unzulänglicher Kontrolle ist folgendes: Die Eltern sagen zu ihrem Kind:»Es ist jetzt Zeit, daß du ins Bett kommst. Geh dich waschen!« Das Kind rührt sich aber nicht, und die Eltern scheinen dies nicht zu merken. Eine halbe Stunde später sagen die Eltern wieder:»Jetzt ist es aber schon spät. Geh dich waschen!« Das Kind scheint erneut nicht gehört zu haben und die Eltern tun so, als wäre die Angelegenheit erledigt. Dieses Spiel geht so weiter und weiter. Ein anderes weit verbreitetes Beispiel ist, wenn Eltern sagen»Jetzt hast du aber genug vor dem Fernseher gesessen!«, aber zugleich nichts dafür unternehmen, daß das Gerät auch tatsächlich ausgeschaltet wird.

Sie mögen diese Form von Zuwiderhandlung vielleicht für unbedeutend halten. Aber sie ist es nicht. Sie führt zu einem sich ständig widersetzenden Kind und zu nervöser Erschöpfung bei den Eltern. Eltern sollten dafür sorgen, daß ihre Anweisungen in einem angemessenen Zeitraum befolgt werden, besonders dann, wenn ihre Erfahrung gezeigt hat, daß das Kind die Dinge gern vor sich herschiebt.

Diese Beispiele spiegeln einige Gründe für die Schwierigkeiten mancher Eltern. Vielleicht schwanken sie, wenn sie das Kind ins Bett schikken, weil sie sich daran erinnern, wie ungern sie als Kinder ins Bett gegangen sind und jeden Abend lange Auseinandersetzungen darüber geführt haben. Diesen Kampf möchten sie bei ihren eigenen Kindern nicht jahrelang jeden Abend wiederholen. Sie möchten nicht, daß ihre Kinder sich so über sie ärgern, wie sie sich über ihre eigenen Eltern geärgert haben. In gewisser Hinsicht verspüren sie schon im voraus Gewissensbisse über die mögliche Feindseligkeit, die sie vielleicht bei ihren Kindern erzeugen.

Meiner Meinung nach ärgern sich alle Kinder irgendwann über ihre Eltern – seien sie gute oder schlechte Eltern. Es hat also keinen Sinn, diesen Ärger völlig vermeiden zu wollen. Natürlich hegen die Kinder das größte Ressentiment, deren Eltern sich in grober Weise ungerecht, böswillig oder lieblos verhalten. Genauso ärgern sie sich über Eltern, die manchmal nachsichtig und manchmal streng sind, je nachdem, wie sie sich gerade fühlen. (Erwachsene, die unter einem Vorgesetzten arbeiten, der die Vorschriften häufig ändert, betrachten diesen ebenfalls mit Unruhe und Argwohn.) Und Eltern, die dem ständigen Drängen und den unsinnigen Forderungen ihrer Kinder nachgeben, werden sich unweigerlich irgendwann stellen müssen. Letztlich gibt es dann genau die Unannehmlichkeiten, die die Eltern ursprünglich vermeiden wollten.

Umgekehrt ärgern sich Kinder am wenigsten über die Eltern, die hinsichtlich des erlaubten Verhaltens sehr sicher und konsequent sind und die unvernünftige Bitten sehr schnell und in netter Weise abschlagen können. Spüren Kinder, daß ihre Eltern in bestimmten Punkten sehr sicher sind, werden sie weder Streit anfangen noch sich ärgern.

Wurde Eltern in ihrer eigenen Kindheit regelmäßig das Gefühl gegeben, unfähig oder unartig zu sein, so kann es ihnen als Erwachsene an Zutrauen in die eigenen Fähigkeiten, in die eigenen Entscheidungen bei wichtigen wie auch bei unwichtigen Angelegenheiten mangeln.

Für Eltern mit hohen Maßstäben in der Erziehung ist es sicherlich schwierig, das richtige Maß an Fernsehkonsum bei ihren Kindern zu finden. Die Darstellung von Gewalt und Brutalität lehnen sie ab und sie möchten auch nicht, daß ihre Kinder stundenlang passiv vor dem Apparat sitzen und sich unterhalten lassen, anstatt eigene Spiele – am liebsten draußen – zu erfinden. (Ich unterstütze sie in diesen Punkten.) Weil sich ihre Kinder aber danach sehnen, Fernsehprogramme anzuschauen, und weil die meisten anderen Kinder so viel fernsehen dürfen wie sie wollen, wissen Eltern nicht, wo sie die Grenzen setzen sollen. An einem Tag, an dem sie selbstsicher sind, können sie streng sein, und am nächsten Tag, wenn sie weniger überzeugt sind und stärker unter Schuldgefühlen leiden, geben sie eher nach. **Zögern, Schuldgefühle und schwankendes Verhalten nehmen Kinder immer wahr. Das ermutigt die Kinder zum Betteln und Drängen.**

Sind wir als Eltern viel wohlhabender als es unsere eigenen Eltern waren, oder unterscheiden sich unsere Lebensumstände in irgendeiner anderen Weise von den ihren, so verfügen wir nicht über ein Wertesystem wie sie. Wir müssen uns dann auf unseren »gesunden« Menschenverstand verlassen, auf unsere allgemeine Selbstsicherheit, auf das, was wir gelesen oder gehört haben. Doch nichts von alldem ist so hilfreich wie die innere Überzeugung.

Eine Ursache für zögerliches Verhalten der Eltern liegt in den Schuldgefühlen, die sie – bewußt oder unbewußt – gegenüber einem bestimmten Kind spüren. Selbst wenn sie überzeugt sind, daß sie in einer bestimmten Angelegenheit streng sein sollen, zwingen sie letztlich ihre Schuldgefühle, doch nachzugeben. Ein Sohn mag seine Mutter vielleicht an ihren älteren Bruder erinnern, der ihr das Leben schwer gemacht hatte. Wegen ihres Ärgers entwickelt sie nun Schuldgefühle. Oder ein Junge erinnert seinen Vater an einen Bruder, über den er sich ständig geärgert hatte, weil er ihm als das Lieblingskind der Eltern erschien.

Oft hat eine geschiedene Mutter ihrem Kind gegenüber ein chronisch schlechtes Gewissen, weil sie zu einer Zeit ins Berufsleben zurückkehrte, als das Kind noch sehr jung war. Und sie selbst war mit ihren eigenen widersprüchlichen Gefühlen noch nicht ins reine gekommen. Wenn sich in einer intakten Familie mit einem Kleinkind die Mutter entschließt, wieder arbeiten zu gehen, so ist sie normalerweise diejenige, die den Konflikt spürt. Wird dieser Konflikt nicht angesprochen und beigelegt, ist sie auch diejenige, die unter Schuldgefühlen leidet. Ich finde das nicht richtig. Der Vater sollte genausoviel Verantwortung den Kindern gegenüber empfinden und zumindest erwägen, seine Arbeitszeit so zu ändern, daß er die Kinder während der Arbeitszeit seiner Frau zum Teil betreuen kann.

Ein extremeres Beispiel mangelnder Kontrolle können wir recht häufig auf der Straße oder in Supermärkten erleben. Eltern schreien ihre Kinder ständig und irritiert an: »Hör auf!« »Tu dies nicht!« »Mach das nicht!« Oder sie sprechen alle möglichen schrecklichen Drohungen aus, ohne den geringsten Hinweis zu geben, daß sie sie auch wahrmachen oder ernst meinen. Ständig reagieren sie ihre Verärgerung ab – Verärgerung, die zum Beispiel aus einem Ehestreit oder einem anderen Problem stammen kann. Auf jeden Fall können solche Eltern gar nicht erwarten und sich nicht darauf verlassen, daß das Kind gehorcht oder irgendwelche guten Absichten in dieser Richtung hegt. Und das Kind, chronisch feindselig gestimmt, revanchiert sich mit endlosen kleinen Provokationen, die so abgestuft sind, daß sie gerade keine Bestrafung nach sich ziehen. Das ist wie im Sparringstraining beim Boxen, man tauscht gegenseitig Schläge aus, ohne ernsthafte Aktionen zu unternehmen.

Sie können ziemlich sicher sein, daß solche Eltern ihrerseits als Kinder häufig angeschrien wurden, wodurch sie gelernt haben, daß Eltern selten ernst nehmen, was sie sagen, und daß sie kaum Kontrolle über das Verhalten ihrer Kinder haben, und daß Kinder keine Motivation besitzen, so zu kooperieren, daß sich die Eltern darauf verlassen können. Eltern, die bei der Kontrolle des Verhaltens ihrer Kinder ernsthafte Schwierigkeiten haben, sollten die Hilfe einer Beratungsstelle suchen.

In Familien von Kindern, die straffällig geworden sind (womit hier ganz allgemein »von der Norm eines Gesetzes abweichen« gemeint ist), findet man eine weitere Form des »Nicht-wirklich-Meinens«. Zwar geben die Eltern vor, daß sie sich ein Kind mit angepaßtem Verhalten wünschen. Sie selbst aber verspüren starke Impulse, sozial nicht akzeptierte bzw. illegale Handlungen zu unternehmen. Zwar können sie diese Impulse gewöhnlich verdrängen, doch sie leben sie indirekt aus, wenn sie durch ihr Kind realisiert werden. Auf irgendeine Weise machen sie dem Kind deshalb klar, daß sie selbst nicht hart gegen sein Verhalten durchgreifen werden.

Ein Vater bringt seinen zehnjährigen Sohn in eine Beratungsstelle, und beschwert sich darüber, daß er immer wieder ausreißt. Der Junge ist für sein Alter äußerst unverfroren und geschickt. Durch Betteln und Lügen schafft er es, auf seinen Trips Hunderte – manchmal Tausende von Kilometern zurückzulegen. Bezeichnend ist das Strahlen des Vaters, wenn er von den Taten seines Sohnes erzählt – und das in Anwesenheit des Jungen!

Ein Mädchen landet wegen Ladendiebstahls in der Beratungsstelle. Es stellt sich heraus, daß die erste Frage der Mutter, nachdem es einige Bleistifte gestohlen hat, lautete: »Hat dich jemand gesehen?« Ohne zu wollen machte sie damit der Tochter deutlich, daß es nicht falsch ist zu stehlen, solange man sich nicht erwischen läßt.

Ein wichtiger Faktor, der die Selbstsicherheit der Eltern in den USA stört, ist das Fehlen eines Konsenses darüber, wie Kinder erzogen werden sollten. Sollten sie streng oder nachsichtig behandelt werden? Werden sie durch möglichst viel Eigentum verdorben oder ist es wertvoll, damit sie sich den Freunden gegenüber als gleichwertig betrachten können. Ist Religionsunterricht Pflicht oder sollte ihnen die Wahl überlassen sein? Sollten Kinder Pflichten in der Familie haben? Sollten Eltern die Kinder unterstützen, wenn sie sich über ihre Lehrer beschweren, oder sollten die Eltern sagen, die Haltung des Lehrers ist richtig? Sollte ihnen erlaubt oder verboten sein, mit anderen Kindern zu kämpfen? Sind Strafen nützlich oder schädlich? Dies sind unter amerikanischen Eltern weitverbreitete Fragen. In vielen anderen Kulturen gibt es solche Entscheidungsmöglichkeiten nicht. Dort haben sich lange Traditionen und Überzeugungen gebildet, die von allen getragen werden.

Zum Teil rührt unser Mangel an Konsens aus der Tatsache, daß sich unsere Gesellschaft aus Kindern von Einwanderern zusammensetzt, die verschiedenste Traditionen aus ihren Heimatländern mitgebracht haben, die allerdings auch mit einigen dieser Traditionen nicht mehr einverstanden waren. Zum Teil rührt er aus unserer exzessiven Mobilität, die junge Eltern daran hindert, die Überzeugungen und Methoden ihrer Eltern zu übernehmen. Er basiert aber auch auf der Gegensätzlichkeit der Ansichten, die die professionellen Experten der Kindererziehung und Kindesentwicklung vertreten. Sie verkünden ihre Ansichten mit den besten Absichten, doch die Meinungen variieren von Experte zu Experte und von Jahrzehnt zu Jahrzehnt. (Schauen Sie nur, wie viele Bücher zum Thema Kindererziehung in jedem Jahr veröffentlicht werden!) Eltern werden viele Verhaltensmöglichkeiten vorgestellt, doch sie haben keine Entscheidungskriterien dafür, was das beste für ihre Familie ist. Wir betrachten diese Entscheidungsmöglichkeiten als selbstverständlich und als Vorteil – was in gewisser Weise zutrifft –, doch sie sind auch ein Handicap.

Jede Diskussion darüber, ob man das wirklich meint, was man sagt, führt zu der Frage, wie konsequent man in seinem Verhalten sein muß. Einige wenige sehr gewissenhaft handelnde Eltern kümmert es wenig, ob sie fair handeln, wenn sie bestimmte Regeln aufstellen. Es kümmert sie aber sehr intensiv, ob diese Regeln dann konsequent eingehalten werden. Absolute Konsequenz ist nicht nötig, solange man im großen Rahmen konsequent handelt und – viel wichtiger – solange man eindeutig, gutgelaunt eindeutig handelt, sei es bei der Gewährung oder bei der Ablehnung einer Bitte.

Ich sagte »gutgelaunt eindeutig«, denn es ist nicht nur das Zögern der Eltern, das Kinder zum Nörgeln bringt, es ist auch der gereizte Ton in der Stimme des Vaters oder der Mutter. Dieser Ton sagt: »Ich werde sauer, wenn du mich dauernd fragst. Das bringt mich in eine miese Situation, denn bei der Hälfte der Fälle gebe ich doch nach, obwohl ich es nicht will!« Der gereizte Ton in der Stimme der Eltern verärgert auch das Kind (so wie er einen anderen Erwachsenen verärgern würde) und nährt seinen Wunsch, mit gleicher Münze heimzuzahlen, ungeachtet der Hoffnung, doch Zugeständnisse zu erlangen. Die gutgelaunte Antwort lautet: »Ich würde dir gerne den Gefallen tun, doch ich kann nicht. Und darüber gibt es bei mir keinen Zweifel.«

Streit mit Kindern

Wenn Eltern den Wunsch eines Kindes zurückweisen müssen – kein neues Fahrrad (oder Kleid), weil es teuer ist und das alte noch funktioniert; keine Cola oder Schokolade auf dem Weg nach Hause, weil sie ungesund ist und den Zähnen schadet; keine Übernachtung bei der Schulfreundin, weil eine Arbeit geschrieben wird oder weil die Hausarbeit nicht erledigt wurde –, dann ist es ganz normal, daß das Kind protestiert und seinen Ärger zeigt.

Und die Eltern sollten darauf antworten – möglichst verständnisvoll und nicht herausfordernd –, ihnen sei klar, daß sich das Kind über die Entscheidung ärgere, und es täte ihnen leid, nein sagen zu müssen.

Hört das Kind mit dem Streiten nicht auf oder fragt es laufend »warum?«, obgleich ihm die Antwort klar ist, dann finde ich es richtig, daß die Eltern ihre Gründe noch einmal sehr sachlich erläutern. (Reagieren Eltern zu diesem Zeitpunkt verärgert, dann bedeutet dies gewöhnlich, daß sie sich selbst etwas unsicher fühlen oder daß sie ein schlechtes Gewissen angesichts ihrer Entscheidung haben. Sie können ihre Position dann nur noch verteidigen, wenn sie immer lauter reagieren.) Fährt das Kind mit den Diskussionen fort, kann dies zu endlosen Wiederholungen des Gesagten und zu steigender Spannung führen. Die Eltern sollten dann genau darauf hinweisen und mit ihrer ursprünglichen Beschäftigung fortfahren.

Kommt das Kind später erneut auf das Thema zu sprechen, weil es glaubt, einen völlig neuen Aspekt entdeckt zu haben, dann sollten meines Erachtens die Eltern erneut zuhören, selbst wenn am Ende die Antwort dieselbe ist. Eltern sollten immer bereit sein, vernünftigen Begründungen und Diskussionsbeiträgen zuzuhören – besonders nachdem sich die Wogen wieder geglättet haben. Sie können es ja immer noch ablehnen, sich auf endlose, bedeutungslose Argumentationen einzulassen.

Es ist nicht nur erlaubt, sondern auch sehr wichtig, daß Eltern zugeben, daß sie einen Fehler gemacht haben. Damit wird ihr Respekt nicht untergraben, im Gegenteil, der Respekt des Kindes nimmt zu.
Eltern sollten aber einen respektlosen Ton nicht widerspruchslos hinnehmen. Sie sollten dagegen einschreiten – zu ihrem eigenen Wohl aber auch zum Wohl des Kindes –, selbst wenn dies im Moment ohne Wirkung bleibt und das Kind seine abfälligen Äußerungen wiederholt. Beim zweiten Mal können die Eltern einfach das Kind stehenlassen, als ob

alles zum Thema gesagt sei. Es ist immer vernünftig, wenn die Eltern sich nicht auf den Ton des Kindes einlassen oder zurückschreien. Sie verlieren dadurch eine von ihren Möglichkeiten, Vorbild für ihr Kind zu sein.

Eine weitere Art sinnloser Diskussion kommt in Familien vor, in denen die Eltern allzu gewissenhaft sind und Angst davor haben, eine Führungsrolle zu übernehmen. Die Eltern sagen:»Ich möchte, daß du heute deinen Schneeanzug für den Kindergarten anziehst.« Das Kind antwortet:»Warum?«, obwohl es den Grund genau kennt. Die Eltern begründen:»Weil es draußen sehr kalt ist.« Das Kind erwidert:»Aber warum muß ich ihn anziehen? « Die Eltern sagen:»Du willst den ganzen Weg zum Kindergarten und zurück nicht frieren.« Das Kind antwortet:»Doch.« Die Eltern meinen:»Du könntest dich erkälten.« Das Kind sagt:»Nein, ich nicht!« oder:»Ist mir egal!«

Solche Gespräche könnten stundenlang fortgesetzt werden. Die Eltern werden es leid. Und das Kind lernt nicht, Entscheidungen zu treffen, sondern nur lästig zu werden. So kann es auch nicht die Vernunft seiner Eltern respektieren lernen. Der Streit zeigt ihm nur, daß seine Eltern vor einer unzweideutigen Festlegung zurückschrecken. Hierdurch fühlt es sich veranlaßt, jeden Punkt zwanghaft zur Debatte zu stellen, auch dann, wenn es eigentlich kein Interesse daran verspürt. Mit anderen Worten, auch das Kind findet die Diskussion langweilig. Genauso ergeht es den Freunden und Bekannten der Familie.

Die Eltern müssen nicht sagen:»Wir sind älter, und wir haben hier das Sagen.« Sie müssen lediglich darauf hinweisen:»Ich glaube, du redest nur um des Redens willen.«

Der einzige Sinn solcher Diskussionen mit Kindern liegt darin, die Gründe für die Wünsche der Eltern – oder der Kinder – zu klären, den Kindern das Gefühl zu geben, daß ihr gesunder Menschenverstand und ihre Hilfsbereitschaft geschätzt werden und ihnen die Zuversicht zu geben, daß ihre Wünsche auch berücksichtigt werden.

Die Kinder sollen sich aber nicht nach Gutdünken über die Argumente der Eltern hinwegsetzen dürfen – zumindest nicht, bis sie 18 Jahre alt sind. Die Erfahrung und Verantwortung der Eltern müssen schon etwas bedeuten, und Eltern sollten nicht davor zurückschrecken, am Ende der Diskussion von ihrem Vetorecht Gebrauch zu machen.

Kinder werden nicht endlos diskutieren oder mit offener Rebellion drohen, wenn sie hinsichtlich ihrer Wünsche und den ihnen übertragenen Aufgaben gehört wurden, wenn ihre Wünsche, soweit vernünftig, erfüllt werden und sie Grund dazu haben, sich auf den Gerechtigkeitssinn ihrer Eltern zu verlassen.

Bei Gesprächen im Familienkreis ist eines der größten Hindernisse, daß die meisten Eltern dazu neigen, Ausschau nach Fehlverhalten ihrer Kinder zu halten und sehr schnell Kritik zu üben. Erzählt der Sohn beispielsweise, daß sein Lehrer sauer war, neigen viele Eltern zu der Frage:»Und was hast du dazu beigetragen, daß er so sauer wurde?« Ohne abzuwarten, was es zu berichten hat, kommen Eltern dem Kind sofort mit Vorwürfen, wenn sie erfahren, daß es einen Handschuh verloren hat, oder daß es eine schlechtere Zensur als erwartet erhalten hat (»Wieder zu spät ins Bett gegangen!«) oder wenn es sich erkältet hat (»Hast ja auch nicht deine Gummistiefel angezogen!«). Es überrascht deshalb überhaupt nicht, daß Eltern auf ihre Frage:»Was gab's heute in der Schule?« keine Antwort aus dem Kind hervorlocken können. Es vermutet, daß die Eltern sowieso nur irgend etwas finden wollen, an dem sie herumkritisieren können.

Berichtet aber eine Freundin der Mutter, daß sie sich ziemlich unfreundlich gegenüber einer Nachbarin verhalten hätte, oder daß sie einen Handschuh verloren oder sich erkältet hätte, so würde die Mutter nie daran denken, sich in ähnlich vorwurfsvoller Weise auf sie zu stürzen. Im Zweifelsfall entscheiden wir automatisch zugunsten unserer Freunde und haben für sie Verständnis. Das gehört zur Freundschaft. Warum können wir unseren Kindern gegenüber nicht genauso freundlich sein? Dem Jungen, der sich falsch behandelt fühlte, könnten wir sagen:»Das hat dich bestimmt geärgert!« (bzw. traurig gemacht). Es gibt immer noch genügend Zeit, das Kind auf seine Mitschuld hinzuweisen, nämlich dann, wenn sie bewiesen ist. Hat das Kind bereits ein schlechtes Gewissen, ist es oft nicht einmal nötig, es mit Vorwürfen zu traktieren. Um ihre Anteilnahme deutlich zum Ausdruck zu bringen, sollten Eltern dem Kind sogar helfen, beispielsweise ein verlorenes Spielzeug zu suchen.

Warum sind wir immer so schnell bereit, unsere Kinder zu kritisieren? Nicht weil wir sie nicht liebten. Auch nicht, weil wir nicht ihre Freunde (wie auch ihre Eltern) sein möchten. Wir können natürlich behaupten, daß es zu unseren Pflichten als Eltern gehört, ihnen gute Moralvorstellungen sowie ein entsprechendes Verhalten beizubringen. Meist probieren wir aber keine anderen Methoden aus, die vielleicht besser taugen als die vorschnelle Kritik. Der wahre Grund liegt meines Erachtens darin, daß die meisten von uns in der Kindheit auch ständig beobachtet und getadelt wurden. Hierdurch fühlen wir als Eltern einen gewaltigen Druck, genauso zu handeln.

Wir unterbinden die Gespräche mit unseren Kindern nicht nur dadurch, daß unsere Kritik jeglichen Ansatz schon im Keim erstickt: Oft hören wir auch gar nicht zu, wenn sie uns etwas erzählen wollen. Wir nicken vielleicht ab und zu mit dem Kopf, aber es ist offensichtlich, daß wir nicht aufmerksam zuhören oder auf die dramatischen Wendungen in der Geschichte nicht entsprechend reagieren. Kinder revanchieren sich dadurch, daß sie sich taub stellen, wenn ihre Eltern mit ihnen reden oder sie rufen.

Ein weiterer Vorschlag: Anstatt die Gespräche im Familienkreis immer um unangenehme und auch angenehme Familienangelegenheiten zu führen, sollten wir unseren Horizont erweitern und die Gespräche während der Mahlzeiten und bei anderen Familientreffen mindestens zur Hälfte auf Themen richten, die die Familie nicht direkt betreffen – aktuelle Nachrichten (aus der großen Politik oder auch aus der Nachbarschaft), Klatsch, Filme, Fernsehsendungen, Ereignisse in der Musik- und Unterhaltungswelt, gute Bücher oder auch Witze.

Durch ihr Beispiel können Eltern den älteren Kindern Toleranz gegenüber den Beiträgen der jüngeren Kinder beibringen – auch gegenüber ihren vermeintlichen Witzen.

Ausflüge mit Kindern

Gemeinsame Ausflüge zu Museen, Ausstellungen, Messen, Sportveranstaltungen, zum Zoo, Zirkus, Vergnügungspark und Strand können sich sowohl für Kinder als auch für Erwachsene sehr lohnen. Die Neugier der Kinder und ihr Drang, neue Erfahrungen machen zu wollen, sind äußerst groß. Noch Tage und Wochen später reden sie über ihre Erlebnisse und spielen diese nach. So lernen sie und werden reifer.

Eltern finden die neuen Erfahrungen ihrer Kinder auch aufregend, denn sie können die Freude ihrer Kinder teilen und die besten Tage ihrer eigenen Kindheit noch einmal erleben. Kinder halten ihre Eltern jung und lebendig. Gelungene Ausflüge vertiefen die Liebe und Freundschaft zwischen Kindern und Eltern.

Es können aber auch Spannungen auftreten, die Ausflüge unangenehm machen. Neue Erlebnisse machen schneller müder als vertraute

Situationen, besonders bei Kleinkindern. Oft fällt es Eltern schwer, dies zu berücksichtigen.

Beim Besuch eines Museums oder Zoos möchten die meisten Erwachsenen alles sehen, wenn auch nur flüchtig, um sicherzugehen, daß sie nichts Wesentliches verpassen. All das, was sie dabei nicht besonders interessiert, können sie ignorieren. Kleinkinder können nicht so wählerisch sein. Im Zoo nimmt jedes Tier ihr Interesse intensiv in Anspruch. Wenn Vorschulkinder mitgenommen werden, sind Eltern daher gut beraten, den Besuch von vornherein zu begrenzen, auf nur einen Teil einer Ausstellung oder auf nur eineinhalb Stunden.

In diesem Zusammenhang ist es auch sinnvoll – obwohl schwierig –, die Kinder das Tempo vorgeben zu lassen. Im Zoo ist es beispielsweise typisch, daß Eltern die Elefanten schon lange genug betrachtet haben und weitergehen wollen. Sie rufen ihren Kindern zu: »Kommt! Schauen wir drüben die Giraffe noch an.« Das Kind ist aber immer noch vom Elefantenrüssel, seiner Freßlust oder den riesigen Elefantenfladen gefesselt. Richten Sie sich also lieber darauf ein, dem Kind zu folgen, anstatt es hinter sich herzuziehen. Erwachsene neigen auch dazu, dem Kind zu erzählen, was sie interessiert, anstatt das Kind seine eigenen Interessen finden zu lassen und dann Fragen zu stellen.

Bei meinen Söhnen gab es immer die größten Probleme hinsichtlich des Essens, der Getränke und der Andenken. Kinder, die zu Hause wahre Suppenkaspare sind, entwickeln Bärenhunger, wenn sie Bratwürste, Eiscreme, Schokolade oder Cola beim Besuch eines Fußballspiels entdecken. Selbst wenn das Spiel vorbei ist, sie die Tribüne verlassen und mit Sicherheit innerhalb von 15 Minuten am heimischen Kühlschrank stehen können, dann bestehen sie darauf, daß diese Cola oder jene Schokolade lebenswichtig sei, um sie vor dem drohenden Hungertod zu retten, und daß das Zeug im Kühlschrank bei weitem nicht ausreiche. Und die Souvenirs, die mich ärgern, weil sie abscheulich sind, billigst gemacht aber viel zu teuer im Preis, erfüllen die Sehnsüchte der Kinder.

Ich bin schließlich zu der Lösung gelangt, daß ich ihnen am Anfang eine bestimmte Geldsumme gegeben habe, mit der sie alle Wünsche nach Andenken, Fahrten im Karussell und nach Essen erfüllen mußten. Wieviel davon sie wofür ausgaben, habe ich ihnen selbst überlassen. Dies erschien mir besser, als über jeden ihrer Wünsche diskutieren zu müssen. Es funktionierte recht gut. Meist wandeln sich Kinder dann von Verschwendern zu Geizkrägen.

Zum »junk food« (junk = Plunder, Schund, Ramsch; dieser Begriff, der sich derzeit auch im Deutschen durchzusetzen beginnt, bezeichnet das Essen der Hamburger-Ketten und Schnellimbißstände, die Limonaden und Cola-Getränke oder die diversen Schokoriegel; Anm. d. Ü.): ich denke, daß das Essen der Amerikaner heutzutage ziemlich schlecht ist und daß es immer mehr Belege für seine krankmachende Wirkung gibt, so daß ich zu Hause und unterwegs »junk food« rundheraus verbieten würde. Nehmen Sie auf den Ausflug Obst und Säfte mit. Die Kinder werden das zunächst verächtlich ablehnen, aber sie werden es essen und trinken, wenn sie wirklich hungrig und durstig sind. Und selbst wenn sie diesen Proviant nicht anrühren, dann hat seine Mitnahme zumindest den Sinn, die Eltern vor dem Vorwurf der seelischen Grausamkeit zu schützen.

Ob es sich lohnt, Kleinkinder zu Sportveranstaltungen mitzunehmen, ist zweifelhaft, mindestens so lange, bis sich zeigt, daß sie etwas davon haben. Normalerweise verlieren sie das Interesse am Spiel recht schnell und konzentrieren sich auf das Umfeld. Lassen Sie besser die Kinder zu Hause, als daß Sie sich Ihren Spaß verderben lassen.

Angelausflüge mit Kindern können auch recht frustrierend sein, nämlich dann, wenn Sie erwarten, daß die Kinder auch angeln werden. Einige wenige Kinder verfügen schon in sehr frühem Alter über die dazu nötige Ruhe und Konzentration. Die meisten aber wollen sich aktiv und kreativ betätigen. Sie fangen bald damit an, Steine ins Wasser zu werfen, einen an einer Schnur angebundenen Zweig hinter dem Boot herzuziehen oder einen Staudamm zu bauen. Diese Aktivitäten sind in Ordnung, solange sie Sie nicht stören.

Ausflüge mit Kindern im Schulalter gewinnen oft dadurch, daß die Kinder und vielleicht auch die Eltern gleichaltrige Freunde dazu einladen. Die Generationen können dann ab und zu getrennten Aktivitäten nachgehen, anstatt sich gegenseitig auf die Nerven zu gehen.

Bevor Sie mit Kindern im Schulalter einen Ausflug zu einer besonderen Ausstellung oder an einen historischen Ort machen, können Sie die Kinder zur Vorbereitung anregen, über die Ausstellung oder den Ort Nachforschungen anzustellen. Jedes Kind, das dazu in der Lage ist, kann einen Teilaspekt auswählen oder zugeteilt bekommen, über den es nachlesen soll. In der Familie können sie dann berichten, was sie gelernt haben und was sie sehen möchten. Wichtig ist, daß sich die Eltern an diesen Nachforschungen und Berichten beteiligen, denn so zeigen sie, daß das Ganze eine Aufgabe für Erwachsene ist und nicht bloße Pflichtübung der Kinder. Solche vorhergehenden Studien, so oberflächlich und informell sie auch sein mögen, werden das Interesse an der Unternehmung und den Wert der dabei gewonnenen Erlebnisse vervielfachen.

Bevor ich den Besuch eines Restaurants mit Kindern erörtere, will ich erst die Frage stellen, ob es überhaupt vernünftig ist, mit Kleinkindern auswärts essen zu gehen. Manchmal läßt es sich ja nicht vermeiden, zum Beispiel auf Reisen oder im Urlaub. Babys hämmern mit dem Löffel auf den Tisch und schmieren alles voll. So etwas mag die Eltern und das Personal stören. Kleinkinder wollen mit den Eiswürfeln in den Gläsern spielen, was meist dazu führt, daß das Glas umkippt. Sie werden unruhig und möchten aufstehen und umherwandern. Die Eltern müssen dann entweder überall hinterherlaufen, was keinen Spaß macht, oder in Kauf nehmen, daß das Kind andere Gäste und die Bedienung stört.

Vieles hängt davon ab, ob die Kinder eher unruhige Geister oder stille Beobachter sind. Sind sie unruhig, so kommt es weiter darauf an, ob das Vergnügen der Eltern hierdurch verdorben wird oder ob die Eltern sich nicht stören lassen, wenn ihre Kinder Unordnung schaffen und andere Gäste belästigen. Viel hängt auch davon ab, ob die Eltern ihren Kinder beigebracht haben, relativ folgsam und rücksichtsvoll zu sein, oder ob sie es zulassen, daß das Kind schnell außer Kontrolle gerät. (Im Grunde genommen haben Eltern hier die Wahl.)

Ich glaube, daß Kindern ab einem Alter von 18 Monaten beigebracht werden sollte, an einem Restauranttisch sitzen zu bleiben, ohne heilloses Durcheinander zu verursachen. Bei Babys und Kleinkindern ist es sehr wichtig, etwas mitzubringen, an dem sie knabbern können, bis das Essen serviert wird, sowie Spielzeug, mit dem sie sich beschäftigen können, nachdem ihr Hunger gestillt ist.

Ein Problem, dessen Lösung ich nie gefunden habe, stellte sich bei den Bestellungen meiner Kinder und Enkelkinder. Häufig bestanden sie trotz unserer Versuche, sie zu einer preiswerteren Bestellung zu bewegen, auf einem der sehr teuren Gerichte. Und ich habe mich nie in der Öffentlichkeit getraut, ihre Wünsche deutlich zurückzuweisen. Die Kosten hätten mich nicht so sehr gestört, wenn sie nur das Essen auch wirklich gegessen hätten. In der halben Stunde zwischen Bestellung und Servieren haben sie sich aber immer mit den bereitgestellten Brötchen und Kräckers vollgestopft, heruntergespült mit Wasser. Schließlich hatten sie auf das bestellte Steak, den Hummer oder die Garnelen keinen Appetit mehr. Sie starrten das Essen nur noch an. Wurde es aber dann Zeit für den Nachtisch, regte sich ihr Appetit plötzlich wieder.

Beim nächsten Restaurantbesuch versuchte ich dann, sie auf die vorhergehenden Erfahrung hinzuweisen und erinnerte sie an das unberührte Hauptgericht. Ich bat sie eindringlich, einen Kinderteller mit Hähnchen oder Schnitzel zu bestellen. Dies lehnten sie glatt ab. Wenn ich sie dann bat, wenigstens auf die bereitgestellten Brötchen und Knabbereien zu verzichten, klagten sie jämmerlich über ihren Hunger, und ich gab mürrisch nach. Es war meine Schuld, daß ich nicht hart blieb. Kinder akzeptieren das, worauf ihre Eltern bestehen.

Als Kind war ich viel fügsamer als mein eigener Nachwuchs. Die Regeln waren strenger. Wir aßen nie in einem Restaurant. Auf der jährlichen Sommerreise von Connecticut nach Maine nahmen wir den Zug von New Haven nach Boston, fuhren dort mit einer Pferdekutsche über die mit Kopfstein gepflasterten Straßen zum Kai der Eastern Steamship und reisten in der Nacht mit dem Dampfer nach Portland, Rockland oder Bath. Wir Kinder sehnten uns danach, in dem ganz in Weiß gehaltenem Speisesalon zu Abend zu essen. Meine Mutter hatte aber immer die uns sehr vertrauten selbstgemachten Brote dabei, die wir in unserer Kabine aßen.

Einmal, im Frühling, nahm mich mein Vater auf eine Dampferreise mit, um ein Sommerhaus anzuschauen, das er mieten wollte. Ich freute mich riesig, als ich erfuhr, daß wir zusammen mit den anderen Passagieren im Speisesalon essen würden. Mein Vater aber bestellte mir, gemäß der Annahme meiner Mutter, daß ungewohntes Essen Kindern stark zu schaffen macht, eine Milchsuppe, ein Essen für Kranke, das aus gebuttertem und gesalzenem Toast in Milch bestand. Der Kellner lächelte mich herablassend an und meinte: »Bei uns heißt das Grabstein-Eintopf!« Wahrscheinlich bezog sich das auf die Form des Toasts in der Milch oder auf die Bekömmlichkeit für zahnlose und schwache Alte.

Nach meiner Erinnerung habe ich mich als Kind nur einmal von diesen Ernährungsregeln befreien können. An einem bitterkalten Sonntag luden mich die Eltern von Mansfield Horner ein, mit ihnen auf dem nahe gelegenen Whitney Lake Schlittschuh zu laufen. In der Dunkelheit des späten Nachmittags, als ich vor Kälte fast taub war, luden sie mich zu einem »hot dog« am Imbißstand ein – das erste Würstchen, das ich je gegessen hatte. Es wurde aus einem dampfenden Topf herausgenommen, in ein Brötchen gesteckt und mit Sauerkraut und Senf vollgehäuft. Ich wußte, daß es gegen alle Ernährungsregeln meiner Familie verstoßen würde, aber ich konnte nicht widerstehen. Ich hatte niemals in meinem Leben so etwas Leckeres gegessen.

Ein besonderes Kapitel ist es, Kinder auf Besuche zu Freunden und Verwandten mitzunehmen. Aufgrund der Erwartungen und Gefühle der Besuchten sowie des Wunschs der Eltern, auch weiterhin deren Wohlwollen zu genießen, können Probleme entstehen.

Ich bekomme viel Post von Großeltern, die sich bitter darüber beklagen, daß ihre Enkelkinder bei jedem Besuch alles kurz und klein schlagen. Sie beschweren sich darüber, daß die Eltern der Kinder dies nicht zu bemerken scheinen, bzw. sich darüber keine Gedanken machen. In vielen solcher Fälle vermute ich, daß die Eltern die Besorgnis der Großeltern zwar wahrnehmen – zumindest im Unterbewußtsein –, sich aber insgeheim darüber freuen, daß ihre Kinder endlich das tun, was sie nie machen durften.

Ein anderes Extrem sind Gastgeber, die den Kindern freien Lauf lassen. Die fühlen sich dann durch gewissenhafte Eltern, die ihre Kinder ständig und unnötigerweise warnen und einschränken, gestört. Eltern sollten meines Erachtens versuchen, die Gefühle der Gastgeber richtig einzuschätzen und ihre Kontrollmaßnahmen entsprechend gestalten.

Kapitel 7

Phasen der Entwicklung

Entwöhnung und Trostobjekte

Vor einigen Jahren schrieb ich einen Artikel für die Zeitschrift »Redbook«, in dem es um zwei miteinander verwandten Themen ging: Viele »Flaschenkinder« entwickeln in der zweiten Hälfte des ersten Lebensjahres erheblichen Widerstand, wenn sie ihre Flasche zugunsten einer Tasse aufgeben sollen. Ganz anders bei gleichaltrigen gestillten Kinder, die viel mehr Bereitschaft dazu zeigen. Ich führte diesen Unterschied auf die Bedeutung von trostspendenden Objekten wie Kuscheldecken, Stofftiere und Daumen, zurück. Meine Erklärung lautete, daß die Flasche während der zweiten Hälfte des ersten Lebensjahrs auch zu einem heißgeliebten Trostspender geworden sei, weswegen sich die Babys gegen ihre Ablösung wehrten.

Meine beiläufige Bemerkung, daß sehr viele der gestillten Babys zwischen sechs und 12 Monaten zur Aufgabe der Brust bereit seien, löste eine Sturmflut entrüsteter Briefe von Müttern aus. Sie waren der Meinung, daß jedes Baby das Recht auf eine zweijährige Stillzeit habe und daß es schädlich sei, ihnen dieses Recht vorzuenthalten. Später schrieb ich diesen Müttern als Antwort einen weiteren Artikel und erläuterte darin meine Position.

Mir scheint, als ob beide Positionen – nicht nur hinsichtlich des richtigen Zeitpunkts für das Abstillen, sondern auch hinsichtlich anderer Aspekte der emotionalen Entwicklung – noch heute heiß debattiert werden. Hier also ist mein erster Artikel:

In welchem Alter sollte ein Baby der Brust oder der Flasche entwöhnt werden? Hierüber herrscht keine einhellige Meinung.

In der ersten Hälfte dieses Jahrhunderts wurden in vielen Familien die Babys in jeder Hinsicht zur Eile angetrieben: Im Alter von zwei Wochen sollten sie auf die nächtliche Zweiuhrmahlzeit verzichten, unabhängig davon, ob sie diese noch brauchten oder nicht. Feste Nahrung sollte im Alter von einem Monat eingeführt werden. Mit einem Jahr sollte es an das Trinken aus einer Tasse gewöhnt werden, auch wenn dies einen harten Kampf bedeutet. Das Daumenlutschen sollte gar nicht erst zugelassen werden. Und einige Eltern begannen mit der Sauberkeitserziehung, sobald ihr Kind sechs Monate alt war.

Diese besorgt drängende Einstellung hat sich in einigen Familien bis in die 80'er Jahre gehalten. Sie richtet sich nun nicht mehr nur auf das Säuglingsalter, sondern auch auf die Förderung der geistigen Entwicklung der Vorschulkinder sowie auf die spätere Ausfüllung der außerschulischen Freizeit mit zusätzlichen pädagogischen, kulturellen und sportlichen Kursen.

Gleichzeitig hat sich eine andere Bewegung der entgegengesetzten Richtung herausgebildet, die sich besonders hinsichtlich der Entwöhnung unterscheidet. Ich kenne Eltern, die nicht nur zufrieden, sondern auch stolz darauf sind, daß ihre Kinder noch nach dem zweiten Geburtstag an der Brust oder aus der Flasche trinken.

Zum Teil spiegelt sich hier eine »Zurück-zur-Natur«-Philosophie, die auch in der sehr lockeren Handhabung der Sauberkeitserziehung, der Erziehung beim Essen und der Schlafenszeiten deutlich wird. Eltern, die diese Philosophie vertreten, weisen darauf hin, daß Kinder in vielen nicht-industriellen Regionen der Welt bis zum zweiten oder dritten Lebensjahr gestillt werden, manchmal auch noch länger.

Im allgemeinen bin ich dafür, sich am Natürlichen zu orientieren. Ich bin mir allerdings nicht sicher, ob eine bis zum zweiten Lebensjahr reichende Stillzeit in dem Sinn natürlich ist, als daß die Kinder sie selber wollen. Anthropologen weisen darauf hin, daß in vielen einfachen Gesellschaften, in denen Kinder über längere Zeiträume hinweg gestillt werden, Eltern das Stillen für die beste – wenn auch einzige – Methode der Geburtenregelung halten (obwohl diese Methode eigentlich nicht zuverlässig ist). Aus diesem Grund werden die Kinder dort so lange wie möglich gestillt.

Ein weiterer Grund für das Interesse an einer verlängerten Stillzeit und anderen duldsamen Erziehungsmethoden liegt darin, daß einige junge Eltern, sofern sie eine sinnvolle Rechtfertigung dafür finden können, schon immer aus einem Affekt heraus zu genau der entgegensetzten

Richtung neigen, wie ihre eigenen Eltern sie vertraten. Dies bezieht sich sowohl auf die Kindererziehung wie auf die Inneneinrichtung, den künstlerischen Geschmack oder die gesellschaftlichen Sitten. Dieses Verhalten entspringt einer natürlichen Rivalität zwischen den Generationen. Solche Konkurrenz ist in gewissem Ausmaß nicht nur für Tendenzwenden zu verschiedenen Stilrichtungen, sondern auch für viele Fortschritte in der Wissenschaft, der Technik, der Musik, der Malerei und in anderen Kunstrichtungen verantwortlich – Fortschritte, die häufig von Menschen stammen, die an der Schwelle zum Erwachsenenalter stehen.

Als ich zu Beginn dieses Jahrhunderts ein Kleinkind war, waren es zusammen mit den Kinderärzten die jungen progressiven Eltern, die mit dem Eifer der Kreuzfahrer streng einzuhaltende Fütterungszeiten für Babys, eine früh einsetzende Sauberkeitserziehung, enorme Mengen frischer Luft und das Ende solcher schändlichen Dinge wie Nuckel predigten. Außerdem gingen sie sehr energisch daran, die Persönlichkeit ihrer Kinder gemäß ihren Vorstellungen auszubilden, mit dem Ziel, aus ihnen Musiker, Athleten oder Wissenschaftler zu machen.

Als ich dann in den dreißiger Jahren meine eigene Praxis als Kinderarzt aufmachte, war ich besonders an den psychologischen Aspekten der Entwicklung interessiert, was mich dazu bewegte, mich psychiatrisch und psychoanalytisch weiterzubilden. Ich habe viele Konflikte beobachtet, die einerseits auf der Angst der Eltern beruhten, ihr Kind vor dem Ende des ersten Lebensjahrs von der Flasche auf die Tasse umstellen zu können (so als ob im anderen Fall ihr Kind emotional und intellektuell in der Entwicklung zurückbleiben könnte), und andererseits auf dem Widerstand der Babys gegen die Entwöhnung in diesem Alter. (Damals gab es nur wenige Kinder, die gestillt wurden. Diese wenigen beeindruckten mich aber dadurch, daß sie der Umstellung auf die Tasse kaum Widerstand entgegensetzten.)

Ab dem vierten oder fünften Lebensmonat nehmen alle Babys kleine Schlückchen aus einer Tasse an. Ich habe deshalb den Eltern mit Nachdruck empfohlen, ihnen ab diesem Lebensalter Getränke in kleinen Portionen aus einer Tasse zu verabreichen. Ich nahm dabei an, daß dadurch der später auftretende Widerstand gegen die Entwöhnung von der Flasche umgangen werden könnte. Viele Babys – und auch ihre Eltern – machten mir aber einen Strich durch die Rechnung; denn sie haben es trotzdem später, im Alter von sieben, acht oder neun Monaten, strikt abgelehnt, Milch aus einer Tasse zu trinken. Sie hielten daran bis ins Alter von 15 Monaten oder noch länger fest – manche sogar bis zum

24. Monat. Ich nahm an, daß die meisten Flaschenkinder dieses Nuckelbedürfnis zumindest während des ersten Lebensjahrs verspürten. Ich konnte aber nicht erklären, warum gestillte Kinder schon vor Vollendung ihres ersten Lebensjahrs zur Aufgabe der Brust zugunsten der Tasse bereit zu sein schienen.

Ich rätselte viele Jahre hierüber nach, bis ich endlich erkannte, daß diejenigen Babys, die im Alter von sechs Monaten ihre Flaschen allein halten und im Bett trinken durften (anstatt auf Mutters Schoß), eine intensive Beziehung zur Flasche entwickelten. Diese Beziehung zwang sie zur Ablehnung der Tasse. Für sie stellte die Tasse eine Bedrohung der heißgeliebten Flasche dar. Eltern, die mit der Entwöhnung beginnen wollten, gab ich also den Rat, ihre Kinder (weiterhin) auf dem Schoß zu halten und ihnen selbst die Flasche zu geben, obwohl die Kinder in der zweiten Hälfte ihres ersten Lebensjahres durchaus in der Lage sind und es genießen, ihre Flasche selbst zu halten.

Es dauerte noch etliche Jahre, bis ich weitere Teile dieses Puzzles zusammensetzen konnte. Ich gewann neue Erkenntnisse über die vielgeliebte alte »Schmusedecke« oder die Stofftiere (die ich allesamt Trostobjekte nenne). **Einige Kinder brauchen ein Trostobjekt, das sie beim Einschlafen oder bei Erregung streicheln können, während sie am Daumen lutschen. Es erinnert sie an das Gefühl der Sicherheit und Geborgenheit, das sie während der ersten fünf Monate ihres Lebens spürten, als sie im Schoß ihrer Mutter an der Brust oder Flasche saugten und das weiche Material der Babydecke, die Bekleidung ihrer Mutter oder deren Haut fühlten.**

Im Alter von fünf oder sechs Monaten empfinden sie zum ersten Mal den Drang, selbst aktiv zu werden. Sie wollen sitzen, aufstehen, ihre Flasche und andere Objekte selber halten. Dieser einsetzende Sinn für Autonomie und Selbständigkeit ist aufregend und sehr wichtig. Trotzdem gibt es aber ein Problem. Wenn die Babys müde oder unglücklich sind, möchten sie wieder durch Lutschen oder Streicheln getröstet werden. Sie möchten aber auf keinen Fall das bißchen Selbständigkeit, das sie erreicht haben, wieder aufgeben. Das Streicheln einer Schmusedecke oder das Lutschen am Daumen sind meines Erachtens glückliche Kompromisse. Den Kindern gibt es ein Gefühl der Sicherheit, ohne daß sie von den Armen ihrer Mutter gehalten werden müssen, ohne von ihrer Persönlichkeit erstickt zu werden, wie in den ersten Monaten ihres Lebens. Sie genießen Trost wie von der Mutter, ohne bei ihr zu sein.

Der nächste Schritt in meiner Argumentation lautete, daß die Flasche, die ab dem sechsten Monat mit ins Bett genommen wird, auch zum Mutterersatz wird und hierdurch eine neue emotionelle Bedeutung gewinnt. Das Baby ist aus diesem Grund noch stärker auf sie angewiesen. Die Brust – oder die Flasche, die auch nach dem sechsten Monat in den Armen der Mutter noch getrunken wird – kann aber nicht zum Mutterersatz werden, weil die Mutter mit ihrer Sicherheit und Geborgenheit ja unmittelbar da ist. Das Baby braucht also keinen Ersatz und kann keinen Ersatz gebrauchen. Und sein aufkeimender Drang zur Selbständigkeit ermutigt das Baby, die Brust oder die Flasche zugunsten der Tasse aufzugeben.

Die ersten Anstöße zur Selbstentwöhnung stellen einen Entwicklungsschub dar, der schon in der zweiten Hälfte des ersten und nicht erst im zweiten Lebensjahr einsetzt. Als ich dies erkannte, bemerkte ich erst, daß viele gestillte Babys schon im fünften und sechsten Monat relativ wenig Abhängigkeit von der Brust zeigen. Bis zu diesem Zeitpunkt saugen sie noch intensiv bis zur Sättigung. Werden sie unterbrochen, beginnen sie frustriert zu schreien. Im Alter von fünf oder sechs Monaten trinken sie für einige Minuten, lassen die Brustwarze los, um ihre Mutter anzulächeln. Dann spielen sie eine Weile mit ihrer eigenen Bekleidung oder mit der der Mutter. Manchmal fangen sie erst nach einer Aufforderung der Mutter wieder an zu trinken. Einige Babys werden im Alter von sieben, acht oder neun Monaten die Brust ganz von sich aus ablehnen. Viele Babys sind in der zweiten Hälfte des ersten Lebensjahrs zur Entwöhnung bereit. Aus diesem Grund ist es nicht notwendig, das Stillen oder die Flaschenfütterung auch im zweiten Lebensjahr fortzusetzen.

Warum war die Entdeckung dieser frühen Bereitschaft zum Abstillen für mich so wichtig? Ich wollte bei den Müttern den Eindruck vermeiden, daß das Stillen – ohne Zufüttern – zu lange, zu mühsam und zu einengend sei. Denn früher fragten die relativ wenigen Mütter, die am Stillen interessiert waren, meist besorgt: » Wie lange werde ich stillen müssen? Sind drei Monate genug?« Ich meinte, daß wenn sie bereit seien, drei Monate zu stillen, dann würden ihnen sechs Monate auch nicht viel länger erscheinen.

Ich hätte natürlich sagen können und habe auch gesagt, daß das Stillen für jede beliebige Dauer – ob einen Monat oder drei Monate – wertvoll sei: für das Baby in körperlicher und für die Mutter und das Baby in emotionaler Hinsicht. Ich wollte aber die Mütter ermutigen, die schon einigermaßen bereit waren, ihr Kind bis zum sechsten oder siebten Monat zu stillen, es dann beim Abstillen sofort an eine Tasse zu gewöhnen, ohne die Flasche überhaupt einzuführen.

Fragt mich heute eine Mutter, die keine feste Meinung hat, wie lange sie ihr Kind stillen soll, so sage ich:» Wenn Sie Ihr Kind für mindestens sechs Monate stillen, werden Sie ihm alle körperlichen Vorteile (Milch, die leicht zu verdauen und von hoher Qualität ist, Schutz gegen viele Krankheitserreger) wie auch alle emotionalen Vorteile (gegenseitige Nähe und die früh einsetzende Überzeugung Ihrerseits, daß Sie eine erfolgreiche Mutter sind) gegeben haben. Danach können Sie mit der Entwöhnung beginnen, sobald Sie nicht mehr stillen wollen oder bemerken, daß das Baby dazu bereit ist. Sie müssen dabei langsam vorgehen, damit ihre Brüste sich an die verringerte Milchabgabe gewöhnen und ihr Baby nicht durch eine abrupte Veränderung dieser intimen Beziehung verstört wird. Bieten Sie ihm einfach bei jeder Mahlzeit eine Tasse Milch an. Und lassen Sie die Stillmahlzeiten allmählich eine nach der anderen wegfallen – beispielsweise in Intervallen von einer Woche. Das Stillen vor dem Einschlafen können Sie bis zuletzt beibehalten. Das Baby genießt dann das Stillen normalerweise am meisten. Es ist müde und früheren Entwicklungsstadien sehr nahe.

Manche Eltern fragen:» Warum nicht von der Brust zur Flasche anstatt zur Tasse?« Falls Sie Ihr Baby vor dem fünften oder sechsten Monat abstillen, dann glaube ich, daß Sie ihm eine Flasche anbieten sollten. Denn bis zu diesem Alter haben die meisten Babys ein Nuckelbedürfnis. Warum sollten Sie sich aber mit Flaschen herumschlagen, wenn meine Theorie richtig ist, daß Babys ab diesem Alter eigentlich nicht um des Nuckelns willens nuckeln.

Wenn manche Babys noch nach dem sechsten, achten oder 10. Lebensmonat an einem Schnuller, ihrem Daumen und an Flaschen nukkeln, so tun sie dies wegen der Geborgenheit, die ihnen das Nuckeln bei Müdigkeit oder bei Frustrationen bietet – und nicht zur Befriedigung eines» Nuckelbedürfnisses«.

Warum sollten Sie nicht auch noch im zweiten Lebensjahr stillen? Ich bin der Meinung, daß Abstillen vor Vollendung des ersten Lebensjahrs aus vielen Gründe der richtige Weg ist. Einige Eltern und Kinderärzte sind allerdings strikt anderer Meinung. Das Thema ist höchst kontrovers. Ich würde deshalb nie mit einer Frau darüber streiten, die ihr Kind bis zum 18. Monat, zweiten Lebensjahr oder noch länger stillen möchte. **Meines Erachtens ist es ein gut begründetes psychologisches Prinzip, Kinder zum Übergang von einer Entwicklungsphase zur nächsten**

zu ermutigen, und zwar dann, wenn sie eine Bereitschaft dazu zeigen.
Wird Kindern ermöglicht, in irgendeinem Aspekt ihrer Entwicklung zurückzubleiben, so kann dies zu einer allgemeinen Verlangsamung des emotionalen Reifeprozesses beitragen. Nehmen wir ein Beispiel aus einem anderen Bereich. Manche Eltern zeigen noch Freude an dem babyhaften Gebrabbel ihres Kindes, lange nachdem es aus dem Babyalter heraus ist. Diese Reaktion der Eltern kann das Kind dazu ermuntern, auch in anderen Bereichen seiner Entwicklung babyhaft, passiv und abhängig zu bleiben.

Ich habe bei manchen Kindern den Eindruck gehabt, daß die Verlängerung des Stillens über ein Jahr hinaus ihre Abhängigkeit verstärken, anstatt verringern kann, wenigstens für einige Monate. Theoretisch können die Fortschritte des Kindes bei seinem Versuch, von der Mutter unabhängig zu werden, hierdurch verlangsamt werden. Diese Einwände oder Gründe gelten teilweise auch für die Entwöhnung von der Flasche.

Viele Frauen, die ihre Kinder stillten, haben mir berichtet, daß das Stillen für sie eine stärkere emotionale Bedeutung gehabt habe als für das Baby. Sie berichteten:»Das Baby gab die Brust ohne großes Bedauern auf. Ich spürte aber einen großen Verlust. Ich hatte das Gefühl, abgelehnt zu werden.« Dies ist eine normale und häufig auftretende Reaktion, auf die sich Mütter schon bei der Entscheidung über den Zeitpunkt des Abstillens einstellen sollten.

Im allgemeinen ändern sich die Bedürfnisse der Kinder, wenn sie von einer Phase zur nächsten gehen. Um die größtmögliche Wirkung zu erzielen, sollten sie zur rechten Zeit befriedigt werden. Beim Stillen kann sich das Zögern der Mutter hinsichtlich des Abstillens endlos weiterziehen. Mit dem Gefühl, abgelehnt zu werden, könnte sie sich also genausogut zu einem Zeitpunkt auseinandersetzen, der für ihr Baby ideal ist.

In letzter Zeit haben Zahnärzte einen weiteren Grund für eine rechtzeitige Entwöhnung gefunden. Über ein Jahr alte Babys sollten nicht mit dem Mund voller Milch einschlafen – weder nachts noch tagsüber. Hiervon sind vor allem die Babys betroffen, die ihre Flaschen im Bett austrinken sollen. Bei einigen anfälligen Kindern kann diese Praxis zu schnellem Zahnverfall führen. Die Zähne werden durch die Säure angegriffen, die durch Bakterien im Mund gebildet wird. Diese Bakterien leben von dem Zucker und der Stärke aus Speiseresten, die über längere Zeiträume im Mund bleiben. Die Anfälligkeit unterscheidet sich stark von Mensch zu Mensch. Bei Babys hängt sie von Faktoren wie Vererbung, Ernährung der Mutter während der Schwangerschaft und dem

Fluorgehalt der Zähne ab. Noch einmal: die meisten Gründe, die ich für eine Entwöhnung vor Vollendung des ersten Lebensjahrs angeführt habe, beweisen nicht, daß eine solche Entwöhnung besser ist; sie erläutern lediglich meine Empfehlungen.

Kritik an meiner Auffassung von Entwöhnung

Hier folgt nun mein zweiter Artikel über die Entwöhnung und über andere Entwicklungsschritte. Ich habe ihn als Reaktion auf zahlreiche kritische Briefe zu meinen ersten Artikeln verfaßt:

In diesem Teil möchte ich erneut die Frage nach dem richtigen Zeitpunkt der Entwöhnung diskutieren und auch das weitere Thema der Befriedigung der Bedürfnisse eines Babys. Diese Fragen wurden durch Leser eines älteren Beitrags von mir aufgeworfen, die besonders die Empfehlung kritisierten, Babys schon am Ende des ersten Lebensjahrs zu entwöhnen.

Eine Mutter schrieb folgendes:»Ich bin total anderer Ansicht, was die Entwöhnung von Brust oder Flasche zu einem solch frühen Zeitpunkt betrifft. Damit unterminieren Sie das Urvertrauen des Kindes. Erik Eriksons Theorie des Urvertrauens wird mit gutem Grund von vielen psychologisch orientierten Eltern akzeptiert. Durch das Stillen der Mutter und dadurch, daß sie so häufig wie möglich die Bedürfnisse des Kindes befriedigt, kann das Kind Urvertrauen aufbauen. Es gibt doch genug Tabus für ein kleines Kind, da ist es nicht nötig, daß Eltern noch zusätzlich weitere willkürliche Regeln einführen, nur um das Kind nicht zu ›verwöhnen‹. Die Theorie, nach der es der Entwicklung eines Kindes nützt, wenn man bestimmte Fortschritte zu erzwingen versucht, sobald das Kind dazu bereit ist, sind nichts als bloße Vermutung. Soll jemand auf eine Leiter steigen, hilft es ihm überhaupt nichts, wenn die Sprossen unter ihm entfernt werden.«

Ähnlich protestierte eine andere Mutter:»Sie scheinen zu glauben, daß ein Kind in starke Abhängigkeit gelangt, wenn es gezwungen wird, nach den ersten 12 Monaten noch an der Brust oder der Flasche zu saugen.«

In meinem Artikel hatte ich lediglich gesagt, daß Kindern wahrscheinlich in ihrer gesamten Entwicklung geholfen wird, wenn sie ermutigt werden, in bestimmten Bereichen Fortschritte zu machen. Dies ist eine allgemeine Einsicht der Entwicklungspsychologie. Häufig haben mir Eltern berichtet, daß Kinder, die eine Hürde in ihrer Entwicklung genommen haben, anschließend in anderen Bereichen regelrecht vorwärtsgesprungen sind. Ich meinte nicht, daß dies ein ehernes Gesetz sei oder daß ein Kind, das bis zum 18. oder 24. Monat gestillt wird oder die Flasche erhält, notwendigerweise zurückbleibt. Ich fürchte, ich habe diese Verbindung zu eindeutig dargestellt. Einige Eltern haben sich kritisiert gefühlt und glaubten sich verteidigen zu müssen, weil sie erst spät mit der Entwöhnung begannen. Dies war nicht meine Absicht. Ich glaube ganz gewiß nicht, daß es möglich ist, ein Baby zu irgend etwas zwingen zu können. Ich habe diesen Begriff auch nicht verwendet.

Eine andere Mutter sprach das Thema Abhängigkeit und Sicherheit an: »Andere Experten sagen, daß das Kind, dem nicht lange genug erlaubt wurde abhängig zu sein, in seinem späteren Leben Probleme haben wird. (Fragen Sie diejenigen, die mit jugendlichen Straftätern zu tun haben.) Lassen Sie andere Experten zu Wort kommen, die Kinder als Wesen mit starken Bedürfnissen sehen: Pädagogen und Anthropologen, die Kinder in anderen Kulturen untersucht haben, Kinder, die nicht frühzeitig entwöhnt oder Fremden überlassen werden und die man nachts nicht schreien läßt.«

Eine weitere Mutter regte sich darüber auf, daß ich in »Säuglings- und Kinderpflege« gesagt hätte, Eltern sollten ihr Baby zweimal pro Woche abends allein lassen: »Was ist so falsch daran, wenn eine Mutter bei ihrem Baby bleibt, wenn sie in dieser Aufgabe aufgeht? Ist das nicht der Sinn des Elternseins? In diesem Land gibt es so viel Kindesvernachlässigung und Kindesmißhandlung. Eltern sollte gezeigt werden, wie sie sich vernünftig engagieren und nicht, wie wichtig es ist, daß beide ihre Hobbys, ihre Lesezeit und ihre anderen Freizeitinteressen und kulturellen Aktivitäten beibehalten. Warum sonst sollten sie ein Baby haben wollen! Den Menschen sollte gesagt werden, wie man aufwächst und nicht wie man jung bleibt!«

Als ich vorgeschlagen habe, daß junge Eltern mit einem sehr quengeligen Baby versuchen sollten, ab und zu einen Abend freizumachen, zusammen oder getrennt, dann wollte ich damit nicht einer Verantwortungslosigkeit das Wort reden, sondern verhindern, daß Eltern physisch und psychisch auslaugen. Dies passiert manchmal (meist der Mutter), wenn das Baby monatelang nachts Stunde um Stunde schreit und die beiden Eltern angespannt und erschöpft dies zu Hause über sich ergehen lassen. Und selbst wenn das Baby ohne solche Anstrengungen ist, halte ich es für angebracht, daß sich sehr gewissenhafte junge Eltern Zeit nehmen, um sich ihren Freunden oder anderen Interessen zu widmen.

Andernfalls kann es vorkommen, daß Eltern von ihrem Baby regelrecht besessen sind, was starke Belastungen für das Baby, die Eltern und manchmal auch noch für deren Verwandte und Freunde zur Folge hat. Solch übertriebene Voreingenommenheit tritt beim zweiten oder dritten Kind oder bei Eltern, die etwas gelassener mit ihrem ersten Baby umgehen, nur selten auf.

Mit dem meisten, was diese Mütter über die Bedeutung der Befriedigung der Wünsche des Kindes nach Liebe, Nahrung und Sicherheit sagen, stimme ich überein, und zwar für alle Phasen der Entwicklung. Im ersten Lebenshalbjahr wollen die Kinder viel saugen. Genauso benötigen sie reichlich Kalorien, viel Schmusen, Spiel und Aufmerksamkeit der Eltern für ihre Entwicklungsfortschritte. Und während der ersten zweieinhalb Jahre brauchen sie ständig Kontakt mit den Menschen, die sich in der Hauptsache um sie kümmern. Ein Wechsel dieser Bezugspersonen sollte nur schrittweise vollzogen werden. Dies sind nur einige Beispiele für die vielfältigen Bedürfnisse von Kindern.

Wichtig ist das Bedürfnis des Kindes, sich weiterzuentwickeln und Unabhängigkeit zu gewinnen, ein Bedürfnis, das sich auf vielerlei Weise in jedem Entwicklungsstadium zeigt. Entsprechend müssen die Eltern ihren Einfluß aufgeben, wenn das Kind dazu bereit ist.

Ich habe sechs bis acht Monate alte Babys kennengelernt, deren unerfahrene Eltern allen ihren Wünschen so weit entgegenkamen, daß die Babys es abends allmählich geschafft hatten, bis neun, 10 oder 11 Uhr wach zu bleiben. Dabei bestanden sie darauf, daß die Eltern sie stundenlang in den Armen hielten und umhertrugen. Dies war für die Eltern und das Baby eine äußerst erschöpfende Praxis. Das hätte nicht sein müssen, wenn die Eltern gesehen hätten – oder jemand es ihnen gesagt hätte –, daß man ein Kleinkind normalerweise abends um sechs Uhr nach dem Füttern zum Schlafen ins Bett legt, selbst dann, wenn es aus Protest oder vor Müdigkeit noch einige Minuten schreit.

Es gibt noch andere Probleme bezüglich der Unabhängigkeit des Kindes. Manchmal wollen schon einjährige Kinder ihren Löffel halten und selbst damit essen. Einige Eltern verweigern dies, weil sie die Kleckerei nicht mögen. Als dann im zweiten und dritten Lebensjahr die Eltern es gern gesehen hätten, daß das Kind endlich selbst mit dem Löffel ißt, bestanden diese darauf, gefüttert zu werden. Sie hatten die Zeit, als es ihnen interessant erschien, selbst mit dem Löffel zu essen, längst hinter sich gelassen und betrachten es nun als ihr gutes Recht, gefüttert zu werden.

Es gibt Kinder, die noch im Alter von fünf Jahren in der »niedlichen« Babysprache reden (damit meine ich nicht die falsche Aussprache einzelner Wörter), weil ihre Eltern es im zweiten Lebensjahr so reizend fanden, wenn sie dem Kind in der Babysprache antworteten, anstatt eine anspruchsvollerere Form zu verwenden.

Mehrere Eltern haben mir von ihren Kindern berichtet, die mit zwei Jahren nachts in die Betten der Eltern kamen, weil sie Angst davor hatten, allein zu schlafen – und die mit 10 Jahren immer noch zu den Eltern ins Bett kamen und sich durch nichts erweichen ließen. Aus diesem Grund habe ich in »Säuglings- und Kinderpflege« gesagt, daß es sinnvoller ist, »Nachtwandler« sofort in ihr eigenes Bett zurückzuschikken, obgleich auch mir bewußt ist, daß viele Kleinkinder, die in die Betten ihrer Eltern klettern, kein dauerhaftes Bedürfnis hierzu entwikkeln.

Gelegentlich begegnen mir auch noch Kinder, die mit sechs Jahren, auf der Toilette sitzend, nach ihren Eltern rufen, damit diese ihnen den Po abputzen. Diese Eltern hatten nicht bemerkt, daß ein Kind mit drei Jahren schon in der Lage ist, dies zu erlernen.

Und es gibt auch Eltern, die ihren Kindern den größten Teil ihrer Schularbeiten abnehmen, weil sie nicht glauben, daß die Kinder in der Lage sind, dies allein zu tun.

All diese Beispiele lassen sich natürlich nicht verallgemeinern. Gleichwohl zeigen sie, daß man nicht einfach sagen kann, Eltern brauchen lediglich die Bedürfnisse ihrer abhängigen Kleinkinder zu befriedigen und sollten sie nicht vorzeitig vorwärtstreiben. Solange die Bedürfnisse wirklich echt sind, müssen die Eltern sie auch respektieren. Aber Babys haben auch eine Vielzahl von Bedürfnissen, die sich auf das Erlernen neuer Fähigkeiten und das Erlangen von Selbständigkeit beziehen. Die Haltung der Eltern spielt eine wichtige Rolle beim Ausgleich der kindlichen Bedürfnisse nach Abhängigkeit und Unabhängigkeit. Eltern können die Bedürfnisse, die aus der Abhängigkeit resultieren, befriedigen und zugleich auf Zeichen für Fortschritte achten.

Mehr über Trostspender

Die Intensität der Beziehung zu einer »Schmusedecke« oder zu einem anderen trostspendenden Objekt unterscheidet sich von Kind zu Kind recht stark. Manche Kinder sind so sehr von einem Objekt abhängig, daß dessen Verlust sie zur Verzweiflung treibt: Sie können ohne es nicht einschlafen. Als anderes Extrem gibt es Kinder, die ein solches Objekt noch nie benutzt haben. Dazwischen ist jede Abstufung möglich. Manche Kinder wechseln von einem Objekt zum anderen. Normalerweise nimmt die Abhängigkeit im Alter von drei, vier oder fünf Jahren ab. Einige Kinder aber haben dann immer noch einen heimlichen Trostspender, dessen Existenz sie bis ins Schulalter vor anderen Kindern verheimlichen. Ich habe sogar schon von erwachsenen Frauen gehört, die bei der Entbindung ihren Teddybären ins Krankenhaus mitgenommen haben.

Typischerweise lutschen Kleinkinder am Daumen, während sie ein weiches Stofftier oder eine Decke streicheln. (Einige reiben sich am Ohrläppchen oder drehen an einer Haarsträhne.) Es gibt eine große Bandbreite solcher trostspendenden Objekte in Verbindung mit Handlungen.

Einige Kinder halten ihren Trostspender genau unter ihre Nasen, damit sie ihn auch riechen können. Eine Mutter, die eine zerfledderte Schmusedecke in kleine Stücke schnitt, um die Lebensdauer zu verlängern, bemerkte, daß ihr Kind vor der Auswahl eines Deckenstücks zuerst an allen Stücken roch, um dasjenige mit dem besten Geruch zu finden. Und vielfach lehnen die Kinder das Waschen oder Reinigen ihres Trostspenders ab; sie möchten, daß er grau und schmutzig bleibt – wie sie es gewöhnt sind.

Typischerweise möchten Kinder ihren Trostspender dann streicheln und an ihrem Daumen lutschen, wenn sie müde oder frustriert sind. Diese Situation tritt mittags und abends, vor dem Schlafengehen, am häufigsten auf. Sie tritt aber auch auf, wenn sich das Kind weh getan hat, nachdem es von einem anderen Kind schlecht behandelt oder von den Eltern ausgeschimpft oder bestraft wurde. Psychiater bezeichnen diese Phasen als »Zeiten der Regression« – weil das Kind sich nicht in der Lage fühlt, seinem Alter entsprechend zu handeln und deshalb auf ein früheres Entwicklungsniveau zurückfällt. (Auch manche Erwachsene greifen bei Krankheit oder Mutlosigkeit auf kindliche Verhaltensweisen zurück.)

Meiner Meinung nach werden der Daumen und die Flasche, die am Ende eines Tages und zu Zeiten der Regression im Bett genossen werden, in der zweiten Hälfte des ersten Jahres zu Trostspendern. (In den ersten vier oder fünf Monaten ist das Daumenlutschen lediglich Ausdruck eines Saugbedürfnisses, das an der Brust oder Flasche nicht befriedigt wurde, und tritt vor oder nach dem Trinken auf. Nach sechs Monaten tritt es hauptsächlich während der Regressionszeiten auf.)

Die meisten Psychologen und Psychoanalytiker nehmen an, daß Babys während der ersten Monate sich selbst nicht als eigenständige Individuen wahrnehmen können. Wenn sie wach sind, liegen sie meist in den Armen ihrer Mütter und trinken an der Brust oder aus einer Flasche – offensichtlich ihre Hauptbefriedigung. Sobald sie etwas Kontrolle über ihre Finger bekommen haben, streicheln viele von ihnen entweder die Decke, in die sie gewickelt sind, oder die Haut und Kleidung ihrer Mütter. (Diese Aktivität hat eine gewisse Ähnlichkeit mit dem Instinkt bei jungen Hunden und Katzen, die die Zitzen ihrer Mütter massieren, um den Milchfluß anzuregen.)

Während der frühen Monate haben die Babys keine tiefgehenden Sorgen. Sie wachen auf, sobald sie Hunger haben, schreien automatisch und werden in der Regel schnell hochgenommen und gefüttert – von der bekannten, geliebten Mutter. Dann schlafen sie wieder ein. All dies geschieht, ohne daß sie selbst irgendwelche große Mühe aufwenden müssen. Dies ist die sicherste Phase des menschlichen Daseins. In der Regel ist es die Mutter, die diese Sicherheit vermittelt. Obwohl sie nicht immer sichtbar in der Nähe ist, kommt sie immer, wenn sie das Schreien hört. Und ich nehme an, daß ein Säugling sie nicht als ein von sich selbst verschiedenes Wesen wahrnimmt.

Die Phase der extrem engen Beziehung, in der das Baby fast noch ein Teil der Mutter ist, wird als symbiotisch bezeichnet, d.h. die beiden Leben sind auf das engste miteinander verbunden.

In der Mitte des ersten Lebensjahrs verliert die völlige symbiotische Beziehung an Bedeutung. Das Baby wird angeregt, sich aufzusetzen, seine Finger zu bewegen und sich gegen zuviel Zärtlichkeit zu wehren. Diese kleinen Anzeichen wachsender Unabhängigkeit sind ihm sehr wichtig. Dies wird durch die Heftigkeit deutlich, mit der es sich gegen das Hinlegen wehrt, nachdem es zu sitzen gelernt hat. Obwohl das Baby mehrmals am Tag hingelegt werden muß – zum Wickeln, Baden und für andere Pflegemaßnahmen –, protestiert es jedes Mal lauthals, als ob ihm so etwas Empörendes noch nie passiert sei.

Ich nehme an, daß sich die Vorstellung vom eigenständigen Dasein – und das verstärkte Streben danach – aus dem Streben nach körperlicher Unabhängigkeit speist. Mit anderen Worten: zunächst entwickelt sich der körperliche Instinkt und erst danach nimmt das Kind ihn wahr.

Die Vorstellung der Eigenständigkeit – besonders gegenüber der Mutter – ist mit einer Wahrnehmung von Verlust und Angst gepaart, wenn sie nicht da ist. In der zweiten Hälfte des ersten Lebensjahres quengeln und schreien Babys häufig, sobald die Mutter den Raum verläßt. Das Verlustgefühl wird auch von Babys gezeigt, die älter als sechs Monate sind und von ihren Müttern getrennt wurden – beispielsweise durch einen längeren Klinikaufenthalt. Sie werden depressiv, lächeln nicht mehr und weinen sehr viel.

Schon ein schwaches Gefühl der Angst vor einer Trennung von der Mutter bewirkt, daß Kleinkinder während der Regressionsphasen am Tag zu einem Trostobjekt greifen (oder auch zu zweien, wie einer Decke und dem Daumen). Sie werden dadurch an die vollständige Sicherheit und das Vergnügen der frühen Monate erinnert.

Sie können nicht zurückkehren, um wieder eins mit der Mutter zu werden; denn sie weigern sich, die kleinen Fortschritte zur Selbständigkeit aufzugeben, die sie schon erreicht haben. Statt dessen bevorzugen sie ein Objekt, das mütterliche Assoziationen weckt und Sicherheitsgefühle vermittelt, das aber nicht die Mutter ist. Das Objekt droht sie nicht zu vereinnahmen und wieder unselbständig zu machen. Babys und Kleinkinder kontrollieren ihre Trostobjekte – nicht umgekehrt. Ein- oder Zweijährige können manchmal aus Verärgerung ihr wertvolles Objekt mit aller Gewalt gegen die Einrichtung donnern.

Flaschen und Daumen werden nach dem fünften oder sechsten Lebensmonat zum Mutterersatz. Psychologen haben bei der Beobachtung von Babys, die seit der Geburt in Institutionen untergebracht und – da ohne Mutter – in emotionaler Hinsicht vernachlässigt wurden, interessanterweise festgestellt, daß diese Babys nicht am Daumen lutschen.

Es gibt bestimmte rhythmische Verhaltensgewohnheiten, die viele Babys zum Ende des ersten Lebensjahres annehmen und während der Regressionsphasen zeigen. Sie schaukeln mit dem Oberkörper, drehen den Kopf hin und her, schlagen ihn leicht gegen eine Wand oder wippen auf allen vieren, während sie den Po wiederholt ruckartig gegen die Fersen pressen. Ich meine, daß solche Aktivitäten mindestens teilweise eine trostspendende Funktion haben, weil sie die Kinder an Bewegungen erinnern, die sie im frühsten Säuglingsalter in den Armen ihrer Mutter erlebt haben.

Die beste Methode, das Daumenlutschen zu verhindern, ist es, dem Kind von Geburt an einen Schnuller zu geben. Dies gilt besonders für Babys, die schon von Geburt an ein starkes Saugbedürfnis zeigen, das sie nicht an der Brust oder mit der Flasche befriedigen können. Um aber zu verhindern, daß der Schnuller zu einem trostspendenden Objekt wird, das noch viele Monate gebraucht wird, sollte im Alter von drei oder vier Monate, wenn das Saugbedürfnis normalerweise schwächer wird, geprüft werden, ob das Baby auf ihn ganz verzichten kann. Dies gelingt in den meisten Fällen ohne weitere Probleme, ohne daß das Baby unglücklich wird und ohne daß es anfängt, am Daumen zu lutschen.

Beim Gebrauch eines Schnullers gibt es zwei recht häufig auftretende Probleme. Viele junge Eltern mögen nicht, wie ihr Baby mit einem Schnuller im Mund aussieht und lehnen deswegen den Gebrauch ab – bis das Kind anfängt, am Daumen zu lutschen. Dann ist es aber schwierig, das Baby zum Wechsel zu bewegen. Außerdem werden manche Eltern, die den Schnuller schon gleich nach der Geburt oder später einführen, selber davon abhängig. Sie verlassen sich so stark auf die ruhigstellende Wirkung des Schnullers, daß sie nicht dazu bereit sind, ihr Baby im Alter von zwei, drei oder vier Monaten zum Verzicht zu bewegen – obwohl die meisten Babys zu diesem Zeitpunkt eine Bereitschaft dazu zeigen.

Hat sich das Daumenlutschen aber erst einmal richtig etabliert, so bleibt es meist dabei, bis das Kind drei, vier oder fünf Jahre alt ist – gelegentlich auch noch länger. Ist das Kind drei Jahre alt oder älter, so empfiehlt es sich ab und an (einmal monatlich, beispielsweise) zu sagen: »Ich weiß, daß du mit dem Daumenlutschen aufhören möchtest. Irgendwann wirst du groß sein und dann hörst du auf.« Hierdurch wird das Kind ohne herabsetzende Kritik oder Verärgerung ermuntert.

Ich kenne keine Möglichkeit, vorherzusagen, welche Babys von einem trostspendenden Objekt stark abhängig werden. Mir ist auch keine Methode bekannt, dies zu verhindern. Sie können einem Baby weiche Spielsachen, Decken, Bekleidung oder Ohrläppchen nicht vorenthalten.

Ich kann einige Vorschläge anbieten, die hilfreich sein könnten, wenn Sie feststellen, daß Ihr einjähriges Kind gerade dabei ist, sich zum Trost an das Streicheln eines bestimmten Objekts zu gewöhnen: Kaufen Sie ein zweites Exemplar des Objekts, falls es noch erhältlich ist, damit Sie

beim Waschen des ersten einen Ersatz anbieten können! Eine Schmusedecke kann über Nacht gewaschen und getrocknet werden; ein Stofftier
braucht etwas länger.

Ich kenne einige Mütter, die verhindert haben, daß ihre Kinder tagsüber ihre Schmusedecken hinter sich herschleppen. Sie haben von Anfang an darauf bestanden, daß die Decke im Bett bleiben muß, wohin
das Kind sich bei Bedarf zurückziehen konnte, um sie zu benutzen. Hat
sich das Kind aber erst einmal daran gewöhnt, die Decke überallhin
mitzunehmen, wird es nahezu unmöglich sein, den Gebrauch auf das
Bett zu beschränken.

Für das Problem des Kopfrollens (das Kind rollt seinen Kopf von
einer Seite zur anderen) kann ich keine Lösung anbieten. Dieses Symptom macht aber kaum Ärger. Es tritt nur auf, wenn das Kind im Bett
liegt, und es verursacht keinen Lärm.

Das Kopfschlagen – wenn das Kind seinen Kopf rhythmisch gegen
das Bett oder die Wand schlägt – sieht so aus, als wäre es für das Kind
schmerzhaft. Das ist es nicht. Es sieht aus, als könnte das Gehirn dabei
verletzt werden, doch auch dies ist nicht der Fall. Es macht aber eine
Menge Krach, der die Eltern stört. Dieser Lärm kann durch die Befesti-
gung eines festen Kissens oder Polsters am Kopfende des Betts fast völlig
eingedämmt werden.

Das Wippen auf allen vieren schüttelt das Gitterbettchen und bewegt
es Zentimeter um Zentimeter, bis das Kopfende des Bettes in die Nähe
einer Wand gelangt. Jede weitere Bewegung des Kindes stößt das Bett
dann gegen die Wand und verursacht ein Geräusch, das noch im über-
nächsten Zimmer gehört werden kann. In einem Mehrfamilienhaus ist
es noch in anderen Wohnungen hörbar. Das Gitterbett kann in diesem
Fall fern von allen Wänden auf einen Teppich gestellt und entweder auf
dem Fußboden befestigt oder zusätzlich auf eine Schaumstoffmatte gestellt werden.

Ich habe hier die verschiedenen Trostspender – Objekte, an denen
gesaugt wird und die gestreichelt werden, und die rhythmischen Bewegungen – sehr detailliert behandelt. Der Grund dafür liegt darin, daß
eine Hauptfrustrationsquelle für Eltern meines Erachtens im fehlenden
Verständnis für solche Trostspender liegt. Verstehen sie erst deren Bedeutung, so werden solche Trostspender sie nur geringfügig ärgern. Für
Babys und Kleinkinder sind sie aber von großer Bedeutung.

Der Umgang mit Einjährigen

Aus vielerlei Gründen ist der Umgang mit einem Kind während der ersten 12 Monate relativ einfach. In diesem Alter laufen Babys noch nicht. Sie unternehmen keine intensiven Erkundungen ihrer Umwelt. Normalerweise bleiben sie über relativ lange Zeiträume in ihrem Laufstall. Dies alles führt dazu, daß sie ihre Finger noch nicht überall drin haben, wie es später der Fall sein wird.

Im zweiten Lebensjahr ist der Umgang mit einem Kind viel schwieriger. Einjährige beginnen, sich als eigenständige Individuen wahrzunehmen. Sie machen ihre Wünsche und Rechte geltend, sobald sich der geringste Anlaß bietet. Sie lehnen Essen plötzlich ab, daß sie vorher gerne gegessen haben. Jeder Vorschlag der Eltern wird aus Prinzip zunächst abgelehnt, selbst dann, wenn sie etwas Angenehmes vorschlagen – einen Ausflug zum Spielplatz, eine Autofahrt, den Besuch eines Freundes. Es ist eigentlich nicht der Vorschlag, den sie ablehnen: Sie wollen bloß nicht »herumkommandiert« werden.

Einjährige Kinder haben noch wenig Respekt vor der elterlichen Autorität entwickelt. Auch wenn sie herausgefunden haben, was ihre Eltern mißbilligen, heißt dies nicht, daß sie es akzeptieren. Sie machen etwas, wovon sie wissen, daß es verboten ist, sagen zu sich selbst dann: »Nein! Nein!«, schlagen sich auf die Finger und machen das gleiche anschließend noch einmal. Sie kennen die Reihenfolge – bestimmten Handlungen folgen Mißbilligungen –, aber die echte Bedeutung von Gehorsam verstehen sie noch nicht.

Die Festigkeit, mit der ein Einjähriger eine Meinung vertritt, seine Hartnäckigkeit und Eigenwilligkeit können manche Eltern extrem ärgern. Widersetzt er sich bei irgendeiner Kleinigkeit, so befürchten sie, daß dieser kleine Wicht sich erfolgreich über ihre ganze Autorität hinweggesetzt hat. Sie meinen, sowohl ihr Gesicht wie auch ihre Kontrolle verloren zu haben.

Ich kann mich gut an Familie K. erinnern, deren erstes Kind einer meiner Patienten war, als ich 1933 in Manhattan meine Praxis eröffnete. Die Mutter war außer sich, als sie mit mir wegen ihres Sohns telefonierte. Der war damals 15 Monate alt. Sie berichtete, er würde sich ihr ständig widersetzen, besonders aber dadurch, daß er an den Radioknöpfen drehte. (Damals gab es noch keine Fernsehgeräte.) Er sei ein »echter Teufel«, sagte sie und flehte mich an, einen Hausbesuch zu machen. In jenen Tagen der Depression freute sich jeder, der auf legale

Weise fünf Dollar verdienen konnte, deshalb freute ich mich auf den Besuch, obwohl die Familie im damals weit entfernten Brooklyn wohnte. Außerdem wollte ich auch erfahren, wie ein Kind in diesem frühen Alter schon ein »Teufel« sein kann.

Die Mutter erzählte fast mit Tränen in den Augen und mit viel Entrüstung ihre Geschichte. Da kam der »Teufel« ins Zimmer spaziert. Er hielt inne und starrte mich in der typischen Weise an, in der Einjährige einen Fremden betrachten. Und obwohl der Junge noch nicht einmal in meine Richtung geblickt hatte, hob die Mutter den Finger und sagte verärgert: »Daß Du ja nicht das Radio anfaßt!« Er stand bewegungslos und schaute ihr direkt in die Augen, mir kam es wie eine Minute vor. Dann begann er langsam, ganz langsam auf das Radio zuzugehen. »Sehen Sie nun, was ich meine!« rief da seine Mutter aus.

Frau K. war davon überzeugt, daß Eltern sich immer und eindeutig durchsetzen müßten. Sie glaubte, daß der kleinste Ungehorsam und sogar die winzigste Unabhängigkeit gefährlich sein würden.

Es gibt nicht wenige Menschen, die eine solche autoritäre Haltung an den Tag legen – Chefs genauso wie Eltern–, allerdings geraten die wenigsten so in Panik wie Frau K. Diese Haltung rührt aus der eigenen Kindheit. Ihre Eltern haben in dieser Weise gehandelt und sie davon überzeugt, daß Kinder total außer Kontrolle geraten, wenn sie nicht streng überwacht werden. Diese Eltern lernten durch die strenge Kontrolle in ihrer Kindheit, den eigenen Fähigkeiten zu mißtrauen. Als Erwachsene gehen sie deshalb davon aus, daß auch sie den eigenen Kindern nicht trauen können.

Frau K. war deshalb ein extremes Beispiel, weil sie Krisen sah, bevor diese eintraten, und weil sie durch ihre Panik diese dann auch erzeugte. Sie könnten einwenden, daß ihr Verhalten so kraß war, daß uns dieses Beispiel nichts lehrt. Für mich ist ihr Fall aber deshalb wertvoll, weil er deutlich macht, daß die Angst vor der Unzuverlässigkeit des Kindes und vor Unfähigkeit der Eltern, sie kontrollieren zu können, autoritär eingestellte Eltern dazu bringt, so herrisch zu reagieren.

Natürlich tragen solche Menschen ein gewisses Maß an Feindseligkeit mit sich herum, das ihr aggressives Verhalten bestärkt. Diese Feindseligkeit stammt aus ihrer Kindheit, während der sie durch ihre Eltern auf unangenehme Weise dominiert wurden. Sie konnten ihre kritische Haltung nicht ausdrücken, weil sie vor den Eltern zuviel Angst hatten, doch kommt sie heraus, wenn sie selber Eltern geworden sind.

Die meisten Menschen aber wuchsen bei Eltern auf, die ihren Erziehungsfähigkeiten vertrauten und die genügend Vertrauen in die Vernunft ihrer Kinder gesetzt haben, um diese entspannt und freundlich um ihre Mitarbeit zu bitten. (In der Rolle als Arbeitgeber unterstellen solche Menschen den meisten ihrer Angestellten guten Willen. Diese müssen freundlich behandelt werden, ihre Aufgaben müssen richtig erklärt sein, dann werden sie eine gute Leistung erbringen.)

Einjährige sind allerdings eine besondere Kategorie Mensch; sie sind unerfahren, was das Zusammensein mit anderen angeht, und sie sind dabei, sich selbst zu finden und ihre Handlungsspielräume zu vergrößern. Mit anderen Worten, ich finde, daß der Schlüssel zum Umgang mit einem Einjährigen im Taktgefühl liegt. Als verantwortungsvoller Erwachsener müssen Sie natürlich eine Situation in vernünftigem Maß unter Kontrolle halten – um die Sicherheit ihres Kindes, seine gute Erziehung aber auch ihr eigenes Wohlbefinden zu gewährleisten. Sie sind viel erfahrener als das Kind. Sie können Möglichkeiten finden, den Verlauf in ihrem Sinne zu steuern und zugleich dem Kind zu erlauben, sich unabhängig zu fühlen und diese Unabhängigkeit zu üben. Betrachten wir ein paar Beispiele.

Gehen Sie mit ihrem Kind spazieren, kann es gut möglich sein, daß es bei jedem Haus zur Tür laufen möchte. Gibt es eine Treppe vor dem Haus, so wird es vielleicht bis oben hinaufsteigen wollen – womöglich wiederholt. Stufen sind für Kinder in diesem Alter unwiderstehlich. Wenn Sie nun ständig mit »Komm jetzt« drängen, wird das Kind kaum darauf reagieren. Seine Neugier und sein Unabhängigkeitsstreben arbeiten gegen Sie.

Sie haben zwei Alternativen. Sie können seine Erkundungen tolerieren, müssen dann aber damit rechnen, daß Sie von einer Straßenecke bis zur nächsten eine halbe Stunde brauchen werden. Und um selbst dies zu erreichen, werden Sie immer ganz langsam vorwärts gehen müssen, um überhaupt irgendwelche Fortschritte zu machen. Wenn das Kind meint, daß Sie schon zu weit weg sind, wird es schon nachkommen. In diesem Alter behalten Kinder ihre Eltern meist im Auge, um nicht den Sichtkontakt zu verlieren. Wollen Sie also schnell irgendwohin, setzen Sie das Kind am besten in seinen Buggy oder ins Auto. Im Supermarkt kann es im Einkaufswagen sitzen.

Möchten Sie, daß ihr Kind von draußen hereinkommt, um zu essen oder zu spielen, dann können Sie es wie beiläufig an der Hand nehmen und hineinführen, oder Sie nehmen es hoch und tragen es herein, wobei

Sie nett mit ihm plaudern. Fragen Sie auf keinen Fall, ob es zum Essen hereinkommen möchte. Die Wahrscheinlichkeit, daß sein Unabhängigkeitsdrang es zwingt, nein zu sagen, ist zu groß. Ist es Zeit, das Kind an- oder auszuziehen, so fangen Sie einfach damit an, während Sie es durch Plaudern ablenken.

Feiert Ihr Kind seinen ersten Geburtstag, so ist es an der Zeit, alle zerbrechlichen und gefährlichen Haushaltsgegenstände aus seiner Reichweite zu verbannen: Zigaretten, Streichhölzer, Aschenbecher, Vasen und kippelige Tischlampen können für eine Weile auf dem Dachboden verschwinden. Waschmittel, Möbelpolitur, Allesreiniger, Insekten- und Pflanzenspray, Terpentinlösung und alle anderen Mittel, die nicht völlig harmlos sind, müssen für Kinder unerreichbar aufbewahrt werden. Insektizide und andere Gifte sollten entweder in verschließbaren Schränken aufbewahrt oder gleich zur Sondermüllentsorgung gebracht werden. Medikamente dürfen Sie niemals in Reichweite von Kindern aufbewahren. Sämtliche Tabletten sollten mit kindersicherem Verschluß verpackt sein – auch Aspirin, das häufigste von Kinder eingenommene Gift. Bringen Sie an allen Steckdosen Kindersicherungen an. Vergessen Sie dabei nicht die Dosen an Verlängerungskabeln und Kabeltrommeln!

Manche Eltern erheben den Einwand, wenn alles außer Reichweite gestellt wird, wird ein Kind niemals lernen, mit Verboten umzugehen. Es ist aber nahezu unmöglich, alles außer Reichweite zu stellen. Einige Lampen und Tischdecken müssen auf ihren Plätzen bleiben, und Kindern sollte allmählich beigebracht werden, diese in Ruhe zu lassen. Einige Verlängerungskabel werden sichtbar bleiben, und Kinder müssen davon abgehalten werden, auf ihnen herumzukauen.

Wie können Sie Einjährige von einer Sache abbringen? Am Anfang wird es nicht reichen, einfach nur »Nein, nein, nein« zu sagen; das bewirkt wenig. Sie müssen nein sagen und das Objekt schnell entfernen. Falls es nicht bewegt werden kann, so müssen Sie das Kind schnell entfernen. Falls es zu dem Objekt immer wieder zurückkehrt, so setzen Sie das Kind in seinen Laufstall oder bringen es in ein anderes Zimmer. (Schutzgitter in bestimmten Türrahmen und vor Treppen sind eine große Hilfe und eine wichtige Sicherheitsmaßnahme.) Denken Sie aber daran, daß es falsch ist, wütend zu werden. Das Kind kann die Lehre besser annehmen, wenn Sie sich nicht ärgern. Ich halte nicht viel von körperlicher Bestrafung und finde sie nicht besonders wirksam. Eine schnelle, entschlossene Entfernung ist die wirksamste Methode. Nach einer Weile erkennt das Kind, daß Sie das, was Sie sagen, auch wirklich meinen. Dann reicht Ihr »Nein, nein« als Erinnerung völlig aus.

Es ist nur dann möglich, ein Kind von bestimmten Gegenständen fernzuhalten, wenn es genügend andere Objekte findet, mit denen es spielen darf. Legen Sie also alte Zeitschriften aus, die es anschauen und zerreißen darf. Kleinkinder lieben es, Papier zu zerreißen. Andererseits sollten Sie die Bücher auf den untersten Regalbrettern so eng stellen, daß das Kind sie nicht herausziehen kann – oder räumen sie das Brett leer. Stellen Sie Töpfe und Pfannen, Deckel, Siebe, Schneebesen und Löffel so in die Küchenschränke, daß Ihr Kind gut an sie herankommt. Halten Sie ein paar Pappkartons bereit, in die es seine Spielsachen und Utensilien packen kann. Für Kinder ist es in diesem Alter ungeheuer faszinierend, Gegenstände in einen Behälter zu packen, sie wieder herauszunehmen und wieder hineinzupacken.

Mit Vergnügen schieben sie Kartons und Wagen umher. Kartons eignen sich eigentlich besser hierzu als Wagen, denn sie lassen sich auch seitlich schieben. Wagen bewegen sich oft nur in einer geraden Linie, was Kleinkinder häufig frustriert.

Zwischen dem zweiten und dritten Lebensjahr beginnen Kinder, sich für einfache Spielautos, Lastwagen und Flugzeuge aus Holz oder Kunststoff zu interessieren. Sämtliche Spielsachen sollten sehr stabil sein, denn die kleinen Finger eines Einjährigen können fast alles auseinandernehmen.

Die wirksamste Art und Weise die Aufmerksamkeit ihres Einjährigen von verbotenen Objekten oder Tätigkeiten abzulenken sind andere Gegenstände, die Sie ihm als Alternative geben können – ein Schlüsselbund, eine Schnur oder eine kleine Glocke genügt häufig.

Als mein erster Sohn ein Jahr alt war, versuchte ich herauszufinden, wie lange ich ihn mit dem gleichen Objekt ablenken konnte. Ich verwendete dazu zwei Manschettenknöpfe. Zunächst gab ich ihm einen. Er untersuchte ihn sorgfältig. Während er dies tat, reichte ich ihm den zweiten. Er ließ den ersten fallen und untersuchte nun den zweiten. Ich nahm den ersten hoch, reichte ihm diesen. Er ließ den zweiten dafür fallen. Nach 15 oder 20 Minuten fand ich diesen Test langweilig, aber er setzte die Untersuchung des ihm gerade gereichten Knopfes mit gleichbleibender Aufmerksamkeit fort.

Sie brauchen keine Angst davor zu haben, daß Sie mit Einjährigen nicht umgehen könnten, weil Sie zu wenig Erfahrung hätten oder weil Kinder in diesem Alter ihren eigenen Willen entwickeln und noch nicht gehorchen. Denken Sie daran, daß Unabhängigkeit und Bestimmtheit keine schlechten Eigenschaften sind! Im Gegenteil, es sind Eigenschaften, die Sie entwickelt sehen möchten. Ihr Einverständnis regt die Kinder zu Kooperativität an, und ihre Klugheit und Umsicht regeln den Rest.

Wieviel Gewissen?

In Familien, in denen es so streng zuging wie in meinem Elternhaus, gab es für ungezogenes oder törichtes Verhalten keine psychologischen Erklärungsmuster. Alles war letztlich eine Frage der Moral oder der Gesundheit. Essen hatte nichts mit Genießen zu tun; selbst für unsere Eltern war das Essen ein Akt der Gesunderhaltung. Alles, was im entferntesten mit Sexualität zu tun hatte, war Sünde, es sei denn, es wurde durch die Ehe bzw. durch den Wunsch nach Nachwuchs legitimiert. Das Berühren der Genitalien war ein schlimmes Verbrechen, auf das meine Mutter besonders empfindlich reagierte. Theaterstücke, Filme, Romane, Magazine waren besonders verdächtig.

Ich erinnere mich an einen Vorfall als ich noch Teenager war. Meine Mutter war mit ihrer besten Freundin, deren ältesten Sohn und mit mir ins Kino gegangen, um den Film »Dr. Jekyll and Mr. Hyde« zu sehen. Lionel Barrymore spielte eine der Hauptrollen. In einer Szene küßte er lüstern die nackte Schulter einer Frau, die ein schulterfreies Kleid trug. Meine Mutter sprang auf und rief laut: »Benny, wir gehen sofort nach Hause!« Und um sicherzugehen, daß ich folgte, zog sie mich an den Haaren in den Vorraum. Andere Kinobesucher starrten uns ungläubig an, und ich schämte mich in Grund und Boden.

Freundschaften waren nur erlaubt, wenn die betreffende Person dieselben Werte vertrat wie unsere Familie. In anderen Fällen war sie nicht zugelassen. Selbst solche Dinge wie frische Luft, Schlaf und Reinlichkeit – alle sehr wichtig für meine Mutter – waren nicht nur eine Sache der Gesundheit, sondern hatten zugleich einen moralischen Unterton. Sie zu beachten war gut, sie zu mißachten verwerflich.

Meine Geschwister und ich nahmen an, daß meine Mutter eine Unwahrheit sehr genau und sofort entdecken könne, deshalb sahen wir in der Lüge keinen Vorteil. Wenn man log, wurde man für die Lüge und zusätzlich für das ursprüngliche Vergehen bestraft.

Natürlich besaß meine Mutter keine übernatürlichen Fähigkeiten. Dies wurde mir deutlich, als ich selber Kinder hatte. Sie hatte nur so tiefe Gefühle für Schuld in uns geweckt, daß wir mit einer Armesündermiene die kleinste Schuld verrieten, noch bevor sie uns überhaupt danach fragte. Sie wußte sofort, wenn wir ein schlechtes Gewissen hatten. Wir erzählten alles, wenn sie uns nur mit ihren stechenden Augen anschaute und ein Geständnis forderte.

Das führte dazu, daß meine Geschwister und ich äußerst schnell von einem schlechten Gewissen geplagt wurden, was uns sehr einengte. Wir waren immer bereit, uns so lange als schuldig zu sehen, wie nicht unsere Unschuld bewiesen war.

Erst als Erwachsener mit meiner psychiatrischen und psychoanalytischen Ausbildung änderte sich dies bei mir. Weil ich Eltern half, ihre Kinder zu erziehen, erkannte ich, daß der moralische Druck, mit dem ich erzogen wurde, weder die einzige noch die beste Methode war.

Zunächst ist es psychisch ungesund, wenn sich Menschen mit einem solchen Gewissen belasten. Manche werden zwanghaft neurotisch. Sie verbringen dann beispielsweise einen großen Teil ihrer Zeit damit, sich immer wieder die Hände zu waschen oder lange Reihen von Zahlen zu addieren, als Strafe für reale oder eingebildete Vergehen.

Eine häufiger anzutreffende Störung tritt bei Menschen auf, die aufgrund des sie beherrschenden Gewissens außergewöhnlich vorsichtig, rigide oder restriktiv handeln. Sie tun möglichst nichts außerhalb der täglichen Routine, lassen keine Emotionen zu und lassen sich nicht auf Neues ein – alles aus der Angst heraus, dies würde sie von ihrem geraden und schmalen Weg abbringen und Ärger bereiten. Diese Menschen sind bemitleidenswert.

Es gibt eine weitere wichtige psychische Störung, die aus zu starken Schuldgefühlen resultiert. Ein Mensch ist nicht in der Lage, die Beziehungen zu seinem Ehegatten oder seinen Arbeitskollegen zu klären, wenn es zu Konflikten gekommen ist. Dies liegt daran, daß er nicht in der Lage ist, den Konflikt vor dem Hintergrund seiner eigenen Gefühle und der des anderen zu verstehen. Für ihn reduziert sich alles auf die simple Frage, wer die Schuld trägt. Fast überflüssig zu sagen: Er versucht alle Gedanken an seine Schuld von sich zu weisen und alles dem anderen in die Schuhe zu schieben. Der andere antwortet auf solche Beschuldigungen dadurch, daß er sich selbst für unschuldig erklärt und versucht, den Spieß umzukehren. Auf diese Weise kann der Konflikt nicht beigelegt werden.

Ein Mensch mit weniger Schuldgefühlen und mit mehr Reife ist nach einem Mißverständnis oder einer Auseinandersetzung eher in der Lage zu erklären, was sein Mißverständnis verursacht hatte oder warum er sich verletzt fühlte. Wenn daraufhin der andere erklärt, was er meinte oder warum er das tat, dann wird nicht nur der erste besänftigt, sondern er erkennt in der Regel auch, wodurch er den Konflikt mitverursacht hat. Er wird sich der Eigenheiten des anderen bewußter, womit die Wahrscheinlichkeit sinkt, daß er den gleichen Fehler ein zweites Mal begeht.

Einen anderen besser zu verstehen bedeutet gewöhnlich, ihm mehr zu vertrauen, ihn mehr zu mögen und ihn mehr zu respektieren. Auch die andere Person macht mindestens einen kleinen Schritt auf dem Weg zum besseren Verständnis von sich selbst und vom anderen.

Wie erzieht man ein Kind, ohne es mit exzessiven Schuldgefühlen zu belasten? Eine allgemeine Antwort, bezogen auf die frühe Kindheit, lautet: Indem man es daran hindert, das Falsche zu tun, und nicht dadurch, daß man es das Falsche tun läßt, um es anschließend zu strafen. In»Säuglings- und Kinderpflege« ist eine Illustration von Dorothea Fox abgebildet: Ein Einjähriger spielt mit der elektrischen Leitung einer Lampe, und seine Mutter ruft von der anderen Seite des Raums: »Nein, Nein!« Ein Einjähriger hat kaum Respekt vor Autoritäten, und er ist gerade dabei, seine eigene Unabhängigkeit zu entwickeln. Er wird also dazu neigen, sich der Mutter zu widersetzen.

Es ist viel sinnvoller, die leicht aus dem Weg zu räumenden Versuchungen zu entfernen, als in den ersten Lebensmonaten Tabus zu lehren. Dies führt zu weniger Verboten. Und was solche Dinge wie elektrische Zuleitungen oder heiße Öfen betrifft, so sollte man sie mit Freundlichkeit und Souveränität zu meistern suchen; beispielsweise, indem man das Kind mit einem Spielzeug ablenkt. Sie nehmen dadurch dem Kind den Reiz, der von solchen Gegenständen ausgeht, und den Impuls, sich Ihnen gegenüber zu behaupten.

Einige Eltern befürchten, daß ihr Kind nicht lernen kann, daß bestimmte Dinge verboten sind, wenn sie das Haus total kindersicher machen bzw. das Kind dauernd von Gefahrenquellen ablenken. Natürlich, Gegenstände zu entfernen führt zu keinem Lernen. Die Gegenstände müssen deshalb allmählich eingeführt werden, wenn das Kind in der Lage ist, auf ein Verbot zu hören und dessen Begründung zu verstehen. Jetzt können die Tabus gelernt werden.

Ablenkungen lehren sehr wohl. Wenn ein Kind immer wieder von

**einem bestimmten Reizobjekt durch Ablenkung abgeblockt oder ent-
fernt wird, dann lernt es – als konditionierter Reflex – daß dieses
Objekt verboten ist.** Es ist sehr wichtig, daß Sie beim Ablenken bzw.
Entfernen des Kindes freundlich und gelassen bleiben. Reagieren Sie gereizt oder verärgert,
dann können Sie eine kritische Haltung bewirken, die Ihren Absichten
zuwiderläuft.

Warum verfallen wir Eltern in einen verärgerten, anklagenden oder
tadelnden Ton, wenn wir ein Kind warnen oder korrigieren wollen?
Eine Ursache ist, daß dies der Ton ist, den wir selbst häufig genug in
unserer Kindheit gehört haben. Unbewußt erinnern wir uns immer noch
an die kritischen Gefühle gegenüber unseren Eltern, wenn sie uns zu-
rechtgewiesen haben. Und unbewußt unterstellen wir unseren Kindern,
daß sie in ähnlichen Momenten uns gegenüber ähnlich fühlen und am
liebsten den Gehorsam verweigern würden. Unser Ton signalisiert den
Kindern unsere Verärgerung und unseren Mangel an Selbstvertrauen –
und beides bewirkt, daß sie uns zu widerstehen versuchen.

Sehr gewissenhafte Eltern, die ihre eigene Anfälligkeit für unfreundli-
ches Verhalten verspüren und dieser entgegenwirken möchten, geben
sich oft besondere Mühe, sehr nett zu sein. Diese Reaktion kann dazu
führen, daß sie dem Kind ihre Anweisungen übervorsichtig und zu
zögernd mitteilen. Oder sie legen eine subtile Unterwürfigkeit an den
Tag, die das Kind geradezu herausfordert, Schwierigkeiten zu machen.
Ich glaube andererseits nicht, daß reine, unverfälschte Freundlichkeit
gepaart mit entschlossenem Auftreten der Eltern das Kind zum trotzigen
Widerstand auffordert. Verdeckt diese Freundlichkeit aber teilweise nur
schuldbeladenes Zögern, so wird das Kind – auch schon im Alter von 12
Monaten – dies entdecken und ausnutzen. Hierin liegt die Haupt-
schwierigkeit für gewissenhafte Eltern.

Mit zunehmendem Alter des Kindes verlassen sich Eltern auf andere
Methoden. Am einfachsten sind konstruktive Vorschläge. Anstatt zu
sagen: »Es ist ganz böse, wenn du, ohne Bescheid zu sagen, die Straße
überquerst!«, oder »Du wirst überfahren werden!« oder »Du kriegst
was auf den Po, wenn du das machst!«, können Sie nun erklären: »Du
hältst mich immer an der Hand und wartest bis die Ampel grün wird,
bevor du die Straße überquerst!« »Wir waschen uns die Hände vor dem
Essen, damit wir den Sand aus dem Sandkasten nicht auf unser Brot und
zwischen die Zähne bekommen!« »Wir putzen uns die Zähne nach dem
Essen, damit sie nicht krank werden!«

Um Kinder zu Rücksicht und Höflichkeit zu erziehen, verzichtet man besser auf die negative Vorgehensweise meiner Mutter. Hatten wir uns unhöflich, selbstsüchtig oder gemein verhalten, so sagte sie uns immer, wir seien böse. Sie hat uns häufig ermahnt, daß niemand uns gern haben würde, wenn wir uns weiterhin so verhielten. Sie wirkte so überzeugend, daß wir alle mit der Annahme groß wurden, daß wir eine unsympathische und schlechte Persönlichkeit hätten.

Als Mutter oder Vater können Sie derartige Sorgen des Kindes positiv wenden. Wenn ein Zweijähriger die neue Schwester spontan – und instinktiv – schlägt, können Sie seine Hand schnell greifen und sie in einer Streichelbewegung führen, während Sie sagen, »Streichle das Baby. Es hat dich gern. Es mag es auch, wenn du es streichelst.« Glauben Sie nicht, daß Sie ihm damit nur beibringen, unaufrichtig zu sein. Jedes Kind spürt Liebe für einen Säugling, auch dann, wenn diese Liebe durch ein Übermaß an Eifersucht überdeckt wird. Selbst die Freundlichkeit Erwachsener besteht aus einer Mischung von Liebe und irgendeiner Form sublimierter Feindseligkeit.

Ab dem dritten Lebensjahr können Sie einem Kind helfen, Spaß am gemeinsamen Spiel mit anderen Kindern (und es macht wirklich mehr Spaß als alleine zu spielen) sowie Freude am Teilen zu finden. Hat es sich mit anderen Kindern gestritten, so sollten Sie das Kind nicht automatisch verurteilen – beispielsweise, weil Sie von vornherein annehmen, daß es mitschuldig war. Zunächst sollten Sie Mitleid für seine Gefühle der Entrüstung haben. Dann, nachdem Sie seine Rolle im Streit herausgefunden haben oder zumindest sie vermuten, können Sie ihm erklären, wie sein Verhalten das andere Kind verärgert oder verletzt haben könnte und wie in Zukunft eine ähnliche Situation besser gelöst werden könnte.

Ich bin fest davon überzeugt, daß bei Mißverständnissen und Streitfällen, an denen sowohl Kinder wie auch deren Eltern oder andere Erwachsene beteiligt sind, die Erwachsenen nicht befürchten müssen, ihr Gesicht zu verlieren, wenn sie zugeben, zu schnell, falsch oder verärgert gehandelt zu haben. Ihrer moralischen Autorität tut dies keinen Abbruch.

Viel wichtiger ist, daß Eltern ihre Kinder durch ihr eigenes Beispiel erziehen. Das überzeugt viel mehr als jeglicher Vortrag. Kinder lernen, daß jeder menschlich ist, daß zu jedem Mißverständnis oder Streit mindestens zwei Seiten gehören, daß es nicht nur um Recht und Unrecht geht und daß niemand Angst davor haben sollte, sein Gesicht zu verlieren. Sie erkennen, daß sie reifer handeln, wenn sie versuchen, den anderen zu verstehen, und daß eine Einigung durch ehrliche Diskussion erreicht werden kann. **Viele Worte sind zu aufgeblasen, um für Kinder eine Bedeutung zu haben. Das Beispiel ihrer Eltern verstehen sie viel deutlicher.**

Ich möchte aber nicht den Eindruck erwecken, als sei es wünschenswert oder überhaupt möglich, Kinder an der Entwicklung eines Gewissens bzw. von Schuldgefühlen zu hindern. (Beides überschneidet sich zum größten Teil.) Eine Gesellschaft kann nur dann funktionsfähig sein, wenn die Mehrheit ihrer Mitglieder über ein gewisses Maß von beiden Charaktermerkmalen verfügt. Und diejenigen, die den höchsten Ausbildungsstand anstreben und später Führungspositionen einnehmen wollen, müssen über mehr als ein durchschnittliches Maß von beidem verfügen.

Ich möchte nur vermeiden, daß Eltern übergewisssenhaft sind und excessive Schuldgefühle erzeugen. Für eine Gesellschaft sind diese keine nützlichen Eigenschaften. Im Gegenteil, solche Menschen haben es im privaten Miteinander und am Arbeitsplatz schwer. Sie versuchen, die menschlichen Eigenschaften bei anderen und sich selbst zu ignorieren und beurteilen alles mit dem willkürlichen moralischen Zeigefinger.

Vor dem Hintergrund, wie viele von uns erzogen wurden, liegt es nahe, die moralische Mißbilligung als den Weg der Erziehung zu gehen. Doch tatsächlich ist dieser Weg unbequem, anstrengend und wenig effizient.

Kreatives Spielzeug

Als meine Kinder und Enkel noch klein waren, habe ich für sie regelmäßig viel zu viel und viel zu teures Spielzeug gekauft. Dies ist in den USA ein weit verbreiteter Fehler. Zumindest hatte ich aber aus meiner Arbeit in Kindergärten gelernt, in der Regel kreatives Spielzeug auszuwählen und auf komplizierte Dinge, die nur einem einzigen Zweck dienen, zu verzichten.

Am liebsten erfinden Kinder selbst die Regeln, wie sie mit einem Gegenstand spielend umgehen. Diese Regeln drücken die Interessen, Antriebe und Probleme aus, die typisch für die jeweilige Entwicklungsstufe sind. Ihr Umgang mit einem Spielzeug muß nicht unbedingt mit dem übereinstimmen, was der Hersteller sich ursprünglich vorgestellt hat. Ein simples Beispiel aus dem Kleinkindalter mag dies verdeutlichen: Ein Baby kaut auf seiner Puppe herum oder schlägt mit ihr regelmäßig gegen die Stangen seines Gitterbettchens. Ich erinnere mich in diesem Zusammenhang noch sehr lebhaft an eine etwas töricht handelnde Kindergärtnerin. Sie versuchte einem 12 Monate alten Kind beizubringen, wie es ein Segelboot in der Badewanne aufrecht schwimmen lassen konnte, wobei das Kind mit dem Boot einfach nur auf das Wasser schlagen wollte.

Ein Fünfjähriges verliert irgendwann das Interesse daran, eine mechanische Lokomotive immer wieder aufzuziehen, damit sie auf einer Kreisbahn ihr Runden ziehen kann. Außer dem Aufziehen bleibt dem Kind dabei ja nichts zu tun. Statt dessen wird es – ohne sich weiter um die Gleise und die Lokomotive zu kümmern – wahrscheinlich das Dach von einem Personenanhänger entfernen, um im Wagen kleine Objekte von einer Ecke des Zimmers in die andere zu transportieren.

Als unser erster Sohn drei Jahre alt war, kauften wir ihm eine Kiste hölzerner Bauklötze verschiedener Formen und Größen. Verglichen mit anderem Spielzeug waren sie ziemlich teuer; doch er spielte damit, bis er 12 Jahre alt war. Er baute Türme, Wolkenkratzer, Häuser, Ställe, Garagen, Forts, Straßen, Brücken, Gefängnisse und Labyrinthe – was immer seine Phantasie hervorbrachte. Danach benutzte sie sein jüngerer Bruder für ein weiteres Dutzend Jahre. (Er ist übrigens heute Architekt.)

Ein Satz bunter Holzperlen wird von Kindern ganz im Sinne der Hersteller und Käufer benutzt, denn sie regen hinsichtlich der Farben und Muster das Kind zu einer großen Vielzahl von Variationsmöglichkeiten an. Ähnlich verhält es sich mit Farbstiften und einem Zeichenblock. Sie bieten dem Kind unendliche Möglichkeiten, Gegenstände, Szenen und Geschichten zu zeichnen, mit denen es sich gerade beschäftigt – sei es die Hauskatze oder ein friedliches Haus auf dem Land mit einem rauchenden Schornstein, sei es ein schreckliches Ungeheuer oder ein Flugzeug, das Bomben wirft.

Das beste Beispiel für ein Spielzeug, mit dem ein Kind eine unendliche Zahl von Gefühlen darstellen kann, sind Puppen, Puppenkleider und Puppenmöbel. Einer der stärksten Wünsche eines Mädchens zwischen drei und sechs Jahren ist es, so zu sein und so zu handeln wie seine Mutter. Es wird diese Phantasien stunden- und tagelang mit seinen Puppen ausleben. Es kümmert sich um seine Babypuppe mit der gleichen Sorgfalt wie seine Mutter, die für das richtige Baby sorgt. Manchmal beruhigt und verwöhnt es die Puppe, manchmal tadelt es sie aber auch. Und so lange sie deshalb nicht gehänselt werden, machen Jungen das gleiche, besonders wenn ihr Vater bei der Pflege des Babys hilft. Dies ist die wichtigste Art, in der Kinder ihre Elternrolle lernen, sowohl hinsichtlich der Fertigkeiten als auch hinsichtlich der Einstellungen. Diese Art des Spiels sollte deshalb von den Eltern unterstützt werden. Genauso wertvoll ist es, wenn Kinder mit Spielzeug spielen, das Möbel und Haushaltsgegenstände darstellt, zum Beispiel mit einem Herd, einem Kühlschrank, einem Staubsauger, einem Bügeleisen und -brett. Viele dieser Dinge können aus Holz und Pappkartons selbst gebastelt und angemalt werden.

Kinder üben bei ihren Puppen- und Haushaltsspielen nicht nur positive Einstellungen und Gefühle ein. Ängste, Sorgen, Ärger, Eifersucht und Haß werden zum Ausdruck gebracht und in wertvoller Weise allmählich verstanden und verarbeitet. Ein Junge, der Angst bei einer Impfung gezeigt hatte und sich wegen seiner Reaktion nun schämt, wird diese Szene immer wieder nachspielen wollen, bis er die Angst überwunden hat. Immer wieder impft er eine Puppe und sagt ihr, daß es zwar kurz weh tun werde, aber sonst ganz harmlos sei. Ein Mädchen, das von der Mutter bestraft wurde und sich darüber ärgert, wird ihre Puppe in ähnlicher Weise strafen und dabei die Gründe für die Bestrafung ausführlich erläutern. Das Mädchen überwindet seine Empörung durch die Ausübung der mütterlichen Rolle und lernt dabei, wie es sich später gegenüber seinen eigenen Kindern verhalten wird.

Ich möchte nicht den Eindruck erwecken, als läge der Hauptwert des Spielens in der Psychotherapie. Ich möchte aber doch behaupten, daß der wesentliche Antrieb des kindlichen Spiels der Ausdruck von Gefühlen verschiedenster Art ist. Dies ist auch einer der Gründe dafür, daß Kinder von einigen Spielzeugen ganz besonders lange fasziniert sind, während sie an anderen schnell jegliches Interesse verlieren.

Einige Spielsachen haben sich so bewährt, daß man mit ihnen nie falsch liegen kann – Dreiräder und Fahrräder sind am attraktivsten. Sie sind während der ganzen Kindheit ständig im Einsatz, manchmal im phantasievollen Spiel als Taxis, Polizeiautos, Indianerpferde oder Rennwagen. Sonst dienen sie lediglich als Transportmittel. Kleinkinder spielen gern auf einem Klettergerüst. Eine (stabil aufgehängte) Schaukel und ein Sandkasten üben auf Kinder aller Altersstufen starke Anziehungskraft aus. (Beide waren ein wichtiges Element der Strategie meiner Mutter. Sie hatte uns im Sandkasten und auf der Schaukel immer im

Blickfeld.) Schulkinder freuen sich über einen Fußball oder Rollschuhe sowie über eine Wintersportausrüstung wie ein Schlitten oder Skier.

Ab vier Jahre spielen Kinder begeistert mit Tischlerwerkzeug, wenn ein Erwachsener bereit ist, sie richtig anzuleiten. Kaufen Sie keine Spielzeug-Werkzeugkästen, die für Kinder hergestellt wurden. Sie enthalten Sägen, die nicht sägen, Hämmer, die zum Hämmern zu leicht sind und Schraubenzieher, die bald kaputtgehen. Kaufen Sie statt dessen richtige Werkzeuge im kleinen Format – zunächst eine Säge, einen Hammer und starke Nägel, die sich nicht gleich krumm schlagen lassen. Besorgen Sie zwei lange Bretter – ein breites und ein schmales. Später können Sie eine Zange, einen Vorbohrer und Winkel dazukaufen, noch später einen Handbohrer, Schraubenzieher und Schrauben und dann einen Hobel und Schleifpapier. Von Anfang an ist aber eine stabile Werkbank mit Schraubstock wichtig, um das Holz festzuhalten, wenn es gesägt, gehämmert oder gebohrt wird. Die Werkbank sollte stabil und schwer sein. Um Kosten zu sparen, können Sie einen Bausatz kaufen und ihn selber zusammensetzen.

Baukästen werden meist sehr viel benutzt, denn sie setzen der Phantasie keine Grenzen – Gebilde jeder Art können zusamengebaut werden. Für junge Kinder gibt es Holzbausätze mit Gewinden und Schrauben, Muttern und gelochten Stäben sowie Bausätze aus Kunststoffsteinen, die ineinanderpassen. Für ältere Kinder gibt es Bausätze aus Metallteilen: Träger und Platten, Räder und Seilzüge.

Ich lehne Kriegsspielzeug für Kinder grundsätzlich ab. Mein Begriff von Kriegsspielzeug reicht von einer simplen Pistole bis hin zu Panzer- und Raumflugzeugmodellen, die Todesstrahlen aussenden. Besonders bei Jungen ist solches Spielzeug zweifellos sehr beliebt. Sie können mit endloser Begeisterung damit spielen. Die Forschung hat aber gezeigt, daß Kinder von solchem Spielzeug lernen, Brutalität als einen natürlichen Lebensausdruck zu akzeptieren und Gewalttätigkeit in ihr eigenes Verhalten zu integrieren. Damit soll nicht gesagt sein, daß ein Kind aus einem sensiblen Elternhaus durch dieses Spielzeug zum Kriminellen wird, sondern daß wir alle durch solches Spiel unempfindlicher für Brutalität werden.

Es gibt aber auch viel Spielzeug, das nur einen Zweck erfüllt, keine Gefühle weckt, weder flexibel noch kreativ eingesetzt werden kann und an dem Kinder bald das Interesse verlieren. Vor einiger Zeit habe ich in einem Spielzeugladen am Flughafen eine lange Leiter gesehen, auf der ein Feuerwehrmann aus Metall hinauf- und herunterkletterte, angetrieben war das Ganze durch Strom. Sehr raffiniert. Ein Kind kann aber damit nichts anderes tun, als den Strom an- und ausschalten. Seine Fertigkeiten oder seine Kreativität werden nicht angeregt.

Andere aufwendige und teure Spielsachen, die nach meiner Erfahrung bald uninteressant werden, sind Chemiekästen (diese enthalten Vorschläge für fünf bis 10 Experimente, und danach können Kinder nicht allein weiterexperimentieren: andere Chemikalienmischungen ergeben nichts) und elektronische Bausätze (ein aufgewecktes, motiviertes Kind kann nach der Bauanleitung einige funktionsfähige Systeme zusammensetzen, aber mehr auch nicht). Es gibt komplizierte und teure Glücksspiele, manche mit eingebauten elektronischen Lichtern und Mechanismen, die bald auf dem obersten Regalbrett landen, weil sie nur eine Funktion haben. Solche Spiele können allerdings für ein älteres, sehr ehrgeiziges Kind eine Herausforderung darstellen, besonders dann, wenn es seine Eltern überreden kann, häufig mit ihm zu spielen. Es gibt Brettspiele mit einfacher Ausstattung, die nicht sehr teuer sind, zum Beispiel »Mensch ärgere dich nicht« und »Monopoly«. Die Beliebtheit dieser Spiele bei Kindern hat sich über Generationen gehalten. Hier können Eltern wiederum erwarten, daß ihre Kinder sie nicht in Ruhe lassen, bis sie mitspielen.

Es gibt zwei Aspekte, die bei der Betrachtung von Spielsachen fast ebenso wichtig sind wie ihre Flexibilität und Anregung zur Kreativität. Erstens sollten keine Spielsachen gekauft werden, die nicht dem Entwicklungsstand des Kindes entsprechen, für die es noch zu jung ist. Es wird davon nur enttäuscht. Zweitens sollten Erwachsene nicht versuchen, das Spielgeschehen zu kontrollieren, denn die Freude und das Interesse des Kindes werden sonst schnell zunichte gemacht. Beide Fehler machte ich, als ich meinen Söhnen eine Spielzeugeisenbahn kaufte. Als Kind sehnte ich mich danach, ich habe aber nie eine geschenkt bekommen. Mein Freund Mansfield hatte jedoch eine solche Eisenbahn, und mir blieb deshalb nichts anders übrig, als die Spielmöglichkeit bei ihm voll auszunutzen. Ich konnte es also kaum abwarten – und habe auch nicht abgewartet –, bis mein erster Sohn alt genug war, um mit einer Eisenbahn zu spielen.

Als er vier Jahre alt wurde, kaufte ich ihm einige Eisenbahnzüge, die aufgrund ihres kleinen Maßstabs und des komplizierten Aufbaus der Schienen für einen 14jährigen eher geeignet gewesen wären. Mein Sohn konnte weder die Züge auf die Schienen setzen noch die einzelne Wagen aneinanderhängen. Also schob er einen Wagen quer über den Teppichboden. »Nein, nein!« meckerte ich, »Du mußt die Räder auf die Schienen setzen!« Ich versuchte, es ihm immer wieder zu zeigen. Bald ärgerte er sich über meine Anweisungen und war wegen seiner Unfähigkeit frustriert. Schließlich überließ er mir das Spiel mit den Eisenbahnen. Einige Jahre später war er für einen neuen Versuch bereit. Er interessierte sich besonders für die Gleisanlage. Meine Pläne aber schienen mir viel komplexer und interessanter als seine, und ich dominierte bald den Aufbau. Es dauerte nicht lange, bis er erneut das Interesse verlor – diesmal für immer. 10 Jahre später wiederholte ich meine Torheit bei meinem zweiten Sohn. Und 25 Jahre danach, bei meiner zweiten Hochzeit, überreichte mir meine Braut einen winzig kleinen Passagierzug. Ich schenkte ihr einen Güterzug. Ich arbeitete monatelang mit viel Spaß an der Gleisanlage. Dann störte es mich, wenn die jugendlichen Freunde meiner Stieftochter die Anlage mißbrauchten – indem sie unter lautem Gelächter zwei Züge gegeneinanderrasen ließen, so daß sie beide entgleisten. Ich nahm mir das Recht, darüber zu bestimmen, wer wie mit der Anlage spielte, schließlich gehörte sie mir ganz allein. (Meine Frau spielte übrigens nicht mit.)

Wenn Sie Spielzeug einkaufen wollen, sollten Sie daran denken, daß es die Eltern (oder andere Erwachsene) sind, die das meiste Spielzeug für Kinder kaufen, und daß sich die Industrie eher nach der Anziehungskraft auf Erwachsene als nach der Befriedigung für Kinder richtet. Dieses Wissen wird Ihnen helfen, dem Griff nach kompliziertem, nur einem Zweck dienendem Spielzeug, das auf den ersten Blick so reizvoll erscheint, zu widerstehen.

Sie sollten auch wissen, daß Kinder von Modeerscheinungen, durch raffinierte Verpackungen und gute Verkaufstechniken genauso leicht zu beeindrucken sind wie Erwachsene. Setzen Sie Ihr kritisches Urteilsvermögen bei der Entscheidung ein. Bedenken Sie, ob ein Spielzeug, das ein Kind unbedingt haben möchte, auch über längere Zeit Anziehungskraft ausüben kann. Vor einigen Jahren meinte jedes Mädchen, eine Cabbage Patch Doll (das waren die Puppen, deren Köpfe wie Kohlköpfe aussahen; Anm. d. Ü.) haben zu müssen. Vielleicht übte diese Puppe irgendeine mysteriöse Anziehungskraft auf sie aus. Vielleicht wurden sie aber auch nur deshalb so begehrt, weil sie die neuste Mode waren. Aber die Attraktivität dieser Puppe währte höchstens genausolang wie die anderer Puppen. Gegen den Hersteller und die Händler, die das »banana bike«, ein Kinderrad mit einem langen, bananenförmigen Sitz, populär machten, hege ich schon lange einen Groll. Wegen seiner kleinen Räder und der niedrigen Übersetzung ist es sehr anstrengend, mit diesem Fahrrad voranzukommen. Das Ganze ist genau das Gegenteil von dem, was sich ein erfahrener Radfahrer jemals wünschen würde. Die Verkaufszahlen für dieses Rad stiegen aber in die Millionen, denn es war eine Mode bei jungen Radfahrern. Ich hätte es abgelehnt, dieses Rad für meine Kinder zu kaufen, denn die Verkaufserfolge dieser unüberlegten Konstruktion basierten nur auf der Unerfahrenheit der Kinder.

Was Kinder über ihre Eltern denken

Neulich besuchte ich eine kleine Privatschule in Greenwich Village, einem Stadtteil von New York City. Ich wollte dort die Grundschüler um ihre Ratschläge bitten, die sie gerne in die Neubearbeitung von »Säuglings- und Kinderpflege« aufgenommen sehen wollten. Ich hörte nicht das, was ich eigentlich wollte, wurde aber an einige elementare Wahrheiten erinnert, die weitaus wichtiger sind.

Die Schüler der ersten Klasse waren zwischen fünf und sieben Jahre alt. Es stellte sich schnell heraus, daß ich als Diskussionsleiter für diese Altersgruppe nicht geeignet war. Nach jeder Frage, die ich stellte, setzte eines der ruhigeren Kinder mit einer Antwort an. Diese Antwort wurde aber sofort durch eine laute, unsinnige oder komische Reaktion einiger Jungen in der Klasse übertönt. Ich fragte beispielsweise: »Wieviel Taschengeld sollten Eltern ihren Kindern geben?« Die Antworten der Jungen lauteten: »Einhundert Dollar«, »Lieber zweihundert«, »Nein, eine Million Dollar pro Tag.«

Die Versuche der Lehrerin, sie zur Ruhe zu bringen, hatten keinen Erfolg. Ich fühlte mich an einen meiner frühen Mißerfolge vor 35 Jahren erinnert, als einer meiner Söhne, der damals acht Jahre alt war, den Pfadfindern beitrat. Einmal im Monat traf die gesamte Pfadfindergruppe unter der Leitung von erfahrenen Gruppenleitern in einer Kirche zusammen. Die Leitung der wöchentlichen Treffen der Kleingruppen, bestehend aus acht Jungen, wurde Eltern übertragen, die für die nächsten drei Wochen sowohl Gastgeber als auch Projektleiter sein sollten.

Ich erwartete keine Schwierigkeiten, denn ich glaubte recht viel über Kinder im allgemeinen sowie über die Interessen von Jungen im besonderen zu wissen. Ich kaufte Holzbausätze für einfache Modellflugzeuge, die aus einem Flugzeugrumpf, Trag- und Stabilisierungsflächen und einer Steuerung bestanden. Dazu kaufte ich Schleifpapier, Farbe und schnelltrocknenden Klebstoff.

Nachdem die Gruppe vollzählig im Zimmer meines Sohns versammelt war, teilte ich die Bausätze aus und las mit lauter, deutlicher Stimme die ersten zwei Schritte aus der Bedienungsanleitung vor: »Schleife alle Holzteile, bis die Kanten glatt sind. Halte dann die Trageflächen an den Rumpf, um zu bestimmen, welche Seite nach vorne gehört.« Als ich diese beiden Sätze zu Ende gesprochen hatte, mußte ich feststellen, daß ich in dieser kurzen Zeit die Kontrolle über die Gruppe völlig verloren hatte. Sieben der acht Jungen hatten ihre Klebstofftuben gegriffen und sie, ohne ein Loch in der Öffnung zu machen, so lange gedrückt, bis sie aufplatzten. Sie schmierten den Klebstoff auf irgendeine Seite der Tragfläche und drückten diese an den Flugzeugrumpf. Der einzige Junge, der mir zugehört hatte, war mein Sohn.

Aus dem Erlebnis habe ich drei Erkenntnisse gezogen: Mein Sohn war ein guter Handwerker. Zur Kontrolle einer Gruppe von Kindern ist viel Geschick notwendig – auch wenn die Gruppe nur aus acht Kindern besteht. Und, ich war als Gruppenleiter nicht gut geeignet. Während der nachfolgenden zwei Treffen habe ich meine Funktion etwas besser erfüllt, aber immer noch nicht gut genug, um darauf stolz zu sein.

Nach diesem Fiasko vor 35 Jahren nahm ich jede Gelegenheit wahr, um Lehrern bei der Arbeit zuzuschauen. Ich erkannte, daß eine erfolgreiche Grundschullehrerin über die bezwingende Fähigkeiten eines Hypnotiseurs verfügen muß, um die Aufmerksamkeit der Schüler Stunde um Stunde auf sich zu lenken. Sie muß ständig alle Schüler im Blick haben. In ihrer Stimme muß ein Ton schwingen, der, selbst wenn sie leise spricht, in jeden quirligen Kopf eindringt. Beginnt ein Schüler nur die kleinste Störung zu verursachen, so lenkt sie ihren Blick und ihre Stimme sofort auf ihn, als werfe sie ein unsichtbares Netz aus, um ihn wieder einzufangen.

Ich bewundere dieses Geschick von Grundschullehrern zutiefst. Es ist viel einfacher, Professor an einer Universität zu sein, denn die Studenten möchten in die Materie eindringen, selbst dann, wenn sie ihnen zunächst noch unwichtig erscheint.

Der Lektor, der mich auf meinem Schulbesuch in Greenwich Village begleitete, hatte einen kleinen Kassettenrekorder dabei. Ich fand die Frage eines Jungen interessant, der plötzlich leise einwarf: »Wann hört dieser blöde Kassettenrekorder auf, uns zu stören?« Sein scharfsinniger Verstand arbeitete offensichtlich gleichzeitig auf verschiedenen Ebenen.

Ich zog mich in die nächsthöhere Klasse zurück, in der die Schüler zwischen sieben und neun Jahre alt waren. Sie waren so lange still, bis ich sie aufrief, und jeder gab mir dann eine Antwort. Die Hälfte ihrer Antworten klangen überlegt, verantwortungsvoll und recht erwachsen. Die anderen Antworten waren eher rebellisch und manchmal sarkastisch. Mir wurde klar, daß ich zwei stark entgegengesetzte Seiten von Kindheit zu sehen bekam: das Kind, das sich – im Moment – mit den Eltern identifiziert, das bestrebt ist, reifer und verantwortungsvoller zu werden; und das andere Kind, das sich – wenigstens im Moment – durch Eltern, Lehrer, Geschwister, Regeln, Pflichten und Bestrafungen unterdrückt fühlt. Dieses letztere Kind träumt davon, über die Stränge zu schlagen oder empfindet wenigstens Befriedigung darin, scharfsinnig kritische Hiebe auszuteilen.

Als ich erläuterte, daß ich gerade dabei sei, das Buch »Säuglings- und Kinderpflege« zu überarbeiten, machte ein Junge die entmutigte Bemerkung über seine Eltern: »Sie haben das Buch gelesen, tun aber nichts, was drin steht!«

Als ich um Vorschläge bat, sagte ein Mädchen mit sanfter Stimme: »Sie könnten mehr Geduld aufbringen.« Ich forderte die Schüler auf, ihre Zustimmung durch erhobene Hände zu zeigen, und die Hälfte von ihnen stimmte dieser Kritik zu. »Ich wünschte, sie würden besser zuhören«, sagte ein anderes Mädchen, das die Unterstützung fast sämtlicher Schüler erhielt.

Mit großer Leidenschaft platzte aus einem weiteren Mädchen heraus: »Wenn deine kleine Schwester das Laufen lernt und anfängt, deine Spielsachen aus den Regalen herauszureißen, solltest du nicht hinterher aufräumen müssen!« Allgemeine lebhafte Zustimmung folgte diesem kombinierten Vorwurf gegen Eltern und kleinere Geschwister.

Ein Junge beklagte sich über seinen Bruder, der mit dem Eigentum von ihm respektlos umginge. Als ich ihn fragte, ob es hier um einen jüngeren Bruder ginge, antwortete er: »Natürlich!«, und die Klasse lachte voller Mitgefühl.

Die stärkste Reaktion des Tages kam auf die Frage, ob es Kinder mit jüngeren Geschwistern trotz der wohl bekannten Einschränkungen nicht eigentlich doch gut hätten. Ein lang anhaltendes, einstimmig geschrienes »Nein« erklang aus den Kehlen.

Es gab nur wenige Beschwerden über das Herumkommandieren und Necken durch ältere Geschwister, und sie waren vergleichsweise mild. Obwohl mir aus früheren Gesprächen mit Kindern der Groll gegen

Geschwister bekannt war, erschrak ich über die Vehemenz in bezug auf die jüngeren Geschwister.

Ich fragte die Schüler, ob sie dafür seien, daß Kinder ihre Schlafenszeit selbst bestimmten. Wie erwartet, fanden einige an der Vorstellung Gefallen, so lange aufzubleiben, wie sie wollten. Zu meiner Überraschung war aber eine große Anzahl der Schüler damit einverstanden, daß ihre Eltern sie vor Erschöpfung schützten. Ein Mädchen bemerkte, daß sie es vielleicht gar nicht so toll finden würde, lange aufzubleiben, wenn sie tatsächlich die Gelegenheit dazu hätte. Die Mehrheit einigte sich dann auf eine Kompromißlösung und wollte nur Samstag abends lange aufbleiben.

Ich erzählte ihnen, daß es Gruppen gibt, die das Recht von Kindern propagieren, von zu Hause wegzugehen, wenn sie wütend sind. Ich fragte, ob sie hiermit einverstanden seien. Diese Frage wurde mit einem einstimmigen deutlichen »Nein« beantwortet.

Ein Junge erzählte eine lange, komplizierte Geschichte über einen Diebstahl: Er hatte seine Mutter überredet, ihm aus irgendeinem glaubhaften Grund Geld zu geben. Dann hat er seinem Vater mit derselben Geschichte den gleichen Betrag entlockt, ohne ihm zu sagen, daß er bereits von der Mutter Geld bekommen hatte. Nach einiger Zeit wurde er entlarvt. Er zeigte keine Reue, als er die Geschichte erzählte. Seine Klassenkameraden schienen eher belustigt als schockiert zu sein.

In einem nachdenklichen Moment stimmten alle Schüler darin überein, daß Eltern ihre Kinder nicht schlagen dürften. Ein Kind meinte, daß ein weinendes Kind, das für sein Weinen Schläge bekommt, nur um so stärker weint.

Als ich den Schulbesuch plante, dachte ich, daß die Kinder die Gelegenheit nutzen würden, ihre Eltern in einer indirekten, recht anonymen Weise einem Fremden gegenüber kritisieren zu können. Ich hatte angenommen, daß eine überwältigende Mehrheit von ihnen gegen die Vorherrschaft der Eltern und für mehr Freiheit, wenn nicht gar Anarchie, plädieren würden. Ich war um so mehr vom vernünftigen Ton ihrer Kritik beeindruckt und auch von den Einschränkungen ihrer persönlichen Freiheiten, die zu akzeptieren sie bereit waren.

Obwohl ich dieses Thema schon angesprochen habe, möchte ich es noch mal aufgreifen: Während Kinder aufwachsen, fühlen und verhalten sie sich nicht bloß wie Kinder. Im stillen identifizieren sie sich zugleich mit ihren Eltern. Sie lernen, sich wie Erwachsene und Eltern zu verhalten. Sie beobachten die scheinbar sehr aufregenden

Tätigkeiten der Erwachsenen: das Autofahren, das Abheben von Geld bei der Bank, die Teilnahme an Partys. Ihnen sind aber auch die ernsthaften Tätigkeiten ihrer Eltern bewußt: das Ausschimpfen von Kindern, weil sie etwas angestellt oder zerbrochen haben, weil sie keine Handschuhe oder Gummistiefel trugen, weil sie so laut waren, daß ihre Mütter Kopfweh bekamen. Wie stark diese Identifikation vollzogen wird, läßt sich daran ablesen, wie Kinder mit ihren Puppen umgehen, wenn sie diese warnen, ausschimpfen oder bestrafen.

Genauso wichtig ist die Identifikation der Eltern mit ihren Kindern. Diese Identifikation führt dazu, daß Eltern einen Säugling in Babysprache ansprechen und daß sie einfaches Spielzeug auswählen, dessen Attraktivität für Kinder während den frühen Entwicklungsphasen sie spüren. Sie bewirkt auch, daß sich Eltern ihren Kindern zuwenden, wenn sie voraussehen, daß diese in eine gefährliche Situation geraten könnten.

Sie mögen diese Reaktionen von Eltern für so selbstverständlich und weit verbreitet halten, daß sie der Erwähnung nicht wert zu sein scheinen. Beobachtungen haben aber gezeigt, daß einige Eltern eine so schlechte Verbindung zu ihrem Baby und seinen Gefühlen haben, daß sie beispielsweise die Milchflasche so flach halten, daß keine Milch in den Sauger kommen kann; daß sie ihr Baby eng umschlungen halten, obwohl es nach Befreiung ringt; und daß sie mit ihren Babys noch spielen und sprechen, wenn diese vor Müdigkeit schon weinen.

Ich hatte selbst fünf jüngere Geschwister und kann mich deshalb sehr deutlich an die merkwürdigen Grimassen erinnern, die meine Mutter zog, wenn sie das jeweilige Baby, mit dem sie sich identifizierte, mit dem Löffel fütterte. (Sie liebte Babys.) Führte sie den vollbeladenen Löffel zum Mund des Babys, dann öffnete sie ihren eigenen Mund und schob ihre Unterlippe so weit vor, als ob sie selbst den Löffel in den Mund gesteckt bekäme und als ob sie dabei verhindern wollte, daß etwas von ihm herunterkleckert.

Erfolgreiche Eltern antizipieren ständig die Freuden und Ängste ihrer Kinder. Sie wissen im voraus, daß ihr Kind von einem Schaufelbagger oder einem Elefanten begeistert sein wird. Sie erzählen, oder lesen ihnen Geschichten vor. Sie erklären, wie ein Teigrührer funktioniert, warum manche Menschen merkwürdig aussehen oder wie ein Gewitter entsteht. Sie trösten sie damit, daß ihre Schmerzen und blauen Flecken bald verschwunden sein werden und daß Alpträume wirklich nur Träume sind.

Diese einfühlsame Identifikation mit den Kindern – oder ihr Mangel

– bewirkt, daß Kinder aufgeweckt oder schwerfällig, langweilig oder phantasievoll, schüchtern oder gesellig werden. **Die Fähigkeit der Eltern, sich mit ihren Kindern zu identifizieren, ist für die Entwicklung genauso entscheidend wie die Fähigkeit der Kinder, sich umgekehrt mit ihren Eltern zu identifizieren.**

Kapitel 8

Problematische Beziehungen

Wenn Sie ein Kind besonders aufregt

»Ich weiß nicht, was ich mit meinem Mann machen soll«, schrieb eine Frau in ihrem Brief. »Jack ist ein hervorragender Vater. Er würde alles für unsere zwei Söhne machen, da bin ich ganz sicher. Was mir Sorgen macht, ist, daß er mit Kevin viel Zeit verbringt, aber Andrew scheint er aus dem Weg zu gehen. Er ist eigentlich nicht abweisend oder unfreundlich – es läßt sich schwer beschreiben. Er scheint Andrew einfach nicht in dem gleichen Maß zu lieben, was ich nicht verstehe. Ich weiß, daß Andrew sich verletzt fühlt, und er und sein Vater haben sich in der letzten Zeit nicht sehr gut verstanden.«

Viele Eltern – Mütter wie Väter – schreiben mir über das gleiche Problem: eines ihrer Kinder gefällt ihnen stärker als das andere. Sie nehmen an, daß sie das andere Kind weniger lieben. So einfach ist die Sache aber nicht. Sicher ist, daß sie auf die unterschiedlichen Eigenheiten ihrer Kinder unterschiedlich reagieren. Einige Eltern schätzen beispielsweise sportliche Fähigkeiten besonders hoch ein; andere wiederum eher die Intelligenz. Einige Eltern legen auf Kontaktfreudigkeit viel Wert; andere sind von einem sensiblen, nachdenklichen Kind beeindruckt.

Aber gute Eltern lieben alle ihre Kinder in dem Sinn, daß sie sich um jedes Kind gleich stark sorgen. Sie kaufen ihnen praktische Kleidung und gutes Spielzeug, sie bieten ihnen die beste Erziehung, versuchen ihre emotionalen Bedürfnisse zu befriedigen und ihnen bei Schwierigkeiten beizustehen. All dies gibt den Kindern das Gefühl der Zugehörigkeit und Geborgenheit, die beiden wichtigsten Aspekte der Liebe.

Betrachten wir dieses gleiche Thema aus einem anderen Blickwinkel. Wir können unsere besten Freunde oder unseren Ehepartner zutiefst lieben und uns trotzdem gelegentlich durch bestimmte Persönlichkeitsmerkmale oder Gewohnheiten gestört fühlen, von denen ein anderer kaum Notiz nehmen würde.

Natürlich sind wir alle nur Menschen. Ob wir es zeigen oder nicht, wir sind meist enttäuscht, wenn ein Kind sich nicht so entwickelt, wie wir es uns vorgestellt haben. **Manche Eltern empfinden dies als äußerst schmerzlich: Sie haben ein Kind, das sie nicht nur gelegentlich, sondern fast ständig irritiert und dies vielleicht aus Gründen, die ein Dritter überhaupt nicht nachvollziehen kann.**

Die Ursachen für Enttäuschungen und kritische Gefühle dieser Art stammen häufig aus der eigenen Kindheit der Eltern. Damals waren die kritischen Gefühle auf eine Schwester, einen Bruder, die Mutter oder den Vater gerichtet. Ich denke als Beispiel an die Mutter eines fünfjährigen Jungen. Als Kind hatte sie sich ständig über ihren älteren Bruder geärgert, weil er ihr das Spielzeug wegnahm und sie häufig störte. Damals erschien er ihr auch als das bevorzugte Kind, dem die Eltern die meiste Aufmerksamkeit widmeten und viele Privilegien gewährten. Als Erwachsene übertrug diese Mutter die negativen Gefühle auf ihren Sohn, der sie irgendwie an ihren Bruder erinnerte.

Ein anderer Grund für kritische Gefühle besteht darin, daß sich die Eltern durch das Kind an bestimmte eigene Charaktermerkmale erinnert fühlen, die sie an sich selbst nicht mögen oder für die sie als Kind kritisiert wurden oder für die sie sich damals schämten. Ein Vater wurde als Kind regelmäßig von anderen Jungen gehänselt, weil er so schüchtern war. Aufgrund dieser Demütigungen ist er heute gegenüber seinem sanftmütigen und zurückhaltenden Sohn sehr intolerant. **Nur manchen Eltern ist bewußt, daß sie Charakterschwächen, die für sie als Kind typisch waren – zum Beispiel Entscheidungsmangel, Geiz, Überempfindlichkeit –, an ihren eigenen Kindern besonders intensiv kritisieren.**

Häufig ist es der älteste Sohn, der den Eltern auf die Nerven geht. Dies mag daran liegen, daß sich die Eltern sehr intensiv um dieses Kind kümmern. Sie wollen es mit allen positiven Charaktermerkmalen ausgestattet wissen und nicht mit negativen. Wenn später die anderen Kinder heranwachsen, sind die Eltern gelassener, sie betrachten sie als eigenständige Wesen, die das Recht haben, ihren eigenen Weg zu machen.

Eltern, die sich selbst gegenüber ehrlich sind, betrachten diese Verhaltensunterschiede hinsichtlich der Kinder als normal. Doch einige

Eltern reagieren darauf mit Schuldgefühlen. Kinder spüren diese Schuld der Eltern. Gewöhnlich nutzen sie das Gefühl aus, indem sie unkooperativ, unhöflich, anmaßend oder passiv sind. Dies bringt die Eltern zu einer noch kritischeren Haltung gegenüber dem Kind, was in der Folge ihre Schuldgefühle weiter verstärkt. Dies ist ein Teufelskreis, aus dem die Eltern nur herauskommen, wenn sie sich von ihren Schuldgefühlen lösen können.

Ärgern Sie sich über die unmäßigen Wünsche eines Kindes (Warum kann ich nicht auch so eine große Puppe wie Inga haben?), über seine Mäkelei (Der Kuchen ist mir zu krümelig!) oder über seine Unverschämtheit (Du bist blöd!), dann kommt es als erstes darauf an, mit Bestimmtheit zu reagieren. Wenn Sie insgeheim das Gefühl haben, Sie müßten bestraft werden, dann mögen Sie vielleicht versuchen, dies zu ertragen. Aber irgendwann werden Sie explodieren. Die bessere (wenn auch schwierigere) Antwort ist es, nicht verärgert, aber schnell und sachlich zu reagieren. Sagen Sie beispielsweise:»Wenn dir deine Puppe nicht mehr gefällt, dann mußt du mit einem anderen Spielzeug spielen!« oder»Bitte rede nicht so unhöflich mit mir! Das macht mich wirklich traurig.« Hört das Kind nicht auf, Sie zu nerven, dann sagen Sie:»Ich habe keine Lust mehr, mich mit dir herumzustreiten!« Und dann müssen Sie auch damit aufhören!

Wenn sich eine Tochter bei ihrer Mutter beschwert:»Du liebst Peter mehr als mich!«, so sollte die Mutter sich nicht verteidigen oder den Vorwurf abstreiten. Statt dessen sollte sie mit Zärtlichkeit und Lächeln reagieren. Sie könnte beispielsweise antworten:»Ich kann verstehen, daß du das denkst. Weißt du, man kann auf Peter einfach nicht böse sein, er ist immer so vergnügt und ich mag seine Späße. Und dich liebe ich auch! Dafür gibt es viele Gründe. Beispielsweise, weil du dir immer so viel Mühe gibst und gut in der Schule bist. Und weil du gerne anderen Menschen hilfst und dich um kranke Tiere kümmerst. Und ich bin ganz sicher, wenn du groß bist, wirst du mich gern besuchen kommen, ganz gleich wie weit du von mir entfernt wohnst.« Diese Mutter kritisiert nicht ihren Sohn, um ihre Tochter zu besänftigen. Sie lenkt das Gesprächsthema weg von ihrem Sohn auf die Tugenden ihrer Tochter.

Wenn Mutter und Tochter wirklich nicht miteinander auskommen, kann nur Ehrlichkeit die Lage klären und die Situation bereinigen. Die Mutter könnte beispielsweise beginnen:»Wir geraten in letzter Zeit oft aneinander. Mich macht das traurig. Ich weiß, du ärgerst dich häufig über mich. Vielleicht liegt das daran, daß wir einander so ähnlich sind, wir kennen gegenseitig unsere Schwächen. Wenn du dich wieder über mich ärgerst, dann sag es mir bitte! Wir sollten dann gleich über die Situation sprechen.« Die Tochter wird es beeindrucken, daß die Mutter ihren Ärger akzeptiert, mit ihr auszukommen versucht und sie immer noch liebt.

Ein zweiter wichtiger Schritt ist es, daß die Eltern bewußt das Kind ab und an für eine besondere Leistung loben. Es macht keinen Sinn, dem Kind einfach aus dem Weg zu gehen, so kann sich die Beziehung nicht verändern, sie wird sich eher noch weiter verschlechtern. Jack, der Vater aus dem ersten Beispiel in diesem Kapitel, sollte auch den zweiten Sohn wissen lassen, daß er ihn trotz aller Unterschiede auch liebt. Das wird dem Jungen gefallen und ihn für eine Weile umgänglicher machen. Dies wiederum wird es für den Vater einfacher machen, ihn erneut zu loben und mehr Zeit mit ihm zu verbringen. Dabei sollten die gemeinsamen Aktivitäten aber wohlüberlegt sein, damit sie nicht zu Rückschlägen führen. Ist beispielsweise ein Vater unglücklich darüber, daß sein Sohn körperlich unbeholfen und unsportlich ist, so macht es wenig Sinn, wenn er mit ihm Fußball spielen will.

Das Kind mag sich vielleicht nie beklagen, aber im Innersten wird es sich unsicher fühlen. Seine Art, mit dieser Situation zurechtzukommen – grantiges, wenig hilfsbereites, aggressives oder weinerliches Verhalten –, kann zu einer Verschlimmerung führen. Eltern müssen gegen eine derartige Kettenreaktion von negativen Gefühlen vorgehen. Sind sie bereit, ihre Liebe offen zu zeigen, so werden sie die gleiche Bereitschaft bei ihrem Kind feststellen.

Bleibt eine Beziehung schwierig, so sollten die Eltern und vielleicht auch das Kind Hilfe bei einer Beratungsstelle suchen.

Schwierige Nachbarn

Mit den meisten Nachbarn – Erwachsenen wie Kindern – kommt man gut aus. Aber fast überall gibt es einige unangenehme Menschen, die Ihr Leben sowie das Leben Ihrer Kinder unangenehm beeinflussen können. Der Umgang mit ihnen stellt ein Problem dar.

Da gibt es den Typ des unsympathischen Erwachsenen, der ständig argwöhnisch nach Eindringlingen Ausschau hält. Sobald Kinder auch nur einen Fuß auf seinen Rasen setzen, stürzt er sich wie eine Spinne auf sie. Die gewitzteren Kinder aus der Nachbarschaft lassen sich durch mürrische Nachbarn wenig stören – sie laufen über deren Rasen oder werfen irgendwelchen Abfall dorthin, nur um sie zu ärgern. Das sensible, junge Kind ist aber von den übertriebenen Geschichten, die von dem stets übelgelaunten Ehepaar erzählt werden, beeindruckt. Nachts hatte es vielleicht sogar schon Alpträume von ihm und wagt aus Angst nicht, am Grundstück der Nachbarn entlangzulaufen.

Eltern sollten in solchen Fällen helfen, in dem sie die wilden Geschichten über die Nachbarn richtig stellen und ihren Kindern erklären, daß es in dieser Welt manche übelgelaunten Menschen gibt, die immer bereit sind, sich über irgend etwas zu ärgern. Man muß sie einfach nicht provozieren.

Kinder orientieren sich bei der Interpretation des fremden Verhaltens fremder Menschen an ihren Eltern. Zeigen sich die Eltern entrüstet oder besorgt, so beunruhigt das auch die Kinder. Betrachten die Eltern exzentrisches Verhalten als selbstverständlich, so werden Kinder diese Einstellung übernehmen. Ich erinnere mich noch lebhaft, wie sich meine Mutter, die weder vor Menschen noch vor Tieren Angst zeigte, sich versteifte, wenn wir auf dem Bürgersteig einem Betrunkenen begegneten. Ich habe deshalb während meiner Kindheit angenommen, daß alle Betrunkenen gefährliche Dämonen sein müßten.

Ein schwierigeres Problem, für das es keine einfache Lösung gibt, stellt der Rabauke aus der Nachbarschaft dar, der mit Vorliebe kleinere Kinder hänselt, sie ärgert, ihnen Angst einjagt oder sie schlägt. Meist handelt es sich bei dem Rabauken um einen Jungen. Wenn Eltern die Haltung einnehmen, daß es sich bei ihm um ein kleines grausames Monster handelt, so kann das dazu führen, daß ihre Kinder noch mehr Furcht vor ihm bekommen, was dazu führt, daß er wiederum noch stärker seine Aggressionen an ihnen ausleben wird.

Ich hatte als Junge vor solchen Rabauken und vor Hunden wahnsinnige Angst. Diese Angst muß mir deutlich im Gesicht gestanden haben, was dazu führte, daß jedes gemeine Kind, dem ich begegnete, mich zu ärgern begann. Ich erinnere mich an einen Vorfall, bei dem ich acht Jahre alt war. Ich ging am Samstagmorgen zum Sportunterricht, als mir auf der gegenüberliegenden Straßenseite eine Gruppe von Kerlen entgegenkam. Ich eilte voran und versuchte überall hinzuschauen, nur nicht auf die andere Straßenseite. Sie aber bemerkten meine Ängstlichkeit und kamen über die Straße, um mich anzupöbeln. Einer rief mit gespielter

Empörung:»Was, du willst dich also mit uns schlagen!«, und er begann seine Jacke auszuziehen. Seine Arme steckten noch in den Ärmeln, als ich schon kehrtmachte und davonlief – schneller als ich jemals zuvor gerannt war, so schnell, daß mich keiner der Jungen einholen konnte. Ich rannte einen halben Kilometer, ohne mich umzuschauen und ohne anzuhalten.

Wenn Eltern aus dem Haus eilen, um einen Rabauken, der ihre Kinder geärgert hat, auszuschimpfen, dann führt das nur dazu, daß die Opfer meinen, sie könnten sich selbst nicht schützen. Ich bin deshalb der Auffassung, daß sich im Prinzip Eltern nicht einmischen und ihre Kinder das Problem lösen lassen sollten. Wenn allerdings eines ihrer Kinder andauernd von einem größeren Jungen mißhandelt wird, sollten sie mit ihm oder mit seinen Eltern sprechen, am besten so, daß ihr eigenes Kind das Eingreifen nicht bemerkt.

Kinder lernen am besten mit Kindern auszukommen, wenn sie zusammen mit ihnen spielen, und zwar von dem Zeitpunkt an, an dem sie laufen gelernt haben. In diesem Alter regen sie sich nicht mehr so leicht über Ungewohntes auf, und sie entwickeln vor anderen Kindern keine Ängste. Sie lernen dabei, mit den gelegentlichen Ausbrüchen oder Streitereien anderer Kinder sachlich umzugehen. Dies führt, zum Teil jedenfalls, zu einem gewissen Schutz vor den Rabauken, denn diese stürzen sich meist auf die Kinder, die sich besonders ängstlich zeigen.

Dann gibt es das Nachbarschaftskind, das zwar häufig ausgeschimpft wird, das aber hartnäckig versucht, gleichaltrige oder jüngere Kinder in sexuelle Spiele zu verwickeln. Ich denke dabei nicht an Drei-, Vier- oder Fünfjährige, die bei ihren Doktorspielen oder den gegenseitigen Untersuchungen ihrer Körper sexuelle Spiele machen. In diesem Alter genügt ein Wort der Eltern, damit die Kinder diese Spiele zumindest zeitweise unterlassen.

Ich denke vielmehr an ein Kind, meist ein Junge zwischen sieben und 12, das den Ruf hat, ziemlich bösartig und ungehorsam zu sein und häufig Ärger zu verursachen. Meist handelt es sich um einen Jungen, der von seinen Eltern vernachlässigt wurde und der sich viel mit anderen Kindern herumtreibt, häufig mit jüngeren, denn bei gleichaltrigen Kindern ist er nicht sehr populär, mit ihm mögen sie nicht gerne spielen. Sexuelle Spiele, die von einem größeren Kind ausgehen, können ein jüngeres Kind verstören; denn sie sind für das jüngere schwer zu verstehen, noch kann es ihnen ohne weiteres widerstehen.

Für Eltern gibt es zwei Aspekte zu beachten. Wichtig ist die Art und

Weise, mit der sie auf Berichte ihres Kindes über sexuelle Spiele reagieren. Ich würde meinen Kind erklären, daß ich sexuelle Spiele bei Kindern für keine gute Sache halte, Sexualität ist etwas für Erwachsene. Weiter würde ich sagen, daß ich nicht möchte, daß das Kind solche Spiele macht und dies auch den anderen darin verwickelten Kindern sagt. (Andere Eltern mögen anders darüber denken.) **Ich denke, es ist weder notwendig noch klug, bei Kindern Schuldgefühle hinsichtlich ihrer Sexualität zu wecken oder bei ihnen den Eindruck zu erzeugen, die sexuellen Belästigungen anderer Kinder hätten ihnen geschadet oder sie verdorben. Es ist besser, die Sache leichtzunehmen.**

Was kann man mit dem Kind machen, das die sexuellen Spiele initiiert hat? Ich halte es für angebracht, besonders wenn es weitere Versuche unternimmt, daß Sie eingreifen. Wenn Sie das Kind das nächste Mal treffen, sollten Sie ihm sehr sachlich sagen, daß Sie nicht wünschen, daß es so mit Ihrem Kind spielt. Hat dies keine Wirkung, so sollten Sie Ihren Kindern sagen, nicht mehr mit diesem Kind zu spielen, oder Sie wenden sich an dessen Eltern.

Es ist nicht unproblematisch, wegen sexueller Spiele, Rabaukentum oder weil ein Kind Spielzeug stiehlt, sich an dessen Eltern zu wenden. Häufig mangelt es diesen Eltern an Verantwortungsgefühl, und sie reagieren mit Verärgerung, wenn irgend jemand ihr Kind kritisiert.

Ist es Ihr Kind, das wegen der Mißhandlung anderer Kinder, sexueller Spielereien oder Stehlens beschuldigt wird, so sollten Sie sich alles in Ruhe anhören, selbst wenn Ihre erste Vermutung lautet, daß es sich um eine Verwechslung handeln müsse. Dies ist die beste Methode, die Entrüstung der Nachbarn zunächst einmal zu beruhigen. Ihre gelassene Reaktion ist die beste Voraussetzung, den Ruf Ihrer Familie und den Ihres Kindes in der Nachbarschaft wiederherzustellen. Reagieren Sie dagegen mit Ärger und weigern sich, überhaupt zuzuhören, so bringen Sie die Nachbarschaft nur gegen sich auf. Ihre kooperative und besorgte Haltung läßt die Nachbarn spüren, daß Sie versuchen werden, eine Wiederholung der Vorfälle zu verhindern.

Nehmen wir an, Sie und ihre Familie sind gerade in die Nachbarschaft gezogen, und die dort ansässigen Kinder schließen Ihre Kinder vom Spiel aus. Da Kinder sehr cliquenbewußt sein können, passiert so etwas häufig, besonders bei Sechs- bis Zwölfjährigen.

Sie können Ihrem Kind helfen – wenigstens für eine kurze Zeit –, wenn Sie den ansässigen Kindern besonders viel bieten. Mitten am Vormittag oder Nachmittag können Sie Saft ausschenken und Obst oder

Kekse verteilen. Sie können einzelne Kinder zum Essen einladen (zwei oder mehr Kinder könnten sich zusammentun und ihr Kind auf subtile Weise benachteiligen) und Gerichte servieren, die Kinder garantiert gern essen, wie Spaghetti oder Würstchen. Sie können ein Nachbarskind auf Ausflüge zum Zoo, in den Zirkus, zum Fußballspiel oder zu einem Picknick mitnehmen. (Diese Vorschläge eignen sich besonders bei Eltern, die in Wohnungen leben und keinen eigenen Garten haben, in dem sich die Kinder treffen können.)

Finden die alteingesessenen Kinder Ihr Kind wirklich uninteressant, so können Sie ihm keine dauerhafte Popularität erkaufen; finden sie es dagegen besonders attraktiv, so werden Sie nicht viel unternehmen müssen. Meine Erfahrung besagt lediglich, daß Kinder ihre Barrieren relativ schnell beiseite räumen, wenn ihnen etwas Besonderes geboten wird. Neulinge bekommen dann die Möglichkeit, ihre Besonderen Qualitäten zu zeigen.

Ein Garten ist ein großer Vorteil. Sie können Ihre eigenen Kleinkinder und die Kinder aus der Nachbarschaft fast ständig im Auge behalten, wenn Sie Ihren Garten zu einem beliebten Treffpunkt machen. Dies erleichtert es Ihnen, unerwünschte Verhaltensweisen verschiedenster Art bei anderen sowie bei den eigenen Kindern zu kontrollieren.

Meine Mutter, die gerne alles unter Kontrolle haben wollte, wandte diese Methode mit großem Erfolg an. Wir hatten einen großen Sandkasten, in den jedes Frühjahr eine neue Ladung von frischem, weißen Sand gekippt wurde. Außerdem hatten wir eine ungewöhnliche Schaukel. Die Sitzfläche war über einen Meter lang und hing an vier Seilen, so daß drei Kinder nebeneinander sitzen und schaukeln konnten. Sechs Kinder konnten aufrecht stehend schaukeln – drei auf der einen und drei auf der anderen Seite. Wir hatten auch eine recht große Wippe und ein Gerät, das ich nirgendwo anders gesehen habe – ein breites, fast drei Meter langes Brett, das auf beiden Enden von stabilen Sägeböcken gestützt wurde. Wir sprangen darauf herum, ähnlich wie es heute Kinder auf einem Trampolin tun.

Für einige Jahre hatten wir sogar ein einfaches Karussell. Es sah aus wie eine Wippe, aber anstatt sich auf und ab zu bewegen, drehte es sich waagerecht. Zufällig standen auch drei Kirschbäume in unserem Garten, die hervorragend als Kletterbäume geeignet waren. Der Garten war immer voll von Kindern, einschließlich der jungen Spocks. Ein Baumhaus ist immer beliebt – egal ob tatsächlich in einen Baum oder einfach auf Stelzen gebaut.

Inwieweit können Eltern anderen Kinder aus der Nachbarschaft Vorschriften machen? Soviel wie nötig, würde ich meinen, solange sie sich auf Ihrem Grundstück befinden. Es ist hier aber meines Erachtens genauso wichtig wie im Umgang mit den eigenen Kindern, daß Sie nicht in den Ruf eines Meckerfritzen geraten. Nehmen Sie sich vor, sich freundlich, aber bestimmt den Kindern gegenüber zu verhalten. Bleiben Sie im Hintergrund, Sie können die Spielsituation unauffällig im Auge behalten.

Droht die Situation außer Kontrolle zu geraten – und damit meine ich nicht jede kleine Streiterei –, so sollten Sie nicht aus dem Haus stürzen und wütende Vorwürfe machen, die das eine Kind zum Schurken, das andere zum Märtyrer abstempeln. Treten Sie ruhig zur Haustür hinaus, als wollten Sie ein bißchen frische Luft schnappen. Die feindseligen Handlungen zwischen den Kindern hören dann normalerweise sofort auf, und die unruhigeren Kinder werden daran erinnert, daß Sie immer in der Nähe sind.

Es werden sich natürlich immer wieder Situationen ergeben, in denen Sie den jüngeren Kinder erklären müssen, daß sie die Spielsachen miteinander teilen sollen, anstatt sich gegenseitig zu hauen. Bei manchen schwierigeren Kindern werden Sie oft weiter gehen und strenger auftreten müssen. Aber auch in solchen Fällen zahlt es sich auf Dauer aus, nicht wie eine übermächtige Autorität zu erscheinen, denn das schlechte Benehmen des Kindes hängt wahrscheinlich auch damit zusammen, daß es sich ungeliebt fühlt. Legen Sie Ihre Arme liebevoll um das Kind, während Sie ihr Anliegen erklären. Laden Sie den Störenfried zu einem Ausflug oder zum Essen ein.

Der Umgang mit dem Kinderarzt

Ich muß Ihnen wahrscheinlich nicht sagen, daß Ärzte genauso Menschen sind wie jeder andere auch und daß keine zwei Ärzte gleich sind. Es ist also kein Wunder, daß Eltern manchmal lange suchen müssen, bis sie einen Arzt finden, der zu ihnen und zu ihrem Kind paßt. Sie sollten sich dabei bewußt sein, daß die Beziehung zwischen Eltern und Kindern und dem Familien- oder Kinderarzt eine sehr wichtige und enge Beziehung ist. Ob sie befriedigend oder frustrierend ausfällt, hängt auch von Ihnen ab.

Der erste und vielleicht wichtigste Schritt zum gewünschten Ergebnis liegt in der sorgfältigen Ärztewahl. Manche mögen einen Berater, der sich außergewöhnlich genau und detailliert ausdrückt, andere bevorzugen einen, der leger erscheint. Manche Eltern ziehen einen älteren, etablierten Arzt vor, während andere sich mit einem eher gleichaltrigen wohler fühlen. Manche reagieren besser auf einen Arzt, andere auf eine Ärztin. Wenn Sie Freunde oder andere Ihnen bekannte Ärzte, wie zum Beispiel Frauenärzte, um Rat fragen, so sollten Sie sich vorher über Ihre Vorstellung klargeworden sein. Der nächste Schritt ist ein Besuch bei einem oder mehreren Ärzten. Dieser erste Besuch hat für Sie den Zweck, etwas über die Art des Arztes herauszufinden und festzustellen, ob sie zueinander passen.

Wäre ich ein Vater, der sein erstes Kind erwartet, so würde ich dem Arzt sagen, daß ich eher ein ängstlicher Mensch bin (auch wenn dies nicht zutrifft). Ich würde ihm sagen, daß ich ihm während der ersten Wochen nach der Geburt meines Kindes wahrscheinlich viele Fragen stellen würde, vielleicht recht alberne, dumme Fragen. Dann würde ich seine Reaktion beobachten. Legt sich vor der Aussicht auf viele triviale, zeitverschwendende Fragen seine Stirn in Falten? Oder lacht er beruhigend und sagt, daß er solche Fragen am Anfang erwartet?

Ich möchte auf diese sogenannten »albernen« oder »dummen« Fragen näher eingehen, denn für viele Eltern sind sie während der ersten Monate im Leben ihres Kindes ein unangenehmes Problem. Sicherlich übertreibe ich nicht, wenn ich behaupte, daß die Hälfte aller Fragen, die Sie hinsichtlich Ihres Kindes jemals stellen werden, gerade während dieser Phase auftauchen. Sie haben ein Recht auf Antwort! Hat jemand Ihnen eingeredet, daß Sie durch Fragen nur lästig werden, so werden Sie viel Zeit mit Grübeln verbringen, denn Sie brauchen Informationen oder Bestätigung, möchten den Arzt aber nicht belästigen. So sollte es nicht sein. Nehmen Sie Ihren Mut zusammen und erzählen Sie dem Arzt von Ihrem Eindruck, daß Sie ihn durch Ihre vielen Fragen belästigen würden. Ist er ein guter Arzt, so wird er Sie auffordern, weiterzufragen. Deutet er aber an, daß Sie tatsächlich zu viele Fragen stellen, würde ich Ihnen raten, einen anderen Arzt aufzusuchen. Mein Rat lautet also, die Meinung des Arztes sorgfältig zu überprüfen. Zeigt er Anzeichen von Ungeduld, so schauen Sie sich am besten gleich nach einer Alternative um.

Der Arzt sollte aber natürlich nicht nur den Eltern gefallen. Das Kind ist ja der Patient, und ihm sollte der Arzt auch gefallen – wenigstens so gut wie ein Mensch, der eine Spritze schwingt, jemandem überhaupt gefallen kann! Manche Ärzte versuchen, sich mit dem Kind anzufreunden und es im passenden Moment direkt anzusprechen. Wenn das Kind Angst hat und zu weinen beginnt, sollte der Arzt nicht schroff reagieren. Statt dessen sollte er den Eltern Zeit lassen, das Kind zu halten und es zu beruhigen. (Mir ist natürlich klar, daß »die Eltern« normalerweise nur durch die Mutter vertreten sind. Ich möchte Väter aber dazu ermuntern, ebenfalls die Verantwortung für die Gesundheit ihres Kindes mitzutragen.) Falls der Arzt das Kind ignoriert oder nur Sie anspricht, als wäre das Kind gar nicht zugegen, so können Sie es selbst in das Gespräch miteinbeziehen. Reagiert der Arzt auf solche Hinweise nicht, so würde ich wahrscheinlich einen anderen Arzt suchen, dessen Auffassung Ihrer ähnlicher ist.

Eine weitere Quelle von Frustration seitens der Eltern ist das Telefon. Viele Kinderärzte legen bestimmte Tageszeiten fest, während derer die Eltern anrufen können – es sei denn, es besteht ein Notfall. Viele Eltern finden das ständige »Besetzt«-Signal während dieser Tageszeit aber sehr irritierend.

Sie ärgern sich vielleicht weniger über den Arzt, wenn Ihnen klar wird, daß dieser Telefonstau häufig von Eltern verursacht wird, die den Zweck einer telefonischen Beratung falsch verstehen. Ich kann mich entsinnen, wie ich im ersten Jahr meiner Praxis als Kinderarzt an einem Sonntagmorgen um sieben Uhr morgens von einer Mutter wachgeklingelt wurde. Sie sagte: »Ich habe eine Liste von Problemen, die ich gerne mit ihnen besprechen möchte.« Hätte ich damals schon mehr Erfahrung gehabt, so hätte ich ihr freundlich erklärt, daß sich ein langes, ausführliches Gespräch viel besser bei einem Besuch in der Praxis führen läßt. Das Telefon sollte hauptsächlich dazu dienen, während der ersten Lebensmonate eines Säuglings kurze Antworten auf ängstliche Fragen zu geben, neu auftretende Krankheiten zu melden (um zu fragen, ob ein Praxisbesuch notwendig ist) und den weiteren Verlauf einer schon behandelten Krankheit zu besprechen.

Manche Eltern klagen darüber, daß sie vom Arzt zu schnell abgefertigt werden. Hat eine Mutter eine lange Liste von Fragen mitgebracht, so kann es geschehen, daß der Arzt mittendrin aufsteht, als ob er sie zur Tür hinausbegleiten will. Es kommt auch vor, daß er in einer besänftigenden, aber recht patriarchalischen Weise auf ihre Fragen reagiert, ohne ihre Sorgen überhaupt ernst zu nehmen. Dem Arzt ist der Eindruck, den er bei Ihnen erweckt, vielleicht überhaupt nicht bewußt. Ich habe während der ersten Jahre meiner Praxis eine sehr lehrreiche Erfahrung gemacht. Eine Mutter fragte mich plötzlich unverblümt:»Wie lange darf eigentlich eine Patientenbehandlung genau dauern?« Als ich meine Überraschung überwunden hatte, antwortete ich:»Sie sollte eine halbe Stunde dauern.« Sie sagte dann:»Gut, daß ich das weiß; denn bei Ihnen habe ich immer das Gefühl, als trieben sie mich zur Eile an.«

Diese Begründung überraschte mich noch mehr als die Frage, denn ich sah mich selber immer als jemand, der sich mit sehr viel Ruhe um seine Patienten kümmerte. Allerdings war ich zu dieser Zeit ziemlich frustriert, denn ich konnte meine Familie noch nicht ernähren. Das war 1933, die schlimmste Zeit der Depression, ich eröffnete in New York City meine Praxis als Kinderarzt und hatte natürlich nur wenige Patienten. Ich sah mich auch als ein Pionier, denn ich versuchte psychoanalytische Konzepte auf die Alltagsprobleme der Mütter anzuwenden, beispielsweise auf das Daumenlutschen oder auf Probleme beim Entwöhnen. Dies war nicht einfach, denn es gab keine Literatur zu diesem Thema. (Die damals übliche Position lautete: Daumenlutschen ist eine schlechte Angewohnheit. Unterbinden sie es durch bitter schmeckende Tropfen, die sie auf den Daumen des Kindes tropfen, oder stecken sie den Daumen in einen Aluminiumhandschuh, oder binden sie die Hand des Babys an eine Stange des Bettchens.) Die Frage der Mutter machte deutlich, daß ich die ganze Schwierigkeit meiner Situation unbewußt auf meine Patienten übertragen hatte. Danach sorgte ich noch stärker für eine entspannte Atmosphäre und wandte viel Aufmerksamkeit auf meine Patienten. Beides sind die wichtigsten Eigenschaften, die ein Kinderarzt entwickeln muß.

Die meisten Ärzte sind irgendwelchen Zwängen ausgesetzt. Wenn Sie das Gefühl haben, daß er Sie zur Eile antreibt, so sollten Sie ihm das offen sagen. Offenheit muß ja nicht heißen, daß Sie mit Verärgerung Vorwürfe machen. Das würde alle Menschen – auch Ärzte – in die Defensive treiben. Sie könnten beispielsweise sagen:»Ein Teil des Problems ist vielleicht meine Überempfindlichkeit. Aber ich habe das Gefühl, wir haben dieses oder jenes Problem!« Zeigt sich die Mutter oder der Vater bereit, einen Teil der Verantwortung für die Mißverständnisse zu tragen, so wird der Arzt eher bereit sein, sich ebenso offen und großzügig zu verhalten.

Wenn Sie dem Arzt offen sagen, was Sie wollen, dann geben Sie ihm die Möglichkeit, sich zu verändern, zu Ihrem Wohl, zu dem der anderen Patienten und auch für sich selbst. Läßt er sich auf Änderungen nicht ein, dann haben Sie immer die Möglichkeit, den Arzt zu wechseln. Das ist ganz einfach. Sie gehen zu ihm nicht mehr hin und suchen sich einen neuen, Sie müssen sich nicht abmelden, und Sie müssen Ihre Entscheidung nicht begründen. Lassen Sie sich von Freunden oder Nachbarn andere Ärzte empfehlen.

Die Qualität der Lehrer Ihres Kindes

Ich denke, das wichtigste ist, daß Ihr Kind den Lehrer oder die Lehrerin mag. Sie mögen vielleicht einwenden, ein Kind mag doch den Lehrer am liebsten, der nett ist und dem Kind die Schule nicht allzu schwierig macht, und es wird den nicht mögen, der besonders effektiv sein will. Das klingt nach einem logisch richtigen Einwand, doch trifft er nach meiner Erfahrung nicht zu. In Wirklichkeit sind Kinder gegenüber Lehrern, die sie unterfordern, äußerst kritisch eingestellt: »Herr Hoffmann ist zwar ganz nett, aber lernen kann man bei ihm nichts!«

Kinder lernen am besten, indem sie sich mit Erwachsenen identifizieren, die sie mögen und bewundern können. In vielen Teilen der Welt lernen Kinder das Jagen, das Fischen, die Landwirtschaft, das Weben, die Babypflege oder das Kochen, indem sie mit Eifer das nachmachen, was ihnen der Vater bzw. die Mutter vormacht. Sie mögen die Eltern, und diese dienen ihnen als Vorbild. Am anderen Ende der Ausbildungsskala können wir in Krankenhäusern beobachten, daß junge Ärzte lernen, sich wie Ärzte zu verhalten, indem sie die Verhaltensweisen derjenigen erfahrenen Ärzte imitieren, die sie bewundern und von denen sie selbst respektiert werden. (Kein Schüler oder Student wird sich einen Lehrer zum Vorbild nehmen, der ihn nicht mag.) **Mögen Kinder einen Lehrer, dann bedeutet dies, daß der Lehrer seinerseits die Kinder mag und ihre individuellen Probleme zu verstehen sucht. Dies ist einer der wesentlichen Faktoren erfolgreichen Lehrens.**

Allgemein wird angenommen, daß die Fächer, mit denen sich die Kinder in der Schule beschäftigen, schwierig sind und daß aus diesem Grund Lehrer eine besondere Unterrichtstechnik entwickeln und Kinder hart arbeiten müssen. Diese Annahme ist falsch. Für die Mehrheit der Kinder ist der Unterrichtsstoff in jeder Altersstufe relativ einfach zu bewältigen, vorausgesetzt, die Kinder bekommen an gewissen Stellen keine Angst oder werden durch andere Ursachen blockiert. Sie sind blockiert, wenn sie Angst vor dem Lehrer haben oder Angst, sie könnten etwas nicht begreifen. Die entscheidenden Fähigkeiten des Lehrers bestehen deshalb darin, daß er freundlich ist und daß er mit Geduld die Ursachen für Blockierungen zu ergründen sucht und dann den Kindern über diese Hürden hilft.

Natürlich gibt es andere Gründe, warum Kinder nicht lernen können. Beispielsweise wenn ihre Lernfähigkeit nicht dem präsentierten Stoff entspricht, weil etwa ihre Intelligenz unterdurchschnittlich entwickelt ist oder weil der Lehrer unrealistisch hohe Erwartungen hat. Als ich acht Jahre alt war, bekamen wir einen jungen, unerfahrenen Lehrer, der uns die schriftliche Division beibringen wollte. Mir erschien die Sache so überwältigend schwierig, daß ich jeden Tag weinen mußte. Das Problem war, daß nur sehr wenige Kinder in diesem Alter überhaupt in der Lage sind, die schriftliche Division zu verstehen.

»Lernfähigkeit« ist nicht mit Intelligenz gleichzusetzen. 10 Prozent aller Jungen mit hoher Intelligenz haben Schwierigkeiten, die Formen und Positionen von Buchstaben zu erinnern; sie verwechseln »d« mit »b«, »Bude« mit »Bube«; oder »Wut« mit »Mut«. Dadurch lernen sie einmal nur sehr langsam das Lesen, aber schlimmer ist, daß sie dadurch ihr Selbstvertrauen verlieren und panische Angst bekommen, sie würden überhaupt nie richtig lesen können. Andere Kinder haben Schwierigkeiten, bestimmte mathematische Konzepte zu begreifen. Gut ausgebildete Lehrer können dies erkennen und sich darauf einstellen.

Zurück zu den Qualitäten der Lehrer. Ein weiteres Zeichen seiner Qualität ist, ob er (oder sie) während der ganzen Unterrichtszeit die gesamte Klasse anspricht oder in der Lage ist, einzelnen Schülern mit Schwierigkeiten individuell zu helfen. Manche Lehrer drohen langsameren Schülern mit schlechten Zensuren oder mit dem Entzug der individuellen Förderung. So etwas führt eher dazu, daß schwache Schüler gelähmt und nicht vorangebracht werden. **Die Aufgabe des Lehrers ist es, den Unterricht so verständlich, so interessant und so anregend zu gestalten, daß die Schüler gar nicht umhin können, als sich daran zu beteiligen.** Dazu muß er Projekte, Übungen, Standpunkte, Exkursionen entwerfen, die den Unterrichtsgegenstand aufregend und real erscheinen lassen. Er muß fleißigen Schülern, die besonders aufgeweckt sind, besonders herausfordernde Aufgaben stellen und langsameren Schülern weniger schwierige Aufgaben, so daß sie nicht entmutigt werden und Erfolgserlebnisse haben. Um so etwas zu gewährleisten, müssen die Klassen natürlich klein sein.

Ein guter Lehrer unterstützt Initiative, Verantwortungsbereitschaft und Kreativität. Diese Eigenschaften sind für alle Schüler notwendig, die als Erwachsene nicht auf der untersten Stufe der Karriereleiter stehenbleiben oder stumpfsinnige Arbeiten verrichten wollen. Solche Eigenschaften können aber nicht durch Bücher oder Vorträge des Lehrers erworben werden. Kinder entwickeln sie, wenn ihnen täglich Gelegenheit gegeben wird, sie zu praktizieren. Ein kluger Lehrer gibt seinen Schülern die Möglichkeit, selbst initiativ zu werden, eigene Pläne zu machen, Probleme selbständig zu lösen – selbst wenn sie dabei Fehler machen. Er unterstützt ihre Kreativität und Originalität, sei es beim Schreiben, beim Malen und Zeichnen oder im Schauspiel. Und nachdem die Schüler eigene Projekte geplant haben, läßt er sie diese auch tatsächlich ausführen – mit einem Minimum an Aufsicht. Man kann ein Kind nur Verantwortung lehren, indem man ihm Verantwortung gibt.

Woran können Sie erkennen, ob ein Lehrer einzelnen Schülern hilft, ob er Initiative, Kreativität und Verantwortung fördert? Sie erhalten Hinweise aus dem, was Ihr Kind aus der Schule berichtet. Am besten ist es aber, wenn Sie den Unterricht besuchen. Nicht nur für eine halbe Stunde, sondern mindestens für einen halben Tag. (Dies ist nach dem amerikanischen Schulrecht für Eltern weitaus einfacher als nach dem deutschen Recht. Anm. d. Ü.)

Was können Sie tun, wenn Ihr Kind Angst vor einem Lehrer hat oder wenn ein Lehrer nicht in der Lage zu sein scheint, den Unterricht verständlich zu gestalten? Zunächst sollten Sie wissen, daß mit großer Wahrscheinlichkeit empfindsame und sehr gewissenhafte Kinder im ersten und zweiten Schuljahr eine gewisse Scheu und Angst vor dem Lehrer entwickeln. Dies zeigt sich nicht nur an ihren Klagen, sondern auch daran, daß sie schlecht frühstücken oder sich sogar auf dem Schulweg übergeben. Diese Angst, den Ansprüchen des Lehrers nicht gerecht werden zu können, hängt mit der Ablösung von den Eltern zusammen. **Mit sechs oder sieben Jahren hört das Kind auf, sich total als Kind seiner Eltern zu betrachten. Es sieht sich auch als Person einer Außenwelt, in der man mit anderen kooperieren, Verantwortung tragen und unabhängig werden muß.**

Wenn sich das Kind über seinen Lehrer beschwert, sollten Sie ihm mit Mitgefühl zuhören, aber Sie sollten nicht gleich den Schluß ziehen, der Lehrer sei inkompetent oder bösartig. Sie könnten beispielsweise so reagieren: »Ich kann verstehen, daß es dich ärgert, wenn dich der Lehrer vor der ganzen Klasse ermahnt.« Dann könnten Sie anbieten, die Schule zu besuchen. Dies allein würde vielleicht den Lehrer schon darauf aufmerksam machen, daß es ein Problem gibt, und ihn zu mehr Aufmerksamkeit für Ihr Kind veranlassen.

Wenn Sie sich mit dem Lehrer verabredet haben, sollten Sie sich nicht beschweren, sondern fragen, wie sich das Kind in der Schule macht. Anschließend können Sie auf das Problem zu sprechen kommen, aber nicht vorwurfsvoll! Erklären Sie die ausgeprägte Empfindsamkeit des Kindes:»Er macht sich Sorgen, ob er den Ansprüchen genügen kann.« Oder »Wenn sie etwas nicht sofort versteht, dann bekommt sie panische Angst und gibt ganz auf.«

Das ängstliche Kind legt sich normalerweise innerhalb weniger Wochen ein dickeres Fell zu und lernt, daß der Lehrer ihm nicht den Kopf abreißt. Wächst das dicke Fell nicht, bleibt das Kind angespannt und unglücklich, dann könnten sich die Eltern an den Rektor der Schule wenden. Auch hier ist es wichtig, daß die Eltern nicht mit Vorwürfen über den Lehrer herziehen – dies bringt den Rektor nur dazu, sich vor seinen Lehrer zu stellen. Sie könnten statt dessen die Empfindsamkeit oder Langsamkeit ihres Kindes in den Vordergrund stellen. Ein Rektor kann zwischen den Zeilen lesen und wird eventuell von sich aus vorschlagen, das Kind in eine andere Klassse zu stecken. Wenn dies nicht geschieht und wenn es die Entfernung zuläßt, könnte das Kind in eine andere Schule geschickt werden. Dies hat gewöhnlich den Nachteil, daß das Kind den Kontakt zu seinen Schulfreunden aus der Nachbarschaft verliert.

Das Problem, den richtigen Lehrer zu finden, führt zu einer weiteren Frage: Die Eltern eines ungewöhnlich intelligenten Kindes nehmen manchmal an, daß ihr Kind in einer gewöhnlichen Klasse nur gelangweilt herumsäße. Dies muß nicht der Fall sein. Ist die Klasse klein und der Lehrer gut ausgebildet, sollte er in der Lage sein, die Leistung dieses Kindes zu steigern, beispielsweise durch zusätzliche Lektüre in der Klasse, in der Schüler- oder der Stadtbibliothek. Im Prinzip funktioniert dies genauso wie in der hochgepriesenen einklassigen Dorfschule, in der vier Jahrgänge in einer Klasse unterrichtet wurden, indem der Lehrer Aufgaben unterschiedlicher Leistungsstufen für die verschiedenen Kinder erarbeitete.

Kapitel 9

Verschiedene Verhaltensprobleme

Sprache und Anstand

Für mich ist es immer ein bißchen peinlich, mit Eltern darüber zu sprechen, wie sie mit der »schmutzigen Sprache« ihrer Kinder umgehen sollen – die früher immer als solche verurteilt wurde –, wenn diese Eltern zugleich und teilweise mit Stolz fäkal- und sexuell-orientierte Begriffe in ihrer Alltagssprache verwenden. Viele Menschen, die Vulgärausdrücke bewußt in ihren aktiven Wortschatz übernommen haben, meinen, dies sei Ausdruck ihrer allgemeinen Überzeugung, daß es immer besser sei, sich natürlich und ehrlich zu geben. Und wenn Menschen wie ich an solcher Sprache ihr Mißfallen ausdrücken, dann betrachten sie dies als Prüderie, die sich aus der Vergangenheit überlebt habe.

Verhaltensregeln wurden nicht in der Vergangenheit von miesepetrigen Kirchenlehrern oder Polizeiinspektoren erfunden und den Menschen aufgezwungen. Sie waren in der jeweiligen Gesellschaft zur jeweiligen Zeit ein Ausdruck der Ideale des menschlichen Zusammenlebens.

Ein menschliches Bedürfnis ist das Bedürfnis nach Schönheit. Deshalb schaffen oder reagieren wir auf attraktive Bekleidung, auf Schmuck, auf schöne Gebäude und – bezogen auf die Sprache – auf den anregenden Klang der Poesie, des Liedes und der Rede. In diesem Sinn ist der Wunsch nach Schönheit der Sprache sehr viel grundlegender als der Impuls, mit Wörtern zu schockieren oder zu verletzen, um gegen Konventionen zu revoltieren.

Ein anderes Bedürfnis der Menschen besteht darin, sich Gesetze und Konventionen zu schaffen, die die eigenen Aggressionen und diejenigen der anderen kontrollieren und die friedfertige Beziehungen zwischen den Menschen sichern. Diese Regeln engen uns ein, sie schützen uns, und sie geben uns Sicherheit.

Die meisten von uns sind in Familien aufgewachsen. Wir haben mehr oder weniger intensiv unsere Eltern geliebt und ihre Autorität geachtet, wir haben sie als Vorbild für unser Verhalten und unsere Ideale genommen. Und deshalb neigen wir dazu, auch ihren Traditionen und Werten zu folgen.

Bei all diesen Einflüssen – der Suche nach Schönheit, der Anerkennung von Regeln und der Achtung von Familientraditionen – handelt es sich um positive Kräfte, die in uns den Wunsch erwecken, uns richtig und mit Format zu verhalten. Haben wir aber das Gefühl, daß diese Einflüsse zu rigide oder künstlich sind, so verspüren wir den Drang, uns ihnen zu widersetzen. Doch am Ende wird sich das Bedürfnis nach Formen und Regeln wieder durchsetzen.

Ich meine deshalb, daß dem gegenwärtigen Trend zur Vulgarität in der Sprache ein Umschwung folgen wird – mag dies zwanzig Jahre oder einhundert Jahre dauern. Eltern, die auf eine einigermaßen anständige Sprache ihrer Kinder Wert legen, können meine Vorhersage als Unterstützung werten. Sollte ich mich darin irren, werden ihre Kinder früher oder später sowieso dem neuen Sprachstil zum Opfer fallen.

Mit etwa vier Jahren werden Kinder häufig großspurig, dann tauchen bei ihnen Wörter aus der Fäkalsprache auf. Sie haben einen einfachen Sinn für Humor entwickelt und es macht ihnen Spaß, mit diesen Wörtern zu spielen. Die Begriffe sind im wörtlichen Sinn schmutzig, denn sie stammen alle aus dem Themenkreis der Toilette.

Die schmutzigen Witze eines Vierjährigen sind weder besonders schmutzig noch besonders witzig. Ein gutes Beispiel ist die spaßig gemeinte Beleidigung: »Du bist eine große Kacke!« Die Kinder brechen in prustendes Lachen aus. Ein anderes Kind antwortet: »Du bist eine stinkende Kacke!« Noch mehr Ausgelassenheit. Und wie Erwachsene, die keine Geschichten erzählen können, versuchen sie nun noch mehr Gelächter aus dem gleichen Witz zu erzielen: »Du bist ein stinkender Pinkel!«, »Du bist ein stinkender Pankel!« (Ein scharfsinniger Beobachter hat einmal behauptet, daß der Furz der erste Witz gewesen sei. Vierjährige würden dem begeistert zustimmen.)

Sexualität spielt als Thema für Witze bei Vier- und Fünfjährigen noch keine Rolle, denn sie wurde bislang noch nicht so stark unterdrückt, wie z. B. das Herumspielen mit Kot. Sie ist immer noch eine Sache, mit der sich die Kinder offen aber ernsthaft beschäftigen, sie versuchen die Bedeutung der Unterschiede der Genitalien zu verstehen, sie wollen den andersgeschlechtlichen Elternteil heiraten, und sie wollen Babys haben. Mit sechs oder sieben Jahren und danach bewirken verschiedene Faktoren eine allmähliche Unterdrückung sexueller Interessen, darauf wird im Kapitel 10 näher eingegangen. Je stärker in der Phase zwischen sechs und 12 Jahren sexuelle Interessen verboten werden, desto größer wird der Drang, sexuelle Witze als Mittel zum Schockieren einzusetzen. Während dieser Phase wenden sich die Kinder auch von ihren Eltern als Modelle ab und versuchen, sich genauso wie ihre Altersgenossen zu verhalten – unappetitliche Tischmanieren, schlampiges Aussehen, falsches Deutsch und unanständige Sprache. Sie kennen vielleicht noch gar nicht den Sinn dieser Wörter, aber sie wissen, sie sind unanständig.

Das Bedürfnis, sich wie die Freunde zu geben und die Unabhängigkeit von den Eltern zu demonstrieren, verstärkt sich noch in der Jugendphase. (Dabei mögen die Eltern gar nicht so sehr festhalten, als daß das Kind Angst hat loszulassen.) Und tabuisierte Wörter zu verwenden erscheint dann als eine ruhmreiche Form des Widerstandes.

(Im Fall der schmutzigen Witze, die Erwachsene erzählen, rührt der Spaß daraus, daß man Wörter oder Themen aufgreift, die üblicherweise verboten sind. Ist die Grundidee humorvoll – und hat der Witz eine unerwartete Pointe –, dann wird die »Sünde« mit dem Humor verzuckert, und alle Zuhörer können lachen. Dadurch aber begehen sie die gleiche »Sünde« wie der Erzähler und verwirken ihr Recht, den Witz zu mißbilligen.)

Bei der Beantwortung der Frage, wie sich Eltern verhalten sollten, vertrete ich zwei Prinzipien. Zunächst meine ich, daß innerhalb gewisser Grenzen Eltern zu Hause von ihren Kindern das Verhalten erwarten dürfen, das sie für richtig halten – und die Sprache liegt innerhalb dieser Grenzen. Zweitens war ich immer davon überzeugt (obwohl manche Eltern skeptisch sein werden), daß Eltern das Verhalten bei ihren Kindern durchsetzen, das sie haben wollen – wenn sie es nur wirklich wollen. (Man kann viele Eltern beobachten, die über ihre Kinder jammern, die sie sogar aus Ärger schlagen, die aber keine ernsthaften Versuche unternehmen, deren Verhalten wirklich zu verändern.)

Wenn Sie ein Kind auffordern, einen anstößigen Ausdruck, den es zuvor verwendet hat, nicht zu wiederholen, Ihr Gesicht aber dabei Belustigung über diese frühreife »Leistung« ausstrahlt, so wird das Kind mehr auf Ihren Gesichtsausdruck als auf Ihre Worte achten. Tun Sie so, als ob Sie vor Entsetzen an die Decke gehen würden, geben Sie der Sache zusätzlich einen besonderen Reiz. Das Kind freut sich über die Entdeckkung, daß es einen Erwachsenen so stark ärgern kann. Ist Ihre Verärgerung echt, so finde ich es in Ordnung, wenn Sie dies zum Ausdruck bringen. Sie sollten aber nicht den Eindruck erwecken, als ob Sie dem Kind wegen der Verwendung solcher Ausdrücke im Grunde böse sind.

Kinder schnappen solche Wörter irgendwo auf, vielleicht sogar von ihren Eltern, und probieren durch ihre Verwendung erwachsene Verhaltensweisen aus. In diesem Falle reicht es aus, wenn Sie das Kind in einem vernünftigen, ehrlichen Ton bitten, solche Wörter nicht weiter zu verwenden. Machen Sie deutlich, daß Sie die Wörter stören und nicht der Charakter des Kindes.

Manche Eltern meinen, daß die Verwendung anstößiger Begriffe eine moralische und ethische Frage sei, die man einem Kind nicht angemessen erklären könne. Meines Erachtens reicht es durchaus, wenn Sie dem Kind sagen:»Die meisten Menschen hören solche Ausdrücke nicht gern. Ich auch nicht.«

Natürlich kann die Erklärung für ein Kind zu schwierig sein, beispielsweise bei Ausdrücken, die sich auf den Geschlechtsakt oder den Stuhlgang beziehen. Zwar möchten heutzutage nur wenige Eltern bei ihren Kindern den Eindruck erwecken, als gäbe es irgend etwas Schlechtes oder Abstoßendes am Geschlechtsakt oder an Stuhlgängen. Doch warum nehmen dann aber so viele Menschen an den entsprechenden direkten Ausdrücken für diese Aktivitäten Anstoß? Der Hauptgrund liegt meines Erachtens darin, daß vulgäre Ausdrücke traditionsgemäß in aggressiven Zusammenhängen eingesetzt werden, mit dem Ziel, eine andere Person herabzusetzen. Denn im entsprechenden Gespräch besteht normalerweise überhaupt kein Zusammenhang zur Geschlechts- oder Verdauungsfunktion. Und auch dann, wenn ein Geschlechtsakt tatsächlich gemeint ist, wie beispielsweise in einem schmutzigen Witz, so ist er typischerweise lieblos, ausbeuterisch und vielleicht sogar brutal.

Wenn ein älteres Kind Ihre Mißbilligung von ordinären Ausdrücken hinterfragt, sollten Sie ihm eine Erklärung geben, wie ich sie oben beschrieben habe. Bei jungen Kinder reichen allgemeine Hinweise wie »unhöflich«, »Leute hören sie nicht gerne« oder »Leute nehmen daran Anstoß«. Kinder werden dies richtig verstehen.

Sind Sie allerdings der Meinung, daß vulgäre Ausdrücke nicht schlecht sind, und verwenden Sie sie selber, wenn Sie verärgert oder verletzt sind, so sollten Sie auch bei Ihren Kindern keine Sache daraus machen. Der Charakter eines Kindes wird durch die Verwendung solcher Sprache nicht verderben. Der Charakter eines Kindes wird vom Charakter seiner Eltern geformt.

Eine weitere Verhaltensweise ist damit angesprochen: Eltern können locker reagieren. Sie können unverschämt lächeln, um zu zeigen, daß sie auch ihre schlechten Seiten kennen. Dabei können Sie sich darauf verlassen, daß die Kinder durch die fehlende Erschütterung der Eltern bald das Interesse an der wiederholten Verwendung von ordinären Ausdrükken verlieren. Das einzige Problem ist, daß das Kind solche Wörter auch anderswo, bei Freunden verwenden wird, was ihm einen schlechten Ruf einbringen kann. Manche Eltern aus der Nachbarschaft könnten ihren Kindern sogar den Umgang mit dem kleinen Flucher verbieten. Dieses Risiko würde ich nicht eingehen.

Stehlen, Lügen und Schummeln

Richtiges Stehlen kommt bei Kindern nur selten vor. Sie streiten sich aber ständig über ihr Eigentum und das Teilen. In manchen einfachen Gesellschaften befindet sich das meiste Eigentum im allgemeinen Besitz der Großfamilie oder im Besitz der Gemeinschaft; Stehlen ist dort nur selten das Problem eines einzelnen Menschen. Macht eine benachbarte Stammesgruppe aber einen Überfall, um Rinder oder anderes Eigentum zu stehlen, ist dies ein gemeinsames Problem. Es bestehen die gleichen Impulse wie bei uns, sie werden aber durch die Gruppe geäußert.

Wir leben in einer Gesellschaft, in der die individuellen Eigentumsrechte sehr ernst genommen werden. Wir arbeiten nicht, um, wie in manchen Gesellschaften, der Gemeinschaft zu dienen, sondern um für uns und unsere Kleinfamilie Geld zu verdienen. Und selbst innerhalb der Familie werden fast alle Haushaltsgegenstände, bis auf die Einrichtung vielleicht, als das Eigentum eines bestimmten Familienmitgliedes betrachtet.

Sobald sich ein Kleinkind des Eigentums an Gegenständen bewußt wird – irgendwann zwischen dem ersten und dritten Lebensjahr –, lernt es, daß es mit zerbrechlichen Gegenständen nicht spielen darf, weil sie seinen Eltern gehören. Nimmt es ein Spielzeug auf, das seiner älteren Schwester gehört, so reißt sie es ihm aus der Hand und schimpft: »Das gehört aber mir!«

Das Kind eignet sich das Konzept des individuellen Eigentums nicht nur deshalb an, weil ihm häufig genug seine Bedeutung eingebläut wird, sondern auch, weil es zu seinem wachsenden Selbstbewußtsein und dessen Behauptung paßt. Bald nach seinem zweiten Geburtstag wird einem Kind klar, daß sein Körper ihm gehört. Es freut sich über Spiele, in dem es auf seine Nase, seine Augen, seine Ohren, seine Zehen zeigt, wenn die Mutter diese Körperteile benennt. Es möchte seinen eigenen Löffel halten. Gelegentlich widersetzt es sich sogar der Sauberkeitserziehung, weil sein Stuhlgang ja ihm gehört. Auch dann, wenn es noch keine Sätze bilden kann, sagt es sehr entschlossen »Mein«, wenn ein anderes Kind versucht, sein Spielzeug in die Hand zu nehmen.

Das Bewußtsein der Rechte am Eigentum entwickelt sich schneller als die Anerkennung der entsprechenden Rechte der anderen; ein Ein- bis Zweijähriger kann nicht widerstehen, die interessanten Spielsachen eines anderen Kindes anzufassen, er versucht womöglich, sie auch mit nach Hause zu nehmen, obwohl er dem anderen Kind nicht erlauben würde, etwas von ihm mitzunehmen.

Viele gewissenhafte Eltern versuchen angestrengt, ihren Kindern zwischen dem ersten und dritten Lebensjahr das Teilen beizubringen. Ich würde abwarten, bis das Teilen leichter und natürlicher vor sich geht. Das heißt nicht, daß Sie es Ihrem Zwei- bis Dreijährigen nicht gelegentlich vorschlagen können, und es weiterhin fördern, falls das Kind positiv darauf reagiert. Aber bis zum dritten Lebensjahr haben die meisten Kinder ein zu starkes Bedürfnis, ihr Eigentum festzuhalten, und zu wenig Freude am Teilen, um auch nur für wenige Momente nachgeben zu können. Ich habe den Eindruck, daß das Kind eher selbstsüchtig wird, wenn Eltern allzu stark auf dem Teilen bestehen. Es meint, daß nicht nur andere Kinder, sondern zusätzlich auch noch seine eigenen Eltern ihm seine Sachen wegnehmen wollen.

Versucht ein Ein- oder Zweijähriger beispielsweise auf dem Spielplatz das Spielzeug eines anderen Kindes an sich und mit nach Hause zu nehmen, so ist das offensichtlich kein Stehlen. Eltern sollten ihrem Kleinkind in einer solchen Situation auch nicht die geringste Spur eines schlechten Gewissens einreden und die Heiligkeit des Privateigentums nicht überbetonen. Sie können ihm einfach sagen: »Andreas möchte das Lastauto mit Sand beladen, also lassen wir es hier!«

Möchte ein Kleinkind mit dem Spielzeug eines anderen spielen, und will dieses andere Kind das nicht zulassen, dann sollten meines Erachtens beide den Konflikt eine Weile allein austragen. Kinder müssen lernen, ihre Rechte selbst zu verteidigen. Normalerweise empfindet der Besitzer des umstrittenen Gegenstands stärkere Ansprüche, was ihm in der Auseinandersetzung Vorteile verschafft. Wird dieser Besitzer aber wiederholt schikaniert oder körperlich angegriffen, werden die Eltern vielleicht eingreifen müssen. Sie können sich zwischen die kämpfenden Kinder stellen und das umstrittene Spielzeug wegnehmen. Das ganze ist aber kein Anlaß für Anschuldigungen oder Moralpredigten.

Um den dritten Geburtstag beginnen die meisten Kinder, Zuneigung zu anderen Kindern zu empfinden. Sie lernen auch, die Freuden und Vorteile des gemeinsamen Spiels zu genießen. Diese Gefühle sind meist so stark, daß die Kinder zum ersten Mal bereit sind, ihr Eigentum mit anderen Kindern zu teilen. Die Unterstützung der Eltern wird hierbei viel bewirken: »Zunächst setzt sich Tobias in den Wagen und Sabine zieht ihn. Dann darf Sabine fahren und Tobias ziehen.« »Mathias wirft den Ball zuerst zu Daniela, dann wirft sie ihn zurück.« Oder: »Maria setzt sich auf das Dreirad und Katharina steht hinten drauf. Dann tauscht ihr.«

Dreijährige Kinder finden solches Teilen neu und aufregend; die wachsende soziale Kontaktbereitschaft des Kindes läßt es die Vorteile genießen. Mit etwas Unterstützung von den Eltern muß das Kind gar nicht das Gefühl bekommen, daß ihm sein Eigentum durch das Teilen entzogen wird: Das Teilen eröffnet eine neue und reifere Möglichkeit, die eigenen Spielsachen zu genießen.

Sechs- bis Zwölfjährige empfinden Besitzansprüche wieder stärker. Sie wollen ein eigenes Zimmer haben. Sie haben – jedenfalls manchmal – den Drang, ihre Sachen zu ordnen und zu schützen. Viele von ihnen sammeln etwas – Briefmarken, Steine, Autokarten. Sie denken sich Möglichkeiten aus, wie sie Geld verdienen können.

Nach meiner Erfahrung wird das Stehlen erst ab sieben Jahren zu einem relativ häufig auftretenden Problem. Da nimmt ein Kind Sammelbilder aus dem Schulranzen eines Klassenkameraden. Oder es nimmt und versteckt einen Schmuckgegenstand aus dem Klassenraum. Oder es nimmt Geld aus dem Portemonnaie seiner Mutter, ohne etwas zu sagen. Oder es läßt eine Tafel Schokolade oder eine Kaugummipackung aus dem Laden an der Ecke mitgehen.

Diese Art des Stehlens wird meist heimlich und von einem einzelnen Kind praktiziert, das in einer relativ strengen Familie aufgewachsen ist, in der das Stehlen überhaupt nicht akzeptabel ist. (Es unterscheidet sich also völlig vom Stehlen einer Jugendbande, deren Eltern keine großen

Einwände dagegen erheben.) Ein Psychologe, der mit einem solchen Kind arbeitet, wird eine Vielzahl von Faktoren feststellen, die sein Stehlen erklären – beispielsweise Gefühle der Deprivation, der Eifersucht gegenüber Geschwistern oder andere Ängste und Sorgen. Als ich noch eine Teilzeitbeschäftigung als Schularzt hatte und von Lehrern zu allen möglichen Problemen um Rat gefragt wurde, fielen mir einige Faktoren auf, die häufig eine Rolle spielten. Die meisten Kinder waren etwa sieben Jahre alt. Keines von ihnen wurde vom Lehrer als sehr beliebt bezeichnet.

Die Zeit zwischen dem sechsten und siebten Lebensjahr ist eine Phase, in der das Kind sich aus vielschichtigen und unbewußten Gründen von der sehr engen frühkindlichen Beziehung zu den Eltern – Bewunderung und Nachahmung des gleichgeschlechtlichen Elternteils und romantische Liebe zum andern, starke Abhängigkeit von beiden – loslöst. Es sucht sich nun eine reifere, unabhängigere Position. Gleichaltrige treten als Vorbilder an die Stelle der Eltern. Es sucht Freundschaften zu anderen gleichaltrigen Kindern seines eigenen Geschlechts. Die Leichtigkeit, Freundschaften zu schließen, ist ein Faktor, der den Übergang vom Kind zum selbständigen jungen Menschen erleichtert. Die neuen engen Verbindungen zu Freunden helfen, den Verlust der engen Beziehung zu den Eltern zu kompensieren.

Ich denke, daß ein Sechs-, Sieben- oder Achtjähriger, der nur schwer Freundschaft schließt, unbewußt im Niemandsland gefangen bleibt. Er hat sich schon zu einem gewissen Grad von den Eltern gelöst, aber warme Beziehungen zu anderen noch nicht aufgebaut. Das Defizit an Liebe macht ihn um so gieriger nach materiellem Eigentum.

Die Gegenstände, die Kinder in diesem Alter stehlen, bestätigen diese Theorie. Der Lehrer hat vielleicht erzählt, daß ihm bzw. der Klasse der vermißte Schmuckgegenstand viel bedeutet. Sammelbilder sind ein Mittel, um Klassenkameraden näher kennenzulernen und ein Grund für Bewunderung und Neid. Ein Kind, das Geld stiehlt, benutzt es manchmal, um damit gekaufte Süßigkeiten unter anderen Kindern, bei denen es beliebt sein möchte, aufzuteilen. Oder es verteilt einfach das Geld.

Nach meiner Erfahrung steigt die Häufigkeit des Stehlens um das 13. Lebensjahr zu einem weiteren Höhepunkt an. In dieser Zeit machen die Kinder weitere Veränderungen durch – körperliche, emotionale und freundschaftliche –, die ihnen Sorgen machen. Einige Diebstähle, die in diesem Alter begangen werden, sind noch auf das Motiv Einsamkeit zurückzuführen; in anderen Fällen versucht das Kind, seine neue Clique zu beeindrucken oder mit der Gruppe einfach mitzuhalten. Mädchen lassen entweder einzeln oder in Gruppen Kosmetika aus Läden mitgehen. Ein Junge unternimmt einen gezielten Ladendiebstahl oder mit einer Gruppe einen leichten Einbruch.

Kommt es heraus, daß ein Kind etwas gestohlen hat, so ist es weder notwendig noch klug, daß es die Eltern streng verurteilen oder sich so verhalten, als könnten sie es nie wieder lieb haben. Es empfiehlt sich auch nicht, drohend zu fragen: »Thomas, hast du das gestohlen?« Damit wird das Kind nur zu unglaubwürdigen Lügen gezwungen, die nirgendwo hinführen. Ein erster Schritt der Eltern, der dem Kind deutlich zeigt, daß sie Diebstähle nicht durchgehen lassen, wären Überlegungen für die schnelle Rückgabe des Diebesgutes. Das Kind sollte – wenn möglich sofort oder am nächsten Tag – entweder allein oder mit seinen Eltern zu dem Kind, zum Lehrer oder zum Laden, von dem es gestohlen hat, zurückgehen. Wenn Eltern für das Kind sprechen müssen, weil es ihm selbst zu peinlich ist, so sollten sie nur sagen, daß es dem Kind leid tut und daß es nicht wieder vorkommen wird.

Wenn Eltern die Vorfälle und deren Ursachen mit dem Kind besprechen, sollten sie sich an folgendes erinnern: Sie wissen, daß das Kind kein schlechter Mensch ist. Sie wissen auch, daß es beim Stehlen keine bösen Absichten verfolgt hat. Jeder von uns möchte manchmal etwas haben, was jemand anderem gehört; wir können es aber nicht nehmen, weil das nicht fair wäre. **Wenn jemand etwas nimmt, was ihm nicht gehört, liegt dies meist daran, daß er unglücklich ist – obwohl er die Gründe hierfür vielleicht selbst nicht kennt. Wenn er aber weiß, warum er unglücklich ist, so sollten seine Eltern es erfahren und versuchen, ihm zu helfen.**

Die Eltern sollten sich aber auch nicht täuschen lassen, wenn das Kind erklärt – wobei ihm sein schlechtes Gewissen im Gesicht abzulesen ist –, daß es die Sammelbilder, das neue Taschenmesser oder das Geld gefunden habe.

Kinder, die am Anfang ihrer Schullaufbahn einmal gestohlen haben, werden meist durch die Aufdeckung, Rückerstattung und Erkenntnis, daß ihre Eltern so etwas nicht durchgehen lassen, zur Einsicht gebracht. Die meisten von ihnen werden solche Diebstähle niemals wiederholen.

Diejenigen aber, die mit ihren Diebstählen unbeirrt fortfahren, stellen ein ernsteres Problem dar. Wahrscheinlich sind ihre sozialen Beziehungen zu anderen Kindern oder die grundlegenderen Beziehungen zu ihren Eltern gestört. In diesem Fall wäre der frühzeitige Besuch einer Fami-

lienberatungsstelle empfehlenswert, um wachsende Besorgnis und Mißbilligung seitens der Eltern und fortschreitende emotionale Verhärtung
des Kindes zu verhindern.

Behauptet ein dreijähriges Mädchen, daß sich in seinem Zimmer eine
Schlange versteckt habe, so lügt es nicht, es stellt sich die Sache in seiner
Phantasie vor. Wenn ein siebenjähriges Mädchen aber darauf besteht,
daß sie vor dem Abendessen kein Eis gegessen habe, eine leere Eispak-
kung aber vor dem Haus liegt und auf ihrer Bluse Schokoladenflecke
sind, so lügt es; denn es versucht, etwas vorzutäuschen, und es ist alt
genug, dies zu erkennen.

Kinder, die liebe- und verantwortungsvoll erzogen wurden, lügen
häufig, wenn sie etwas getan haben, von dem sie befürchten, daß es die
elterliche Mißbilligung oder Bestrafung auslösen wird. In den meisten
Fällen haben diese Kinder jedoch nichts Aufregenderes getan als viele
andere Kinder. Es stellt sich also die Frage, warum entwickeln sie solche
Schuldgefühle? Die Antwort mag in dem Ausmaß der Verständigung
zwischen Eltern und dem Kind liegen.

In vielen Fällen legen die Eltern von Kindern, die häufig lügen, ungewöhnlich hohe Maßstäbe an das Verhalten oder an die schulischen
Leistungen ihrer Kinder. Hohe Maßstäbe allein sind nicht schädlich.
Stehen die Eltern ihren Kindern wirklich nahe, können sie erfolgreich
und einfach vermittelt werden. Schwierigkeiten tauchen erst auf, wenn
die Maßstäbe hoch und die Eltern fern und furchtgebietend erscheinen.

Eltern sollten sich keine Sorgen machen, wenn das Kind zum ersten
Mal lügt, um seine Haut zu retten. Sie müssen nur freundlich aber
bestimmt sagen: »Ich möchte, daß du mir die Wahrheit sagst, und ich
werde dir immer die Wahrheit erzählen. So können wir uns immer
glauben.« Wenn das Kind aber weiterhin lügt, so müssen sich die Eltern
fragen, warum ihr Kind das Gefühl hat, sich so verhalten zu müssen.
**Kinder sind nicht von Natur aus Lügner. Wenn sie häufig lügen, liegt
dies daran, daß sie unter irgendwelchem Druck stehen.** Wenn ein
Kind lügt, um seine schlechten Schulleistungen zu verheimlichen, so tut
es dies nicht, weil es sich darüber keine Sorgen macht. Seine Lügen
zeigen, daß es sich doch Sorgen macht. Die Eltern müssen also weiter
nachforschen. Ist für das Kind das schulische Niveau zu hoch? Haben
die Eltern zu hohe Maßstäbe, so hoch, daß das Kind sie nicht erreichen
kann und dies zugleich nicht zugeben kann? Die Lehrer des Kindes oder
schulische Berater können die Eltern hier vielleicht auf die Spur des
echten Problems bringen.

Indessen sollten die Eltern das Kind nicht glauben lassen, sie ließen sich von ihm hinters Licht führen. Es ist aber auch nicht klug, es in Wut zur Rede zu stellen. Um eine Atmosphäre gegenseitigen Verständnisses zu erzeugen, könnte eine Mutter in aller Ruhe ein Gespräch so beginnen: »Du mußt mich nicht anlügen. Sag mir bitte, wo das Problem liegt. Ich bin sicher, daß ich dir dabei helfen kann.« Das Kind bedarf vielleicht der Hilfe der Erwachsenen, um erkennen zu können, wo das Problem liegt. Aber selbst wenn es dies kennt, wird es mit seinen Eltern vielleicht nicht gleich darüber sprechen wollen. Zeigen sie dann Verständnis und Mitgefühl, so werden sie sein Vertrauen wahrscheinlich gewinnen. Sollte sich das chronische Lügen jedoch fortsetzen, so sollten Sie einen Fachmann um Rat bitten.

Egal, wie unwichtig das Spiel ist, Kinder hassen es zu verlieren. Deswegen mogeln sie manchmal beim »Mensch-ärgere-dich-nicht« oder »Dame«. Und die Eltern entdecken manchmal erstaunt, daß das Kind sich durch ihr Beispiel zum Mogeln ermuntert fühlt.

Menschen besitzen von Natur aus einen Drang zum Wettbewerb. Ich bin aber davon überzeugt, daß das dadurch ausgelöste Konkurrenzdenken in den USA in einem schädlichen Maß gefördert wird. Legen Eltern sehr viel Wert auf den Sport ihrer Kinder, und regen sie sich ernstlich auf, wenn die Mannschaft ihres Sohns verliert, so wird das Kind daraus schließen, daß es besser ist zu mogeln als zu verlieren. Und wenn Eltern die Schulnoten überbetonen und ständig die Schulleistungen ihres Kindes mit denen anderer Kinder vergleichen, werden sie vielleicht bald entdecken, daß ihr Kind von anderen abschreibt oder sogar ihre Unterschriften auf dem Zeugnis fälscht.

Wenn das Kind beim Spiel mogelt, so reicht es normalerweise aus, wenn die Eltern darauf hinweisen, daß sein Verhalten unfair war. Mogelt es dann erneut, so können die Eltern es ihm noch einmal erklären. Danach, selbst wenn es sehr ehrgeizig ist, wird das Kind lernen, daß es beim Mogeln meist ertappt wird. Dies allein reicht schon als Abschreckung. Bis zum sechsten Lebensjahr ist das Mogeln kaum von Bedeutung.

In der Schule ist das Mogeln ein weitaus komplizierteres Problem. Ein Kind, das bei seiner Schularbeit Hilfe braucht, sollte diese Hilfe bekommen, entweder vom Lehrer, von den Eltern (wenn sie genügend Geduld haben) oder von einer Nachhilfekraft. Es sollte jedenfalls nicht allein weiterwursteln und dann das Gefühl haben, durch Mogeln seine Unzulänglichkeiten verdecken zu müssen.

Wenn ein Kind stiehlt, lügt oder mogelt, sind die Eltern in jedem Fall gut beraten, dem Kind nicht nur eindeutigen Rat zu geben, sondern auch zu versuchen, die Ursachen für solches Verhalten herauszufinden und zu bekämpfen.

Quengeln

Kinder quengeln aus den verschiedensten Gründen. Krankheiten können Quengeln verursachen. Intensive Traurigkeit kann ebenfalls dazu führen, beispielsweise bei vielen Kinder im ersten Jahr nach der Scheidung ihrer Eltern. In diesem Kapitel möchte ich nur das gewohnheitsmäßige Quengeln des körperlich gesunden Kindes ansprechen.

Diese Art des Quengelns stellt in gewissem Sinne keine ernstliche Störung dar und führt zu keinen schlimmeren Schwierigkeiten. Sie geht aber den anderen Familienmitgliedern und Freunden auf die Nerven. (Mich zum Beispiel stört solches Quengeln sehr.)

Quengeln begegnet man am häufigsten in den Vorschuljahren und während der ersten Schuljahre. Die Strophen zur Melodie sind unterschiedlich: »Mir ist so langweilig!«, meckert das Kind ständig während eines Regentages. Oder: »Warum kann ich nicht fernsehen?«, wenn die Eltern schon mehrmals nein gesagt haben. »Warum kriegen wir keine Süßigkeiten mehr?« »Warum kann Andi nicht zum Spielen herkommen?« »Warum liest Du mir nicht noch eine Geschichte vor?«

Ich meine hier nicht einmalige Fragen, sondern die ständigen Wiederholungen der gleichen Bitte in einer weinerlichen Stimme, wobei die Eltern die Bitte jedesmal abgelehnt haben. Die meisten Bitten sind ganz natürlich in dem Sinne, daß sie Sachen oder Aktivitäten betreffen, die Kinder gern mögen. Das Besondere an quengeligen Kindern ist, daß sie ein Nein als Antwort nicht akzeptieren können und daß sie das gewünschte Privileg oder Ding so dringend zu benötigen scheinen.

Mir sind beim Quengeln zwei Dinge aufgefallen. Viele dieser Kinder quengeln nur bei der Mutter oder nur beim Vater, nicht aber bei beiden Eltern. (Es gibt natürlich Ausnahmen.) Das Quengeln bringt also nicht nur eine Gewohnheit oder Stimmung eines Kindes zum Ausdruck, sondern auch eine Einstellung gegenüber der Mutter oder dem Vater bzw. eine leicht gestörte Beziehung zu diesem Elternteil.

Oft dulden Eltern von zwei oder mehr Kindern das Quengeln nur bei einem Kind. Ich kann mich an einen ganztägigen Segelausflug mit einer Familie erinnern. Die Mutter duldete bei dreien ihrer vier Kinder keinen Unsinn – diese Kinder waren höflich, hilfsbereit, unabhängig und vergnügt. Das andere Kind, ein fünfjähriges Mädchen, ärgerte seine Mutter den ganzen Tag. Es beklagte sich über Langeweile, Hunger, Durst und Kälte, obwohl es seine Bedürfnisse in jeder Hinsicht selbst hätte befriedigen können. Zunächst hatte die Mutter die Wünsche des Mädchens eine Weile nicht beachtet. Dann schlug sie ihm vor, daß es das selbst holen sollte, was es wollte. Dies trug sie aber mit einer unsicheren Stimme vor, als hätte sie ein schlechtes Gewissen, nicht für das Kind zu springen. Sie hat sich den ganzen Tag nicht durchgesetzt, nicht einmal nach einer ganzen Stunde Quengeln, nach der ich mich schon danach sehnte, das Kind endlich unter Deck zu verbannen.

Warum dulden Eltern bei einem Kind quengeliges und meckerndes Verhalten, aber bei einem andern nicht? In vielen Fällen scheinen sie sich schuldig zu fühlen und ordnen sich den Wünschen des Kindes unter. Wenigstens im Unterbewußtsein glauben sie, daß das Kind ein Recht auf seine ständigen übertriebenen Forderungen habe – weil sie selbst zu knauserig seien, wenn sie dem Kind nicht das Gewünschte geben, oder weil sie ihr Kind nicht genug lieben könnten oder weil das Kind vielleicht einen moralischen Anspruch darauf haben könnte. Zugleich ist klar, daß solche Eltern nicht freiwillig nachgeben, so als ob sie darauf erpicht wären, dem Kind eine Freude zu machen. Sie geben widerwillig nach, weil sie das Gefühl haben, daß ihnen nichts anderes übrigbleibt.

Für Eltern gibt es eine Vielzahl von Gründen, sich unbewußt schuldig gegenüber dem Kind zu fühlen. Vielleicht waren sie noch gar nicht bereit für eine Schwangerschaft, vielleicht haben sie das ungeborene Kind abgelehnt. Oder vielleicht erinnert sie das Kind an Bruder oder Schwester, die ihnen während der eigenen Kindheit das Leben schwer gemacht und die Feindschaft und Schuldgefühle hervorgerufen haben – Gefühle, die heute ihr Verhalten als Eltern bestimmen. Es ist auch möglich, daß sie sich bei einem quengeligen und anspruchsvollen Baby von Anfang an falsch verhalten haben.

Äußerst gewissenhafte Eltern, die von ihren eigenen Eltern häufig kritisiert wurden und sich deshalb schnell als ungeeignet betrachten, haben häufig deshalb zunächst leichte Schuldgefühle, weil sie zu wenig über die Kindererziehung zu wissen glauben und weil sie befürchten, sie könnten das Falsche machen.

Häufig spielen also Unterwürfigkeit oder Schuldgefühle eine Rolle, wenn Eltern den übertriebenen Wünschen ihrer Kinder zunächst nachgeben. Werden solche Wünsche dann immer häufiger und nachdrücklicher vorgetragen, so sind die Eltern immer stärker geneigt, ihnen nicht mehr nachzugeben oder zumindest zu zögern oder dagegen zu argumentieren. Sprächen sie umgehend, fest und sachlich nüchtern eine Ablehnung aus, würden sie die Diskussion sofort beenden; denn Kinder wissen sehr genau, wann ihre Eltern ein »Nein« auch wirklich meinen. Doch meist können die Eltern von quengeligen Kindern nicht eindeutig und klar sein. Sie tun so, als ob sie den Wunsch überhört hätten, oder die Verärgerung in ihrer Stimme macht ihr Gefühl deutlich, daß sie wieder einmal verloren haben. **Kinder sind Experten, wenn es gilt, Zeichen der Unsicherheit zu entdecken – und diese auszunutzen.**

Nach einiger Zeit wird deutlich, daß sich ein Machtkampf entwickelt hat, in dem das Kind sein Quengeln einsetzt, um die Eltern zur Erfüllung der Wünsche zu bewegen, und in dem die Eltern zu widerstehen versuchen, ohne ein allzu schlechtes Gewissen zu bekommen. Das Ganze ist dann häufig nur noch eine Auseinandersetzung um das Prinzip. Das wird daran deutlich, daß es dem Kind leicht möglich wäre, das Gewünschte zu bekommen, wenn es sich dies selbst holen würde, oder daß es um etwas kämpft, was es eigentlich gar nicht haben will.

Es möchte einfach erreichen, daß die Eltern – obwohl sie nicht wollen – eine Geschichte zum dritten Mal vorlesen, etwas Bestimmtes besorgen, kochen, finden oder kaufen. Die Eltern könnten diese Bitten oft sehr leicht erfüllen, merken aber, daß das Kind ein Spiel treibt. Und sie weigern sich nachzugeben. Dies tun sie aber nicht bestimmt genug, um den Konflikt zu beenden.

Neben dem Wunsch nach einem Gegenstand oder einem Privileg gibt es zwei andere Gründe, warum Kinder Macht oder Kontrolle über ihre Eltern auszuüben versuchen. Der erste Grund ist, daß die meisten Eltern regelmäßig die eine oder andere Form von Macht über ihre Kinder ausüben und daß sich die Kinder natürlich danach sehnen, einmal die Rollen zu tauschen. Zweitens zeigen die Eltern, die nicht entschlossen auftreten und das Quengeln und Betteln ihrer Kinder ertragen, Gereiztheit und Verärgerung gegenüber ihren Kindern, was entsprechende Gefühle bei den Kindern auslöst.

Was können Sie unternehmen, wenn Ihr Kind ständig quengelt? Es gibt praktische Schritte, die Sie unternehmen können. Sie müssen überlegen, ob das Quengeln auf ihre eigenen Einstellungen zurückzuführen ist. Vielleicht machen Sie eine ausweichende, zögernde, sich unterordnende oder schuldbewußte Figur, was sich unausweichlich mit der Gereiztheit des Opfers mischt.

Diese Einsicht ist am schwierigsten, denn meist ist den Eltern ihre Unterordnung überhaupt nicht bewußt. (Viel eher ist ihnen ihre Ungeduld klar.) Falls Sie in Ihrem Verhalten keine solche Unterordnung beobachten können, wäre es ratsam, die Hilfe einer Familienberatungsstelle in Anspruch zu nehmen. Dort wird Ihnen geholfen, die Ursachen des ständigen Quengelns zu analysieren.

Obwohl ich weiter oben meine eigene Gereiztheit gegenüber quengelnden Kindern halb scherzhaft zugegeben habe (teilweise um meine Solidarität mit anderen Eltern auszudrücken), meine ich keinesfalls, daß eine griesgrämige oder verärgerte Einstellung richtig ist. Denn hierdurch geben Sie dem Kind nur zu erkennen, daß Sie schon häufig frustriert wurden und erwarten, daß sich das in der Zukunft nicht ändern wird.

Eltern, die im Umgang mit ihren Kindern selbstsicher und erfolgreich sind, können meist freundlich auftreten: freundlich und zugleich eindeutig und entschlossen. Durch Freundlichkeit wird das Kind zur Hilfsbereitschaft angehalten, und die Entschlossenheit der Eltern erzeugt die Haltung, die zu kooperativen Handlungen notwendig ist.

Einige Beispiele sollen das erläutern: Wenn Ihr Kind Sie bittet, nur noch eine Geschichte vorzulesen oder zu erzählen, Sie aber schon müde oder gelangweilt sind, so können Sie freundlich aber bestimmt antworten:»Ich bin jetzt müde und möchte mein eigenes Buch lesen. Schau dir noch selbst einige Bilderbücher an.« Sie kontrollieren die Situation: Wenn Sie Ihre Position sicher behaupten, wird das Kind die Sinnlosigkeit des Bettelns bald erkennen.

Wenn Ihr Kind sich beklagt, daß ihm so furchtbar langweilig sei, ist es klüger, sich nicht zu einer Auflistung von möglichen Aktivitäten drängen zu lassen, die ein Kind in dieser Stimmung sämtlich abschlagen wird. Es empfiehlt sich auch nicht, in einem entrüsteten Wortschwall über verwöhnte Kinder zu explodieren (mein eigener Impuls als Vater und Großvater), der nur ein Geständnis Ihrer Frustration ist. Ohne sich in sinnlose Diskussionen zu verstricken, können Sie die Verantwortung an das Kind zurückgeben:»Nun, ich habe genug Arbeit zu erledigen und wenn ich danach Zeit habe, dann weiß ich schon, was ich machen möchte.« Mit anderen Worten:»Richte dich nach meinem Beispiel; beschäftige dich selbst. Erwarte nicht, daß ich dich unterhalte oder mich mit dir streite.«

Würde ich regelmäßig von einem quengelnden Kind geplagt werden, so würde ich so viele Regeln wie notwendig aufstellen, um die übliche Bitten abzudecken, und sie dann mit großer Beharrlichkeit einhalten. Die Schlafenszeit bleibt gleich, egal wie beharrlich das Kind bettelt. (Und Sie sollten dies streng einhalten, bis es das Kind akzeptiert.) Es dürfen nur bestimmte Fernsehprogramme angeschaut werden. Freunde dürfen nur nach bestimmten Regeln zum Essen oder zum Übernachten eingeladen werden. Während des normalen Einkaufs werden keine besondere Lebensmittel, Getränke oder Spielsachen für das Kind gekauft.

Zuletzt möchte ich sicherstellen, daß ich nicht mißverstanden werde. Ich meine nicht, daß man Babys nicht hochnehmen oder Kindern nicht vorlesen sollte. Meine Äußerungen hier betreffen lediglich das besondere Problem der ständig quengelnden Kinder, die sich und ihr Eltern unglücklich machen. Es handelt sich um Verhaltensmuster von übertriebenen Ansprüchen und Machtkämpfen. Diese Muster verfestigen sich erst nach Wochen und Monaten. Und es dauert lange, bis sie überwunden werden.

Babys müssen hochgenommen und getragen werden, wenn sie müde oder krank sind oder sich nach Nähe und Liebe sehnen. Sorgfältige Beobachtungen haben sogar ergeben, daß Babys nicht nur Aufmerksamkeit brauchen, sondern auch die Sicherheit, ihre Eltern zum aufmerksamen Verhalten zwingen zu können. Reagieren Eltern aufgrund von Depressionen oder Lieblosigkeit unaufmerksam, dann neigen auch ihre Babys zu Depressionen.

Auch nach dem Säuglingsalter brauchen Kinder Aufmerksamkeit und die Zuversicht, daß sie Aufmerksamkeit erzwingen können. Sie wollen umarmt werden, sie wollen Geschichten vorgelesen bekommen. Sie brauchen Bekleidung und Spielsachen (die den Einkommensverhältnissen der Familie entsprechen). Es ist nur recht, wenn sie gelegentlich um ihr Lieblingsessen bitten oder einen besonders aufregenden Ausflug machen wollen.

Seien Sie also großzügig, wenn Ihre Kinder um etwas bitten – solange Sie glauben, daß sie ein Recht darauf haben und solange Sie es wirklich geben wollen. Lernen Sie aber, sich selbst vor unmäßigen und trotzigen Forderungen zu schützen!

Angst vor dem Kindergarten

Der Eintritt in einen Kindergarten kann bei Kindern zu Spannungen führen. Bei Kindern, die mit drei oder vier Jahren einen Kindergarten besuchen, rührt die Anspannung von der Angst, von den Eltern getrennt zu werden. Diese Angst ist im zweiten Lebensjahr besonders deutlich ausgeprägt. Sie ist dann Ursache für viele Einschlafprobleme. Später läßt sie langsam nach. Und nur noch bei einem kleinen Prozentsatz der drei- und vierjährigen Kinder führt sie noch zu ernstlichen Problemen im Kindergarten. Solche Ängste können – allerdings in noch geringeren Fällen – auch zu Problemen bei der Einschulung führen.

Kinder mit solchen Ängsten haben meist noch genug Mut, um zusammen mit ihren Eltern das Haus zu verlassen und in den Kindergarten zu gehen. Sobald sie aber den Kindergarten erreicht haben, bleiben sie wegen der unbekannten Situation, der Kindergärtnerinnen und der fremden Kinder bei ihren Eltern. Und ganz egal, ob sie sich auf ein Spiel mit anderen Kindern einlassen oder nicht, sie klammern sich an die Eltern, sobald diese sich verabschieden wollen. Wollen sich die Eltern dann mit sanfter Gewalt lösen, können diese Kinder manchmal eine regelrechte Szene machen.

Zusammen mit der Trennungsangst kann sich recht schnell ein weiterer Mechanismus entwickeln – die Trennungsangst wird als Mittel eingesetzt, um das Verhalten der Eltern zu kontrollieren. Kinder werden ja mehr oder weniger ständig von ihren Eltern kontrolliert, und dies stärkt bei ihnen den Wunsch, ihrerseits die Eltern kontrollieren zu können. Man kann dies an der herrischen Art beobachten, in der sie mit ihren Puppen sprechen.

Wenn Kinder Angst vor der Trennung haben und wahrnehmen können, daß ihre Eltern ihr Mitgefühl intensiv zeigen, dann versuchen sie über dieses Mitgefühl die Eltern daran zu hindern, sie zu verlassen. Im Laufe der Zeit kann ein Außenstehender beobachten, daß die Trennungsangst inzwischen gar nicht mehr eine so große Rolle spielt, statt dessen ist der Drang, die Eltern zu kontrollieren, äußerst stark geworden. Die Eltern können angesichts ihres Mitgefühls wegen der Trennungsangst dieses Kontrollverhalten des Kindes kaum wahrnehmen.

Eltern können vor dem Eintritt in den Kindergarten bzw. vor der Einschulung mit der Kindergärtnerin oder dem Lehrer über die Trennungsangst sprechen. Beide werden diesbezüglich einige Erfahrungen haben. Noch wichtiger ist es, mit ihnen zusammenzuarbeiten, wenn die

Probleme aufgetaucht sind. Die Kindergärtnerin oder der Lehrer können den Eltern dann sagen, ob der Impuls, das Verhalten der Eltern zu steuern, zum eigentlichen Faktor geworden ist.

Manche Kindergärten und Schulen empfehlen, daß Kinder mit ihren Eltern einigemal zusammen die Klasse besuchen, um Trennungsängste zu verringern. Einige Schulen laden auch die Kinder mit ihren Eltern (oder in Deutschland häufig mit den Kindergartenklassen; Anm. d. Ü.) in den Unterricht ein, noch bevor die Kinder eingeschult werden. Die Kinder bekommen dadurch ein besseres Bild und Sicherheit über das, was in der Schule passiert.

Beginnt ein Kind zu klammern und zu weinen, wenn die Mutter den Kindergarten verlassen will, dann sollte sie sich nach der Kindergärtnerin richten. Sie könnte ihr deutlich machen, daß es sinnvoll ist, noch einige Zeit zu bleiben, bis das Kind so in sein Spiel vertieft ist, daß es dies nicht verlassen will, wenn die Mutter – nachdem sie sich verabschiedet hat – mit so viel Ruhe und Sicherheit wie möglich weggeht.

Wenn sich Eltern so mitfühlend zeigen, daß sie fast die gleiche Angst wie das Kind haben, so interpretiert das Kind dies als Zeichen dafür, daß seine Furcht vor der Trennung berechtigt ist. Handeln die Eltern dagegen sicher und in dem Geist, daß es eigentlich nichts gibt, wovor man sich fürchten müsse, dann gibt dies dem Kind am überzeugendsten Sicherheit. Es nützt nichts, wenn die Eltern aus Beschämung heraus verärgert oder erregt auf das Kind einwirken wollen. Dies bringt das Kind eher aus der Fassung, als daß es ihm Sicherheit gibt.

Ich halte es für einen Fehler, wenn die Eltern so lange warten, bis das Kind von seinem Spiel abgelenkt ist, um dann leise zu verschwinden. Ein ängstliches Kind schließt aus solchen Erfahrungen, daß es den Eltern nicht trauen darf. Besser ist es, wenn die Eltern sich deutlich verabschieden, entweder gleich an der Tür, wenn sie das Kind bringen, oder nachdem sie eine Weile dem Spiel zugeschaut haben.

Hat die Mutter das Kind zum Kindergarten gebracht, und hat das Kind sich geweigert, dort allein, ohne die Mutter zu bleiben, so sollte am nächsten Morgen der Vater versuchen, das Kind zu begleiten. Da die meisten Kinder in diesem Alter stärker an die Mutter gebunden sind, ist es plausibel, daß die Trennung von ihr eher als Bedrohung empfunden wird. Ich habe Fälle von Trennungsangst kennengelernt, bei denen Kinder, die sich vorher an die Mutter klammerten, sich ohne weiteres von ihrem Vater im Kindergarten verabschiedeten.

Nachdem die Kinder einige Tage in den Kindergarten gegangen sind, macht ihnen dies so viel Spaß, daß die Trennungsangst verschwunden ist. Dann ist die Trennung für die Mutter – oder für die Eltern aus der Nachbarschaft, die die Kinder zusammen in den Kindergarten fahren – kein Problem mehr.

Gelegentlich kommt es vor, daß ein Kind – meist ist es jünger als vier Jahre – an den ersten Tagen gut im Kindergarten zurechtkommt; dann verletzt es sich oder wird von einem anderen Kind verletzt, was dazu führt, daß es weint und nach seinen Eltern verlangt. Das Weinen kann dann für lange Zeit anhalten, was nicht bedeutet, daß die Verletzung besonders schmerzhaft war, sondern daß das Kind bemerkt, wie sehr es die Mutter braucht. Am nächsten Morgen kann es sich dann sogar weigern, daß Haus zu verlassen. Ich denke, dann ist es das beste für die Eltern, wenn sie ganz selbstverständlich den Gang in den Kindergarten vorbereiten und dann fröhlich das Kind an die Hand oder auf den Arm nehmen. Ich würde allerdings keine Gewalt anwenden!

Im allgemeinen haben die Kinder besonders leicht Trennungsängste, die von sehr gewissenhaften und fürsorglichen Eltern ohne viel Kontakt zu anderen Kindern und Erwachsenen erzogen wurden. Und natürlich sind es eher die erstgeborenen Kinder, denn sie sind ihren Eltern sehr nahe gewesen, und sie hatten keine Geschwister zum Spielen.

Die beste Methode, drei- bis fünfjährige Kinder vor Trennungsängsten zu bewahren, besteht darin, sie schon als Kleinkind an andere Menschen zu gewöhnen, seien dies Erwachsene oder andere Kinder, Freunde oder Babysitter. Für ein erstes Kind ist dies noch sehr viel wichtiger als für dessen nachfolgende Geschwister.

Für Babys ist es schon vom dritten Lebensmonat an wichtig, regelmäßig Besucher zu sehen, nach draußen unter Leute zu kommen und Bekannte zu besuchen. Mir gefällt in diesem Zusammenhang die Art der jungen Eltern heute, die ihre Babys auf dem Rücken oder vor der Brust tragend überallhin mitnehmen, sei es zum Spazierengehen, ins Restaurant, zu Freunden oder wohin sie sonst noch gehen.

Sobald Kinder laufen können, sollten sie jeden Tag mit anderen Kindern draußen spielen, damit sie sich an das Schreien, das Wegnehmen und die Balgereien gewöhnen können. Und nur wenn ihr Kind von einem anderen wiederholt belästigt wird, was selten passiert, sollten die Eltern eingreifen. Sie müssen ihr Kind natürlich so lange begleiten, bis es gelernt hat, von der Straße wegzubleiben.

Gibt es in der Nähe keinen Park oder keinen Spielplatz, keinen Treffpunkt oder Garten in der Nachbarschaft, und wohnen Sie in einem

Einfamilienhaus, so können Sie Ihren eigenen Garten so ausstatten, daß er zur Attraktion für andere Kinder wird.

Lernt ein Kind, sich an andere Erwachsene und Kinder anzupassen, so kann dadurch seine Selbständigkeit gefördert werden, das gleiche gilt, wenn das Kind ermuntert wird, eigene Interessen zu verfolgen. Aber auch wenn die Eltern nicht überängstlich sind, wird die Selbständigkeit gefördert.

Ich erinnere mich an eine Mitarbeiterbesprechung in einer Kinderklinik, bei der es um ein Zweijähriges ging, das, sobald es die Klinik sah, in panischer Angst schrie und so heftig um sich schlug, daß eine Untersuchung unmöglich war. Die Mutter war eine introvertierte Frau, die sich genauso an das Kind klammerte, wie sich dieses an sie geklammert hat. Dies ist ein extremer Fall. Es ist aber nicht ungewöhnlich, daß sehr gewissenhafte Eltern zu Überängstlichkeit neigen. Sie machen sich Sorgen über alle denkbaren Risiken für ihr Kind, die durch Krankheiten, Unfälle, Verlaufen oder durch den Streit mit anderen Kindern entstehen könnten. Besonders Kleinkinder sind hinsichtlich der Sorgen ihrer Eltern sehr einfühlsam.

Als anderes Extrem gibt es Eltern, die so nachlässig sind, daß ihre Kinder leichten Zugang zu allem möglichen haben, die auf der Straße spielen und die beim Autofahren unangegurtet herumtoben dürfen. Sie müssen also für sich den sogenannten goldenen Mittelweg finden, bei dem Sie einige Risiken eingehen werden – aber keine verrückten Risiken auf sich nehmen.

Zu Beginn der zweiten Klasse kann bei einigen Kindern ein weiteres Problem auftauchen. Ich stieß darauf, als ich für eine private Mädchenschule jeden Morgen für eine Stunde als Schularzt tätig war. Zum Schuljahresbeginn im Herbst gab es immer ein oder zwei Mädchen, meistens Zweitkläßlerinnen, die sich auf dem Schulweg oder – noch peinlicher – im Schulhof übergeben hatten. Ein häufigerer und milderer Ausdruck der zugrundeliegenden Spannungen ist die Unfähigkeit mancher Kinder, an Schultagen zu frühstücken.

Solche Störungen tauchen bei Kindern auf, die überdurchschnittlich gewissenhaft sind. Ich glaube, daß sie durch die Ehrfurcht des Kindes vor der neuen Lehrerin und der neuen Klasse hervorgerufen werden – mit anderen Worten, durch die Angst, die Erwartungen anderer nicht erfüllen zu können. Diese Schwierigkeiten können einige Tage oder Wochen anhalten. Die Dauer hängt davon ab, wie man mit dem Problem umgeht.

**Sechs-, sieben- und achtjährige Kinder machen einen entscheiden-
den inneren Wandel durch. Aus Kindern, die eng an ihren Eltern
hängen (trotz des Kindergartenbesuchs), werden nun Wesen, die zum
Teil unabhängig werden und die ihre Interessen auf die Außenwelt,
insbesondere die Welt ihrer Altersgenossen richten.** In diesem Alter
hören sie auf, die Eltern nachzuahmen. Sie wollen sich wie ihre Klassenkameraden verhalten, wie sie aussehen, wie sie sprechen. Sie spielen
nicht mehr Mutter-Vater-Kind, sondern interessieren sich für ihre Schul-
fächer.

Die Anpassung an die Schule – an die Lehrer und die Klassenkameraden – kann für diejenigen Kinder, die mit hohen Maßstäben erzogen
wurden, zu einer so ernsthaften Herausforderung werden, daß sich im
wörtlichen Sinn ihre Mägen zusammenkrampfen.

Es gibt etliche Lösungsversuche für dieses Problem. Zunächst kann
man ein Kind, dem zeitweilig der Appetit vergangen ist, auch ohne
Frühstück zur Schule schicken. Der Druck seitens der Eltern »wenigstens etwas zu essen, damit du nicht mit leerem Magen in die Schule
gehst« (als ob ein leerer Magen zum Kollaps führen könnte), stellt das
Kind nur vor ein weiteres Problem. Die Eltern sollten statt dessen selbst
zugeben, daß auch sie vor Beginn eines neuen Schuljahrs oder einer
neuen Arbeitsstelle nervös waren, nicht nur als Kind, sondern auch
noch als Erwachsene. Diese Offenbarung mag für das Kind hilfreich
und tröstlich sein.

Die Eltern könnten dem Lehrer auch vom Vorhandensein solcher
Spannungen bei ihrem Kind erzählen, damit er sich bei jeder Gelegenheit freundlich, persönlich und anerkennend verhält, um dem autoritären Bild, das viele Kinder vom Lehrer haben, entgegenzuwirken.

Das Gute an den hier beschriebenen schulischen Problemen ist, daß
sie, obwohl sie lästig sind, in der Regel keine tieferliegenden Ursachen
haben und normalerweise bald vorübergehen.

Kapitel 10

Die Entwicklung der Persönlichkeit und Einstellungen

Neugier, Phantasie und Kreativität

Neugier, Phantasie und Kreativität sind starke Kräfte, die Kinder immer wieder zu neuen Entwicklungsstufen führen. Dies zeigt sich an ihren Schulleistungen, an den Leistungen an ihren künftigen Arbeitsstellen und in ihrem Leben ganz allgemein. Während des Säuglingsalters steht die Neugier an erster Stelle. Sie erscheint unerschöpflich. Sie äußert sich im aufmerksamen Blick, mit dem ein Baby im Alter von zwei, drei oder vier Monaten einen Gegenstand fixiert, beispielsweise ein Spielzeug, das direkt über seinem Bett hängt. Sie zeigt sich in den Bewegungen der noch ungeübten Arme des Babys, die wie von einem Impuls getrieben sich nach dem Gegenstand strecken und ihn zu berühren versuchen, obwohl das Kind über die dazu notwendigen Fertigkeiten überhaupt noch nicht verfügt. Ab der zweiten Hälfte des ersten Lebensjahrs weitet sich die Neugier vom Auge zur Hand aus. Gegenstände werden immer wieder gewendet, versuchsweise gegen Möbelstücke geschlagen oder zum Mund geführt. Das ständige In-den-Mund-Nehmen erinnert uns daran, daß die meisten Tiere alle ihre Untersuchungen mit der Nase und dem Mund durchführen müssen.

Sobald die Kinder krabbeln und laufen können, treibt sie die Neugier zu endlosen Erkundungen beispielsweise von Schränken und Schubladen. Sie testen ihre körperlichen Fertigkeiten, indem sie auf Stufen und Möbelstücke klettern, alles, was nicht niet- und nagelfest ist, herumschieben oder mit Behältern experimentieren um festzustellen, ob die kleineren in die größeren und die größeren in die kleineren passen. Die

Antwort auf solche Fragen scheint uns Erwachsenen auf der Hand zu liegen: Das Kind muß es aber immer wieder ausprobieren. Den viel geplagten Eltern wird es lästig, wenn die Kleinkinder fast den ganzen Tag ihre »Finger überall hineinstecken«. Die Ungeduld in ihren Stimmen deutet dies an. Man kann aber gleichwohl erkennen, daß die Erkundungen für das Kind eine sehr, sehr ernsthafte Angelegenheit sind. Es versucht, seine Welt zu meistern und erwachsen zu werden. Monatelang schiebt es Gegenstände immer nur von sich weg, ohne ans Ziehen zu denken; längst klettert es Stufen hoch, bevor es versucht, sie hinunterzugehen; es leert Schubladen aus und füllt sie immer wieder. **Die Tatsache, daß jedes Baby die gleichen Erkundungsphasen durchläuft, macht deutlich, daß sich bei der Entwicklung instinktiv ein komplexes Verhaltensmuster entfaltet, ein Muster, das sich über Millionen von Jahren bei der Evolution unserer Art entwickelte und letztlich in effizienter Weise Reife bei Individuen bewirkt.**

Die Neugier, die sinnvolles Lernen ermöglicht, treibt das Kind natürlich während der ganzen Kindheit weiter an – auch noch im Erwachsenenalter, obwohl sie mit der Zeit weniger fiebrig wird. Kinder sind neugierig auf ihren Körper, auf Tiere, auf Insekten. Interessiert, wo Babys herkommen und am Thema Tod oder der Bedeutung von Regen und Donner. Sie wollen etwas wissen über die Funktionsweise von Maschinen und die Geheimnisse des Lesens, Schreibens und Rechnens. Im Jugendalter erwacht eine neue, stärkere Welle der Neugier an Sexualität, Liebe, den eigenen Emotionen und Körperfunktionen.

Einige Eltern machen sich von der Bedeutung und dem Wert der Neugier keinen Begriff. Schaut ihr Einjähriger Zeitschriften an, um sie absichtlich zu zerreißen, oder schiebt er einen Sessel herum, dann schimpfen sie ihn aus oder schlagen ihm auf die Finger. Wenn ihr Dreijähriger »zu viele Fragen« stellt, fordern sie ihn auf, endlich still zu sein. Sie sehen nicht, daß das ständige Unterbinden des Erforschens und Fragens, das Wegnehmen von Gegenständen, mit denen gespielt werden darf, nicht nur die Neugier des Kindes hemmt, sondern auch seine geistige und emotionale Entwicklung.

Das soll nicht heißen, daß Eltern sich nicht um die Erkundungen ihrer Kinder kümmern sollten. Alte Zeitschriften können anstelle von neuen angeboten werden, ein leerer Karton ersetzt den Stuhl, den das Kind herumschiebt. Falls sich Ihr Dreijähriges angewöhnt hat, die gleiche Frage zu wiederholen, ohne die Antwort anzuhören (was manchmal ein Zeichen dafür ist, daß das Kind sich mit einer anderen, beunruhigenderen Frage beschäftigt, wie zum Beispiel die Bedeutung von geschlechtsspezifischen Körperunterschieden, die zu stellen es sich nicht traut), dann müssen Sie die gleiche Antwort nicht immer wiederholen. Machen Sie das Kind in freundlicher Weise auf sein Verhalten aufmerksam und fragen Sie, ob es nun nicht eine andere Frage stellen möchte. **Phantasie entsteht aus Neugier und Erfahrung.** Sie spielt während der Kindheit eine besondere Rolle, besonders bei Drei- bis Sechsjährigen. Nachdem eine Dreijährige eine Antwort auf ihre erste Frage über den Tod bekommen hat, denkt sie über diese beunruhigende Information offensichtlich nach. Dann wird sie wahrscheinlich fragen:»Muß ich sterben?« In diesem Alter entdeckte einer meiner Söhne in einer Zeitschrift eine Abbildung, in der ein Kopf aus einer eisernen Lunge herausragte. Er fragte mich mit einiger Ängstlichkeit in seiner Stimme, was dies zu bedeuten habe. Ich versuchte eine Erklärung zu geben, die das Bild nicht dramatisierte. Der Mann hätte Polio gehabt und könne nun nicht mehr selbst atmen, und dies übernähme nun diese Maschine für ihn. Plötzlich hob mein Sohn seine Hand an seine Brust und rief:»Ich kann nicht mehr atmen!« Seine Anspannung dauerte nur wenige Sekunden, aber sie machte deutlich, wie schnell und intensiv seine Vorstellungskraft und seine Fähigkeit, sich mit anderen zu identifizieren, ihn befähigte, sich in die Lage dieses Menschen zu versetzen.

Doch die Phantasie ist natürlich nicht immer so makaber. Lesen Sie einem kleinen Kind eine Geschichte vor; es wird Sie ein Dutzend Mal unterbrechen, um wißbegierig Fragen zu stellen. Diese Fragen zeigen, daß seine Phantasie der Geschichte weit voraus ist und zur einen oder anderen Seite hin ausbricht. Das erinnert an einen Hund bei einem Spaziergang durch den Wald. Das Kind versetzt sich in die Geschichte, es ist emotional engagiert, es entdeckt Merkwürdigkeiten und Alternativen, die in der geschriebenen Geschichte nicht vorhanden sind. Falls Sie selbst Geschichten für das Kind erfinden, werden Sie feststellen, daß auch das Kind in der Lage sein kann, eigene Geschichten zu erzählen.

Kleinkinder lieben Geschichten über Tiere – noch mehr als Geschichten über andere Kinder. Dies liegt zum Teil wahrscheinlich daran, daß sie sich dabei von allen Regeln und Grenzen ihres eigenen zivilisierten Lebens und von der Kontrolle durch die Eltern lösen können. Sie können davon träumen, ungebunden durch die Wälder zu streifen, in einem hohlen Baum zu leben, wie ein Vogel fliegen zu können, mit Wesen zusammen zu sein, die nicht schimpfen und nicht verlangen, daß man sich vor dem Essen die Hände wäscht.

Dieser Wunsch, der Kontrolle und dem Ausschimpfen zu entgehen, zeigt sich auch an den imaginären Wesen, die Kinder – gewöhnlich sind es nur Kinder – erfinden und mit denen sie monatelang ständig sprechen. Ein Verlangen, das in solchen Situationen deutlich wird, ist offensichtlich das nach Freundschaft. Deutlich ist auch, daß der imaginäre Freund in den meisten Fällen all die verbotenen Dinge tut – und mit ihnen auch durchkommt –, die das gut disziplinierte Kind nicht zu tun wagt. Für die Eltern ist dies ein Signal, ihre auf Disziplin fixierte Haltung etwas zu lockern und am Spaß des Kindes teilzuhaben, beispielsweise indem sie erzählen, welche Dinge der imaginäre Freund für sie anstellen soll.

Dann gibt es noch Phantasieabenteuer, die das Kind – ohne imaginäre Freunde – allein erlebt. Was macht man, wenn ein Vierjähriger – mit starker Einbildungskraft – kommt und detailliert abenteuerliche Erlebnisse berichtet, die nicht wahr sein können, die aber im Brustton der Überzeugung vorgetragen werden? Einerseits will man natürlich nicht die Phantasie des Kindes hindern oder eine gute Geschichte kaputtmachen. Andererseits will man nicht – zumindest wollte ich dies nicht bei meinen Kindern –, daß das Kind regelmäßig den Unterschied zwischen Realität und Fiktion nicht mehr wahrnimmt, bzw. glaubt, seine Eltern würden diesen Unterschied nicht kennen. Ein guter Kompromiß besteht darin, daß die Eltern bewundernd sagen: »Du kannst wunderbare Geschichten erzählen. Eines Tages wirst du sicher Bücher für Kinder schreiben!«

Bislang habe ich die eher ungewöhnlichen Formen der Phantasie von Kindern dargestellt. Verbreiteter und entwicklungsfördernd sind all die alltäglichen Formen, die Vorschulkinder an den Tag legen. Sie spielen »Vater, Mutter, Kind«. Der Spielvater ahmt die tägliche Routine und die Einstellungen seines richtigen Vaters nach. Die Spielmutter kopiert den Tagesablauf ihrer Mutter, sei es, daß sie täglich zur Arbeit geht oder daß sie eine Weile zu Hause bleibt, um dann auf dem Markt einzukaufen. Ein Junge verbringt Stunden damit, aus Bausteinen ganze Stadtteile zu konstruieren, um mit Modellautos in und aus Garagen und auf den Straßen zu fahren und um vielleicht einen Unfall zu spielen. Ein Junge und ein Mädchen bereiten in ihrer Spielküche ein großes Menu.

Wachsen die Kinder in das Schulalter, verlieren ihre Gedanken und ihre Spiele den Familienbezug. Sie vertiefen sich in die Natur, in die Wissenschaften und in die Technik. Sie träumen von Erfindungen und Heldentaten. Später, in der Jugendphase, verändern sich die Phantasien erneut – Liebe und große, aber eher realistische Leistungen stehen nun im Vordergrund.

Ich möchte eines deutlich machen: Phantasievorstellungen sind nicht ein amüsanter und unwichtiger Aspekt der Kindheit. Sie sind ein wichtiges Moment für die Entwicklung zur Reife. Sie ermutigen die Kinder, alle Bedeutungen ihrer täglichen Erfahrungen auszuloten und Neues zu erkunden. Jede neue Vorstellung ist der Ausgangspunkt für immer weitere. Sie führen zu einer ständigen Bereicherung des Lebens von innen heraus, wobei jeder Schritt auch zu einer bereichernden Erfahrung der Außenwelt führt. Phantasie erweitert den Lebenshorizont, sie macht das Leben aufregender, sie beschleunigt die Entwicklung und befähigt einen Menschen, in seinem Gebiet voranzukommen.

Phantasie sollte ganz gewiß gefördert werden. Am wichtigsten ist für ihre Ausbildung die Liebe in der Familie. Aber es gibt weiteres, das die Eltern gezielt tun können. Interessieren Sie sich ernsthaft für die Fragen, die Ihr Kind stellt. Geben Sie ihm befriedigende Antworten, geben Sie ihm das Gefühl, daß es hinsichtlich seiner Neugier, seines Lernens und seiner Phantasievorstellungen keine Tabus gibt. Ein weiterer wichtiger Impuls für die Phantasie ist das Vorlesen. Es könnte viel mehr vorgelesen werden; denn heutzutage wird bei weitem nicht mehr so viel vorgelesen wie früher. Das Fernsehen ist in den meisten Familien an seine Stelle getreten.

Zwar gibt es wunderbare Sendungen, die die Phantasie der Kinder anregen. Doch werden sie selten ausgestrahlt. Aber selbst wenn es mehr gute Sendungen gäbe, hielte ich es doch für falsch, daß Kinder für viele Stunden vor dem Fernsehgerät sitzen. Dies ist eine viel zu passive Beschäftigung. Eltern sollten die Zeit vor dem Fernsehgerät begrenzen, damit das Kind mehr Gelegenheit bekommt, sein eigenes Vorstellungsvermögen zu entwickeln und es im aktiven Spiel umzusetzen.

Phantasie und Kreativität überlappen einander. Aus der Phantasie entstehen Ideen, die Kreativität sorgt für deren Umsetzung in die Realität.

In unseren durch den Wettbewerb geprägten Tagen gibt es Eltern, die davon überzeugt sind, daß der wesentliche Beitrag des Kindergartens zur Erziehung darin besteht, daß sie bestimmte Fertigkeiten erwerben, Knöpfe zuknöpfen, Schnürsenkel binden, einen Stift richtig halten, Zahlen und Buchstaben erkennen. Das Erlernen solcher Fertigkeiten fasziniert die Kinder und vorausgesetzt, sie werden nicht unnötig getrieben und können ihrem eigenen Entwicklungstempo folgen, ist es eine nützliche Vorbereitung für die Schule. Aber viel wertvoller sind die zahllosen spontanen Spiele, die die Kinder selbst erfinden – über Familiensituationen, Gesundheit und Krankheit, Reisen oder Tiere. Solche Aktivitäten fördern die Kooperationsfähigkeit der Kinder. Sie helfen, die täglichen Erfahrungen zu verstehen und zu verarbeiten. Sie zeigen, wie mit den unumgänglichen Ängsten und Frustrationen des Lebens umgegangen werden kann (Arzt spielen hilft beispielsweise, die Angst vor dem Arzt zu überwinden). Und sie lehren, wie man eines Tages selbst seine Elternrolle spielen kann. **Ich bin davon überzeugt, daß Kinder im Alter zwischen drei und sechs Jahren mehr über das Elterndasein lernen als in irgendeiner späteren Phase ihres Lebens – jedenfalls bis sie selbst Eltern geworden sind.**

Andere sinnvolle Aktivitäten für junge Kinder sind Bilder malen und zeichnen, mit Ton arbeiten, Tanzen und Musizieren. Diese Tätigkeiten sprechen das Gefühl an und erweitern den Bedeutungsgehalt und den Reichtum des Lebens – während der Kindheit und für den Rest des ganzen Lebens. Aber Kreativität ist nicht auf musische Tätigkeiten beschränkt. Während der Schulzeit drückt sie sich im Bau eines Modellflugzeugs oder eines Tisches, im Design und Anfertigen von Kleidern, in der Herausgabe einer Schülerzeitung oder eines Jahrbuchs aus. Bei solchen Projekten lernen Kinder, ihrer Initiative und ihren eigenen Fähigkeiten zu vertrauen.

Was ich bislang ausdrücken wollte, ist folgendes: Die Erwachsenen, die am Arbeitsplatz, in ihren Hobbys und Interessen kreativ sind, sind die Menschen, die schreiben, die Kleider oder Industrieprodukte entwerfen, die malen, Skulpturen schaffen, ein Kunsthandwerk ausüben, die komponieren oder musizieren, die schauspielern oder tanzen, die Anzeigen texten, die Gebäude oder Landschaften entwerfen, die Theaterstücke und Filme inszenieren, die Romane schreiben oder redigieren – all diese Menschen müssen auch schon in ihrer Kindheit phantasievoll und kreativ gewesen sein. Und eigentlich kann man in diese Aufzählung Wissenschaftler, Manager und Angehörige vieler anderer Berufe einschließen, deren Tätigkeit man nicht im ersten Moment als »kreativ« fassen würde. Doch in jedem Gebiet bedarf es der Fähigkeit und der Bereitschaft, über den eigenen Tellerrand zu schauen und in neue Gebiete aufzubrechen, will man nicht in Routine erstarren.

Und wenn den Eltern ihr einjähriges Kind wieder einmal auf die Nerven geht, dann sollten sie sich daran erinnern, daß seine Entdeckungsausflüge wichtige Schritte darstellen, die seine Möglichkeiten als

Erwachsener bestimmen. Eltern können die Bemühungen des Kindes unterstützen, indem sie ihm einfaches Spielzeug geben, seine Neugier tolerieren, ihm manchmal helfen und seine Leistungen anerkennen.

Förderung des Sozialverhaltens

Es ist möglich, daß Kinder sozial gut angepaßt aufwachsen, ohne daß sie die Möglichkeit haben, Freundschaft mit anderen Kindern zu schließen. Allerdings würde ich diesen Weg nicht als den besten empfehlen. Ich habe einige Kinder kennengelernt, die, bis sie zwei, drei oder vier Jahre alt waren, mit niemandem außer ihren Eltern gespielt haben. Wenn sie dann zum ersten Mal im Spiel auf gleichaltrige Kinder stießen, so haben sie mit Furcht reagiert oder waren zumindest verstört durch die Art, wie sich die anderen Kinder verhielten, beispielsweise, wenn diese unvermittelt auf sie zukamen, dabei weder lächelten noch irgend etwas Freundliches sagten, nach ihrem Spielzeug griffen, um es auszuprobieren, oder beim Spiel laut und grob wurden. Auf unerfahrene Kinder können andere Kinder, auf die sie zum ersten Mal stoßen, so fremd und gefährlich wirken wie ein Gorilla auf einen Erwachsenen.

Ich erinnere mich noch gut an ein sechzehnjähriges Mädchen, ein Einzelkind, das auf einem abgelegenen Schweizer Hof gelebt hat und das nicht in die Schule ging, sondern statt dessen von Privatlehrern unterrichtet wurde. Als sie zusammen mit ihrer Familie nach New York kam, zog sie in ein Hotel auf der belebten Madison Avenue. Sie ging nun in eine gute, aber recht laute Schule. Schon nach ein paar Tagen konnte sie aus nervöser Erschöpfung nur noch weinen. Nach einiger Zeit hatte sie sich dann an den Lärm und das Durcheinander gewöhnt. Und recht langsam schloß sie Freundschaft mit einigen der stillsten Mädchen der Klasse.

Eltern sollten sehen, daß jedes Kind mit seiner eigenen Persönlichkeit geboren wird und daß einige Kinder geselliger sind als andere. Ein Kind mag besonders kontaktfreudig sein, energisch und fähig, soziale Zusammenstöße zu verarbeiten und blaue Flecken zu ertragen. Aber es gibt auch das vorsichtige, stille und sensible Kind, dessen Gefühle schnell verletzt sind und das sich leicht in sein Schneckenhaus verkriecht. Eltern können nicht einen Charakter in den anderen verwandeln.

Die Reihenfolge der Geburt hat einen weiteren Einfluß auf das Sozialverhalten. Viele erstgeborene Kinder sind weniger gesellig als andere. (Ihnen gilt meine besondere Sympathie, denn ich bin selbst ein erstgeborenes Kind.) Erstgeborene orientieren sich ausschließlich an ihren Eltern, denn sie haben ja keine älteren Geschwister, die sie kopieren könnten. Dies führt dazu, daß sie ernsthafter, reifer und selbstbewußter als zweite und dritte Kinder sein können. Sie geben sich mehr Mühe und sind weniger verspielt. Gesellig zu sein, ist für sie deshalb nicht so einfach. Dies alles gilt natürlich noch stärker für Einzelkinder.

Wenn ein erstes Kind sich mit zwei oder drei Jahren an die Anwesenheit anderer Kinder gewöhnt, ist es zunächst nicht auf deren Lärm, ihre Grobheit im Spiel, ihre Neigung, Spielzeug einfach wegzunehmen, vorbereitet. Dies verängstigt das Kind und läßt es zurückweichen. An die Freundlichkeit und Rücksichtnahme der Eltern und deren Freunde gewöhnt, reagiert es zumindest etwas mißtrauisch und verärgert auf andere Kinder.

Es gibt für älteste Kinder und deren Eltern allerdings auch Entschädigungen. Sie gehören in der Schule eher zu den besseren. Sie ergreifen eher »helfende« Berufe – wie Lehrer, Krankenschwester, Sozialarbeiter oder Mediziner. Und die Menschen, die im »Who is Who« aufgeführt sind, sind überproportional häufig erste Kinder.

Ein zweites Kind, das ein, zwei oder drei Jahre alt ist, wird häufiger in Ruhe gelassen und kann sich viel mehr allein beschäftigen. Sucht es aber Gesellschaft, krabbelt oder läuft es zu seiner Mutter. Es begrüßt sie und und provoziert damit eine Antwort, was ein wirklicher Vorteil ist. Möchte es eine Geschichte hören, greift es ein Buch und bittet darum, daß ihm vorgelesen wird. Es wird auch seinen Bruder oder seine Schwester zum Spielen auffordern, wenn ihm danach ist. Solche Initiativen führen dazu, daß es diesem Kind leichter fallen wird, Freunde zu bekommen.

Wie schnell ein unerfahrenes Kind das Gefühl der Fremdheit gegenüber anderen Kindern überwindet und Spaß an der Gemeinsamkeit empfindet, hängt zum Teil davon ab, welche Beziehung es zu seinen Eltern hat. Ist sie durch eine freudvolle Gegenseitigkeit gekennzeichnet, so wird es dem Kind möglich sein, ähnliche Beziehungen zu seinen Altersgenossen aufzubauen. Haben aber die Eltern das Kind immer in den Mittelpunkt gestellt oder sich ihm untergeordnet, wird es länger herausfinden müssen, welchen Spaß man mit anderen auf einer durch Gegenseitigkeit gekennzeichneten Basis haben kann.

Im allgemeinen ist es für ein Kind einfacher, freundliche Verhaltensweisen in seinen frühen Jahren zu erlernen. Wenn es gleich am Anfang, wenn es noch wenig selbstsicher ist, den Dreh herausbekommt und die Vorteile des gegenseitigen Austausches kennenlernt, kann es seine sozialen Fähigkeiten und sein Selbstvertrauen mit jeder neuen Bekanntschaft verbessern. Hat es jedoch gleich am Anfang Schwierigkeiten und fühlt es sich zurückgewiesen, dann lernt es, anderen Unfreundlichkeiten zu unterstellen. Und wenn es später anderen begegnet, hat es einen Komplex – oder zumindest steht ihm sein Mißtrauen ins Gesicht geschrieben –, und dies provoziert dann genau die Unfreundlichkeit, die es erwartet. Jeder soziale Mißerfolg steigert seine Unsicherheit und seine Widerborstigkeit.

Freundliches Verhalten lernt man nicht dadurch, daß man eine Vielzahl von Verhaltensregeln, die die Eltern wiederholen, übernimmt, wie beispielsweise:»Sei höflich zu deinen Freunden!«»Teil dein Spielzeug mit den anderen!«»Spiel das, was dein Besuch spielen möchte, und nicht das, was du spielen willst!«

Freundlichkeit ist im Grunde eine Form der Liebe zu anderen Menschen, ein Ausdruck der Freude an ihnen und der spontane Wunsch, ihnen Gutes zu tun. Sie basiert ganz wesentlich auf der Tatsache, daß wir soziale Wesen sind, die – vorausgesetzt unsere Entwicklung ist richtig verlaufen – die Gesellschaft anderer brauchen.

Wenn Eltern Freude an ihren Babys haben, sie anlächeln, sie umarmen, freundlich mit ihnen sprechen, so schaffen sie damit beim Kind gute Voraussetzungen für eine positive Entwicklung des Sozialverhaltens. Später, wenn das Kind älter als zwei Jahre ist, gibt es diese durch die Eltern angelegte Wärme auch anderen Menschen – Kindern wie Erwachsenen.

Ein Einjähriges beobachtet einen Fremden zunächst für mehrere Minuten. Legt der Fremde eine ruhige, zurückhaltende Freundlichkeit an den Tag – durch Lächeln und nicht dadurch, daß er sich auf das Kind stürzt und ununterbrochen auf es einredet –, so wird sich das Kind ihm allmählich zuwenden. Er wird vielleicht dem Kind ein Spielzeug hinhalten, weniger um es tatsächlich dem Kind zu geben, sondern als Zeichen der Freundschaft.

Einem Zweijährigen macht es Spaß, neben einem anderen Kind zu spielen und dabei vielleicht sogar das gleiche zu tun. Die Kinder spielen nebeneinander und noch nicht miteinander. Mit drei Jahren entdecken Kinder dann den Spaß daran, gemeinsam mit anderen zu spielen – sie spielen Mann und Frau oder Busfahrer und Passagier. Ein Kind zieht den Wagen, das andere wird gefahren, anschließend wird gewechselt. Natürlich werden die Eltern oder die Kindergärtnerin immer wieder Vorschläge machen müssen, doch die Bereitschaft für das kooperative Spiel ist bei liebevoll erzogenen Kindern jetzt vorhanden.

Sind die Kinder sechs oder acht Jahre alt, so sind sie in der Lage und bevorzugen es, ohne Erwachsene zu spielen. So können sie ihre Unabhängigkeit beweisen und zeigen, daß sie sich wie Erwachsene verhalten. Doch dies ist auch die Zeit, in der die Kinder zu Cliquenbildung und Intoleranz neigen. Auf der Suche nach ihren eigenen Standards schließen sie sich natürlicherweise mit denen zusammen, die ähnlich wie sie erzogen wurden und die ähnliche Einstellungen und Geschmacksrichtungen entwickelt haben. Und sie setzen sich kritisch von denen ab, die anders als sie selbst sind. Ein Kind, dem es schwerfällt, sich in eine Gruppe einzuordnen, kann aufgrund dieser Intoleranz die Zeit zwischen dem sechsten und 12. Lebensjahr als recht schwierig empfinden.

Aber auch Jugendliche sind nicht sehr viel toleranter eingestellt. Die meisten von ihnen legen eine sklavische Konformität bezüglich der Stile und Moden der eigenen Gruppe und bezüglich der Ablehnung von Nonkonformisten an den Tag. In dieser Phase gibt es ein starkes Bedürfnis nach emotionalen Bindungen, nach solchen zum eigenen als auch zum anderen Geschlecht. Das Kind, das nicht besonders gesellig ist, das eine ungewöhnliche Persönlichkeit oder einen besonderen Geschmack besitzt, hat es in dieser Zeit besonders schwer, die Freundschaft einer oder zweier verwandter Seelen zu finden und zu behalten.

Es gibt zahlreiche Umstände, die dazu führen, daß ein Kind hinsichtlich der Entwicklung eines freundlichen Sozialverhaltens zurückbleibt. Beispielsweise kann es nicht die richtige Mischung von Aufmerksamkeit seitens der Eltern erhalten, oder es erlebt keine gute Mischung von kameradschaftlichen Beziehungen zu anderen Kindern und zu Erwachsenen.

Ein Beispiel – wenn auch selten – ist, daß Eltern einfach wenig kontaktfreudig sind. Sie umarmen das Baby nicht, sie lächeln ihm nicht zu, sie sprechen nicht mit ihm. Sie tun dies nicht, weil sie das Kind nicht lieben, sondern weil sie selbst mit viel Zurückhaltung und in einer kalten Atmosphäre aufgewachsen sind. Doch ein Baby braucht natürlich offen gezeigte Zuwendung, womit ich nicht übertrieben lautes Spielen oder Abkitzeln meine, da es nur nervös macht.

Ein anderes Beispiel für Ungleichgewicht taucht bei ersten Kindern häufig dann auf, wenn die Eltern sich mit dem Baby sehr viele Umstände machen. Das Kind wird dann sehr egozentrisch und geht wenig aus sich heraus. So legen die Eltern zum Beispiel bei ihm ein übervorsichtiges Verhalten an den Tag, weil sie permanent in Sorge sind, es könne sich verletzen. »Nein, nein, steig nicht auf den Stuhl, da kannst du hinunterstürzen!« »Steck den Stock nicht in den Mund, er ist schmutzig und das kann dich krank machen!«) Selbst ein Baby nimmt schon solche Vorsicht der Eltern wahr und übernimmt einiges davon. Später denkt es immer zunächst an seinen Körper oder an seine Sicherheit, anstatt daran, wie man mit anderen zusammen Spaß haben kann.

Oder die Eltern schreiben dem Kind alles vor: »Faß das nicht an!«, »Halt das Messer richtig!« »Nun beeil dich schon mit dem Essen!« »Sag schön guten Tag!« Dieses Verhalten ist häufig eine Reaktion darauf, daß solche Eltern während ihrer Kindheit selbst andauernd angestachelt und gezüchtigt wurden. Sie haben dadurch die Grundüberzeugung gewonnen, daß ein Kind nur durch konstantes Meckern zivilisiert werden könne. Dies beeinträchtigt die Freude des Kindes an seinen Eltern und setzt es in gewisser Weise in Gegensatz zu ihnen. Wird es dann größer, so entwickelt es die gleichen schwierigen Gefühle zu anderen Menschen.

Dann gibt es noch die Eltern, deren Stolz auf ihr erstes Kind – der ganz natürlich ist – sich darin ausdrückt, daß sie es regelmäßig vorführen müssen, wenn jemand anderer anwesend ist. (»Zeig uns deine Nase!«, »Sag Frau Hofmann deinen Namen!« »Zeig mal Herrn Held, wie du laufen kannst!«) Das Baby lernt dadurch Menschen nicht als Wesen kennen, mit denen das Zusammensein Spaß macht. Es erlebt sie vielmehr als applaudierendes Publikum. Wird das Kind dann älter, geht es nicht auf andere Kinder zu, um mit ihnen zu spielen, sondern es erwartet passiv, daß es von diesen mit Freude einbezogen wird. Und wenn dies nicht geschieht, fühlt es sich in seinen Gefühlen verletzt.

Oder die Eltern sind so stark auf das Kind fixiert und freuen sich so sehr, ihre Zeit mit ihm zu verbringen, daß sie es immer als erste grüßen, mit ihm immer freundlich sprechen, egal wie grantig es ist, und sich ständig neue Spiele ausdenken. Das Kind wird wie ein kleiner Prinz, wie eine kleine Prinzessin behandelt: Die Eltern sind die Diener. Das Kind bekommt keine Möglichkeit, selbst die Initiative zu ergreifen, und es verspürt nie das Verlangen, sich selbst um andere Menschen bemühen zu müssen. Es gibt nichts, was seine Kontaktfreudigkeit anregt und entwickelt.

Mit all dem will ich natürlich nicht sagen, daß Eltern ihre Kinder vor realen Gefahren nicht warnen, sie bei Fehlverhalten nicht korrigieren und sie nicht gelegentlich stolz vorzeigen sollten. Sie wären recht merkwürdige Eltern, wenn sie all dies nicht manchmal machten. Ich bin nur gegen das ständige Getue um das Kind.

Und keinesfalls schlage ich vor, daß Eltern sich kühl und distanziert verhalten sollen. Je wärmer die Atmosphäre, desto besser. Ich meine bloß, daß sie 75 % ihrer Zeit eigenen Angelegenheiten nachgehen und dem Kind die Initiative überlassen können. Natürlich sollten sie gelegentlich auch die Initiative ergreifen.

Bringen Sie das Kind mehrmals wöchentlich mit anderen Kindern zusammen. Dies gilt vom Säuglings- bis hin zum Schulalter, besonders aber während es laufen lernt. Gehen Sie mit ihm beispielsweise zu einem Spielplatz oder zu einem Garten in der Nachbarschaft.

Mischen Sie sich nicht gleich ein, wenn ihr Kind herumgestoßen oder geschlagen wird oder wenn ihm vorübergehend ein Spielzeug genommen wird. Zeigen Sie nicht zu schnell Mitleid mit seinen verletzten Gefühlen, denn so bekommt es das Gefühl, schwer verletzt oder ungerecht behandelt zu werden. Lassen Sie Ihr Kind entdecken, daß eine kleine Grobheit nicht tödlich ist. Lassen Sie es allein lernen, wie man einem Schubs begegnet oder wie man sein Spielzeug festhält, wenn ein anderes Kind es wegreißen will. Die Grundeinstellung über die Bedeutung der Aggressivität anderer Kinder lernt das Kind von seinen Eltern. Wird sie von seinen Eltern für gefährlich oder gemein gehalten, so fürchtet es sich davor. Nehmen sie solche Aggressivität nur beiläufig wahr, so lernt ihr Kind, sich genauso zu verhalten.

Sie können natürlich nicht zulassen, daß Ihr Kind von einem anderen, außerordentlich aggressiven Kind ernsthaft verletzt oder regelmäßig eingeschüchtert wird. Stellt sich das Problem nur ab und zu, so können Sie sich beiläufig zwischen den Aggressor und das Opfer stellen, wodurch der Angriff normalerweise gestoppt wird. Kommt so etwas ständig vor, so müssen Sie Ihr Kind anderswo zum Spielen hinbringen, wenigstens für einige Monate. (Ist Ihr Kind ständig der Aggressor, dann sollten Sie die Hilfe einer Familienberatungsstelle suchen.)

Vom dritten Lebensjahr an sollte ein Kind von einem guten Kindergarten profitieren können. Dort wird es lernen, seine körperlichen Fertigkeiten, seine Kreativität, seine Wahrnehmungsfähigkeiten sowie sein Sozialverhalten zu entwickeln. Die Erfahrung in einem Kindergarten ist für ein Erstgeborenes, ein Einzelkind, ein Kind, das nicht in unmittelbarer Nähe anderer Kinder wohnt sowie für ein Kind, dessen Eltern die ständige Nähe zu ihm frustrierend finden, besonders wertvoll. Verfügen Sie über einen Garten, können Sie dort Spielgeräte aufstellen. Dort können sich die Kinder treffen. Kommen sie nicht von selber, können Sie die Attraktivität dadurch erhöhen, daß Sie am Vormittag und Nachmittag Saft und Kekse verteilen.

Ist Ihr Kind im Schulalter immer noch schüchtern oder zaghaft oder unbeliebt, so können Sie andere Kinder »bestechen«, damit diese es (in gewissem Maß) stärker berücksichtigen. Sie können die anderen Kinder einzeln zum Essen einladen oder sie auf Ihre Ausflüge mitnehmen, zu einem Picknick, in den Zoo oder in ein Museum, zur Besichtigung einer Fabrik oder eines Bauernhofs. Doch können Sie ein unausstehliches Kind nicht durch Bestechung beliebt machen. Sie können aber sicherstellen, daß seine guten Eigenschaften gerechter berücksichtigt werden, statt daß das Kind von den anderen gedankenlos ignoriert wird, weil es ein wenig anders ist.

Für manche Eltern stellt sich ein anderes Problem: Anstatt andere Kinder auf ihr Kind aufmerksam zu machen, möchten sie eine Freundschaft auseinandertreiben, die ihnen unerwünscht erscheint. Da gibt es beispielsweise den Freund mit abstoßend schlechten Manieren, der mit den Nachbarn immer Schwierigkeiten hat, oder die Freundin, die lügt und stiehlt oder andere Kinder nachhaltig zu sexuellen Spielen verführt, trotz der Aufforderungen, damit aufzuhören. Berührt das Problem Moralvorstellungen, die den Eltern sehr wichtig sind, so werden sie sich einmischen müssen. Handelt es sich aber bloß um eine Frage ihres Geschmacks und ihrer Vorlieben, dann sollten die Eltern meines Erachtens in der Äußerung ihrer Mißbilligung recht zurückhaltend sein.

Sehnt sich ein Kind nach der Gesellschaft eines anderen, so ist dieses Bedürfnis wirklich von Bedeutung, unabhängig davon, ob die Eltern es verstehen oder billigen. Sie sollten es vorläufig respektieren und die Auswirkungen der Freundschaft auf beide Kinder beobachten. (Manche der intensivsten Beziehungen sind sehr kurzlebig.) Sind sie der Meinung, daß ihr Kind durch die Freundschaft ernstlich nachteilig beeinflußt wird, würde ich ihnen vorschlagen, den Rektor, den Lehrer oder eine Familienberatungsstelle aufzusuchen, um vor einer Einmischung eine distanziertere, professionelle Meinung einzuholen.

Freundschaft ist nicht bloß ein Vergnügen, so wie Eis essen oder Baden gehen. Für 99 von 100 Menschen ist sie ein völlig unentbehrlicher Bestandteil der Existenz, unabhängig davon, ob sie Freundschaften geschickt oder tolpatschig schließen. **Freundschaft ist genauso wichtig**

wie Essen, Gesundheit, Wohnen und Sexualität. Es ist also sinnvoll, die Fähigkeit zur Freundschaft in einem Alter bei Ihrem Kind zu kultivieren, in dem sie leicht angeeignet wird.

Wut ausdrücken

Eine der gesündesten Tendenzen in der Kindererziehung während den letzten Jahrzehnten ist die Bereitschaft der Eltern, über den auf sie gerichteten Ärger ihrer Kinder zu sprechen.

In der Familie, in der ich während des ersten Viertels dieses Jahrhunderts groß geworden bin, wäre so etwas völlig undenkbar gewesen. Als Jugendliche wußten meine Schwestern, mein Bruder und ich, daß wir uns oft über unsere Mutter ärgerten, die uns in ihrem Urteil übermäßig moralisierend und willkürlich und in ihren Strafen zu streng erschien. So viel wir wußten, hatte sie noch nie in ihrem Leben zugegeben, etwas falsch gemacht zu haben, oder ihre Meinung geändert.

Wir konnten ihre Entscheidungen nicht kritisieren oder sagen, daß wir wütend waren. Wir konnten nicht einmal vor uns hin murmeln oder verärgerte Blicke werfen oder auch nur hartnäckig diskutieren. Sie hätte dies als Zeichen der Aufsässigkeit interpretiert und recht harte Strafen verhängt. (Ich kann mich noch entsinnen, wie mir im Alter von 17 Jahren am dritten Tag der Weihnachtsferien gesagt wurde, ich dürfte zu den verbleibenden 10 Weihnachtsfeiern wegen einer geringen Ungehorsamkeit nicht mitkommen. Damals erschein mir dies der schlimmste Schicksalsschlag meines Lebens.)

Und auch während unserer frühen Kindheit mußten wir unsere Wut wohl auch drastisch unterdrückt haben, obwohl wir uns zeitweilig extrem frustriert und unterdrückt gefühlt haben müssen. Ich habe dies erst später während meiner Ausbildung und durch meine professionelle Erfahrung erkannt; denn ein Kleinkind, dessen Eltern streng sind, wagt seinen Groll nicht offen zu zeigen. Außerdem wagt es erst gar nicht, solche Gefühle überhaupt aufkommen zu lassen. Im Unterbewußtsein fürchtet es, daß, wenn es seine Eltern durch eine Trotzhandlung wütend macht, sie es entweder angreifen oder verlassen werden, und es kann sich weder das eine noch das andere leisten.

(Ich sollte allerdings auch hinzufügen, daß unsere Mutter ihrer Familie äußerst ergeben war. Wenn sie in der entsprechenden Stimmung war, konnte sie sehr großzügig sein. Und sie war eine der vergnüglichsten Imitatorinnen und Geschichtenerzählerinnen, die ich jemals hörte, auf oder hinter der Bühne. Sie hat uns so gut wie nie körperlich bestraft – aber wir gaben ihr natürlich dafür auch keine Anlässe. Sie selbst wurde mit einer für heutige Begriffe sehr strengen Disziplin erzogen – obwohl sie und ihre Geschwister natürlich auch sehr geliebt wurden. Meine Mutter fand ihren Umgang mit uns sehr milde im Vergleich zu ihrer Mutter.)

Die Verschüchterung, die meine Mutter bei mir in früher Kindheit angelegt hat und die tiefverwurzelte Angewohnheit, meine Gefühle vor mir selbst und vor anderen zu verstecken, hat mich – selbst noch als Erwachsener – oft daran gehindert, offene Beziehungen zu anderen Menschen aufzunehmen. Dies hat auch dazu geführt, daß ich diese Form der Selbstverleugnung meinen eigenen Söhnen weitergegeben habe.

Wenn wir ständig unsere Gefühle verstecken, so erzeugen wir nicht nur Spannungen und Konflikte in uns selbst, sondern wir machen es auch den anderen schwer. Sie wissen nicht, wie sie unser Verhalten einzuschätzen haben. Sie mißverstehen unsere Handlungen und Worte. Ihre Reaktionen aus dem Mißverständnis heraus überraschen und ver-ärgern uns wiederum. Je tiefer solches Mißverständnis geht, desto schwieriger wird es für denjenigen, der seine Gefühle versteckt, die Sache wieder in Ordnung zu bringen.

Wenn Menschen ihre eigenen Gefühle und die Gefühle der anderen anerkennen – was zwei Seiten einer Medaille sind – und sie diesen Aspekt in ihren Beziehungen ständig zulassen, und nicht nur, wenn Mißverständnisse drohen, so dient dies der generellen Verbesserung ihrer Beziehungen – im Berufsleben, in der Ehe und in der Freundschaft.

Hinsichtlich der Wut, die Kinder über ihre Eltern empfinden können, gibt es einige starke Unterschiede. Dies hängt im wesentlichen davon ab, wie feinfühlig und vernünftig die Eltern in ihrer Erziehung vorgegangen sind. Es gibt allerdings kein Kind, daß nicht zu irgend einer Zeit Wut über seine Eltern verspürt. Und es macht überhaupt keinen Sinn, daß Eltern versuchen, ihre Kinder so freudevoll und vernünftig zu erziehen, daß keine Konflikte entstehen könnten. Dies würde nur dazu führen, daß die Kinder die Grenzen so lange austesten, bis die Eltern explodie-ren.

Eltern haben bestimmte Grundverantwortungen. Sie müssen ihre Kinder dazu erziehen, sich nicht selbst oder andere zu verletzen und das

Eigentum anderer zu achten. Sie müssen sie zur Rücksichtnahme erziehen. Sie müssen ihnen moralische Maßstäbe und Ziele einimpfen. Sie müssen ihren Kindern zeigen, daß man um langfristiger Ziele willen auf kurzfristige Befriedigungen verzichten muß.

Dabei müssen die Eltern nicht plump vorgehen. Kinder möchten – jedenfalls meistens – so werden wie die Eltern, die sie lieben und bewundern. Deshalb sind sie bereit und begierig, dreiviertel der Anpassungsarbeit selbst zu übernehmen. Doch, wie alle Eltern wissen, sind junge Kinder unerfahren, ungeduldig und impulsiv. Ihnen muß regelmäßig gesagt werden: »Wir geben uns die Hände, wenn wir die Straße überqueren!« oder »Wir hängen unsere Sachen an einen Haken, wenn wir sie ausziehen!« oder »Wir räumen unser Spielzeug in die große Kiste!« Diese Form des Bremsens und Mahnens wird ein Kind leicht verärgern. Und wenn Eltern gelegentlich wirklich wütend werden, so werden die negativen Gefühle des Kindes entsprechend intensiv geraten.

Neben den offenen, bewußten Konflikten zwischen Eltern und Kindern gibt es noch die subtilen unter der Oberfläche, die Sigmund Freud durch seine Psychoanalyse beschrieb. Sie rühren zum Teil aus der Rivalität, die ein Sohn mit seinem Vater und eine Tochter mit ihrer Mutter empfindet. Werden wir erwachsen, sind diese Gefühle so unbewußt, daß wir niemals an sie denken. Psychoanalytiker sind aber immer wieder davon überrascht, wie verbittert diese Gefühle selbst bei den Kindern sein können, die nach außen sehr gut mit ihren Eltern zurechtkommen.

In früheren Jahrhunderten wurde angenommen, daß alle Kinder als »Wilde« geboren werden, die nur durch unerbittliche Wachsamkeit und durch erbarmungslosen Druck der Eltern zivilisiert werden können. Jegliches Verhalten, das mißbilligt wurde, sei es Auflehnung, sexuelle Neugier oder bloß Daumenlutschen, mußte durch Schelte oder Bestrafung so energisch wie nötig unterdrückt werden.

Dann machten Freud und andere Psychologen wichtige Entdeckungen über feindselige Gefühle. Sie treten universell, selbst bei den »nettesten« Menschen auf. **Nicht das Bremsen seiner Aggressivität zivilisiert ein Kind, sondern die Liebe zu seinen Eltern und ihre Bewunderung. Sind Eltern besonders streng und kritisch, kann das Kind besonders ängstlich werden und Schuldgefühle angesichts seiner feindseligen Einstellungen entwickeln.** Es befürchtet nicht nur, daß sie in irgendeiner Weise ihm selbst Schaden bringen werden, sondern auch, daß sie eine aktive Form annehmen und die Eltern verletzen könnten. (Bei Kindern ist das magische Denken ganz normal.)

Die Gefühle von Furcht und Schuld führen dazu, daß ein solches Kind seine feindseligen Einstellungen unterdrückt. Es kann sich eine unterwürfige Persönlichkeit ausbilden, oder es können Symptome von Zwangsneurosen oder Phobien auftreten, als verdeckte Formen feindseliger, mit Schuld verbundener Gefühle.

Kinderpsychologen haben solche Symptome durch Rollenspiele behandelt. Hat das Kind Vertrauen zum Therapeuten gewonnen, kann es im Spiel zeigen, wieviel Angst es davor hat, feindselige Gefühle zu zeigen. Dabei kommen diese Gefühle – einschließlich der feindseligen Gefühle gegenüber dem Therapeuten – näher an die Oberfläche. In den Anfängen haben Psychiater den Kindern erlaubt bzw. sie sogar dazu ermutigt, ihre aufkommenden Gefühle gegen den Therapeuten dadurch auszuleben, daß sie ihn schlugen, mit Worten beleidigten oder die Einrichtung des Büros beschädigten.

Allerdings hat die Erfahrung gelehrt, daß es nicht ratsam ist, einem Kind zu erlauben, seine Gefühle des Zorns in Aktionen umzusetzen. Ein Kind weiß einfach, daß es falsch ist, jemanden zu mißbrauchen. Dies zuzulassen, öffnet dem Kind nur eine weitere Quelle für Schuldgefühle. Außerdem wird es verängstigt, wenn, in der Obhut eines Erwachsenen – sei es zu Hause, in der Schule oder in einer Praxis –, dieser Erwachsene es zuläßt, daß das Kind zu toben anfängt. Es kann sich dann immer provokativer verhalten, nur um den Erwachsenen zu zwingen, seine Kontrolle wieder auszuüben.

Wir verlassen uns auf andere und auf unsere eigenen Mechanismen, um uns unter Kontrolle zu halten. Und ein Kind, dessen Mechanismen der Selbstkontrolle noch nicht so stark ausgebildet sind, glaubt, daß es der Bändigung durch einen Erwachsenen bedarf.

Weiter haben die Erfahrungen von Kinderpsychologen gezeigt, daß die übertriebene Hemmung von Gefühlen – insbesondere von feindseligen Gefühlen – erfolgreich überwunden werden kann, indem man über sie spricht – sie müssen nicht in Handlungen umgesetzt werden. Wenn der Therapeut am Spiel, am Gesichtsausdruck oder an der Grantigkeit des Kindes erkennt, daß es wütend ist, erklärt er beispielsweise: »Ich glaube, daß du mir böse bist, weil ich dir nicht erlaube, das Spielzeug mit nach Hause zu nehmen (oder im Flur auf und ab zu gehen oder mit meinem Kugelschreiber zu spielen). Du hast aber Angst, dies zu sagen, weil du meinst, ich könnte dir böse sein und dich bestrafen oder verletzen. Ich weiß, daß alle Kinder manchmal böse auf Erwachsene sind. Ich werde nicht wütend sein, wenn du dich auch so fühlst.«

Mit Gesprächen dieser Art – die in kurzen Abständen erfolgen – zeigt der Therapeut, daß er das Kind weder ablehnt noch seine Wutempfindungen für schlecht hält und daß er es als richtig und hilfreich empfindet, über negative Gefühle zu sprechen. Ähnlich zwanglos und beiläufig können Eltern schon im frühen Alter bei ihrem Kind vorgehen. Wenn Sie das Spiel ihres Dreijährigen unterbrechen müssen, können Sie aufrichtig sagen: »Ich weiß, daß du dich über mich ärgerst, wenn ich so etwas mache.« Ist Ihr Achtjähriger rasend, weil Sie darauf bestehen, daß er sein Bett macht, bevor er mit einem Freund spielen darf, können Sie verständnisvoll, nicht höhnisch, sagen, daß Sie wissen, wie er sich fühlt.

Wenn Sie die Wut eines Kindes anerkennen, so sollten Sie nicht im gleichen Atemzug mit Erklärungen darüber kommen, warum Sie es frustrieren mußten. Dadurch wendet sich die Diskussionsrichtung von der Anerkennung seiner Gefühle, die Sie bezwecken wollten, zu einer Rechtfertigung Ihrer Handlungen. In den Ohren des Kindes scheinen Sie zu sagen: »Du hast kein Recht, auf mich böse zu sein, denn ich habe ein höheres Recht, dich zu kontrollieren.«

Der erste richtige Schritt besteht darin, daß Sie dem Kind einen Moment geben, in dem es Ihre ehrliche Anerkennung seines Ärgers spüren kann. Wenn dann das Kind vorwurfsvoll weiter fragt, warum Sie es überhaupt erst ärgern mußten, werden Sie natürlich Ihre berechtigten Gründe erläutern. Diese Gründe sollten Sie, wenn es Ihnen irgendwie gelingt, nicht entrüstet oder anklagend vortragen, denn so wird wahrscheinlich nur die ursprüngliche Wut des Kindes wieder geweckt. Sie sollten Ihre Erklärung so ruhig wie möglich abliefern.

Die hilfreiche Anerkennung der kindlichen Gefühle muß sich nicht nur auf Wut oder Verärgerung beschränken. Es gibt viele andere Gefühle, die auch als »negativ« bewertet werden, wie Geschwisterneid: »Ich weiß, wie sehr du dich darüber ärgerst, wenn andere Leute Stefanie so viel Aufmerksamkeit schenken.«

Und es gibt andere Gefühle, die Scham oder Verlegenheit beim Kind erwecken: »Ich glaube, du fürchtest dich vor der Dunkelheit, genauso wie ich mich früher davor fürchtete.« Oder Traurigkeit: »Du vermißt dein kleines Kätzchen noch.« Oder sexuelle Wünsche: »Ich merke, daß du meine Brüste berühren möchtest. Jeder Junge hat solche Gefühle. Mütter erlauben ihren Söhne dies aber nicht, weil sie ihre Brüste für sich behalten möchten«, oder wie auch immer Sie Ihre normalen Hemmungen erklären möchten.

Durch die Betonung von kindlichen Gefühlen, die Eltern anerkennen können, möchte ich nicht sagen, daß Eltern ihre Kinder Tag und Nacht beobachten und jedes auftretende Gefühl kommentieren sollen. Es wäre eine ziemlich ungesunde Beschäftigung. Die Anerkennung von Gefühlen muß nur gelegentlich ausgesprochen werden, wenn deutlich wird, daß das Kind im inneren Konflikt steht.

Wichtig ist auch, daß die Eltern nicht unterwürfig und masochistisch zu sein brauchen und sein sollen, wenn sie die Aufmerksamkeit auf die Wut ihres Kindes lenken, als ob sie sagten:»Ich weiß, daß ich als Vater oder Mutter unzulänglich bin und daß ich deinen Groll verdiene.« Es geht nicht darum, daß die Eltern schlechte Eltern sind und vom Kind Tadel verdienen. Es geht darum, daß gute Eltern dem Kind Einschränkungen und Verpflichtungen auferlegen müssen, um ihre Verantwortung zu erfüllen. Und normale,»brave« Kinder müssen ab und zu wütend werden. Niemand ist deshalb ein schlechter Mensch.

Eltern machen zwangsläufig Fehler, beispielsweise, wenn sie ein Kind fälschlicherweise beschuldigen oder bestrafen. Sie haben dann allen Grund, ihre Fehler zuzugeben und sich zu entschuldigen. Aber auch dann müssen die Eltern nicht vor ihren Kindern kriechen. Sie entschuldigen sich nur, weil sie im Unrecht waren; sie können ihre Selbstachtung dabei wahren.

Ich habe diese Warnung noch zuletzt eingefügt, um sicherzugehen, daß Eltern meine Ratschläge dafür verwenden, das gegenseitige Verständnis und den gegenseitigen Respekt zu stärken. Sie sollen nicht dazu führen, daß eine unbequeme Beziehung entsteht, in der das Kind immer der gerechte Ankläger ist und die Eltern, als Übeltäter, immer in der Defensive sind.

Aufklärung

Im 20. Jahrhundert hat sich ein enormer Wandel in der Haltung gegenüber der Sexualität vollzogen, eine Bewegung weg von Scham- und Schuldgefühlen. Eltern wurden von Psychologen und Erziehern gedrängt, ihr Unwohlsein zu überwinden, die natürlichen Fragen ihrer Kinder zu beantworten und sich auf Diskussionen mit ihnen einzulassen. Solche Einflüsse haben es für durchschnittliche Eltern leichter gemacht, sich auf dieses Thema einzulassen. Doch wäre es töricht, wenn

Experten den Eltern die Vorstellung vermittelten, daß es ganz einfach sei, mit ihren Kindern – besonders mit jugendlichen Kindern – über diese Themen zu sprechen.

Selbst in unseren emanzipierten Tagen sind die meisten Eltern doch ein bißchen überrascht, wenn die erste Frage nach den physischen Unterschieden zwischen den Geschlechtern oder nach der Herkunft von Babys von einem zweieinhalb bis dreijährigem Kind gestellt wird. Diese Frage kommt niemals in der erwarteten Weise, am erwarteten Ort oder zur erwarteten Zeit. Und viele Pubertierende (besonders Jungen) sind sich der sexuellen Veränderungen und Gefühle so bewußt, daß sie ihre Eltern, die sie aufklären wollen, dadurch in Verlegenheit bringen, daß sie kurzerhand erklären, daß sie all dies schon wüßten. (So reagierten meine beiden Söhne.) Normalerweise verlaufen die Gespräche zwischen Müttern und Töchtern einfacher.

Zwischen zweieinhalb und sechs machen es die Kinder den Eltern durch ihre Neugier und den Mangel an Selbstbewußtheit noch einfach. Sie saugen jede Information auf – sei sie richtig oder falsch.

In diese Phase – zwischen zweieinhalb und sechs Jahren – fallen verschiedene dramatische Schritte bei der Entwicklung der Gefühle und Vorstellungen des Kindes zur allgemeinen Sexualität. Sie hängen voneinander ab. Sie führen schließlich dazu, daß die Sexualität beim Menschen komplexer, einflußreicher und umfassender ausgebildet ist als bei irgendeiner anderen Art.

Falls sie die Gelegenheit haben, entdecken die meisten Kinder zwischen dem zweiten und dritten Lebensjahr die physischen Unterschiede zwischen den Geschlechtern. Sie sind wahrscheinlich darüber beunruhigt, denn sowohl Jungen wie auch Mädchen nehmen an, daß einem Mädchen der Penis vorenthalten oder verweigert wurde und daß dieses Schicksal einem Jungen auch widerfahren könne.

Zwischen drei und vier Jahren möchten Kinder wissen, woher Babys kommen, und sie möchten eines haben, um für es zu sorgen. Hören Jungen, daß Babys nur im Bauch von Frauen wachsen können, so können sie darauf bestehen, daß dies bei Jungen auch möglich sei – sie sind nicht bereit, ein solches aufregendes Privileg aufzugeben. Mädchen können im Spiel oder direkt den Wunsch nach einem Penis äußern.

Zwischen drei und vier Jahren gibt es weitere emotionale Faktoren – vergnügliche und beunruhigende –, die das Leben der Kinder komplizierter machen. Die meisten Kinder entwickeln intensive Gefühle der Zuneigung zum andersgeschlechtlichen Elternteil. Sie überschätzen dabei die Eigenschaften dieses Elternteils gewaltig. Ein Junge wird ganz sachlich behaupten: »Wenn ich groß bin, werde ich Mammi heiraten!« Und ein Mädchen kann das gleiche von seinem Vater sagen. Diese Form der Bewunderung spielt bei der Ausbildung der romantischen Ideale eine Rolle, die ein Kind später bei seinen Liebesbeziehungen und während seiner Ehe leiten.

Jungen und Mädchen spielen Vater und Mutter und sorgen wie ihre Eltern für ein Kind. Sie neigen zu sexuellen Spielen oder Doktorspielen, was nicht nur ihre sexuellen Gefühle ausdrückt, sondern auch ihre große Neugier hinsichtlich der Geschlechtsorgane.

Mit fünf oder sechs Jahren erkennen die Kinder allmählich, daß sie ihre Eltern nicht heiraten können, da diese bereits verheiratet sind. Dies gibt, wie die Psychoanalyse aufgedeckt hat, Jungen und Mädchen das unbewußte Gefühl, ausgeschlossen zu sein, sie sind eifersüchtig und manchmal voller Zorn. Auf der bewußten Ebene bleiben sie dabei vernünftig, kooperativ und zärtlich. Manchmal erscheinen sie aber etwas mürrisch und schnippisch.

Psychoanalytiker haben herausgefunden, daß Kinder, sobald sie verärgert und wütend auf ihre Eltern sind, annehmen, daß ihre Eltern dies wahrnehmen und in gleicher Weise auf sie reagieren. Wenn ein Junge auf seinen Vater wütend ist, weil dieser schon die Mutter besitzt, so unterstellt er, daß sein Vater auf ihn wütend wird, weil er die Mutter für sich selbst besitzen will. In ähnlicher Weise glaubt ein fünf- bis sechsjähriges Mädchen, das auf die Mutter eifersüchtig ist, daß diese mit der gleichen Eifersucht auf sie reagiert.

Trotz der wachsenden Rivalitätsgefühle gegen den gleichgeschlechtlichen Elternteil identifizieren sich Jungen sehr stark mit ihrem Vater und Mädchen mit ihrer Mutter. Dabei entwickeln sie ihre Idealvorstellungen über die Art, wie sie selbst einmal sein wollen.

Die Psychoanalyse hat auf einen weiteren Faktor hingewiesen, der die Rivalität eines Sohns mit seinem Vater stärkt: der Ärger darüber, daß der Penis seines Vaters viel größer ist als sein eigener. (Ich habe dies deutlich bei einem meiner eigenen Söhne beobachten können.) Er verspürt manchmal den Drang, ihn zu verletzen. Er unterstellt aber dem Vater, daß sich dieser rächt, indem er seinen Penis verletzen würde. Diese Vorstellung wird dadurch unterstützt, daß er ja Mädchen beobachten kann, die keinen Penis haben.

Dieser Komplex zusammenhängender Vorstellungen und Gefühle macht Jungen also zunehmend Sorgen. Bei Mädchen handelt es sich bei den negativen Gefühlen stärker um Ärger über zurückliegende Entbehrungen als Angst vor zukünftigen Verletzungen. Diese Sorgen sind eine Ursache für die Alpträume, die Kinder im Alter zwischen sechs und sieben Jahren haben. Machen sich Kinder in dieser Weise Sorgen, verdrängen sie die ganze Angelegenheit aus ihrem Bewußtsein in ihr Unterbewußtsein. Dort schmort sie und verursacht manchmal neurotische Symptome wie Phobien, die für Außenstehende keinen logischen Sinn machen.

Junge Kinder haben solche Ängste, ihre Phantasievorstellungen sind oft sehr makaber, und sie bekommen häufig nur Bruchstücke von Informationen und Fehlinformationen mit. Deshalb sind ihre Vorstellungen von sexuellen Dingen selbst dann verwirrt und widersprüchlich, wenn ihre Eltern hervorragende Lehrer sind. Lange nachdem sie die richtigen biologischen Tatsachen gehört haben, vertreten sie wieder die Theorie vom Storch. Lassen Sie sich also nicht überraschen!

Im übrigen müssen Sie diese aus der Freudschen Lehre abgeleiteten Ergebnisse nicht akzeptieren, wenn sie Ihnen unsinnig erscheinen. Ich berücksichtige sie hier, weil ich sie während meiner Ausbildung und meiner Praxis überzeugend fand und weil sie mir geholfen haben, das kindliche Verhalten zu verstehen.

Weil sie sich über die Rivalität mit dem gleichgeschlechtlichen Elternteil Sorgen machen, versuchen Kinder zwischen dem sechsten und 12. Lebensjahr häufig, ihr Interesse an der Sexualität, am Heiraten und Kinderkriegen zu unterdrücken. Sie wenden sich erleichtert weniger persönlichen, eher abstrakten Angelegenheiten wie Lesen, Schreiben und Rechnen, der Natur und den Naturwissenschaften zu. Es fällt ihnen dann leichter, Fragen über Sexualität in eher wissenschaftlichen Begriffen zu stellen und entsprechende Antworten zu akzeptieren. Sie fühlen sich wohler, wenn sie etwas über die Sexualität von Tieren, als wenn sie etwas über die von Menschen hören.

Was ändert sich aber nach dem sechsten Lebensjahr an den intensiven, romantischen Mutter-Sohn- und Vater-Tochter-Beziehungen, die, wie ich schon erwähnte, ins Unterbewußtsein verdrängt wurden? Was wird aus der Neugier über die Genitalien und die Herkunft von Babys? Und was wird aus der Bewunderung des Jungen für den Vater und seiner Identifikation mit ihm, die die ganze Zeit neben seinen Rivalitätsgefühlen existiert, und den entsprechenden Gefühlen des Mädchens für seine Mutter?

Zwischen dem sechsten und siebten Lebensjahr vollzieht sich hinsichtlich dieser Emotionen ein Wandel. Die Neugier über die sexuelle Anatomie erweitert sich auf viele Phänomene aus Natur und Technik. Die Kinder versuchen jetzt ihre Bewunderung für den gleichgeschlechtlichen Elternteil und ihre Identifikation mit ihm zu überwinden. Sie wollen unabhängig werden, und ihr Interesse richtet sich nunmehr auf die Gleichaltrigen; sie wollen sich wie sie anziehen, reden und die gleichen Sachen besitzen. Ein Teil dieser Bewunderung wird aber auch auf Idealfiguren, auf Helden aus der Geschichte und dem Sport, auf Erfinder und Entdecker gelenkt.

Die romantische Vernarrtheit in den andersgeschlechtlichen Elternteil wird bis zur Pubertät meist unterdrückt. Sie taucht dann wieder auf in Form von Schwärmereien für einen Lehrer, eine Schauspielerin oder einen Popstar, die in einem höchst idealisierten Licht gesehen werden. Dann verlieben sie sich bis über beide Ohren in bestimmte Zeitgenossen, von deren Körper, Gesicht oder Persönlichkeit irgendeine magische Anziehungskraft auszugehen scheint. Diese frühen Schwärmereien sind oft kurzlebig; denn die pubertierenden Jugendlichen sehen in ihrem Schwarm idealisierte Eigenschaften, nach denen sie sich zwar sehnen, die aber nur in ihrer Phantasie existieren. Doch selbst wenn ihre Wahl realistischer wird, werden viele Sehnsüchte, die aus der lang unterdrückten Liebe zum andersgeschlechtlichen Elternteil übriggeblieben sind, auf die Musik, die Poesie, die Literatur oder die Kunst gelenkt. Die Jugendlichen fühlen einen kreativen Schaffensdrang oder zumindest eine Bewunderung für die Künste. Dante ist das klassische Beispiel: Er wurde durch Beatrice, eine Frau, die er nie kennenlernte, sondern nur einmal kurz in einer Menschenmenge sah, inspiriert, einige der schönsten Gedichte der Weltliteratur zu schreiben. Aufgrund meiner psychoanalytischen Arbeit mit Kindern und Erwachsenen glaube ich folgendes: Die tiefe Liebe eines drei- und vierjährigen Kindes für seinen Vater bzw. seine Mutter wird zwischen dem sechsten Lebensjahr und der Pubertät unterdrückt. Dies bewirkt, daß dem Phänomen der Liebe sowie der menschlichen Empfindungen für die Schönheiten der Natur und der Kunst Kraft, Geheimnis und Inspiration verliehen wird.

Soweit zum Unbewußten und zur Theorie. Wie gehen Sie nun bei einer guten Sexualerziehung Ihres Kindes vor? Wollen Eltern die Fragen ihrer zwei- bis dreijährigen Kinder nach den anatomischen Unterschieden zwischen Jungen und Mädchen beantworten, so sollten sie bedenken, daß sowohl Jungen wie Mädchen annehmen, daß Mädchen irgendwie der Penis weggenommen wurde und Jungen annehmen, daß ihnen das gleiche widerfahren könnte. Eltern können deshalb besonders betonen, daß niemand verletzt wurde, daß die Unterschiede zwischen Jungen und Mädchen, zwischen Mann und Frau von Natur aus bestehen. Die ersten Fragen von Kindern nach der Herkunft von Babys sind vergleichsweise einfach zu beantworten: Im Bauch der Mutter wächst ein Ei heran und das Baby kommt aus einer besonderen Öffnung heraus. Es mag einen Monat oder gar zwei Jahre dauern, bis das Kind auf die Frage kommt, welche Rolle der Vater bei der Entstehung des Babys spielt. Dann (wahrscheinlich zwischen dem vierten und sechsten Lebensjahr) halte ich es für wichtig, daß die Eltern nicht nur vom Penis des Vaters in der Vagina der Mutter erzählen, sondern auch von den Gefühlen gegenseitiger Liebe, dem Wunsch, dem anderen Gutes zu tun, und dem Wunsch, gemeinsam ein Baby großzuziehen.

Ich halte die Sexualität beim Menschen nicht nur für eine physische, sondern auch für eine geistige Sache, nur wird heute der letzte Aspekt häufig unterschlagen. Deshalb findet man heute bei so vielen jungen Teenagern eine solch saloppe, experimentierende und ausschließlich körperlich orientierte Haltung gegenüber der Sexualität. Sie sagen: »Sex ist ein normaler Instinkt, der Freude machen soll.« So gilt dies auch für Kaninchen. Doch bei Menschen, die in liebevollen, an Idealen orientierten Familien erzogen werden, bedeutet sie weit mehr.

Ich glaube, Eltern sollten ihren Kindern dabei helfen, die geistigen und seelischen Aspekte der Sexualität zu erkennen und zu respektieren. Wenn beim Abendbrot über die Heirat zweier (High-School-)Schüler gesprochen wird, dann können sie darauf hinweisen, daß die Ehen sehr junger Menschen häufig auseinanderbrechen, weil sich beide noch stark entwickeln. Wenn über eine Scheidung berichtet wird, dann können sie – ohne Besserwisserei – erklären, daß eine gute Ehe nicht ohne weiteres Zutun einfach existiert, sondern daß die Beziehung wie ein Garten ständig gepflegt werden muß. Eltern sollten ein Beispiel setzen, indem sie ihre Liebe und den gegenseitigen Respekt füreinander und für die Institution der Ehe zeigen. Keine billigen Witze! Kommt das Gespräch auf eine Schwangerschaft von Teenagern, sollten die Eltern darauf hinweisen, daß diese beiden Menschen ihre Verantwortung, eine Schwangerschaft zu verhindern, nicht erkannt haben, denn sie haben nicht gesehen, wie schwer eine Schwangerschaft ihre Ausbildung und ihr ganzes weiteres Leben beeinflussen wird. Solche Kommentare sollten in einer Art und Weise vorgebracht werden, wie auch Erwachsene untereinander über die Themen sprechen würden.

Teenager haben zum Leben und zur Liebe viele Fragen. Sie möchten die Meinungen und Erfahrungen von Altergenossen, aber auch von Lehrern und den Eltern ihrer Freunde hören, solange es sich um sympathische Leute handelt. Daneben möchten sie natürlich auch gerne wissen, was ihre Eltern meinen, doch sie fragen sie ungern, denn sie befürchten, daß ihre Eltern ihnen vorschreiben würden, was sie zu tun und zu glauben hätten. Wenn Sie also solche Themen auf ungezwungene Weise zur Sprache bringen können, erleichtern Sie es Ihren Kindern, die Fragen zu stellen, die sie beschäftigen, und eine ernsthafte und gründliche Diskussion zu führen.

Bücher bieten eine weitere Möglichkeit, mit Teenagern oder jüngeren Schulkindern über Sexualität ins Gespräch zu kommen. Sie können in verschiedener Weise nützlich sein. Meist enthalten sie Diagramme und Zeichnungen, die dem Verständnis selbst der Kinder noch weiterhelfen, die von den glänzendsten Eltern und Lehrern verbal aufgeklärt wurden. In den besten dieser Bücher hat der Autor sehr viel Wert auf den Text gelegt, um seine Position auszudrücken. Schüchterne Eltern, die durch Fragen in Verlegenheit gebracht werden, können ihrem Kind ein solches Buch zum Lesen geben, oder sie können es dem Kind vorlesen und anschließend mit ihm darüber sprechen. Dies zeigt dem Kind zumindest, daß seine Eltern das Thema für ein Thema halten, über das man nachdenken kann, auch wenn sie selbst zu schüchtern sind, um darüber zu sprechen.

Diskussionen über Sexualität zwischen Eltern und ihren pubertierenden Kindern sind aus mindestens zwei Gründen häufig schwierig. Haben die Kinder ihre eigenen intensiven Gefühle wahrgenommen, dann versuchen sie diese vor ihren Eltern, die sich ihnen gegenüber kritisch gezeigt haben, zu verheimlichen.

Als sie noch regelmäßig mit älteren Kindern gespielt haben, mögen sie sadistische Geschichten über die Geburt gehört haben – beispielsweise, daß der Arzt die Mutter aufschlitzt. Eltern, Lehrer und Autoren sollten deshalb die Sache nicht einfach mit dem Satz »Das Kind wird geboren« abtun. Sie sollten statt dessen etwas von dem natürlichen Prozeß der Wehen und dabei ohne Übertreibungen auch von den Schmerzen sprechen.

Die meisten Eltern finden es nicht schwer von Samen, Eiern, der Gebärmutter oder einem Embryo zu reden. Was ihnen schwerfällt, ist den Geschlechtsakt und die dabei involvierten Gefühle zu beschreiben. Eltern können darauf hinweisen, daß es selbst in unserer sexuell aufgeklärten Zeit immer noch viele junge Menschen gibt, die sich trotz ihrer großmäuligen Altersgenossen (von denen sie als frigide oder impotent verspottet werden) für den Geschlechtsverkehr noch nicht reif fühlen und die am liebsten intime Beziehungen bis zur Heirat oder zu festen Bindungen verschieben würden. Mit anderen Worten, es ist richtig, nein zu sagen. Eltern können darauf hinweisen, daß viele der kreativsten Menschen der Welt – Komponisten, Schriftsteller, Künstler und Wissenschaftler – hinsichtlich ihrer intimen Gefühle bis weit in ihre Zwanziger sehr schüchtern waren.

Haustiere

Bei der Diskussion über Haustiere kann ich mich nicht auf eigene Kindheitserfahrungen stützen, denn bis auf Kaulquappen, die ich sammelte, durfte ich keine haben. Jedesmal wenn ich oder mein Bruder oder eine meiner vier Schwestern um einen Hund bettelten, sagte unsere Mutter sehr bestimmt: »Ich habe schon sechs Hunde!« Damit wollte sie uns nicht beleidigen, sondern lediglich darauf hinweisen, daß sie mit uns schon Arbeit genug hatte. Und bekanntlich hatte sie nie eine ihrer Meinungen geändert. Mit der Zeit erkannten wir, daß sie die Tatsache, daß ein Hund kein Anstandsgefühl hat, aufs äußerste mißbilligte: Hunde schnüffeln zu sehr an der Anatomie anderer Hunde (und Menschen) herum und kennen keine Hemmungen, bei hellem Tageslicht in der Öffentlichkeit zu kopulieren. Katzen sind wenigstens feinfühlig und ziehen die Dunkelheit vor. Das, was ich also über Haustiere gelernt habe, stammt von den Tieren meiner Kinder, Enkelkinder und Patienten.

Ich habe mich oft gefragt, was Kinder an Tieren so fasziniert- nicht nur an lebenden Tieren, sondern auch an Stofftieren und Tieren in Geschichten. Ich glaube sogar, daß Vorschulkinder lieber eine Geschichte über ein Kaninchen als über einen Menschen hören würden.

In Kapitel 7 habe ich über Stofftiere, Schmusedecken und andere kuschelige Gegenstände geschrieben, an denen viele Kinder sehr stark hängen. In Zeiten der Regression – wenn sie müde, besorgt oder verletzt sind – streicheln sie sie, während sie zugleich am Daumen lutschen.

Ich glaube, daß sich die Beziehungen zu solchen Trostobjekten im Alter von sechs Monaten allmählich herausbilden, wenn das Baby beginnt, sich als ein von der Mutter getrenntes Wesen wahrzunehmen; es möchte nun Sachen allein machen und seine Selbständigkeit behaupten.

Trostspendende Objekte erinnern das Kind an die Geborgenheit der Mutter, sind aber im gewissen Sinn ein besserer Ersatz; denn von ihnen kann es nicht eingewickelt oder kontrolliert werden. Mit dem Trostspender kann das Kind sowohl seine Sicherheit und Geborgenheit wie auch sein Quentchen Selbständigkeit haben.

Aber zurück zu den lebenden Tieren. Ich vermute, daß ein großer Reiz für Kinder darin liegt, daß sie Gesellschaft bieten, ohne jemals herrisch zu werden. (Nicht nur Erwachsene kommandieren Kinder herum; ältere Kinder tun es ebenso.) Das Kind kann hier das Tier herumkommandieren. Dies zeigt sich in den Tadeln, die es dem Tier austeilt. In ähnlicher Weise erlaubt das Tier, das normalerweise klein ist, dem Kind, sich groß vorzukommen. Aber auch kleine Kinder können wirklich große Hunde in dieser Art herumkommandieren, besonders dann, wenn diese Hunde gutmütig sind.

Man kann sogar sagen, daß ein Tier dem Kind die Möglichkeit bietet, eine Mutter oder ein Vater zu sein – ein Zustand, wonach sich Kleinkinder eifrig sehnen. Mutter oder Vater zu sein bedeutet nicht nur die Ausübung von Kontrolle, es bedeutet auch Liebe, Zärtlichkeit, Trost und Nahrungsmittel zu spenden. Ein Kind spürt, wieviel es ihm bedeutet hat, all dies von seinen Eltern zu bekommen, es möchte dies nun im Gegenzug an seine eigenen echten oder nur vorgestellten »Kinder« oder an andere Kinder bzw. Tiere weitergeben.

Welche Tiere sind am heißesten begehrt und welche sind am besten geeignet? Viele Schulkinder träumen davon, ein Pony zu haben. Kein Wunder. Ein Pony kombiniert die Vorzüge anderer Haustiere mit dem einzigartigen Vorteil, daß es seinen Herrn überall dorthin trägt, wo er hin möchte, und zwar so schnell wie der Wind. Als Kinderarzt hatte ich nie einen Patienten, der tatsächlich ein Pony besaß, und ich weiß, daß diese Art von Haustier sehr unpraktisch ist, wenigstens für ein Stadtkind. Es ist teuer, und die tägliche Pflege ist aufwendig.

Der Hund ist sehr beliebt, weil er so offensichtlich liebevoll, treu, begeistert und verspielt ist. Er vermittelt dem Kind ein Höchstmaß an nichtmenschlicher Gesellschaft. Und weil er von Anfang an liebevoll ist und so schnell auf die ihm entgegengebrachte Liebe reagiert, wird er die Wärme und Zärtlichkeit des Kindes wahrscheinlich fördern. (Womit ich aber nicht behaupten will, daß er ganz allein ein Kind von Unfreundlichkeit oder Bösartigkeit heilen kann.)

Die Nachteile der Hundehaltung liegen darin, daß das Tier geduldig zur Sauberkeit, zur Zurückhaltung gegenüber anderen Menschen sowie zum friedlichen Verhalten gegenüber Fremden erzogen werden muß. Es mag den Nachbarn stören, daß er seinen Garten aufbuddelt. Seine Wildheit kann für ein schüchternes Kind zuviel sein. Und leider werden Hunde (wie auch Katzen) häufig überfahren, was die ganze Familie hart trifft, für ein empfindliches Kind aber besonders bestürzend sein kann.

Ein Katze (und ich hoffe, Katzenliebhaber hierdurch nicht zu verletzen) verfügt nicht unbedingt über die gleiche beharrliche Freundlichkeit oder ausgelassene Verspieltheit wie die meisten Hunde. Daher reizt sie ein Kind, das sich nach einem ständig aktiven Spielkameraden sehnt, vielleicht weniger. Eine Katze ist aber in einer ruhigen Art und Weise zärtlich und weiß Zärtlichkeit zu schätzen. Sie ist leicht zu erziehen, muß nicht Gassi geführt werden und ist in ihrer Freundlichkeit oder Unfreundlichkeit nicht aggressiv.

Das Kaninchen gehört zu den Tieren, die dem Drang des Kindes, für ein anderes Wesen zu sorgen, entgegenkommen. Doch zeigt es keine sichtbaren Liebesbeweise, keine Verspieltheit oder den Drang nach Gesellschaft. Das gleiche gilt für Meerschweinchen, Mäuse, Kanarienvögel und Aquarienfische. Die letzten vier Tiere mögen für ein Kind, das in einer Wohnung wohnt und dessen Mutter keinen Hund bzw. keine Katze haben möchte, einen durchaus akzeptablen Kompromiß darstellen.

Welches Kind sollte ein Haustier haben? **Ich glaube nicht, daß ein Haustier für irgendein Kind in dem Sinne von entscheidender Bedeutung ist, daß es den Unterschied zwischen Glück und Unglück oder zwischen einer befriedigenden oder unbefriedigenden Anpassung ausmachen kann.** Ein Tier kann für ein Einzelkind, für ein Kind, das von Spielfreunden isoliert ist und für ein Kind, das ständig um ein Haustier bittet, unabhängig davon, ob sich seine Eltern über die Ursachen von diesem starkem Bedürfnis im klaren sind, von besonderem Wert sein. (Auch dann, wenn ein isoliertes Kleinkind ein Haustier hat, sollte es ein- oder zweimal jede Woche mit anderen Kindern zusammengebracht werden. Ein Haustier ist kein gleichwertiger Ersatz.)

Wäre die Anschaffung eines Hunds bei einem Zwei-, Drei- oder Vierjährigen, der eine Hundephobie hat, hilfreich? Ein eigener Hund muß nicht unbedingt zur Entspannung beim Umgang mit fremden Hunden führen. Normalerweise entwickelt ein Kind solche Phobien nicht durch schlechte Erfahrungen mit Hunden, sondern aus einer unbewußten, schuldhaften Angst vor der Wut seiner Eltern, die in dieser versteckten Form ihren Ausdruck findet. Die Gewöhnung an einen eigenen Hund ändert nichts an der tiefliegenden Spannung, die das Kind empfindet, selbst wenn sie dieses bestimmte Symptom der Spannung lindern kann.

Bösartiges Verhalten bekommt man bei vielen normalen Kindern erst ab dem dritten Lebensjahr in den Griff. Wenn ihnen danach ist, werden Kleinkinder einander beißen. Ebenso können sie Tiere richtig quälen. Deswegen würde ich normalerweise nicht empfehlen, einem Kind ein Haustier zu schenken, bevor es drei Jahre alt ist. Von diesem Alter an festigt sich die Kontrolle über seine Aggressionen, seine Wertschätzung von Gesellschaft anderer und sein Altruismus. Es gibt natürlich manche Kinder, die auch im Alter von zwei oder jünger kein bösartiges Verhalten zeigen, andere wiederum werden auch noch nach dem dritten Lebensjahr damit zu kämpfen haben.

In keinem Alter sollte ein Kind ein Tier quälen dürfen.

Dagegen kämpfen Sie am konstruktivsten an, indem Sie versuchen, dem Kind beizubringen, seine feindseligen Impulse in zärtliche umzuwandeln. Weisen Sie es darauf hin, falls notwendig mehrmals:»Es tut der Katze weh, wenn du sie schlägst. Streichle sie so. Wenn du die Katze lieb hast, wird sie dich auch lieb haben. Sie mag es, wenn du sie streichelst.«

Jedes Kind, das ein Tier haben möchte, wird bei allem, was ihm hoch und heilig ist, schwören, daß es das Tier regelmäßig füttern, ausführen und pflegen wird. Und jahrhundertelange Erfahrung hat gezeigt, daß nur wenige Kinder – besonders Kleinkinder – verantwortungsbewußt genug sind, um ihre Versprechen nach den ersten Tagen einzuhalten – es sei denn, sie werden von ihren Eltern regelmäßig angeleitet.

Wird ein Tier aber auf der Grundlage solcher Versprechen angeschafft, so ist es nach meiner Meinung richtig, wenn das Kind an seine Versprechen gebunden wird. Um die Nörgelei und die gegenseitigen Beschuldigungen möglichst gering zu halten, sollten sich Eltern und Kind auf eine Routine einigen, nach der das Kind die Arbeiten immer zur gleichen Tageszeit ausführt – beispielsweise gleich nach dem Frühstück oder vor dem Abendessen. Die Eltern können dann ohne zu fragen leicht sehen, ob die Arbeiten durchgeführt wurden. Falls nötig, können sie das Kind daran erinnern:»Es ist jetzt Zeit, Hasso zu füttern!«

Oder die Eltern können die Pflege des Tieres einfach übernehmen, ohne dem Kind Vorwürfe zu machen. Das System sollte aber gleichbleibend sein, egal welche Methode gewählt wird. Ich argumentiere hier gegen ständige Unentschlossenheit, gekoppelt mit ständigem Meckern: an einem Tag das Kind zur Arbeit anzuhalten, es am nächsten Tag kommentarlos davonkommen zu lassen und am dritten Tag zuzulassen, daß es die Arbeit nicht macht, es aber nachträglich zu tadeln. Inkonsequenz seitens der Eltern ermuntert das Kind dazu, seinen Verpflichtungen auszuweichen.

Wenn ein Haustier stirbt oder weggegeben werden muß, ist es normal und nur richtig, daß das Kind über Tage oder sogar Wochen hinweg bestürzt und deprimiert ist. Eltern können mit den besten Absichten versuchen, diese Trauer zu verringern, indem sie mit fröhlicher Miene gleich ein neues Haustier in Aussicht stellen. Dies ist aber falsch.

Die Erfahrung aus der Psychiatrie zeigt, daß die richtige Art und Weise, über den Verlust eines Menschen oder anderen Wesens hinwegzukommen, darin besteht, diesen Verlust zu fühlen, über ihn zu sprechen und ihn nicht zu unterdrücken. Und wenn das Kind sieht, daß seine Eltern von einem in seinen Augen tragischen Todesfall unberührt zu sein scheinen, könnte es annehmen, daß ihre Liebe für es selbst genauso oberflächlich und vergänglich ist. Das Kind sollte von allein auf den Wunsch nach einem Ersatztier kommen.

Der Tod sollte sich für das Kind nicht als eine völlig negative Angelegenheit darstellen. Er ist ein Teil des Lebens, mit dem jeder von uns zurechtkommen muß, zunächst als eine theoretische Bedrohung, dann durch den Verlust von Haustieren, Freunden und Verwandten und schließlich durch den eigenen Tod.

Der Tod lehrt uns, bescheiden zu sein und unser Leben bewußt fortzuführen. Er verlangt Mut und Würde von uns. Eltern sollten dem Kind ein Beispiel geben – in ihren Worten, mit ihrem Verhalten und durch ihre Einstellung. Der Tod eines Haustieres ist normalerweise nicht so erschütternd wie der Tod eines engen Verwandten. So bietet er den Eltern und dem Kind eine leichter zu verarbeitende Lektion.

Kleinkinder neigen von sich aus dazu, den Tod eines Tieres durch eine Zeremonie feierlich zu begehen, auch wenn sie nur den Körper in eine mit Watte gefüllten Schachtel legen und diese würdevoll begraben. Eltern sollten mit der gleichen ehrfurchtsvollen Stimmung wie das Kind an solchen Zeremonien teilnehmen.

Kinderpsychiater haben erkannt, daß ein junges Kind – besonders wenn es noch nicht sechs Jahre alt ist – ernsthaft bestürzt sein kann, wenn ein Haustier wegen Krankheiten, Verletzungen oder nicht akzeptablen Verhaltensweisen (wie Menschen anzufallen) getötet werden muß. Daraus schließt das Kind, daß ihm das gleiche Schicksal bzw. die gleiche Bestrafung widerfahren könnte. Es wäre meiner Meinung nach besser, zu erklären, daß nach Meinung des Arztes das Tier von nun an auf dem Land oder anderswo leben soll, und daß der Arzt ihm ein neues Zuhause finden wird.

Sollten die Eltern aus irgendwelchen Gründen gegen die Anschaffung des von ihrem Kind gewünschten Tieres oder überhaupt eines Tieres sein, so ist es wichtig, daß sie ihre Haltung mit Entschlossenheit vertreten. Heutzutage sind viele Eltern unsicher, ob sie das Recht haben, ihrem Kind einen Wunsch abzuschlagen, obwohl dessen Erfüllung in ihren Möglichkeiten liegt. Sie sind auch dann unsicher, wenn sich die Erfüllung des Wunschs nicht mit ihren eigenen Wünschen oder mit ihrem Bedürfnis nach Bequemlichkeit verträgt. Letztlich entscheiden sie sich vielleicht zu ihren Gunsten. Doch ihre Schuldgefühle können dann sehr augenfällig zu Tage treten. Dadurch würde das Kind zum endlosen Betteln, Jammern und zu Vorwürfen angetrieben.

Ich bin der festen Überzeugung, daß Eltern das gute Recht haben, endgültige Entscheidungen hinsichtlich ihres Kindes zu treffen – nach Berücksichtigung der Wünsche des Kindes und ihrer eigenen Wünsche. Wenn Eltern ihre Entscheidungen fällen können, ohne ein schlechtes Gewissen zu bekommen (dadurch, daß sie sie gemeinsam durchdenken) und diese Entscheidungen ohne Schuldgefühle bekanntgeben, wird das Kind viel eher geneigt sein, sie mit fröhlicher Miene zu akzeptieren.

Gott und Religion in der Familie ohne religiöse Bindungen

In den letzten hundert Jahren ist es schwieriger geworden, mit Kindern über Religion zu sprechen; die religiösen Einstellungen haben sich verändert, und bei vielen Menschen ist der Glaube schwächer geworden. Doch zugleich läßt viele von uns, die Freidenker sind oder nur schwache religiöse Bindungen haben, das Konzept des Universums als ein rein physikalisches System und die Auffassung des Menschen als ein aus biologischen Zellen und chemischen Stoffen bestehender, durch den Prozeß der Evolution entwickelter Apparat unbefriedigt. Wir sehnen uns nach mehr Bedeutung in unserer Existenz. **Wir spüren in uns und**

in den Menschen um uns herum eine geistige Macht. Wir möchten dieser Macht einen Namen und eine Identität geben und unsere persönliche Beziehung zu ihr definieren.

Dieser Abschnitt ist in der Hauptsache nicht an die Leser gerichtet, die einen festen Glauben haben. Sie haben die wenigsten Schwierigkeiten, wenn sie mit ihren Kindern über religiöse Dinge sprechen. Er richtet sich auch nicht an diejenigen, die mit voller Überzeugung ihren Atheismus weitergeben wollen. Er richtet sich vielmehr an alle, die dazwischen stehen: an die Leser unbestimmten Glaubens, die zu der Meinung neigen, daß es einen Gott gibt, ihren Kindern diesen Gott aber nicht beschreiben können; an die Agnostiker, die unsicher sind, wie sie ihre eigenen Zweifel erklären können und an diejenigen, die ich als demokratische Atheisten bezeichne, die die Bildung einer eigenen religiösen Meinung bei ihren Kindern anstreben.

Viele dieser Eltern stellen folgende Fragen: Was können wir Kindern über Religion und geistige Werte beibringen? Sollen wir unsere Zweifel zugeben, wenn die Kinder danach fragen? Sollten wir so tun, als ob unser Glaube stärker sei, damit wir unseren Kindern eine feste Stütze sind – wenigstens vorübergehend? Oder sollten wir die ganze Verantwortung auf die Kinder übertragen und ihnen sagen, daß sie früher oder später selber entscheiden müssen? Was ist von der Forderung zu halten, daß Kinder christlicher und jüdischer Herkunft als Teil ihrer kulturellen Bildung wenigstens etwas über die Bibel wissen sollten? Wie verhält es sich mit dem Religionsunterricht? Welche psychologische Wirkungen auf Kinder haben die tiefen Schuldgefühle, die Drohung mit der Verdammung und der Hölle, die von manchen Kirchen und Seelsorgern gepredigt werden?

Um die Auswirkung dieser Fragen auf Kinder zu verstehen, finde ich es hilfreich, über die Bedeutung einer Religion wie das Christentum oder das Judentum für Kinder in unterschiedlichen Stadien der emotionalen Entwicklung nachzudenken und wie ihre Gefühle in den jeweiligen Stadien zu ihren religiösen Einstellungen als Erwachsene beitragen.

Im Alter von drei, vier und fünf Jahren bewundern und lieben Kinder ihre Eltern über alles. In ihrem Gefühl der Geborgenheit und Sicherheit sind sie stark von ihnen abhängig. Sie glauben, ihre Eltern seien die klügsten, reichsten, mächtigsten und schönsten Menschen auf der ganzen Welt. Sie sind darauf erpicht, die Verhaltensweisen und Einstellungen ihrer Eltern nachzuahmen. Sind ihre Eltern ehrfürchtige Gläubige, dann werden diese jungen Kinder ihre eigene Version der gleichen Einstellung entwickeln; sie akzeptieren Gott auf Geheiß der Eltern. Es wird keine Diskussionen geben, vielleicht aber Fragen.

Da Eltern die weitaus wichtigsten Menschen auf der Welt sind, werden sich junge Kinder Gott ähnlich ihrem Vater oder ihrem Großvater vorstellen, sowohl im Aussehen wie auch in den Einstellungen. (Hierin spiegelt sich ein Sexismus unserer Gesellschaft, denn es gibt keinen Grund, warum Gott nicht, wie in anderen Gesellschaften, weiblich sein könnte.) **Die Assoziation zwischen Gott und den Eltern wirkt sich auch in einer weiteren Hinsicht aus. Sind die Eltern sanfte, liebevolle Menschen, neigen die Kinder dazu, Gott als freundlich und zustimmend zu sehen. Sind die Eltern streng, so werden sie wahrscheinlich die richtenden Eigenschaften Gottes betonen.** Besonders im Alter zwischen drei und sechs entwickelt sich die Bereitschaft des Kindes, Gott zu lieben, sich auf ihn zu verlassen oder ihn zu fürchten. Menschen, die während der frühen Kindheit keine Liebe erfuhren, stoßen später meist nicht zur Religion.

Zwischen dem sechsten und 12. Lebensjahr versuchen Kinder, einen Teil ihrer Abhängigkeit von den Eltern zu überwinden. Sie beginnen, sich an die soziale Umwelt anzupassen. Wenn ihre Eltern nicht an Gott glauben, werden die Kinder nun Hinweise auf die Religion aufnehmen und ihren Eltern entsprechende Fragen stellen. Als mein ältester Sohn sieben Jahre alt war und wir ein Wochenende mit Freunden verbrachten, hörte er zum ersten Mal von der Hölle und der Verdammung. Da wir keine Kirchgänger waren, wollte er von uns wissen, ob wir uns vor Höllenfeuer fürchteten. Er wollte offensichtlich wissen, wie er seine eigene Familie bezüglich religiöser Dinge mit anderen Familien vergleichen konnte. Gehörten wir einer normalen, anerkannten Kategorie an, auch wenn dies die Kategorie der Nichtgläubigen ist? Er nahm unsere Erklärungen und unsere Zusicherungen bezüglich des Höllenfeuers bereitwillig an.

Das in diesem Alter vorhandene Streben nach Unabhängigkeit macht sich eher an oberflächlichen Angelegenheiten fest, bei denen Kinder typischerweise gegen ihre Eltern rebellieren. Sie sind geneigt, gegen familiäre Vorschriften zu verstoßen, indem sie sich unordentlich, schmutzig, laut und unhöflich geben. Gegen die ernsthafteren Moralvorstellungen und die religiösen Einstellungen ihrer Eltern lehnen sie sich nicht auf.

Die meisten sechs- bis zwölfjährigen Kinder denken kaum über die

Bedeutung von Religion nach. Sie haben auch kaum die Sehnsucht nach einer persönlichen Beziehung zu Gott. Dies ist ein recht unpersönliches Alter, in dem tieferliegende Gefühle eher vertuscht werden. Die Kinder interessieren sich aber für Fragen der Autorität, da sie nun ihrer früheren absoluten und freiwilligen Unterordnung unter ihre Eltern zu entwachsen versuchen. Sie verspüren das Bedürfnis, die Eltern durch eine andere Autorität zu ersetzen, die sie nun respektieren können. Sie können ihre Väter und Mütter fragen, ob sie, als Eltern, dem Bürgermeister gehorchen müssen, ob der Bürgermeister dem Ministerpräsidenten und der Ministerpräsident dem Bundeskanzler gehorchen muß. Die Entdeckung, daß ihre Eltern sich Vorgesetzten unterordnen müssen, gefällt ihnen. Wenn sie in einer religiösen Familie groß werden, gefällt ihnen auch, daß jeder die Vormachtstellung Gottes anerkennt, einschließlich Väter und Präsident.

Ihr Gewissen ist in dieser Phase streng und willkürlich. Richtig ist richtig, und falsch ist falsch. Es gibt keine grauen Zonen, keine Toleranz für menschliche Schwächen.

Die Stärkung des Gewissens und der Schuldempfindung und die Bereitschaft, eine höhere moralische Autorität anzuerkennen, bilden gewissermaßen die zweite Stufe der Bereitschaft für unsere christlich-jüdischen Religionen.

Während der Pubertät wird Religion oft etwas völlig anderes. Gefühle aller Art tauchen auf – Gefühle der körperlichen Anziehung und Anbetung, der idealistischen Hingabe an eine Sache, Schönheitsempfinden in all seinen Formen und das Interesse an den seelischen Seiten des menschlichen Lebens. Die Kinder sehnen sich danach, sinnvolle intensive Beziehungen einzugehen. Dies betrifft auch ihre persönliche Beziehung zu Gott, wenn sie religiös erzogen wurden.

Während der Pubertät werden Kinder von den Veränderungen in ihrem Körper und von den neuen Gefühlen verwirrt und verängstigt. Sie haben ihre alte, gewohnte Identität als Kind verloren. Es werden Jahre vergehen, bis sie ihre volle Identität als Erwachsene finden. Sie suchen deshalb einen vertrauten Lehrer, einen Verwandten, ältere Geschwister oder einen bewährten Freund für vertrauliche Mitteilungen, Ratschläge und das Gefühl der Geborgenheit. (Meist wenden sie sich nicht an die Eltern, weil die Rivalität zwischen den Generationen nun verstärkt hervortritt und weil Eltern zu häufig tadeln.) Einige wenden sich an Gott, entweder direkt oder durch einen Pfarrer, einzeln oder durch den Eintritt in eine kirchliche Jugendgruppe.

Auf der anderen Seite veranlaßt die Rivalität mit ihren Eltern manche Jugendliche zur Ablehnung des elterlichen Glaubens oder der Religion – wenigstens vorübergehend.

Die Elemente, die im weiteren Leben für eine fortgesetzte Bindung an Gott und die Kirche sorgen, sind genau die gleichen menschlichen Bedürfnisse, die sich während der aufeinanderfolgenden Phasen der Kindheit entwickelten. Es gibt den Wunsch, einen Verständigen zu lieben, auf den man sich unter allen Umständen verlassen kann; der Wunsch nach einem Moralkanon und die Sehnsucht nach Vergebung der Sünden, wenn man all dem abschwört, was die Eltern, die Gesellschaft und Gott für falsch erklären.

Wollen Kinder diese komplizierten Sachverhalte verstehen, werden sie wahrscheinlich einen kleinen Schritt nach dem anderen machen müssen. Falls ihre Neugier weiter reicht – nach einer Minute oder nach einem Monat –, werden sie weitere Fragen stellen. Es empfiehlt sich also, nur die vom Kind gestellten Fragen zu beantworten und keine weiteren Antworten zu geben.

Vorschulkinder stellen Tausende von Fragen über Sachen, die sie gesehen oder gehört haben, besonders aber über Dinge, die sie beunruhigen. »Was hat der Mann dort mit seinem Bein? Warum ist das Gras grün? Ist eine Katze ein Mädchen oder ein Junge? Warum ist der Käfer gestorben? Muß ich auch sterben?« Ihre Neugier erstreckt sich aber meist nicht auf Sachverhalte, auf die sie nicht vorher aufmerksam gemacht wurden; das kommt erst später.

In einer Familie von Gläubigen, in der häufig von Gott die Rede ist, neigen Kleinkinder zu solchen realistischen Fragen wie »Wo wohnt Gott? Kann ich Gott sehen? Hat Gott mich lieb?« Das heißt, zeigt Gott Mißbilligung, wie meine Eltern auch manchmal? »Hat Gott eine Mami?« Hiermit wollen die Kinder wissen, wer für Gott sorgt, ob er eine Mutter oder eine Frau hat. (Wenn sie von Erwachsenen sprechen, machen sie keinen deutlichen Unterschied zwischen Mutter und Ehefrau. Gelegentlich werde auch ich – trotz meiner grauen Haare – von netten jungen Patienten gefragt, ob ich eine Mutti hätte.)

Sehr gewissenhafte, ehrliche Eltern mögen bei der Beantwortung von Fragen wie »Wo wohnt Gott?« Schwierigkeiten haben, denn auch in der Bibel stehen keine eindeutigen Aussagen über den Standort des Himmels. Kinder möchten aber eine klare Antwort. In Wirklichkeit ist dieses Problem nicht so schlimm, wie es Eltern, die die nächsten Fragen immer schon vorhersehen, erscheint. Ein Kleinkind mag sich mit der Antwort

»im Himmel« zufriedengeben. Dessen geographische Lage möchte es wahrscheinlich ebensowenig wissen wie die von Rom.

Ich finde, Fragen wie »Kann ich Gott sehen?« oder »Warum kann ich Gott nicht sehen?« aus dem Mund eines Drei-, Vier- oder Fünfjährigen sind schwierig zu beantworten. Auch Eltern, die regelmäßige Kirchgänger sind, werden hiermit Probleme haben, denn der Geist ist nicht greifbar. Sie können dem Kind zeigen, daß es mit diesem Problem nicht allein steht, indem sie sagen: »Niemand kann Gott sehen.« Eltern können dann versuchen, den Begriff »Geist« durch ein Beispiel zu beschreiben: »Gott ist ein Geist, ist der Heilige Geist. Das heißt, daß er keinen Körper hat wie du oder ich. Wir glauben, daß Gott überall ist, daß er über uns wacht, unsere Gebete hört und uns liebt. Du kannst den Wind auch nicht sehen? Doch spürst du ihn und weißt, daß er da ist.«

Nichtgläubige Eltern können eine ähnliche Erklärung geben, aber anstatt sie sich zu eigen zu machen, folgendes voranschicken: »Menschen, die an Gott glauben, meinen, daß er keinen Körper hat wie du oder ich. Für sie ist Gott ein Geist, der Heilige Geist. Das heißt, daß er sich überall aufhält«, und so weiter.

Und wenn das Kind dann fragt: »Glaubst Du an Gott?«, so können die Eltern dann meiner Meinung nach sagen: »Ja, aber ich weiß nicht, wie Gott eigentlich ist.« Oder: »Nein, aber wir haben viele Freunde, die an ihn glauben. Wir glauben aber an manches, was Jesus Christus gelehrt hat.« Oder: »Nein, wir glauben nicht an Gott. Aber wenn du älter bist, wirst du dich vielleicht entschließen, an ihn zu glauben.«

Unabhängig davon, ob die Familie religiös ist oder nicht, werden sechs- bis zehnjährige Kinder Bemerkungen von Freunden, Eltern und anderen Menschen mitbekommen und penetrante Fragen stellen, falls die Eltern das Fragen allgemein bei ihren Kindern gefördert haben. Eltern, die hinsichtlich ihrer eigenen Interpretationen von religiösen Dingen unsicher sind, fällt es meines Erachtens oft leichter, auf die Bibel oder auf den Pfarrer als Autorität in dieser Frage zu verweisen als zu versuchen, selbst Fachmann zu sein. Wenn sie nicht weiterwissen, können sie sich hinter der Bibel verstecken. Gläubige Eltern können in einer Art und Weise auf die Bibel verweisen, die deutlich macht, daß sie entweder voll und ganz daran glauben, oder einige Vorbehalte haben. Nichtgläubige Eltern können die Bibel als ein Geschichtsbuch darstellen, das im Altertum von vielen Menschen geschrieben wurde, ohne ihren eigenen Glauben oder fehlenden Glauben hierbei aufzudrängen – wenigstens nicht, bis sie danach gefragt werden.

Eltern, deren Glaube unbestimmt ist und die nicht regelmäßig zur Kirche gehen, können Fragen nach Gott und der Bibel in folgender Weise beantworten:»Die Bibel ist ein Buch, das vor Tausenden von Jahren geschrieben wurde. Darin wird erzählt, wie am Anfang jemand, den man Gott nennt, die ganze Welt geschaffen hat. Darin steht, daß er die Sonne, den Mond und die Sterne, das Gebirge und die Ozeane gemacht hat. Es steht geschrieben, daß er sämtliche Tiere, Vögel und Fische und schließlich auch uns Menschen gemacht hat. Viele Leute gehen sonntags in die Kirche, um Lieder für Gott zu singen und um ihm für all die guten Sachen, die sie haben, zu danken – für ihr gutes Essen, für ihre Häuser und ihre Kleidung. Diese Menschen gehen auch zur Kirche, um Gott zu bitten, ihnen zu helfen, ein gutes Leben zu führen. In der Bibel steht, daß Gott im Himmel wohnt, aber wir wissen nicht, wo dies ist. Manche Leute sagen einfach:›In den Wolken.‹ Die Menschen, die zur Kirche gehen, können Gott dort nicht wirklich sehen. Sie haben trotzdem das Gefühl, daß er dort ist – nicht in Form eines Körpers, sondern eines Geistes.«

Was können neben der Beantwortung solcher Fragen religiöse Eltern unternehmen, um das religiöse Empfinden bei ihren Kleinkindern zu fördern? Die Antwort liegt – wie ich finde – auf der Hand. Sie können ihre Kinder lieben (während sie von ihnen Respekt verlangen) und ihnen ein Beispiel einer ihres Erachtens guten christlichen oder jüdischen Lebensführung geben. Die Kinder werden das Übrige durch Nachahmung und durch Identifikation dazutun. Sie werden die elterliche Religion beibehalten, wenigstens bis ins rebellische Jugendalter. Lehnen sie diese dann ab, so können sie später, wenn sie erwachsen geworden sind und eine unabhängige Identität erlangt haben, zu ihr oder zu einer anderen Religion zurückkehren. Und selbst dann, wenn sie nicht formell einer Kirche angehören wollen, können sie aufgrund ihrer Erziehung sehr wohl an ethischen Vorstellungen und an Idealen orientierte Menschen bleiben. Und Eltern, die nicht religiös sind, aber an bestimmten Wertvorstellungen ernsthaft festhalten, die sie mit ihren Kindern teilen, können natürlich erwarten, daß ihre Kinder letztlich auch über feste Wertvorstellungen verfügen werden, wenngleich diese nicht identisch mit ihren eigenen sein müssen.

Religiöse Eltern sind meines Erachtens gut beraten, wenn sie ihre eigenen Prinzipien und die Prinzipien ihrer Kirche dann mit ihren Kindern diskutieren, wenn Verhaltens- oder Glaubensfragen bezüglich der Familie oder der Außenwelt aktuell auftauchen. Mit anderen

Worten: Religion sollte nicht auf den Sonntag begrenzt sein. In jedem Fall ist es besser, solche Gespräche in einer positiven, zustimmenden als in einer vorwurfsvollen Weise zu führen. Und es ist auch nicht notwendig, viel zu beten. Das Ziel der Eltern sollte es sein, die Prinzipien eher zu erklären als einzutrichtern.

Ich glaube, daß religiöse und ethische Ideale in Diskussionen geklärt werden sollten, beispielsweise ob der Mensch von Natur aus gierig, selbstsüchtig, zaudernd, faul, reizbar, ängstlich, eifersüchtig oder sexgierig sei. Kindern kann dadurch gezeigt werden, daß nicht nur ihr Verhalten kritisch gesehen wird.

Doch ich glaube auch, daß man Kinder nicht lehren sollte, daß Menschen vorwiegend schlecht seien und daß nur Gott gut ist. Ich bin davon überzeugt, daß die positiven Eigenschaften eines Menschen – Liebe, Großzügigkeit, Kooperationsbereitschaft, Treue und Hilfsbereitschaft – stärker als die negativen sind – vorausgesetzt er ist in einer liebevollen Familie aufgewachsen.

Ich bin fest davon überzeugt, daß man Kindern, und besonders jungen Kindern, Gespräche über das Höllenfeuer oder die Rache Gottes ersparen sollte. Die Bilder, die damit in der Phantasiewelt junger Kinder erzeugt werden, sind weitaus erschreckender und furchteinflößender als diejenigen, die sich ältere oder Erwachsene machen.

Ich bin auch dagegen, daß man schwere Schuldvorstellungen erzeugt. Ich wurde exzessiv durch Schuldgefühle erzogen, diese wurden allerdings nicht direkt mit Gott in Zusammenhang gebracht. Ich weiß, wie mir dies als Kind Angst vor jedem einflößte und mich auch später noch stark hinderte. (Stand ich als Schüler vor einer Prüfung, so entwickelte ich wegen der Aspekte eines Themas, die ich nicht vorbereiten konnte, so starke Schuldgefühle, daß ich es fertigbrachte, diese Aspekte in eine Antwort einzubringen, obgleich danach überhaupt nicht gefragt wurde. So demonstrierte ich meine Unkenntnis.) Ich habe erfahren, daß exzessive Schuldgefühle zerstörerisch wirken können, ohne daß sie, zum Ausgleich, moralische Vorteile bieten. Dabei möchte ich »exzessiv« betont wissen, denn alle guten Mitbürger brauchen in ihrer Kindheit und als Erwachsene ein Mindestmaß an Schuldgefühlen, um sich einigermaßen einordnen zu können.

Ich glaube, daß religiöser Unterricht – solange die Lehrer eine positive Einstellung an den Tag legen – viel bieten kann, selbst Kindern aus atheistischen oder religiös gleichgültigen Familien. Das Judentum und das Christentum sind wesentliche Bestandteile der Geschichte, der Kultur und der Geisteshaltung der meisten Menschen in den Vereinigten Staaten und in der westlichen Welt, selbst der Menschen, die diese Religionen heute ablehnen. Und es ist ein bedeutender Bestandteil der Erziehung, die Vergangenheit zu verstehen. Es ist ebenfalls nützlich, die biblischen Geschichten zu kennen, auf die sich viele Mitmenschen beziehen, ebenso ihre Lieder, die in der Kirche, oft aber auch außerhalb gesungen werden. Dies alles ist Teil einer gemeinsamen kulturellen Erfahrung. Fairerweise dürfen Eltern, die selbst nie in die Kirche gehen, ihre Kinder nicht zum Kirchgang zwingen. Gleichwohl können sie es ihnen empfehlen.

Natürlich gibt es Eltern, die entschiedene Nichtgläubige und davon überzeugt sind, daß es unehrlich und irreführend sei, so mit ihren Kinder zu sprechen, als gäbe es die Möglichkeit der Existenz Gottes oder daß sie damit einverstanden wären, wenn ihre Kinder zum Glauben finden. Ihnen empfehle ich, daß sie ihren Kindern durch ihr eigenes Verhalten Beispiel für ihre ethischen Wertvorstellungen geben, und daß sie ab und an ihre Auffassungen mit ihren Kindern diskutieren – nicht aus »heiterem Himmel«, sondern wenn sich aus dem Geschehen in der Familie, in der Nachbarschaft oder in der Welt ein entsprechender Gesprächsanlaß bietet.

Dies erwähne ich, weil die Reaktion von Freidenkern und Atheisten gegen die etablierten Religionen oft dazu führt, daß sie vor der Diskussion über seelische Angelegenheiten jeglicher Art zurückschrecken. Sogar Worte wie »seelisch« oder »geistig« mögen ihnen verdächtig erscheinen, als ob sie ein Deckmantel für Religiöses seien. Für mich sind mit diesen Begriffen Gefühle positiver Art bezeichnet, im Gegensatz zu materiellen Gütern – Gefühle wie Menschenliebe, Familien- und Gemeinschaftssinn, Mut, die Liebe zur Musik und Landschaft. **Bis auf unsere materialistisch eingestellten Mitmenschen haben wir alle starke seelische Wert- und Glaubensvorstellungen, auch dann, wenn wir sie nie erwähnen. Unsere Kinder nehmen diese allmählich und in aller Stille auf, während sie mit uns zusammenleben.** Es hilft ihnen, Werte und Glaubensinhalte zu klären, die Aspekte, die für sie von Bedeutung sind, zu erkennen und sie als ihre eigenen zu übernehmen, wenn wir selbst davon sprechen und mit ihnen darüber diskutieren.

Zwischen dem sechsten und 12. Lebensjahr, einer Zeit also, in der sie sich moralisch richtig verhalten wollen, brauchen Kinder das Gespräch über seelische Wertvorstellungen. Außerdem erfahren sie in solchen Gesprächen, daß sie durchaus ein System von Werten besitzen, obgleich ihre Familie vielleicht keiner Kirche angehört. Diejenigen, die fest in einer der religiösen Gemeinschaften verwurzelt sind, behaupten, daß das Leben vieler Menschen unter dem Mangel an Religiosität leide. Gewiß hat in vielen Gesellschaften die Religion den Menschen Orientierung und Lebenssinn gegeben. Haben allerdings die Naturwissenschaften für manche Menschen die Glaubwürdigkeit, die Autorität und den Mystizismus der Religionen untergraben, so gibt es keine Möglichkeit, den alten Zustand durch einen Befehl wiederherzustellen. (Dies mag vielleicht auf dem Sterbebett möglich sein, aber das ist etwas anderes).

Ich habe die Hoffnung, daß genug Menschen die sozialen Mißstände und Zerstörungen erkennen werden, die aus unserer Armut an geistiger Orientierung entstehen. Ich hoffe, daß sie durch soziale oder ökologische Katastrophen schockiert werden. Ich hoffe, daß sie von einem geistigen Vorbild inspiriert werden – mit der Konsequenz, daß sie – wie einträglich auch immer ihre Beschäftigung ist – sich vom Ideal des Dienstes am Mitmenschen leiten lassen und diese Haltung an ihre Kinder weitergeben. Ich bin davon überzeugt, daß wir uns ohne eine solche Umkehr durch unseren zielstrebigen Materialismus selbst zerstören. Ich leite dies nicht von religiösen oder moralischen Systemen ab, sondern einfach von der Beobachtung der Auflösungserscheinungen unserer Gesellschaft.

Märchen und andere Geschichten

Seit ich in den frühen dreißiger Jahren meine Ausbildung als Kinderarzt und Psychiater beendet und als Arzt praktiziert habe, ist mir immer wieder die endlose Kontroverse darüber begegnet, ob grausame Märchen gut oder schlecht für kleine Kinder seien. Eine Agentur meldet: »Psychologen erklären, Märchen seien ein gesundes Ventil für die feindseligen Gefühle von Kindern.« Eine Woche später wird dann wieder ein Psychologe mit dem Satz zitiert: »Grimms Märchen erzeugen Alpträume und Phobien.«

Natürlich stimmt es, daß die meisten Kinder in den ersten Jahren feindselige Gefühle und Phantasien entwickeln, weil sie durch ihre Eltern frustriert wurden, oder durch die Rivalität mit ihren Geschwistern.

Sie besitzen eine Veranlagung, diese Feindseligkeit zu verleugnen und zu unterdrücken, weil sie sich in dem Ausmaß schuldig fühlen, in dem ihre Eltern feindselige Gefühle mißbilligen.

Aufgrund dieser fast universellen Schuldgefühle beruhigt es Kinder, wenn sie davon erfahren, daß andere Menschen auch ärgerlich werden, daß man über feindselige und grausame Phantasien sprechen darf, und daß solche Phantasien andere nicht verletzen oder gar töten können. (Ganz ähnlich fühlen sich gewissenhafte Eltern erleichtert, wenn sie davon hören, daß andere Eltern auch wütend über ihre Kinder werden können und auch manchmal das Gefühl bekommen, sie könnten sie umbringen.) Aus dieser Überlegung haben einige Psychiater und Psychologen dafür plädiert, kleinen Kindern grausame Märchen vorzulesen.

Andererseits wissen wir natürlich auch, daß junge Kinder Einschlafschwierigkeiten und Alpträume haben, nachdem sie gruselige Geschichten gehört oder Gewaltdarstellungen im Fernsehen gesehen haben. Vor Jahren erzählte mir einmal der Besitzer eines Kinos, daß er, nachdem er für einige Wochen den Film »Schneewittchen und die sieben Zwerge« gezeigt hatte, die Polster der Sitze erneuern lassen mußte, da viele Kinder vor Aufregung in die Hosen gemacht hatten. Dies zeigt, daß die Kinder mehr Ängste ausstehen mußten, als sie tatsächlich verarbeiten konnten.

Nach meinem Eindruck werden die Kinder am meisten geängstigt, wenn Schauspieler im Film von anderen geschlagen, erstochen oder erschossen werden, wenn sie von Klippen oder Häusern hinunterstürzen, wenn sie von Schlägern oder wilden Tieren gejagt werden – denn solche Szenen wirken sehr real. Junge Kinder können nicht ohne weiteres zwischen dem Gestellten im Film und der Realität unterscheiden. Etwas weniger schädlich sind Trickfilme und Bildgeschichten, da sie weniger real sind.

Hören Kinder zu, wenn ihnen Märchen vorgelesen werden, so versuchen sie, das Vorgelesene in Bilder in ihrem Kopf umzusetzen. Dabei sind sie auf ihre Erfahrung und auf ihr Vokabular beschränkt, so daß sie vielleicht nicht die ganze Grausamkeit der Geschichte begreifen können. Andererseits können sie auch Wörter falsch verstehen und Schlüsse ziehen, die der Autor gar nicht beabsichtigt hatte.

Hinsichtlich der Reaktion auf beängstigende Geschichten und Filme gibt es große Unterschiede zwischen Kindern, selbst innerhalb der gleichen Altersgruppe. In der Regel scheinen aktive und kontaktfreudige Kinder nicht so stark durch störende Erfahrungen beeinflußt zu werden.

Sie sind in der Lage, sich dadurch zu schützen, daß sie aus der passiven Haltung heraus aktiv werden: Sie schlüpfen schnell aus der Rolle des Opfers in die des Aggressors. Haben sie beispielsweise von einem Arzt eine Spritze erhalten, können sie prompt ihrer Puppe eine Spritze »geben« und damit eine Menge ihrer Angst loswerden.

Auf der anderen Seite der Skala stehen die Kinder, die immer etwas ruhig sind, die konzentriert beobachten und die sich leicht aufregen. Sie sind für alles, was auch nur ein bißchen furchterregend sein könnte, äußerst sensibel. Und hat irgend etwas sie erschreckt, so erinnern sie sich sehr lange daran.

Das Alter der Kinder spielt natürlich auch eine Rolle. Je jünger die Kinder sind – bis hinunter zum zweiten oder dritten Lebensjahr –, desto größer ist die Wahrscheinlichkeit, daß sie sich aufregen. Werden sie älter, können sie immer besser zwischen dem was real und was fiktiv ist unterscheiden. Sie machen aber nicht alle die gleichen Fortschritte. Selbst Teenager und noch Erwachsene können sich über einen Film, der sie an empfindlicher Stelle getroffen hat, ernstlich aufregen.

Ich selbst würde Kindern nicht einmal leicht grausame Geschichten vorlesen oder sie entsprechende Programme im Fernsehen anschauen lassen. Nicht nur, damit sie keine Angst bekommen, sondern auch damit sie nicht lernen, Gewalt zu tolerieren. Es gibt genug Lebenserfahrungen, die Kinder (und Erwachsene) verstören, wir müssen sie nicht noch künstlich erzeugen.

Ich rate Ihnen, bei Fernsehprogrammen und Filmen – besonders bei Trickfilmen –, die angeblich für Kinder gedacht sind, auf der Hut zu sein. Dreiviertel von ihnen enthalten grausame Szenen, eine schlimmer als die andere. Der Hase stürzt von den Klippen, verbrennt sich bei einer Explosion sein gesamtes Fell, wird von einer Lokomotive zu einem Pfannkuchen zerdrückt und von einer Bandsäge in zwei Teile zersägt. Die Erwachsenen lachen, junge Kinder erschauern. Ich würde fest und unerschütterlich darauf bestehen, daß meine jungen Kinder keine erschreckenden oder gewalttätigen Fernsehprogramme anschauen, ganz gleich, wie intensiv sie darum betteln oder sich beklagen. (Im übrigen würde ich auch älteren Kindern nicht gestatten, sich gewalttätige Filme anzusehen.)

Ich würde einem jungen Kind keine Geschichte vorlesen, die ich nicht selbst zuvor durchgeschaut hätte. Es gibt Tausende von harmlosen Büchern, die junge Kinder faszinieren, die man kaufen oder in einer Bibliothek ausleihen kann. Als Vater habe ich erlebt, daß mir einige Geschichten beim Vorlesen Spaß bereitet haben, während ich mich über andere geärgert habe. Da Kinder verlangen, daß man ihnen ihre Bücher immer wieder vorliest, ist es sinnvoll, wenn Eltern solche Bücher kaufen, an denen sie auch selbst genügend Vergnügen finden.

Kapitel 11

Gesundheit und Ernährung

Erziehung zur Gesundheit

Das Ziel einer vernünftigen Gesundheitserziehung besteht darin, die Unwissenheit und Nachlässigkeit von Menschen zu überwinden, ohne sie in Pessimisten, Hypochonder oder andere Typen von Neurotikern zu verwandeln. Dies ist nicht immer einfach.

Die meisten Einstellungen und Gewohnheiten hinsichtlich der Gesundheit stammen aus der frühen Kindheit. Doch bedeutet dies nicht, daß Sie Ihrem Kind vernünftige Verhaltensweisen beibringen könnten, gerade so wie sie ihm das kleine Einmaleins beibringen. Denn einige Einstellungen erwachsen sehr frühen Erfahrungen, die die Eltern in keiner Weise geplant haben.

Die krankhafte Angst eines Erwachsenen vor Krebs hat wahrscheinlich ihre Ursachen in den während der Kindheit tief im Unterbewußtsein verwurzelten Schuldgefühlen, sie mag wenig mit einer besonderen Gesundheitserziehung der Eltern zu tun haben. Eine hypochondrische Haltung ist häufig Teil einer Ichbezogenheit und Unsicherheit, die sich vor langer Zeit, in den ersten beiden Lebensjahren, entwickelt haben mag.

Die bewußte Vernachlässigung oder der Mißbrauch der eigenen Gesundheit kann ganz im Gegensatz zu dem stehen, was die Eltern gepredigt haben. Es kann ein Zeichen vorgeblichen Heldentums oder von Männlichkeit sein (wie das Pfeifen im Dunkeln) oder von masochistischer Selbstbestrafung.

Die beste Grundlage für eine gute Gesundheit ist es, Kinder so zu erziehen, daß sie mit sich und mit ihrer Umwelt im Einklang sind – eine Umschreibung, die allerdings noch zu vage ist, als daß sie von praktischem Nutzen wäre. Ein Baby oder ein Kleinkind lernt nicht, kontaktfreudig zu sein, wenn es übertrieben bemuttert, beherrscht oder mit Warnungen überschüttet wird (dies geschieht häufig beim ersten Kind von jungen Eltern). Ein Kind lernt vielmehr Kontaktfreude, wenn ihm erlaubt wird, eigene Interessen zu entwickeln, Kontakt zu seinen Eltern zu suchen, wenn ihm danach ist, und wenn ihm von Anfang an Gelegenheit gegeben wird, mit anderen Kindern die Haltung des Gebens und Nehmens zu erlernen.

Tiefe Schuldgefühle und Wünsche nach Selbstbestrafung können vermieden werden, wenn Eltern den Großteil der Verantwortung dafür übernehmen, daß Kinder nicht das Falsche tun – indem sie während der ersten beiden Lebensjahre einige der Versuchungen einfach aus dem Weg räumen und indem sie Fehlverhalten sofort, freundlich und konsequent unterbinden, statt vor oder nach einer Handlung mit Bestrafung zu reagieren. Eltern können liebevoll, heiter und kameradschaftlich sein, ohne daß sie dadurch das Kind dazu ermutigen, übermütig zu werden. Mit anderen Worten, **Eltern müssen nicht streng sein, um erfolgreich zu erziehen.**

Eltern müssen einen Weg zwischen der Dramatisierung von Verletzungen und Krankheiten und ihrer Verleugnung finden. Verhalten sich Eltern so, als sei jede kleine Verletzung oder jedes Symptom gefährlich, so machen sie ihr Kind wahrscheinlich zum lebenslangen Angsthasen. Und verhalten sich die Eltern ständig kritisch und besserwisserisch gegenüber einem Kind und wenden sie sich ihm nur zu, wenn es krank ist, so lernt das Kind automatisch alle Beschwerden so zu dramatisieren, daß es dadurch die Aufmerksamkeit und Zuwendung von Menschen erreicht.

Haben andererseits Eltern eher Furcht davor, Krankheiten anzuerkennen (wozu ich in meiner Kindheit erzogen wurde), so werden sie dazu neigen, ihre Kinder zu ähnlicher Haltung zu erziehen: »Hör auf zu nörgeln, Du wirst Dich bald wieder besser fühlen!« »Das tut doch gar nicht weh! Hör auf zu heulen!« »Sei kein Baby! Sei tapfer!« Eine solche Haltung klingt so schlecht nicht. Sie wirkt jeder Form von hypochondrischem Verhalten oder von Übertreibung von Schmerzen und Leiden entgegen. Sie soll zu Tapferkeit und Ruhe führen – Tugenden, die seit den Tagen von Sparta gepriesen und in manchen Familien noch heute gepflegt werden.

Ein Problem ergibt sich allerdings aus dieser Verleugnung von Krankheit und Schmerz: Der Mensch lernt dabei, die Symptome von Krankheiten zu ignorieren, bis sie einen sehr ernsten Zustand signalisieren. Ärzte erleben immer wieder Patienten – selbst Ärzte, die es besser wissen sollten –, die seit mehreren Monaten deutliche Symptome von schweren Krankheiten, wie beispielsweise Krebs, hatten und die niemandem davon erzählten und sogar sich selbst einredeten, daß die Symptome von keiner besonderen Bedeutung wären.

Eine weitere lästige Konsequenz des Ignorierens von Schmerzen und Leiden besteht bei manchen Menschen darin, daß sie unter Umständen auch andere Gefühle unterdrücken – Angst, Mitleid, Ärger oder Freude. Und noch schlimmer, sie können auch die Gefühle anderer Menschen ausblenden. Sie nehmen unglückliche Gefühle oder Sorgen ihrer Partner, Kinder, Freunde und Mitarbeiter nicht mehr wahr. Sie werden schwierig, und man kann schlecht mit ihnen auskommen.

Die einzig zufriedenstellende Art, in der Menschen miteinander kommunizieren können, besteht darin, daß sie mit ihren Gedanken auch ihre Gefühle austauschen. Wir beobachten ständig das Gesicht und besonders die Augen der Menschen, mit denen wir sprechen. Wir wollen uns versichern, daß der andere uns versteht und mit dem einverstanden ist, was wir ihm über uns sagen oder ob unser Vorschlag ihm gefällt oder ihn verärgert. Handelt es sich bei ihm aber um jemanden, der seine Gefühle versteckt, so werden wir unsicher. Oder wir nehmen an, er sei unfreundlich, worauf wir mit Unfreundlichkeit reagieren.

Das Ziel bei der Erziehung muß deshalb eine Ausgewogenheit sein, die dem Kind einerseits erlaubt, seine Schmerzen oder Leiden in dem Ausmaß zu zeigen, das seiner Verletzung oder Krankheit entspricht. Andererseits muß der Tendenz, seine Leiden zu dramatisieren, fest entgegengewirkt werden.

Natürlich ist dies ein recht theoretischer Rat, denn Eltern haben ihre Einstellungen, die sie schlecht verstecken können. Eine Mutter kann kein Blut sehen, ganz gleich, wie groß die Wunde ist. Ein Vater, der sich dafür schämt, irgendwelche Angstgefühle zu zeigen, hat natürlich seine Schwierigkeiten, bei seinem Kind ein ausgewogenes Verhältnis zu treffen. Wir alle weichen in irgendeiner Weise vom Mittelmaß ab.

Psychoanalytiker sind davon überzeugt, daß viele Sorgen über körperliche Gebrechen von den unnötigen Warnungen vor der Masturbation stammen. Wenn ein einjähriges Kind alle Teile seines Körpers entdeckt, untersucht es auch seine Genitalien. Dies ist ganz normal und nur ein Ausdruck seiner Neugier und seines wachsenden Bewußtseins von sich selbst. Sie müssen deshalb überhaupt nichts unternehmen, Sie können lächeln und sagen: »Dies ist dein Penis (oder Vagina – oder wie auch immer Sie die Genitalien bezeichnen wollen)!« Die Genitalien sind Körperteile wie alle anderen auch. Sollte Sie das Spielen mit den Genitalien allerdings stören (wie dies bei einigen Eltern vorkommt), dann können Sie das Kind in diesem Alter noch leicht durch ein Spielzeug ablenken oder dadurch, daß Sie über etwas Interessantes sprechen. Wichtig ist nur, daß Sie beim Kind den Eindruck vermeiden, als sei ein Teil seines Körpers schlecht oder daß es sich durch das Spielen Schaden zufügen könnte.

Das gleiche gilt für die Phase zwischen dem dritten und sechsten Lebensjahr, in der Kinder häufig an ihren Genitalien spielen und sexuelle Spiele mit anderen Kindern treiben. Abhängig von Ihren eigenen Gefühlen können Sie dies als Zeichen einer normalen sexuellen Entwicklung ungerührt ignorieren. Die Anwesenheit eines Elternteils reicht oft aus, um das Spiel zu unterbrechen. Oder Sie können eine andere Aktivität vorschlagen, um die Kinder in eine andere Richtung zu lenken. Oder Sie können ihnen sachlich erklären, daß es nicht höflich ist, so etwas im Beisein anderer Menschen zu tun, oder daß Sie solches Verhalten einfach nicht billigen. Reden Sie Ihrem Kind aber nicht ein, daß sexuelle Spiele seiner körperlichen oder seelischen Gesundheit schaden (sie tun es nicht) oder daß Sie sich gezwungen sehen könnten, sich deshalb von ihm abzuwenden.

Der günstigste Zeitpunkt für die Förderung der Sauberkeitserziehung ist, wenn das Kind zwischen zwei und zweieinhalb Jahre alt ist. Bei der Mehrheit aller Kinder ist dann eine natürliche Bereitschaft gegeben. Nach der Beobachtung von 1500 Kindern in seiner Praxis kam Dr. T. Berry Brazelton zu folgenden Schlüssen zur Sauberkeitserziehung: Es empfiehlt sich, jeglichen Druck oder Überredungsversuche zu vermeiden. Geben Sie dem Kind einen Topf oder einen Toilettensitz, der auf Ihre Toilette paßt, und sagen Sie ihm, daß dieser nun ihm allein gehört. Erwähnen Sie bei dieser Gelegenheit den Zweck des Sitzes noch nicht. Lassen Sie das Kind sich so häufig draufsetzen, wie es will. Einige Wochen später, nachdem es sich daran gewöhnt und positive Besitzansprüche entwickelt hat, sagen Sie ihm, daß es sich darauf setzen kann, um zu »pieseln« oder »Aa-Aa zu machen« (oder wie auch immer Sie es bezeichnen), und daß es von nun an genauso wie Mutti und Vati die große Toilette benutzen kann. Lassen Sie die Windel zu den Zeiten weg, zu denen das Kind normalerweise ausscheidet. Überlassen Sie es dem Kind, wie oft es das Töpfchen ausprobieren will. Es kann den Eindruck bekommen, daß die Toilettenbenutzung eine Fertigkeit der Erwachsenen ist, die es vielleicht allein erlernen möchte.

Dr. Brazelton stellte fest, daß Kinder nicht nur den Umgang mit der Toilette alleine lernen, sondern zur gleichen Zeit auch die Kontrolle über ihre Blase und ihren Darm erwerben. Das überzeugendste Resultat dieser Selbst-Lernmethode zeigte sich in der extrem niedrigen Zahl von Bettnässern. Dies deutet darauf hin, daß das gewohnheitsmäßige Bettnässen (nach dem dritten oder vierten Lebensjahr) ein unbewußter Protest gegen den aus der Sauberkeitserziehung entstehenden Druck der Eltern ist.

Wichtig ist auch, daß Kindern weder durch Mimik noch durch Worte ihrer Eltern beigebracht wird, daß der Stuhlgang eklig oder seine Berührung gefährlich sei, so als wäre er giftig. Viele Menschen haben solche Überzeugungen während ihrer frühen Kindheit erlernt, Überzeugungen, die dann bis in das Erwachsenenalter anhalten und zur ständigen Beschäftigung mit Themen wie Unregelmäßigkeit, Menge und Konsistenz des Stuhlgangs führen können. Solche Sorgen können dann beispielsweise die häufige Benutzung von Abführmitteln zur Folge haben.

Unregelmäßigkeit beim Stuhlgang ist eigentlich überhaupt nicht ungesund. Die Menge ist unwichtig. Ein zu fester Stuhlgang schadet einzig und allein durch die damit einhergehenden leichten Beschwerden. Wurde einem Menschen der Eindruck vermittelt, daß der Stuhl von sich aus giftig ist, so läßt er sich auch leicht davon überzeugen, daß seine Kopfschmerzen, Blässe, Müdigkeit und sein Mundgeruch auf Verstopfung zurückzuführen sind.

Er fängt dann womöglich an, sich geschwächt oder krank zu fühlen, wenn der Zeitpunkt des Stuhlgangs oder dessen Menge nicht ideal ist. Der Stuhlgang ist aber weder innerhalb noch außerhalb des Körpers giftig. Selbst der Ekel über dessen Geruch ist angelernt.

Der gemeinsame Nenner meiner Vorschläge lautet: Wollen wir unsere Kinder zu einer vernünftigen Einstellung zur Gesundheit erziehen, so dürfen wir unseren Hauptaugenmerk nicht auf die ihnen drohenden Verletzungen und Krankheiten richten. Wir sollten vielmehr dafür sorgen, daß sie vernünftige Einstellungen gegenüber ihrem Körper, ihren Mitmenschen und uns, als Eltern, gewinnen und beibehalten.

Gute Eßgewohnheiten

Nordamerikaner haben den höchsten Lebensstandard der Welt. Sie verzehren den Löwenanteil des Eiweißes auf der ganzen Welt. (Das Getreide, das an die Rinder verfüttert wird, würde ausreichen, um viel Hunger auf dieser Welt zu lindern.) Ihnen steht eine solche Fülle und Vielfalt von Obst und Gemüse zur Verfügung, daß sogar die Einwohner mancher anderer industrialisierter Länder sie beneiden.

Doch eine Mehrheit der US-Amerikaner – Erwachsene wie Kinder – ernährt sich schlecht. Trotz zunehmenden Wohlstands hat sich – glaubt man den Ernährungswissenschaftlern – die Ernährung seit dem Zweiten Weltkrieg ständig verschlechtert.

Diese schlechte Ernährung ist teilweise auf die falsche Einkommensverteilung zurückzuführen. Offizielle Statistiken zeigen, daß eine zunehmende Anzahl von Amerikanern unterhalb der Armutsgrenze lebt. Und ein Kongreßausschuß stellte vor einigen Jahren fest, daß Hunderttausende von Menschen – Erwachsene wie Kinder – langsam verhungern. Sie legen sich nicht auf die Straßen und Felder, um relativ schnell zu sterben, wie in manchen von chronischen Hungersnöten betroffenen Ländern. Hierzulande sind Erwachsene durch Mangelkrankheiten behindert und sterben frühzeitig an anderen Krankheiten, z. B. Lungenentzündung, gegen die sie verminderte Abwehrkräfte haben. Und die Kinder sind in ihrer Entwicklung gehemmt – sowohl körperlich wie auch geistig.

Die schlechte Ernährung, auf die ich eingehen möchte, kommt aber auch häufig in Familien der Mittel- und Oberschicht vor, die sich eine gute Ernährung leisten könnten. Und sie äußert sich häufiger als Fettsucht, denn als Unterernährung. Ich denke hier an den übermäßigen Verzehr von Süßigkeiten, raffinierter Stärke und tierischen Fetten. Alle zusammen begünstigen die Fettsucht; das tragische Resultat sind dicke Menschen, die lebenslang ausgelacht werden und die Schwierigkeiten haben, an sich zu glauben. Übermäßig viel Zucker und Stärke tragen zur Zahnfäule und manchmal auch zur Zuckerkrankheit bei.

Der Verzehr großer Mengen von Süßigkeiten und raffinierter Stärke ist in doppelter Hinsicht schädlich. Diese Nahrungsmittel sind nicht nur mangelhaft, sondern sie halten durch die Befriedigung des Appetits Menschen auch davon ab, andere, wertvollere Nahrungsmittel zu sich zu nehmen.

Eine neue Anklage kommt von Chirurgen, die Patienten mit Dickdarmkrebs operieren. Sie haben Beweise dafür gefunden, daß diese tödliche Krankheit hauptsächlich durch den starken Verzehr von raffinierten Nahrungsmitteln verursacht wird. Der Weg solcher Nahrung durch den Körper dauert um ein Vielfaches länger als der von Obst, Gemüse und Vollwertgetreiden samt ihren Ballaststoffen.

Dann gibt es eine zunehmende Anzahl von Menschen, die an Arterienverkalkung leidet und in immer jüngerem Alter an Herz- oder Schlaganfällen stirbt. Dies wird teilweise auf einen übermäßigen Verzehr von tierischen Fetten (einschließlich großer Mengen von Milch, Sahne, Butter und Käse) und Cholesterin, besonders in Form von zu vielen Eiern, zurückgeführt.

Der Zusammenhang zwischen tierischen Fetten, Cholesterin und Arterienverkalkung ist noch nicht vollends bewiesen, wird aber von den meisten Fachleuten angenommen. Der Zusammenhang fiel zum ersten Mal bei der Analyse dänischer Statistiken über den Herztod während des Zweiten Weltkriegs auf. Als die deutschen Besatzungstruppen die meiste Butter, Sahne, Käse und das beste Fleisch beschlagnahmten, ging die Zahl der Dänen, die an Herzkrankheiten starben, deutlich zurück, um nach Kriegsende wieder auf das vorherige hohe Niveau anzusteigen.

Heute wissen wir noch nicht, welche weiteren Krankheiten in den kommenden Jahren entdeckt werden, die auf andere Mängel, industrielle Verarbeitung der Lebensmittel und auf die Zusätze in unserer unnatürlichen Nahrung zurückzuführen sind.

Ernährungsgewohnheiten werden während der Kindheit festgelegt und bleiben gewöhnlich den Rest des Lebens stabil. Heute lassen wir es zu, daß eine Mehrheit unserer Kinder grauenhafte Ernährungsgewohnheiten entwickelt. Die Kinder essen zum Frühstück Cornflakes, die weniger wertvolles Eiweiß enthalten als Weizen und Hafer. Viele ähnliche Produkte haben durch die industrielle Herstellung den überwiegenden Anteil von Kleie, Eiweiß, Ballaststoffen und Vitaminen verloren. Häufig sind sie mit Zucker überzogen oder mit anderen süßen Zutaten gemischt, das macht sie noch schädlicher.

Nudeln und weißer Reis, denen relativ viele wertvolle Bestandteile entzogen wurden, sind kohlenhydratreiche Nährmittel, die Kinder häufig erhalten. Die meisten Kinder bevorzugen Weißbrot oder weiße Brötchen. Das Weißmehl, aus dem sie gebacken werden, ist »angereichert« – das hört sich gut an und ist besser als gar nichts. Dieser Begriff bedeutet aber nur, daß, nachdem die Ballaststoffe, Kleie und die Vitamine entzogen wurden, ein Teil der Vitamine wieder hinzugefügt wird.

Es schadet natürlich nicht, wenn Kinder ab und zu raffinierte, kohlenhydratreiche Nahrungsmittel essen. Was mir Sorgen macht, sind die Millionen von Kindern, die tagtäglich raffinierte, wenig wertvolle kohlenhydratreiche Nahrungsmittel in Mengen zu sich nehmen, die dem Ernährungsbedarf überhaupt nicht entsprechen. Um zu verhindern, daß ihre Familie in solche Eßgewohnheiten hineinschlittert, sollten Eltern strenge Regeln aufstellen, die sie sich vor der Menüplanung oder dem Betreten eines Supermarkts vergegenwärtigen. Es empfiehlt sich, keine Puddings oder Cremespeisen aus raffinierter Stärke und Zucker zu servieren. Kuchen, Gebäck und Eis sollten für besondere Gelegenheiten reserviert werden.

Schulkinder essen häufig Süßigkeiten zwischen den Mahlzeiten, eine Gewohnheit, die gegen alle guten Ernährungsregeln verstößt: Schokoladenriegel und Kaugummi nähren die Bakterien, die zur Zahnkaries führen. Die säurehaltigen Abbauprodukte des Zuckers, die in der Limonade enthalten sind, führen ebenfalls zu Karies. Kalorienreiche Zwischenmahlzeiten mindern den Appetit auf gesündere Nahrungsmittel, die zu den Mahlzeiten serviert werden.

Der Verzehr von zuckerhaltigen Produkten zwischen den Mahlzeiten ist in zweifacher Hinsicht schädlich, denn das Ausmaß an Zahnfäule wird durch die Anzahl von Stunden bestimmt, in denen die Zähne vom Zuckersaft umspült werden. Zucker zu und zwischen den Mahlzeiten bedeutet, daß die Zähne der Kinder vom Frühstück bis in den Abend hinein in Sirup gebadet werden.

Schulen (und sogar medizinische Fakultäten!), die es eigentlich besser wissen müßten, stellen manchmal Automaten auf, die Brause und Süßigkeiten anbieten.

Nun habe ich so viele Nahrungsmittel verurteilt, daß Sie vielleicht den unangenehmen Eindruck bekommen haben, alle Nahrungsmittel seien ungesund. Aber unsere Märkte sind auch mit wertvollen Nahrungsmitteln prall gefüllt:

Obst – frisch, tiefgefroren und in Dosen (gießen Sie den Sirup weg) – sollte jeden Tag zum Nachtisch und zwischen den Mahlzeiten, falls erforderlich, angeboten werden. (Es ist besser, wenn Kinder bis zum Schulalter lernen, auf Zwischenmahlzeiten zu verzichten.)

Eine Gemüsesorte sollte jeden Tag gegessen werden. Getreideprodukte und Brot sollten aus Vollkornweizen, Hafer oder Roggen gemacht werden. Lesen Sie alle Etiketts sorgfältig durch.

Ernährungswissenschaftler empfehlen nicht, daß Kinder die Menge der von ihnen verzehrten tierischen Fette – einschließlich Milch, Sahne, Butter und Käse – einschränken. Bei Familien, in denen Herzanfälle zu frühzeitigen Todesfällen geführt haben, schlagen sie aber vor, daß schon bei den Kindern Blutuntersuchungen durchgeführt werden, um eine ungewöhnliche Anfälligkeit für Arterienverkalkung frühzeitig feststellen zu können. Ist dies der Fall, dann müssen sie sich ihr ganzes Leben an Diätvorschriften halten.

Ich persönlich finde es sinnvoll, daß sich alle Kinder und Heranwachsende (wie auch Erwachsene) auf vernünftige, mäßige Mengen von tierischen Fetten und cholesterinreichen Nahrungsmitteln beschränken. Fleisch sollte also mager sein. Da die geschmackvollsten Fleischstücke häufig von Fett durchzogen sind, sollten Sie es in Ihrer Familie zur Gewohnheit werden lassen, das sichtbare Fett auf Steaks, Koteletts, Rinderbraten, Lamm und Schinken wegzuschneiden.

Jugendliche und Erwachsene sollten meines Erachtens nur Magermilch trinken. Es ist vernünftig, wenn sie nicht mehr als ein Ei pro Woche essen. An die Stelle von rotem Fleisch sollte zweimal pro Woche Hähnchen oder Fisch treten, denn wir können annehmen, daß diese Nahrungsmittel die Arterienverkalkung nicht fördern und daß Fischöl den Cholesterinspiegel womöglich sogar absenkt.

Von der ersten Ausgabe meines Buches »Säuglings- und Kinderpflege« an habe ich die Überlegenheit von Vollkornmehl und Hafer betont und von zuckerhaltigen Nahrungsmitteln und Getränken abgeraten. Ich habe aber viel Spielraum erlaubt und Ausnahmen zugelassen. Heute denke ich, daß man energischer und bestimmter sein muß. Bieten Sie Ihren Kindern die »unerwünschten« und »weniger wünschenswerten« Nahrungsmittel überhaupt nicht an.

Ich bin so viel rigoroser geworden, weil die Ernährungsweise vieler Kinder schlecht ist und sich noch weiter verschlechtert. Das heißt, daß viele, zu viele Eltern die Grundregeln einer guten Ernährung nicht ernst nehmen. Oder, wenn sie glauben, daß eine gute Ernährung längerfristig von Bedeutung ist, meinen sie womöglich, daß sie später noch viel Zeit haben werden, die Ernährung zu verbessern. Oder sie glauben wenigstens, daß Ausnahmen zugelassen werden sollten, und sie lassen dann diese Ausnahmen zur Regel werden.

Die Eltern von Säuglingen und Kleinkindern haben die Möglichkeit, ihren Kindern einen guten Start zu ermöglichen, indem sie die Ernährung ausgewogen gestalten und die Regeln so bestimmt einhalten, daß ihre Kinder diese für selbstverständlich halten.

Kinder betteln und diskutieren über das Essen nur dann, wenn sie das Gefühl haben, daß es ihren Eltern an Entschlossenheit fehlt oder daß ihre Eltern ein schlechtes Gewissen haben, weil sie ihren Kindern etwas verbieten, woran andere Kinder Freude haben. Meine Aufgabe ist es also, Eltern in ihrer Absicht, entschlossen aufzutreten, zu unterstützen.

Die Säuglingsernährung

Es gibt eine Reihe von Faktoren, die bei der Fettsucht eine Rolle spielen, wie nationale und familiäre Eßgewohnheiten, Vererbung, individueller Körperbau. Aber auch emotionale Zustände wie Traurigkeit oder Nervosität beeinflussen die Fettsucht. Mit diesen Faktoren verstrickt ist der mysteriöse Appetit, der bei dem einen Menschen leicht, bei einem anderen nie zu stillen ist und beim gleichen Menschen von Tag zu Tag unterschiedlich sein kann.

Die einfachste und schnellste Methode, bei einem Säugling Fettsucht herbeizuführen, liegt in der Verabreichung einer zuckerreichen Diät. Stärkehaltige Nahrungsmittel und Fette tragen auch ihren Teil bei.

Früher gingen einige Säuglinge, die sehr süße Flaschennahrung bekamen, wie Luftballons auf. (Lassen Sie mich schnell hinzufügen, daß dies nicht bedeutet, daß Säuglinge Zucker nicht in mäßigen Mengen zu sich nehmen sollen. Die Muttermilch ist doppelt so süß wie Kuhmilch. Während der ersten Monate verfügen Säuglinge noch nicht über die zur Verdauung von Stärke notwendigen Verdauungssäfte und können größere Mengen von Fett oder Eiweiß nicht vertragen. Sie müssen also ein gewisses Maß an Zucker erhalten.)

In unserem Teil der Welt waren die meisten Eltern schon immer auf runde, pausbäckige Babys stolz und hätten sich über einen mageren Säugling ein wenig geschämt. (Als meine Frau ein Säugling war, ließ ihr Vater nicht zu, daß Besucher mehr als ihr Gesicht zu sehen bekamen, da sie so dünn war.) Molligkeit erscheint den Eltern vielleicht als Beweis, daß beim Kind alles in Ordnung ist. Sie wird vielleicht auch als Zeichen dafür verstanden, daß die Eltern ihre Sache gut machen.

Hält die Fettsucht bis in die späte Kindheit und das Erwachsenenalter hinein an, so macht sie den Betroffenen für Arterienverkalkung und Zuckerkrankheit anfällig. Sie bringt ihm Spott ein, macht ihn befangen und hindert ihn an vielen Aktivitäten.

**Bei Flaschenkindern ist die Wahrscheinlichkeit, daß sie Überge-
wicht bekommen, größer als bei gestillten Kinder – ein weiterer Vorteil des Stillens.** Eltern von Flaschenkindern sind häufig versucht, selbst
den kleinen Rest, der noch in der Flasche ist, austrinken zu lassen, und
das Baby nimmt ihn meist bereitwillig an. Stillende Mütter, andererseits, glauben viel eher, daß das Baby satt ist, wenn es zu saugen aufhört.

Wie steht es mit der festen Nahrung? Um Fettsucht zu vermeiden und
– genauso wichtig – eine ausgewogene Ernährung sicherzustellen, sollten Sie dem Baby viel Obst, Gemüse, Fleisch und nach dem neunten
Monat auch Eier bieten. Schränken Sie stärkehaltige Produkte und Zuk-
ker auf mäßige Mengen ein.

Längerfristig ist es wichtig, daß die angebotenen Stärkeprodukte
überwiegend aus Vollkorngetreide bestehen – obwohl Babys nach altem
Brauch während der ersten Monate meist nur »weißen« Brei bekommen. Es ist also wichtig, hauptsächlich Weizen- und Haferbrei anzubieten, deren Eiweiß von höherer Qualität ist als entsprechende Maispro-
dukte. (Im Vergleich zu Mais mag das in Reis enthaltene Eiweiß von
einer höheren Qualität, aber einer geringeren Quantität sein.)

Bis in die dreißiger Jahren bereiteten Eltern die Säuglingsnahrung
selber zu. Rindfleisch wurde schnell angebraten und dann geschabt, um
die roten Fleischstückchen von den weißen Fasern zu trennen. Obst
(frisch und getrocknet) und Gemüse wurden gekocht und dann durch
ein feines Sieb gestrichen. (Damals gab es keine Pürierstäbe oder Mixge-
räte.) Brei wurde für zwei Stunden in einem Topf über kochendem
Wasser zubereitet, weil es damals noch keine Fertigbreie zu kaufen gab.

Heute haben Säuglingsnahrung in Gläsern sowie Fertigbreiprodukte
die Überhand gewonnen, hauptsächlich weil nach Meinung der Eltern
die praktischen, bequemen Vorteile den Preis bei weitem aufwiegen.

Als solche Säuglingsnahrung zum ersten Mal auf den Markt kam,
enthielt jedes Glas nur eine Sorte Obst, Gemüse, Fleisch oder Pudding.
Im Laufe der Jahre gab es dann immer mehr Gläser mit einer Mischung
aus Obst mit Stärkeprodukten, Gemüse mit Stärkeprodukten, ganze
»Mahlzeiten« aus Fleisch, Gemüse und Stärkeprodukten.

Aus der großen Schrift auf dem Etikett geht nicht immer hervor, daß
das Glas eine Mischung enthält. »Erbspüree« kann beispielsweise tatsächlich aus einer Mischung aus Erbsen und Maisstärke bestehen. Kluge
Eltern werden sich also angewöhnen, auch das Kleingedruckte auf dem
Etikett sehr sorgfältig zu lesen.

Natürlich brauchen Babys auch kohlenhydratreiche Nahrungsmittel in mäßigen Mengen. Trotzdem halte ich es für falsch, ihnen mehr als eine mäßige Menge, selbst von den besten Produkten wie Hafer, Vollkornweizen und Roggen zu geben. Und es wäre meines Erachtens ein weiterer Fehler, weniger wertvolle Stärke (Mais und Reis) mit anderer Babynahrung vermischt (Fleisch, Obst und Gemüse) anzubieten, da das Baby wahrscheinlich schon mehrmals am Tag einen Brei bekommt. Daher würde ich beim Kauf von Babynahrung in Gläsern keine Mischungen kaufen, sondern stets reines Obst, Gemüse und Fleisch, um dieses selbst zuzubereiten.

Geben Sie ihrem Baby frisches oder tiefgefrorenes Obst und Gemüse. Während des ersten Lebensjahres können Sie etwas von dem für die Familie gekochten Gemüse oder Obst abzweigen und es für das Baby pürieren. Wenn die Familie Konservenobst oder Gemüse ißt, bieten Sie es dem Baby auch an. Kaufen Sie – wenn es schon sein muß – Konserven, in denen das Obst im Saft gepackt ist, oder gießen Sie den Sirup, der in vielen Konserven ist, weg. Der Zuckergehalt wird hierdurch etwas vermindert, obwohl das meiste von den Früchten schon aufgesaugt wurde.

Obst – entweder frisch, tiefgefroren oder eingemacht – eignet sich als Nachtisch besser als Puddings und Cremespeisen, besonders wenn diese mit Stärke oder Gelatine gemacht wurden. Quarkspeisen und Milchreis können sinnvoll sein, besonders bei Kindern, die wenig Milch trinken. Obst ist aber der ideale Nachtisch. Fangen Sie mit Keksen, Kuchen und Süßigkeiten gar nicht erst an – obwohl ihr Baby sie gern essen wird und zudem noch »süß« aussieht, wenn es sie verschlingt und sich mit ihnen vollschmiert.

Um dem Risiko der Blutarmut entgegenzuwirken und weil Eigelb mehr Eisen enthält als alle anderen Nahrungsmittel, rieten bis vor kurzem Ärzte dazu, spätestens ab dem sechsten Monat einem Baby Ei oder Eigelb zu geben. Jüngst wurde aber festgestellt, daß das Eisen des Eigelbs vom Körper gar nicht aufgenommen wird. Daher gibt es nunmehr gar keinen Anlaß mehr für eine übereilte Einführung von Eiern, denn auf der anderen Seite gehören Eier zu den Nahrungsmitteln, die am ehesten Allergien bei Kleinkindern auslösen können. Trotzdem sind Eier eine gute Eiweißquelle, besonders für vegetarische Familien. Heutzutage werden normalerweise drei bis vier Eier pro Woche empfohlen, und zwar ab dem neunten bis 12. Monat.

Ernährungsgewohnheiten werden schon im frühen Alter geprägt und sind in der Regel dauerhaft. Sie können Ihr Baby auf den richtigen Weg bringen, indem Sie einige einfache Regeln beachten, anstatt dem verständlichen Impuls nachzugeben und Ihr Baby zu verwöhnen.

Die Vermeidung von Eßproblemen

Häufig sehe ich Eltern, die ihr Baby sanft drängen, doch noch ein bißchen zu essen oder noch ein wenig von der Flasche zu trinken. Das Baby wendet sich ab. Es will eigentlich nichts mehr. Es haut auf den Hochstuhl oder spielt mit einem Essensrest herum. Die Mutter oder der Vater versuchen, ihren Charme wirken zu lassen und es abzulenken. Sie bewegen den nächsten Löffel wie ein Flugzeug durch die Luft und machen dabei Motorengeräusche. Sobald das Baby lächelt, schieben die Eltern den Löffel schnell in seinen Mund, bevor es überhaupt merkt, was geschieht und Zeit hat, sich zu wehren. Oder die Eltern lenken das Baby von jeglichen Gedanken ans Essen ab, indem sie Grimassen schneiden oder lustige Lieder singen, und schieben das Essen dann schnell in den Mund, wenn das Baby lacht.

Ich erinnere mich an eine Mutter, die über fünf Jahre hinweg Ablenkungsmanöver dieser Art betrieben hat. Am Anfang brauchte sie ihren Sohn nur am Ende der Mahlzeit abzulenken, als er im Prinzip schon satt war. Im Laufe der Monate und Jahre haben die Bestechungen und Spielereien der Mutter aber nach und nach sämtliche positiven Gefühle, die das Kind dem Essen gegenüber hatte, untergraben. Schließlich hatte es schon zu Beginn der Mahlzeiten kein Interesse. Als ich ihn zum ersten Mal sah, war er fünf Jahre alt. Seine Mutter, die eine phantasiereiche Erfinderin von Geschichten war, erzählte ihm vor jedem Bissen eine lange Geschichte über irgendein erfundenes Tier. »Diese Geschichte handelt von Ellie dem Elefanten«, sagte sie, oder: »von der Ente, die Wasser haßte«. Es war für beide Seiten ein schmerzhaftes Geschäft. Als ob es eine bittere Medizin schlucken mußte, war es dem Kind offensichtlich bei jedem Löffel fast übel, aber er liebte die Geschichten. Für die Mutter war das Ganze von einer schmerzlichen Langeweile, denn jede kleine Mahlzeit dauerte anderthalb Stunden. Sie wurde nun von der Angst getrieben, ihr Sohn könnte verhungern. Und dem Aussehen des Kindes nach zu urteilen, war diese Angst nicht allzu weit hergeholt, denn für ein Alter von fünf Jahren war es außergewöhnlich dünn.

Man kann sicher sein, daß ein solches Kind nicht von irgendeiner mysteriösen Krankheit ausgemergelt wird, wenn seine Abneigung gegen solche Nahrungsmittel am größten ist, die die Eltern für besonders lebensnotwendig halten, wie beispielsweise Milch und Gemüse. Sein Appetit auf Nahrungsmittel, die in den Augen seiner Eltern unwichtig oder sogar ungeeignet sind, bleibt vorhanden. Ich kenne einige Kinder, deren Appetit vom elterlichen Drängen so verdorben wurde, daß sie schließlich nur Oliven, saure Gurken und Würstchen essen wollten. Sie stammten aus Familien, in denen solche Nahrungsmittel als schädlich für Kinder galten. Und der Junge, der die Tiergeschichten erzählt bekam, bettelte darum, die Martinireste seiner Eltern austrinken zu dürfen und ihre Cocktailhäppchen zu essen.

Eine weitere Eigenschaft von Kindern mit solchen Abneigungen gegen das Essen ist, daß viele während der Mahlzeiten so gut wie nichts essen wollen – und die tatsächlich würgen, wenn sie zu stark bedrängt werden. Ist aber die Mahlzeit beendet, geht sofort ihre Suche nach einer Kleinigkeit zum Essen los. Der elterliche Druck während der Mahlzeiten unterdrückt den Appetit des Kindes; sobald der Druck nachläßt, beginnt sein Appetit zurückzukehren – wenigstens zum Teil.

Abneigungen gegen Nahrungsmittel, die einem Kind aufgedrängt werden, scheinen oft zu bestimmten Zeitpunkten während der Entwicklung einzusetzen. Ein Baby, das zum ersten Mal einen Löffel mit fester Nahrung bekommt, bietet schon einen komischen Anblick. Es sieht verwirrt und leicht empört aus, wenn es seine Nase rümpft, seinen Mund mit gluckernden Geräuschen auf- und zumacht und ihm das meiste wieder aus dem Mund quillt.

Babys, die für fünf oder sechs Monate nur daran gewöhnt waren, Milch aus einer Brust oder Flasche zu saugen, werden durch die erste Kostprobe von fester Nahrung natürlich verblüfft. Die Beschaffenheit ist ihnen fremd. Der harte Löffel ist neu. Und der Akt des Schluckens unterscheidet sich stark von dem beim Saugen; das Baby muß neue Techniken lernen.

Eltern müssen am Anfang Geduld besitzen. Versuchen sie, zuviel in das Baby zu stopfen, könnte sich das Kind wehren. Anstatt mehr Erfahrung zu sammeln und zufriedener zu werden, könnte es hartnäckiger am alten festhalten. Die richtige Methode ist, mit sanfter Freundlichkeit vorzugehen, mit einer ersten Kostprobe fester Nahrung zu beginnen und die Menge nur allmählich zu steigern, nachdem das Baby mehr Fertigkeiten und, noch wichtiger, mehr Begeisterung entwickelt hat. Ich plädiere dafür, nicht mit einem Brei zu beginnen, sondern mit gekochtem Obst oder einem Püree von reifen Bananen oder Avocados, die vielen besser schmecken.

Probleme können auftauchen, wenn der gewaltige Appetit des Säuglings mit ungefähr vier, fünf oder sechs Monaten nachläßt. Zu diesem Zeitpunkt geht normalerweise auch die Raten der Gewichtszunahme zurück. Das Angebot an fester Nahrung wird vielfältiger. Ein weiterer problematischer Zeitpunkt ist während des Zahnens, ein Prozeß, der den Appetit mancher Babys deutlich reduziert. Eßprobleme können auch entstehen, wenn das Baby oder Kind unter einer Krankheit gelitten hat, die seinen Appetit zeitweilig hemmte und die besorgten Eltern anfangen, ihm Essen aufzudrängen, bevor es richtig wiederhergestellt ist. Zu solchen Zeitpunkten kann eine vorübergehende Abneigung sehr leicht in einen Dauerzustand überführt werden.

Eßprobleme treten häufig auf, wenn das Kind ungefähr ein Jahr alt ist, eine Phase, in der Appetitschwankungen normal sind. Eine Mehrheit der Kinder entwickelt nun Abneigungen gegen Nahrungsmittel, die sie früher problemlos annahmen, wie z. B. Gemüse, Brei und Milch. Warum sich Babys von bestimmten Nahrungsmitteln abwenden, die sie früher gern aßen, ist eines der Rätsel, die ich nicht völlig erklären kann. Zum Teil liegt es daran, daß zu diesem Zeitpunkt die Gewichtszunahme und der Appetit zurückgehen. Und außerdem können die meisten ein- und zweijährigen Babys ihre Vorlieben und Abneigungen nun viel deutlicher spüren und ausdrücken. Vielleicht fanden sie Gemüse, Brei und Milch schon vorher langweilig, hatten aber einen zu großen Hunger, um sie zurückzuweisen. Jetzt lehnen sie die Nahrungsmittel ab, die ihnen nicht schmecken.

Es ist bemerkenswert, daß Kleinkinder knusprige und flüssige Nahrung mögen, aber häufig Essen von einer dazwischenliegenden Beschaffenheit wie Kartoffelpüree oder fest gekochten Brei ablehnen.

Warum sind Eltern, besonders junge Eltern, so leicht dazu verleitet, Essen aufzudrängen? Vielleicht geschieht dies teilweise instinktiv. Allerdings wurde die Besorgnis über eine ausreichende Nahrungsaufnahme den meisten von uns schon während der eigenen Kindheit eingeimpft, und wir geben dies nun an unsere eigenen Kinder weiter. Es gibt Völker, die davon überzeugt sind, daß Kinder verhungern, wenn sie nicht vollgestopft werden. Sie schätzen die Fettsucht sehr hoch. Eine solche Haltung ist völlig falsch. Menschliche Säuglinge, wie die Jungen anderer Arten, haben einen hervorragenden Appetit, es sei denn sie sind krank oder wurden durch zu viel Drängen und Zwang abgestoßen. (Wird ein Säugling nur sanft und nicht wiederholt gedrängt, so ist sein natürlicher Appetit stark genug, um trotz der überbesorgten Eltern zu überleben.) **Eigentlich gibt es keinen Anlaß, einem Kind Essen aufzudrängen; letztlich schneiden sich Eltern immer ins eigene Fleisch.** Vielleicht sagt eine Mutter:»Aber ich kann ihm immer noch ein Paar Löffel (oder einige Schlückchen) eintrichtern, wenn ich Geduld habe.« Das mag im Moment stimmen, aber wenn Sie mehr in das Kind hineinstopfen als es wachstumsbedingt braucht, wird es bei der nächsten Mahlzeit um so weniger Appetit haben. Und wenn Sie damit fortfahren, sei es auch noch so sanft, werden Sie das Verlangen des Kindes nach Essen allmählich reduzieren. Sie gewinnen in Wirklichkeit nichts: eigentlich verlieren Sie. Die Regel ist sehr einfach: **Lassen Sie ein Baby oder Kind immer dann mit dem Essen aufhören, sobald es offensichtlich das Interesse daran verliert. So erhalten Sie seinen natürlichen Appetit am besten.** Und Sie sichern auch, daß sich das Kind ideal ernährt. Durch meine Erfahrung mit Hunderten von gewissenhaften und intelligenten Eltern weiß ich aber sehr wohl, daß dieser Rat schwer zu befolgen ist, besonders nachdem ein Baby oder ein Kind sich ein trotziges Verhalten angeeignet hat.

Machen Sie sich keine Sorgen über ein einjähriges Baby, wenn es die meisten Gemüsesorten ablehnt. Hören Sie auf, ihm das Gemüse zu servieren, das es nicht mehr mag. Seine Hartnäckigkeit und sein Mißmut würden nur verstärkt und die Liste der abgelehnten Nahrungsmittel länger, wenn Sie auf der Einnahme dieser Nahrungsmittel bestünden. Servieren Sie aber weiterhin die wenigen Gemüsesorten, die es noch gerne ißt. Sie können auch rohes Gemüse anbieten, wie Möhrenstäbchen, Kohlrabi, Avocados und Tomaten. Einige kann das Baby in der Hand halten, wodurch es ermuntert wird, allein essen zu lernen. Sie können auch einige weniger geläufige, weniger beliebte Gemüsesorten mit ausgeprägterem Eigengeschmack probieren wie gekochte Zwiebeln, Blumenkohl, Weißkohl und Brokkoli. Wahrscheinlich werden Sie damit aber wenig Erfolg haben. Geben Sie dem Baby keine rohen Erbsen und keinen gekochten Mais; sie können dem Kind im Hals stecken bleiben und zum Ersticken führen.

Beim Umgang mit einem sich sträubenden Einjährigen ist es wichtig zu wissen, daß Obst – gekocht oder roh – die gleichen Mineralien, Ballaststoffe und einige der gleichen Vitamine enthält wie Gemüse. (Die Kohlenhydrate haben die Form von Zucker anstatt von Stärke.) Obst kann also, zusammen mit Vitamin A in Tropfenform, Gemüse ersetzen, wenn es vorübergehend abgelehnt wird. Die meisten Obstsorten bleiben auch während des schwierigen zweiten Jahres beliebt. Machen Sie sich also keine Sorgen, wenn Ihr Kleinkind über Monate oder sogar ein Jahr hinweg kein Gemüse ißt.

Während des zweiten Lebensjahres wird gekochter Brei häufig verschmäht – manchmal für das ganze Leben. Hierfür gibt es aber Ersatz: Müsli, Cornflakes, Brot, Knäckebrot und Kartoffeln. Getreideprodukte sollten aus Hafer, Roggen oder Vollkornweizen hergestellt sein. Recht viele Kinder verzichten auf sämtliche stärkehältigen Nahrungsmittel für ein oder zwei Jahre, essen aber normalerweise genügend andere Nahrungsmittel, so daß ihre Ernährung sich nicht verschlechtert.

Warum lieben die meisten Kinder (und wahrscheinlich eine Mehrheit aller Erwachsenen) gerade die stark gesüßten Nahrungsmittel, die unsere Gesundheit schwächen und Zahnkaries verursachen können? In länger zurückliegenden Experimenten arbeitete Dr. Clara Davis mit Babys zwischen neun und 12 Monaten, die bis dahin nur Flaschennahrung bekommen hatten. Sie bot ihnen eine Vielfalt von natürlichen Nahrungsmitteln zur freien Auswahl an. Dabei konnte sie feststellen, daß die Kinder eine nach Meinung von Ernährungswissenschaftlern ausgewogene Ernährung auswählten. Sie übertrieben auch nicht bei den Obstsorten, dem einzigen ihnen angebotenen süßen Nahrungsmittel.

Wie aber werden die Eßgewohnheiten von Kindern dann verdorben? Ich glaube, daß die Eltern häufig selbst daran schuld sind, obwohl sie dies nicht wahrhaben wollen. Sie bieten den Kindern einfaches Essen an und belohnen sie dann für den Verzehr von vollwertigen Nahrungsmitteln oder für ihr gutes Betragen beim Zahnarzt mit süßen Nachspeisen oder Bonbons. **Auch die Eltern wurden als Kinder schon mit Süßigkeiten belohnt, und es ist natürlich, diese Tradition fortzusetzen. Das Ergebnis ist, daß Liebe mit Süßigkeiten gleichgesetzt wird, Generation für Generation.** Es wäre besser, wenn Eltern sagten: »Du kriegst keinen Spinat, wenn du nicht deinen Nachtisch aufgegessen hast.«

Noch während des Säuglingsalters, meist aber in der frühen Kindheit, verringern viele Kinder ihren Milchkonsum, oft bis unter einen Liter pro Tag: die meisten von ihnen trinken aber noch durchschnittlich einen halben Liter, was normalerweise ausreicht. Eltern sollten auf jeden Fall im Kopf behalten, daß Milch genauso wertvoll ist als ein Bestandteil von Breien, Suppen und als Dickmilch – besonders wegen des Calcium- und Eiweißgehalts. Viele Babys mögen Käse. 10 g Hartkäse enthalten etwa genausoviel Calcium wie 100 ml Milch. (Frischkäse enthält bei weitem nicht so viel Calcium wie Hartkäse.) Wenn ein Kind Fleisch, Geflügel und Eier ißt (Fleisch und Geflügel bleiben beliebt), wird ein Teil des Eiweißes ersetzt, falls sein täglicher Milchkonsum unter einen halben Liter sinkt.

Aber selbst wenn die Zusammensetzung der Nahrung, die ein Kind ißt, nicht so ideal ist, können Sie wenig tun. Man kann ein Kind nicht zwingen etwas zu essen, man erzeugt nur Widerwillen und Aversionen gegen bestimmte Lebensmittel. Sie können nur die Hoffnung auf die Wiedererweckung des »gesunden« Appetits setzen, wobei Sie die wenigen Vollwertprodukte anbieten, die das Kind mag – ganz gleich, wie unausgewogen oder merkwürdig die Mahlzeiten dann auch aussehen. Setzen Eltern darauf, daß man dem Kind nur das anbietet, was es tatsächlich mag – auch über Monate hinweg–, so kommen sie selbst davon los, dem Kind etwas einreden zu müssen, und das Kind gewinnt langsam seine positiven und natürlichen Gefühle für die Nahrung zurück. Für Eltern bedeutet dies aber viel Geduld und Zurückhaltung.

Schwere Krankheiten

Vor einigen Jahren bekam ich einen Brief von einer Mutter, die einige Monate zuvor erfahren hatte, daß ihre vierjährige Tochter an Diabetes erkrankt sei. In dem Brief beschrieb sie sehr lebendig die Gefühle, die sie gehabt hatte – Zweifel, Ablehnung und schließlich Anerkennung der Diagnose, danach Gefühle der Verbitterung und der Schuld. Durch ihre Ehrlichkeit sich selbst gegenüber und durch die Kraft ihrer Persönlichkeit überwand sie das Gefühlsdurcheinander und gelangte schließlich zu einer vernünftigen Anerkennung der Situation.

Die Einsichten dieser Mutter sind auch für andere Eltern wertvoll, die sich mit anderen Krankheiten als Diabetes beschäftigen müssen – auch mit weniger ernsthaften. Eltern fühlen sich in einer Vielzahl von Situation zumindest ein bißchen schuldig – beispielsweise bei einfachen Unfällen, wenn das Kind schüchtern ist oder sich unglücklich fühlt oder weil sie für ein Kind weniger empfinden als für ein anderes. **Schuldgefühle – seien sie berechtigt oder nicht – stören die Erziehungsmaßnahmen der Eltern, so lange sie nicht verstanden und beseitigt sind.** Im folgenden nun der Brief von Frau T.:

»Im letzten März wurde uns gesagt, daß unsere vierjährige Linda Diabetes hat. Ich hatte mir schon seit dem Herbst zuvor Sorgen gemacht, denn sie hat große Mengen Wasser getrunken und ist nachts mehrmals aufgestanden, um aufs Klo zu gehen. Ich hatte gehört, daß dies Anzeichen für Diabetes seien, aber ich habe immer wieder Entschuldigungen gefunden, um nicht mit ihr zum Arzt gehen zu müssen. Die Symptome kamen und verschwanden – und ich wollte nicht, daß der Arzt mich für empfindlich oder überängstlich hielt.

...Als die Diagnose feststand, hatte ich den Eindruck, daß ich sie akzeptieren konnte. Mein Mann Georg aber regte sich sehr auf, er weigerte sich mehrere Tage, es zu glauben. Dann akzeptierte er es auch, er wurde aber sehr verbittert und fühlte sich schuldig. Ich machte mir Vorwürfe, daß ich nicht früher mit ihr zum Arzt gegangen bin. Er hätte die Krankheit eher entdeckt, und dann hätte Linda kein Insulin nötig gehabt. Der Arzt konnte reden so viel er wollte, daß dies nicht stimmt – ich glaubte ihm nicht, jedenfalls für mehrere Monate.

Linda wurde für einige Tage in ein Krankenhaus gesteckt. Natürlich haben wir sie darauf vorbereitet, aber sie konnte es nicht verstehen, denn sie fühlte sich ja nicht krank. Wir erklärten ihr, daß sie ins Krankenhaus muß, weil die Ärzte herausfinden wollen, warum sie so viel Wasser trinkt und anschließend so häufig aufs Klo muß.

Im Krankenhaus wurde ihr Blut abgenommen. Dabei schrie sie: ›Nein, bitte nicht, ich will auch kein Wasser mehr trinken – ich verspreche es!‹ Dies brach mir das Herz. Ich erkannte, ich mußte ihr gegenüber betonen, daß sie das Wasser trank, weil sie ein anderes Problem hatte, und nicht daß das Trinken das Problem sei.

Schwer zu schaffen machte mir auch der Anblick der anderen Kinder und Eltern im Krankenhaus, die viel durchmachen mußten. Ein sechsjähriges Kind hatte Lungenkrebs, ein zweijähriges Mukoviszidose und ein anderes zweijähriges bekam einen Herzschrittmacher. Linda war offensichtlich am besten dran, doch das beruhigte mich wenig. Ich stellte mir Fragen, warum müssen einige Menschen so leiden, während andere nur darüber nachdenken, wie sie noch mehr Geld machen oder wie sie ein noch luxuriöseres Haus bauen können.

...Bald bemerkte ich, daß ich weder mit Freunden noch mit Verwandten telefonieren wollte. Sie konnten mir nichts Hilfreiches sagen, und ich wollte ihre bemitleidenden Ratschläge nicht mehr hören. Ihre Bemerkungen ärgerten mich nur, und so ging ich einfach den Gesprächen mit ihnen aus dem Weg.

Nach drei oder vier Tagen im Krankenhaus fing Linda an zu weinen. Sie meinte, daß sie nicht mehr aus dem Krankenhaus herauskäme. Ich versprach ihr, daß sie bald nach Hause könne. Aber sie hörte nicht auf zu weinen. Als wir sie zwei Tage später nach Hause brachten, war sie still. Sie schien nicht glücklich. Bald fanden wir heraus, warum. Als mein Vater mit ihr spazierenging, trafen sie auf ihre beiden besten Freunde, zwei gleichaltrige Jungen aus der Nachbarschaft. ›Schlechte Nachrichten‹, sagte Linda, ›ich darf nicht mehr spielen!‹ Kein Wunder, daß sie unglücklich war. Wir versicherten ihr, daß sich an ihrem Leben nichts ändern würde, mit ein paar Ausnahmen. Aber erst wollte sie uns nicht glauben. Am zweiten Tag zu Hause schickten wir sie wieder in den Kindergarten. An den Nachmittagen lud ich die Kinder aus der Nachbarschaft ein, und Linda begann sich wieder wie früher zu verhalten.

Meine eigene Verbitterung verschwand allmählich, als ich entdeckte, daß die Probleme mit einem diabetischen Kind so groß nun auch wieder nicht sind. Am meisten macht mir der strikte Zeitplan beim Essen zu schaffen. Wir müssen jede Mahlzeit zur gleichen Stunde einnehmen. Es würde mir aber helfen, wenn Linda besser mit ihren Insulinspritzen zurechtkäme.

Die Spritzen waren eines meiner größten Probleme. Am Anfang schrie Linda: ›Na und, ich habe das Wasser getrunken und bin aufs Klo gegangen! Na und, ist doch egal!‹ Und monatelang schrie sie ›Schweinespritze‹, wenn ich mit der Spritze kam. Das war für mich fast so schlimm, wie wenn sie ›Du Schwein!‹ zu mir gesagt hätte. Auch fragte sie immer wieder: ›Warum machst du das mit mir? ‹ Und ich wiederholte: ›Ich tu das, weil ich dich lieb habe und weil ich will, daß du gesund bleibst!‹

... Georg weiß, wie man die Insulinspritzen gibt, aber er hat es bisher nur zweimal getan. Linda möchte, daß ich sie ihr gebe und Georg möchte es im Grunde auch, obwohl er das nicht zugibt. Manchmal ärgert mich das.

Lindas Krankheit war die erste echte Schwierigkeit in meinem Leben. Ich war das einzige Kind meiner Eltern und hatte eine glückliche Kindheit. Ich habe einen großartigen Mann geheiratet, der ein guter Ehemann und Vater ist. Kurz nachdem wir ein Baby haben wollten, wurde ich schwanger. Als ich noch arbeitete, war ich Sekretärin in einem interessanten Projekt zur Kinderentwicklung. Im Grunde war ich auf diese niederschmetternde Erfahrung nicht vorbereitet. Es gab zwei Sachen, die mir geholfen haben.

Dr. Lowell war einer der Ärzte, für den ich arbeitete. Eines Tages fragte er mich, ob ich Vorschläge hätte, wie Ärzte Eltern wie mir helfen könnten. Und dann sagte er etwas, was mich zunächst sprachlos machte. Er fragte: ›Hat ein Teil der Aufregung der Eltern damit etwas zu tun, daß sie nun ein Kind haben, das nicht mehr so einwandfrei ist, daß sie nun ein unperfektes Kind haben? ‹ Ich blickte ihn an und nickte. Ich war schockiert, denn ich begriff, das er recht hatte.

Mein Leben lang haben mich meine Freunde um meine Eltern, meinen Mann, mein Kind und meine Arbeit beneidet. Und ich habe dieses Gefühl genossen. Nun hatte ich Probleme wie jeder andere auch, ich wurde nicht mehr beneidet. Für mich war es nicht einfach, dies einzusehen. Sobald ich es aber erkannt hatte, wurde mir besser.

Die andere Sache geschah, als mich meine Cousine besuchte, die von Linda gehört hatte. Ich erzählte ihr eine Stunde von meinen Problemen. Als sie ging, entschuldigte ich mich bei ihr, weil ich die ganze Zeit dafür verwendet habe, nur von mir zu erzählen. Sie meinte, irgendwann würde sie mir dann von ihren Problemen erzählen. Nachdem ich nachbohrte, erfuhr ich, daß ihr Mann Lungenkrebs hat. Ich habe mich so geschämt. Ich begriff in diesem Moment, daß jeder Probleme hat, und daß ich nicht jedem auch noch unsere Probleme auflasten darf.

... Nach Lindas Entlassung aus dem Krankenhaus saß ich immer am Fenster und sah ihr weinend beim Spielen zu. Ich war hin- und hergerissen zwischen der Angst, sie überhaupt aus den Augen zu lassen und der Erkenntnis, daß ich sie wie einen normalen Menschen erziehen mußte.

Mir war nicht bewußt, wieviel ich mich in einem halben Jahr verändert hatte – bis zu dem Gespräch im Herbst. Als Linda anfing, zur Vorschule zu gehen, fragte die Krankenschwester nach ihrem Zustand. Ich erklärte, daß ihr Diabetes gut unter Kontrolle sei.

›Wissen sie,‹ fuhr die Krankenschwester fort: ›Wenn sie ein krankes Kind haben, müssen sie während der Schulzeit immer zu Hause bleiben und erreichbar sein.‹ Hätte ich im März so etwas gehört, wäre es mit mir wahrscheinlich aus gewesen. Im September aber ging es mir hundertmal besser.

›Mit viel Hilfe,‹ erzählte ich ihr, ›haben mein Mann, meine Tochter und ich gelernt, mit dieser Situation zurechtzukommen. Wir machen keine große Sache daraus. Ich bin ein Mensch, der auch Sachen erledigen und unterwegs sein muß. Die Erwartung, ich würde jede Minute des Tags zu Hause verbringen, ist lächerlich. Ich nehme an, wenn Linda irgend etwas passiert, werden Sie sie ins Krankenhaus bringen.‹

›Ja natürlich,‹ sagte sie.

›Und Sie würden nicht einfach da sitzen und ihr beim Sterben zusehen,‹ fügte ich hinzu.

›Natürlich nicht.‹

Also sagte ich ihr: ›Nun, so würde ich auch handeln. Und wenn Sie mich nicht erreichen können, dann handeln Sie einfach so, als wäre sie Ihr eigenes Kind.‹

Als ich George diese Geschichte erzählte, sagte ich, daß mir nun klar sei, daß ich Lindas Krankheit akzeptiert·habe und daß sie mir nun keine Angst mehr macht. Er konnte kaum glauben, daß ich mit der Krankenschwester so geredet hatte, war aber froh darüber.«

Der nun folgende Brief wurde einige Jahre später von der inzwischen fünfzehnjährigen Linda geschrieben. Ich führe ihn hier ohne Änderungen in seinem Wortlaut an:

»Egal wie oft ich daran erinnert werde, daß Gott für meinen Diabetes nicht verantwortlich ist – ich muß mich immer noch wundern. Egal wie sehr ich mich bemühe, mich unter Kontrolle zu halten, gibt es immer noch Zeiten, in denen ich außer Kontrolle gerate und zuviel Zucker im Blut habe. Vieles macht mir so Angst, daß mir die Tränen von alleine kommen.

Nur andere Diabetiker verstehen wie das ist, vom Tod eines anderen Diabetikers zu hören, von Diabetikern zu erfahren, die Komplikationen bekommen haben, erblinden oder an der Dialysemaschine enden. Verstehen andere Leute (Ärzte, Eltern usw.) nicht, wie oft wir täglich daran erinnert werden, was uns passieren kann, wenn wir nicht gut auf uns aufpassen? Komisch ist auch, wie kalt einige Leuten uns gegenüber sein können. Können Sie sich vorstellen, wie man sich als Achtjährige fühlt, die Diabetes bekommen hat und zur Schule zurückkehrt, wohl wissend, daß sie eine innere körperliche Veränderung durchgemacht hat, aber mit der Erwartung, daß nun alle wieder ankommen. Aber dann kommt man in die Schule, zu den Klassenkameraden, und die behandeln dich wie eine Aussätzige. Das tut weh. Ich erinnere mich auch an eine Klassenkameradin, die mir in der 6. Klasse erzählte, ich hätte Diabetes verdient.

Du versuchst, keinen Unterschied zwischen dir und den anderen zu sehen, hörst aber ständig von den anderen, die so sind wie du warst: ›Du bist anders!‹. Allmählich glaubt man selber dran. Aufgrund meiner früheren Erfahrungen erzähle ich bis zum heutigen Tag niemandem, daß ich Diabetes habe. Und weil die anderen mir immer das Gefühl geben, ich bin anders, esse ich manchmal Dinge, die ich eigentlich nicht essen darf. Ich versuche mich dann selbst zu überzeugen, daß ich das gleiche essen kann wie ›normale‹ Leute, und dadurch so sein kann wie sie. Ich hasse es auch, wenn mir meine Eltern vorwerfen, ich würde etwas essen,wenn ich in der Küche bin. Seitdem ich Diabetes habe, habe ich immer versucht, mich selbst davon zu überzeugen, daß ich wie die anderen bin, aber wie soll das gehen, wenn ich nicht das gleiche essen darf wie jeder andere auch.

Wenn ich morgens meine Spritze fülle, gehen mir viele Gedanken durch den Kopf. Manchmal hasse ich Gott dafür, daß er ausgerechnet mich ausgesucht hat – was habe ich denn getan! Manchmal hasse ich auch meine Eltern. Wäre ich nicht geboren, müßte ich nicht dies alles durchmachen. Dabei überlege ich auch, ob es nicht besser wäre, Selbstmord zu machen. Meine Eltern wären viel glücklicher, und finanziell ginge es ihnen auch besser. Ich habe das Gefühl, daß ich sie enttäuscht habe. Immer hört man von Eltern, wie wichtig es ist, daß sie ein gesundes Baby haben. Ich erinnere mich noch daran, daß ich Gott gedankt habe, daß ich schon vier Jahre alt war, und daß sie mich nicht getötet haben, weil ich nicht ›perfekt‹ war. Manchmal überlege ich auch, ob meine Mutter mich nicht abgetrieben hätte, wenn sie gewußt hätte, daß sie ein Kind wie mich bekommt und daß sie sich so viele Sorgen machen würde, daß sie weint. Doch meine Mutter ist der einzige Mensch in meinem Leben, der immer für mich dagewesen ist, vom ersten Krankenhausaufenthalt bis zu den Kontrolluntersuchungen beim Augenarzt. Ich wüßte nicht, was mit mir wäre, wenn sie nicht da wäre. Heute weiß ich, daß ich nicht an Diabetes sterben werde.«

Einen Monat nach dem Gespräch mit der Krankenschwester, sieben Monate nach der Bestätigung der Diagnose – an dem Tag, als Frau T. ihren Brief an mich beendet hatte, setzte sie noch ein P.S. darunter: »Heute ging ich zu Linda ins Zimmer, um ihr die Spritze zu geben. Sie stand da, hatte ihre Hose heruntergezogen und lächelte. Mein Gott, bedeutet dies, daß sie endlich die Spritzen akzeptiert!?«

Ich bin dankbar für so einen Brief, der Anlaß für viele Gedanken sein kann. In einer Gesellschaft – die uns normalerweise dazu anhält, immer zu lächeln, uns nicht hängenzulassen und unsere Gefühle vor anderen, ja sogar vor uns selber zu verbergen – gibt es nicht viele Menschen, die ihre wahren Gefühle erkennen und so ehrlich ausdrücken können wie Frau T. Ich glaube, daß ihre Worte bei anderen Eltern ankommen und ihnen mehr als die Verallgemeinerungen eines Fachmanns helfen werden. Ich füge meine Bemerkungen zu einigen Punkten hinzu.

Die Verbitterung, die Frau T. empfand, ist sehr weit verbreitet. »Warum sucht Gott (oder das Schicksal) gerade mich aus? Ich habe es nicht verdient!« Diese ist eine gesunde Art und Weise, schmerzhafte Trauer und Schuldgefühle für eine Weile abzuwenden. **Auf längere Sicht ist die Verbitterung aber keine konstruktive Reaktion, denn sie führt nicht zu einer Lösung. Sie ist eine wütende Form des Selbstmitleids.** Sie erlaubte Frau T. aber, auf ihre wohlmeinenden Freunde loszugehen – wenigstens in ihrer Phantasie –, die sie mit irritierenden Bemerkungen trösten wollten. Es tat ihr gut, sich an jemand anderem auslassen zu können.

Frau T. zeigte überraschende Ehrlichkeit. Früh erkannte sie, mit der Hilfe von Dr. Lowell, daß Lindas Unvollkommenheit ihrem Stolz und Selbstbewußtsein einen Schlag versetzt hatte. Dieses Eingeständnis einer nach ihrer Meinung unwürdigen Einstellung (obwohl sie tatsächlich natürlich und unvermeidlich ist) beschleunigte ihre Akzeptanz.

Ich glaube, daß sie mit ihrer Annahme recht hat, daß sie auf solche Ereignisse nicht gefaßt war, da sie in ihrem bisherigen Leben keine derartig schmerzhaften Erfahrungen gemacht hatte. Ihr glückliches Leben war aber im Grunde genommen nicht von Nachteil. Sie war dadurch in der Lage, sich letztlich in sehr reifer Weise in der Situation neu zu orientieren, ohne lange Verzögerung.

Schuldgefühle sind unvermeidlich. Ob wir zur Religiosität erzogen wurden oder nicht, uns wurde von frühester Kindheit an beigebracht, daß wir für unsere Mißerfolge und Sünden verantwortlich sind und daß die Entwicklung und Betreuung unserer Kinder zu unseren wichtigsten Pflichten gehört. Wäre dies nicht der Fall, wären wir gefährlich unverantwortliche Eltern. Wenn unser Kind ernsthaft erkrankt oder einen Unfall hat, werden wir von Schuldgefühlen überschwemmt. Durch unsere Einsicht, daß wir eigentlich gar nicht so schlecht sind – oder wenigstens nicht schlimmer als die meisten anderen –, verringern sie sich schrittweise wieder. Die Beruhigungen des Arztes dringen langsam zu uns durch.

Ist die Krankheit aber sehr ernst und dauern die Schuldgefühle nicht nur Monate, sondern Jahre, dann braucht ein Mensch psychologische Hilfe, um den verborgenen Ursachen der übertriebenen Schuldgefühle nachzuspüren und diese auszumerzen.

Die Schuldgefühle darüber, sich den Symptomen nicht eher gestellt zu haben, quälten Frau T. und führten dazu, daß sie Linda zunächst nicht aus den Augen ließ. Sie waren für ihre Schwierigkeiten bei der Erklärung der Krankheit und den Spritzen verantwortlich. Ich könnte mir vorstellen, daß die schuldbewußte Einstellung von Frau T., die sich in ihren ständigen Versicherungen, die Spritzen dienen nur einem guten Zweck, ausdrückten, Linda dazu ermuntert hat, ihre eigenen Spannungen durch das Hinausschieben der Spritzen und die Vorwürfe und Beleidigungen ihrer Mutter abzureagieren.

Der für mich aufschlußreichste Teil der Aussage von Frau T. ist, daß sie, nachdem sie ihre eigenen Schuldgefühle endlich verarbeitet hatte, mit der Krankenschwester sprechen und ihr in sehr deutlichen Worte klarmachen konnte, daß sie nicht nur zu Hause sitzen und auf einen Notruf aus der Schule warten würde, sondern statt dessen erwartete, daß die Krankenschwester bei einem möglichen Notfall vernünftig handeln würde.

Die Schuldgefühle von Frau T. haben Lindas Quälerei (ihrer Mutter – und ihrer selbst) verursacht. Dies wird dramatisch deutlich, als Frau T. endlich ihre Schuldgefühle überwunden hat und Linda lächelnd, mit heruntergelassener Hose, fand – bereit für ihre Spritze. Ich denke, daß das Schreiben des Briefes Frau T. geholfen hat, die Dinge in die richtige Perspektive zu setzen.

Ich bin auch der Meinung, daß es viel besser wäre, wenn Väter sich an der Pflege eines kranken Kindes beteiligten – besonders dann, wenn die Behandlungen unangenehm sind und bei den Kindern Ängste oder Ärger hervorrufen, beispielsweise, wenn Kleinkinder übelschmeckende Medizin verabreicht bekommen. Die Spannungen der Mütter lassen teilweise nach, wenn ihnen die Hälfte der Verantwortung abgenommen wird. Wichtiger ist, daß die Mutter nicht als der einzige »böse« Elternteil dasteht. Der Vater sollte nicht befreit werden, nur weil das Kind die Mutter bittet, die Aufgabe zu übernehmen.

Die vielleicht wertvollste Lehre, die alle Eltern, auch solche, deren Kinder nicht an einer so ernsten Krankheit leiden, aus dieser Geschichte ziehen können, ist, wie Kinder eine Situation, die sie nicht verstehen, falsch interpretieren und extrem makabere und schuldbeladene Schlußfolgerungen aus ihr ziehen können. Linda kam zu dem Schluß, daß sie ihre Krankheit durch zuviel Wassertrinken selbst verursacht hatte und daß sie nie wieder nach Hause dürfe. Als sie dann nach Hause kam, nahm sie an, daß sie nie wieder spielen könne. Dies erinnert mich an eine Studie, in der die Meinungen von Kindern, die zur Mandeloperation im Krankenhaus waren, untersucht wurden. Sie glaubten, daß ihre Mandeln deswegen vergrößert waren, weil sie ohne Regenmäntel und Gummistiefel im Regen gewesen waren. Ein Mädchen meinte, der Chirurg würde ihren Hals von Ohr zu Ohr aufschlitzen, ihren Kopf zurückkippen und seine Hand in ihren Hals stecken, um die Mandeln herauszuschneiden. Ein Junge, der von einem Zimmer ins andere verlegt wurde, fürchtete, seine Eltern würden ihn nie wieder finden können, um ihn mit nach Hause zu nehmen. (Ähnlich glauben die meisten Kinder bei der Scheidung ihrer Eltern, daß ihr schlechtes Verhalten die Ursache sei – vielleicht weil sie hörten, wie sich die Eltern über sie stritten.)

Eltern sollten also während einer Krankheit oder einer Familienkrise auf Zeichen und Hinweise ihrer Kinder achten, die deutlich machen, worüber sich diese sorgen. Stellen Sie einfühlsame Fragen, um die Ängste des Kindes zu klären. Lachen Sie das Kind nicht aus, Kinder sind schnell verletzt, wenn sie das Gefühl haben, daß über sie hergezogen wird. Machen Sie sich das kindliche Problem bewußt. Nur so können Sie wirklich helfen. Andernfalls erzeugen Sie nur weitere Probleme. Ein allgemeiner Hinweis: Sie sollten in solchen Situationen mindestens ebensoviel zuhören wie Sie sprechen.

Für Linda war es befreiend, daß sie so offen reagieren und sogar schreien konnte (»Schweinespritze!«). Dies ist für ein Kind weitaus besser, als all seine Ängste und Gefühle in sich hineinzufressen. Damit möchte ich nicht sagen, daß Eltern auch sonst solche verbalen Grobheiten unterstützen oder zulassen sollten. Allgemein lassen sich Eltern nämlich nur darauf ein, wenn sie voller Schuldgefühle stecken. Und diese Elternhaltung macht die Sache für das Kind in der Regel nur noch schwerer.

Angesichts der Tatsache, daß Frau T. Schuldgefühle hatte, war es gut, daß Linda so offen sein konnte und daß sie ein so festes Vertrauen in die Liebe und das Verständnis ihrer Mutter hatte. Trotz ihres Handicaps: Linda wird in ihrem Leben zurechtkommen!

Wie man mit Kindern über Sexualität und Liebe spricht

Bei uns Menschen ist die sexuelle Liebe ein wesentlich komplexeres Phänomen als bei allen anderen Arten – sie ist mächtiger, und wir sind uns ihrer bewußt. Sie ist auf das feinste mit anderen Emotionen und Beziehungen verwoben. Die Psychoanalyse des Unbewußten hat gezeigt, daß diese Beziehungen mit der kindlichen Entwicklung entstehen.

Die frühe Verehrung des andersgeschlechtlichen Elternteils, die ich zuvor schon behandelt habe, erklärt teilweise, warum ein Mensch sich später in einen bestimmten Menschentyp »bis über beide Ohren« verliebt, nicht aber in einen anderen, den seine Mitmenschen vielleicht genauso attraktiv finden.

Bis zum Alter von fünf oder sechs Jahren erkennen Kinder, daß ihre Eltern einander in sexueller und romantischer Hinsicht gehören. Diese Erkenntnis erweckt Eifersucht und Ärger. Zugleich nehmen die Kinder in diesem Alter an, daß ihr gleichgeschlechtlicher Elternteil ihnen gegenüber genauso eifersüchtig ist. Diese unausgeglichene Rivalität macht ihnen innerlich angst. Zwischen sechs und neun Jahren unterdrücken sie also viele der positiven Gefühle, die sie für ihre Eltern empfinden, sowie ihre Begeisterung darüber, selber zu heiraten und Babys zu haben. Statt dessen übertragen sie ihre Bewunderung auf wirkliche und fiktive Helden und Heldinnen, über die sie aus Büchern, Comics oder Filmen wissen: Wissenschaftler, Entdecker, Erfinder, prominente Persönlichkeiten, berühmte Frauen wie Florence Nightingale und Marie Curie. Sie träumen davon, selbst Helden zu sein.

Zwischen dem 10. und 19. Lebensjahr, wenn die biologische Entwicklung ihre Gedanken und Gefühle auf das Thema Liebe und Sexualität lenkt, sind die Gefühle der Kinder bzw. Jugendlichen wieder vom intensiven Idealismus und dem Bewußtsein durchdrungen, die sie als drei-, vier- und fünfjährige Kinder hegten. Nun mögen sie in ihrer Phantasie populäre Musiker, Sänger, Schauspieler, Schriftsteller und Künstler. Sie werden idealisiert und verehrt. Die Jugendlichen wollen so werden wie ihre Vorbilder. Sie können auch für ihre Lehrer schwärmen. Und wenn sie sich in Gleichaltrige verlieben, träumen sie davon, ihretwegen Heldentaten zu begehen und ihnen ihr Leben zu widmen.

Im Erwachsenenalter spielt die seelische Seite der sexuellen Liebe eine Rolle bei den Eingebungen von Malern, Bildhauern, Schriftstellern, Dichtern, Dramatikern und Komponisten. Dieser Aspekt erschließt sich auch uns »normalen« Menschen bei der Betrachtung von Bildern, beim Lesen von Büchern oder beim Hören von Musik. Und am wichtigsten, diese seelische Seite der sexuellen Liebe ist für den hohen Anspruch mitverantwortlich, den gute Ehefrauen und -männer hinsichtlich ihrer Ehe haben. Sie bewegt sie, das Beste vom anderen zu denken – was wiederum das Beste hervorbringt. **Zu den seelischen Aspekten der Liebe – ob in der Ehe, ob im Alter von 24 oder 64 Jahren, ob im Mutter-Vater-Kind-Spiel eines Vierjährigen oder in den Tagträumen**

eines Vierzehnjährigen – zählen für mich solche Emotionen wie Treue, Respekt, Zärtlichkeit, Hilfsbereitschaft, der Drang, dem anderen zu gefallen, und schließlich in den meisten Fällen auch das Bedürfnis, Kinder zu zeugen und zu lieben.

Eigentlich beginnt die sexuelle Erziehung im Alter von zweieinhalb Jahren, wenn Jungen und Mädchen von sich aus die leicht besorgte Frage stellen, warum ein Mädchen keinen Penis hat. (»Es ist nichts Schlimmes. Ein Mädchen soll anders sein. Schau mal, wie Mutti sich von Vati unterscheidet!«) Jungen artikulieren häufig den Wunsch, daß auch in ihrem Bauch ein Baby heranreift. Bis zum Alter von drei oder dreieinhalb Jahren fragen Kinder normalerweise schon, woher Babys kommen. (»Sie wachsen aus einem winzigen Ei in der Gebärmutter der Mutter.«)

Zwischen vier und sechs Jahren fragen Kinder häufig: »Was macht der Vater dabei?« Die Eltern können dann erklären, daß, wenn ein Mann und eine Frau sehr liebevolle Gefühle füreinander empfinden und im Bett liegen, der Mann seinen Penis in die Vagina der Frau einführt, daß sein Samen Sperma genannt wird und aus dem Penis kommt, in das Ei der Mutter eindringt. Damit fängt das Ei an zu wachsen, und ein Baby entsteht. Die Betonung liegt bei der Erklärung auf der gegenseitig empfundenen Liebe.

Durch die Beantwortung dieser Fragen befriedigen Eltern nicht nur die berechtigte Neugier, sondern zeigen auch, daß es richtig ist, über Sexualität zu reden.

Wenn das Kind fünf oder sechs Jahre alt wird, können Lehrer und Eltern dieses Thema weiterführen, indem sie beispielsweise Tiere halten, die sich begatten und Junge bekommen. Kinder werden hierdurch ermuntert, weiter zu fragen. Eltern sollten aber die Unterschiede betonen: Kaninchen paaren sich mit jedem anderen beliebigen Kaninchen und sorgen für ihre Babys nur für ein paar Wochen. Menschen verlieben sich nur dann, wenn sie den anderen besonders gern haben. Sie heiraten, weil sie den Wunsch haben, miteinander zu leben, für den anderen zu sorgen, ihm zu helfen und ihm zu gefallen, gemeinsam Kinder zu haben, für die sie während des Heranwachsens sorgen, und sich zu lieben, so lange sie leben. Wenn die Eltern religiös sind, möchten sie, daß Gott ihre Ehe segnet.

Bevor ein Kind das neunte Lebensjahr erreicht, sollten die Eltern mit ihm über den pubertären Wachstumsschub reden und dabei darauf hinweisen, daß der zeitliche Verlauf der nun folgenden Entwicklung sich von Mensch zu Mensch unterscheidet. Ohne solche Beruhigungen könnten sich Früh- und Spätentwickler über diese Unterschiede Sorgen machen. Ein Mädchen beginnt meist im 10. Lebensjahr in die Höhe zu schießen; ihre Brüste beginnen sich zu entwickeln und Schamhaare wachsen. Ihre erste Regelblutung tritt wahrscheinlich im Alter von 12 Jahren ein. Recht viele Mädchen beginnen diese Entwicklungsphase früh, etwa mit neun, andere spät, etwa mit 11 Jahren, einige im Alter von acht oder 12. Bei Jungen beginnt der Wachstumsschub meist im 12. Lebensjahr, zwei Jahre später als bei Mädchen; bei vielen mit 11, bei einigen mit 10 oder 14. Die schnelle Größen- und Gewichtszunahme hält zwei Jahre an. Sie verlangsamt sich allmählich in den nächsten zwei Jahren und hört dann auf. Die Unterschiede sind keine Abweichungen von der Norm – sie sind normale Unterschiede, die familiär geprägt zu sein scheinen.

Diskussionen über Sexualität, Liebe und Ideale sollten Eltern mit ihren Kindern auf Teenager-Niveau führen, während diese noch 10 bis 12 Jahre alt sind. Später, als Teenager, sind die Kinder vom Wunsch getrieben, Unabhängigkeit zu erlangen, sie neigen zu zunehmender Ungeduld bezüglich der Vorstellungen ihrer Eltern und glauben, daß die Meinungen der Gleichaltrigen die einzig richtigen sind.

Zehn- bis Zwölfjährige, die schon stärkere romantische und sexuelle Gefühle empfinden, werden manchmal recht zurückhaltend mit ihren Fragen. Doch lassen sie Bemerkungen über die Schwärmereien ihrer Freunde fallen. Eltern können nach Möglichkeiten Ausschau halten, ihre eigene Anmerkungen zu machen und Gespräche über die seelischen Aspekte der Liebe anregen: Wie natürlich es ist, sich schnell zu verlieben, aber auch Liebschaften schnell zu beenden, denn junge Leute ändern sich ständig, auch was Freunde und Freundinnen betrifft. Eltern können deutlich machen, daß junge Menschen natürlich beliebt sein möchten. Aber viele, die im Alter von 10 oder 12 beliebt sind, weil sie gut reden, Witze erzählen, Spaß machen und sich schnell auf Liebeleien einlassen, haben schon wenige Jahre später ihren besonderen Reiz verloren. Und diejenigen, die zunächst schüchtern waren, können später wegen ihrer guten Eigenschaften geschätzt sein. Eltern sollten in verständnisvoller Weise erklären, daß die körperliche Anziehungskraft der Sexualität im Teenageralter besonders aufregend sein mag, weil sie neu ist, daß aber auf längere Sicht die seelischen Aspekte der Liebe zusammen mit dieser körperlichen Anziehung für eine langanhaltende Liebe und Ehe verantwortlich sind.

Wenn sich die Familie über die Schwangerschaft einer Klassenkameradin unterhält, könnten Eltern darauf hinweisen, daß sexuelle Freiheit auch Verantwortung verlangt; daß das Paar sich wohl keine Gedanken über seine Zukunft machte, da es nachher so schwierig ist, zur Schule zurückzukehren, und daß dem Baby die Geborgenheit einer stabilen Familie vorenthalten werden könnte; daß nach regelmäßigem Geschlechtsverkehr eine Schwangerschaft früher oder später unvermeidlich ist, es sei denn, es werden Verhütungsmaßnahmen getroffen. Wenn es in der Nachbarschaft eine Scheidung gibt, können Eltern sich laut fragen, ob das Paar sich vielleicht vor der Eheschließung nicht gut genug kennengelernt hat oder ob sich nachher die Partner nicht genügend angestrengt haben, dem anderen zu helfen und zu gefallen.

Teenager sollten wissen, daß fehlende Bereitschaft für sexuelle Erfahrungen kein Zeichen von Abnormalität ist, wie einige der »aufgeklärteren« Gleichaltrigen ihnen häufig etwas spöttisch einzureden versuchen. Diese Schüchternheit ist durch Jahrhunderte ein gängiges Glaubens- und Verhaltensmuster gewesen, besonders unter jungen Menschen, die mit strengen Maßstäben erzogen wurden. Einige der weltberühmtesten Schriftsteller, Künstler und Wissenschaftler waren während ihrer Jugend zu schüchtern, um mit Vertretern des anderen Geschlechts auszugehen, obwohl sie durch die Sehnsucht nach idealisierten Liebschaften inspiriert wurden. Diese schüchternen jungen Menschen können hervorragende Liebhaber werden, wenn sie die Bereitschaft dazu verspüren.

Teenagern hilft es, wenn sie von Eltern und Lehrern hören, daß es völlig in Ordnung ist, »nein« zu sagen. Sie geraten dadurch nicht in schlechten Ruf und werden nicht unbeliebt – außer bei denjenigen, die sie sexuell ausbeuten möchten. In der Tat werden sie in den Augen anderer jungen Menschen, die die gleichen Ideale haben und nach Gleichgesinnten suchen, attraktiver.

Eltern können deutlich machen, wieviel harte Arbeit nötig ist, um eine Familie zu ernähren, und wieviel man planen und entbehren muß, um mit dem Haushaltsgeld zurechtzukommen; aus diesen Gründen sind Umsicht, aber auch Hilfsbereitschaft entscheidend für eine Ehe.

Durch solche Bemerkungen können Eltern die naiven Vorstellungen vieler Jugendlicher korrigieren, die fälschlich Schwärmerei mit wahrer Liebe gleichsetzen; die glauben, daß immer nur andere schwanger werden und dem Irrtum erliegen, ein uneheliches Baby, das man rundherum liebhaben kann, sei die Antwort auf die Suche nach dem Glück.

Diese Bemerkungen sollten nicht mit besserwisserischer oder verdrießlicher Miene, sondern mit liebevoller Besorgnis vorgetragen werden. Eltern sollten sie als ihre persönliche Meinung anbieten, nicht – nur weil sie älter sind – als allgemeine Wahrheiten. Am wichtigsten ist, daß die Eltern ihre Kinder immer wieder nach ihren Meinungen fragen und dem, was sie zu sagen haben, respektvoll zuhören. Das heißt nicht, daß Eltern die Meinungen ihrer Kinder akzeptieren müssen. Sie können ihnen Aufmerksamkeit schenken, um dann ihre eigenen Meinungen weiter zu erklären. Das Kind mag schließlich nicht überzeugt erscheinen, und die Eltern sollten sich dann klugerweise entschließen, keinen Streit anzufangen. Das Kind kann aber viel stärker beeindruckt sein, als es zugeben möchte. Mit anderen Worten: Die Eltern sind überzeugender, wenn sie Respekt zeigen, als wenn sie Streit anfangen.

Ich halte es für wichtig, daß Eltern die verschiedenen Aspekte der Sexualität und Liebe diskutieren und einen angenehmen Umgangston mit ihren Kindern gefunden haben, bevor sie das Thema der Geschlechtskrankheiten anschneiden. Sonst wird das ganze Thema verdreht und Kinder bekommen den Eindruck, daß ihre Eltern meinen, Sex sei hauptsächlich eine Krankheit und ein Übel.

Ich würde damit anfangen, Zehn- bis Zwölfjährigen zu erklären, daß verschiedene ansteckende Krankheiten sich in unterschiedlicher Weise ausbreiten: Röteln werden beispielsweise durch das Husten von Rötelnpatienten verbreitet; Impetigo (Eiterflechte), ein Hautausschlag, durch Berührung; und Geschlechtskrankheiten durch Kontakt der Genitalien.

Gonorrhoe (Tripper) ist eine Entzündung der Harnröhrenoberfläche bei Männern und der Scheide (und Eileiter) bei Frauen, begleitet von einem dicken, cremigen Ausfluß.

Syphilis ist ganz anders: sie beginnt mit einer wunden Stelle am Penis oder an den Scheidenwänden. Die Bakterien gehen schnell in den Blutkreislauf über und verursachen einen Hautausschlag am ganzen Körper. In der letzten Phase, die erst nach Jahren eintritt, entzünden sich die Herz- und Arterienauskleidungen oder das Gehirn.

AIDS (Acquired Immune Deficiency Syndrome) ist wieder ganz anders: AIDS wird durch einen Virus verursacht (ein Krankheitserreger, der zu klein ist, um durch ein Mikroskop überhaupt gesehen werden zu können). Dieser Erreger gelangt von den Genitalien ins Blut und zerstört die Fähigkeit des Körpers, Abwehrkräfte gegen andere, gewöhnliche Infektionen aufzubauen. Ein Mensch mit AIDS kann also an einer ganz alltäglichen Infektion sterben, die bei einem anderen Mensch durch die Entwicklung von Abwehrkräften schnell geheilt wäre. AIDS wird am häufigsten vom Sperma zum Blut (während des Geschlechtsakts), aber auch direkt von Blut zu Blut (bei Drogenabhängigen, die ihre Spritzen teilen, ohne sie vorher zu sterilisieren) übertragen. Frauen können AIDS auch an ihre ungeborenen Kinder weitergeben. AIDS wird also nur durch den Geschlechtsverkehr oder von Blut zu Blut übertragen. AIDS ist keine stark ansteckende Krankheit, aber sie verläuft tödlich. Inzwischen ist sie weltweit verbreitet.

Die Häufigkeit von AIDS ist bei homosexuellen Männern, die analen Geschlechtsverkehr praktizieren, höher, denn die Auskleidung des Enddarms ist leichter verletzbar als die der Scheide.

AIDS wird nicht durch Körperberührung, durch Küsse, durch das Zusammenleben in der gleichen Familie, durch den gemeinsamen Aufenthalt in einem Klassenzimmer oder das Baden in einem Schwimmbekken zusammen mit einem AIDS-Kranken oder durch die Benutzung des gleichen Geschirrs oder der gleichen Toilette übertragen.

Das sind die Tatsachen. Aber wie redet man mit Zehn- bis Neunzehnjährigen über AIDS? Ich habe schon erörtert, warum ich glaube, daß die positiven Aspekte der Sexualität und Liebe, die seelischen Aspekte miteinbegriffen, zunächst besprochen werden sollten und zwar über einen längeren Zeitraum. Der Hauptgrund für einen frühen Anfang liegt darin, daß Kinder bis zum Alter von 13 oder 14 Jahren viel eher bereit sind, ihren Eltern zuzuhören. Spätestens wenn Jugendliche beginnen, sich über AIDS Sorgen zu machen, müssen sie erfahren, wie diese Krankheit übertragen wird und wie man vor einer Übertragung gefeit ist.

Kinder sollten wissen, daß die sicherste Methode natürlich die ist, daß beide Partner den Geschlechtsverkehr meiden, bis sie heiraten oder daß sie über lange Zeit, am besten über viele Jahre hinweg, eine tiefe Beziehung zu einem einzigen Partner führen und dabei wissen, mit wem dieser Partner in der Vergangenheit Geschlechtsverkehr hatte. Sie sollten auch den jetzigen Gesundheitszustand des früheren Partners bzw. der Partnerin kennen.

Sie sollten wissen, daß das größte Risiko, sich mit AIDS anzustecken, durch häufigen Partnerwechsel entsteht, durch Geschlechtsverkehr mit vielen Menschen, die wahrscheinlich auch schon mit vielen anderen geschlafen haben. Denn je größer die Zahl der sexuellen Partner ist, desto größer wird die Wahrscheinlichkeit, daß einer von ihnen den AIDS-Erreger in sich trägt, ohne die entsprechenden Symptome entwikkelt zu haben. Sie sollten wissen, daß Kondome ihnen während des Geschlechtsverkehrs zwar Sicherheit, aber keinen völligen Schutz bieten. Teenager sollten auch die Risiken kennen, die Drogenabhängige auf sich nehmen, wenn sie nichtsterilisierte Spritzen mit anderen Drogenabhängigen teilen.

Wieviel man Zehn- bis Neunzehnjährigen über die homosexuellen Aspekte von AIDS erzählt, ist vom Alter und der bisherigen Persönlichkeitsentwicklung des jeweiligen Kindes abhängig. Ich persönlich würde einem Kind nicht von analem Geschlechtsverkehr erzählen, bis es 14 oder 15 Jahre alt ist, es sei denn, es fragt schon früher danach. Dies könnte das Kind unnötigerweise schockieren. Auf der anderen Seite würde ich einem zehn- oder elfjährigen Jungen schon beiläufig sagen, daß manche Männer nicht Frauen, sondern andere Männer oder Jungen lieben möchten. Mädchen und Jungen sollten gesagt bekommen, daß sie die Einladungen anderer, ihren Eltern bekannten oder unbekannten Erwachsenen, ohne die Erlaubnis ihrer Eltern nicht annehmen dürfen. Es ist aber erstaunlich, wieviel manche Kinder heutzutage schon wissen – aus Videos, Filmen, Literatur und Klatsch –, obwohl vieles davon auch durcheinander und falsch sein mag.

Die zwei wichtigsten Schutzmaßnahmen gegen AIDS liegen meiner Meinung nach in der Erziehung und in der Überzeugung, daß die seelischen Aspekte der sexuellen Liebe genauso wichtig und respektwürdig sind wie die rein körperlichen.

In unserem »wissenschaftlichen« Zeitalter neigen wir dazu, über unsere Sexualität nur in Begriffen der Anatomie und der Physiologie zu reden. Dies reicht zum Verständnis von Kaninchen wahrscheinlich aus, Menschen sind anders. Sie komponieren Musik, sie malen Bilder, sie schreiben Gedichte, sie bauen Paläste, sie schmücken sich mit Kleidern und Perlen und sie beten zu Gott.

Register